幼兒園教保行政管理與實務：
幼兒教育體系與運作觀點
（第二版）

蔡春美　審閱

蔡春美、張翠娥、陳素珍
廖藪芬、陳美君、張紹盈　著

作者簡介

蔡春美（第一、二、三、六、十、十一章）

- **學歷**：國立臺灣師範大學教育研究所碩士
- **經歷**：國立臺北教育大學幼兒教育學系教授兼系主任
  臺北市／臺北縣／基隆市幼稚園評鑑委員
  新北市／臺北市幼兒園評鑑委員
  新北市公立教保服務人員甄選評審委員
  國立臺北教育大學幼兒與家庭教育學系兼任教授
  新北市幼兒教育學會理事長
- **現任**：國立臺北教育大學幼兒與家庭教育學系退休教授
  中國幼稚教育學會理事
  教育部核定之幼兒園輔導人員
  《巧連智》兒童雜誌監修

張翠娥（第一、四、七、八、十二章）

- **學歷**：國立高雄師範大學特殊教育博士
  中國文化大學兒童福利碩士
- **經歷**：樹德科技大學兒童與家庭服務系副教授兼系主任
  樹德科技大學師資培育中心主任
  教育部教育研究委員會助理研究員
  中國文化大學附設兒童中心教學研究顧問、教師
  高雄市、屏東縣幼兒教保服務人員甄選評審委員
  靖娟安全文教基金會兒童遊戲場安全教育講師
- **現任**：樹德科技大學兒童與家庭服務系退休副教授
  教育部核定幼兒園專業輔導人員（含適性輔導、課綱輔導、國幼輔導）
  教育部優質幼兒園行政管理工作坊帶領講師
  教育部幼兒園文化課程宣講員暨工作坊帶領講師
  高雄市托嬰中心評鑑委員暨公共托嬰中心訪視委員

陳素珍（第三、五、六、九章）

- **學歷：** 美國南達科達州立大學教育行政管理博士
  美國加州西班牙大學幼兒教育系
- **經歷：** 美國聖馬刁公立小學教師
  美國加州佛利蒙幼稚園教師
  美和護理管理專科學校幼兒保育科專任助理教授
  美和護理管理專科學校附設托兒所顧問
  朝陽科技大學幼兒保育系專任助理教授
  臺中市政府托兒所評鑑委員
  臺中縣、市幼稚園評鑑委員
- **現任：** 教育部幼兒園輔導委員
  臺中市財團法人蒙特梭利教育基金會創辦人
  私立蒙特梭利實驗教育團體創辦人
  臺中市私立幼兒園、托嬰中心創辦人暨負責人

廖蘘芬（第五、六章）

- **學歷：** 國立臺東大學幼兒教育學系碩士
  銘傳大學都市規劃與防災學系碩士
- **經歷：** 新北市幼兒園評鑑委員
  新北市公立教保服務人員甄選評審委員
  國立臺北護理健康大學兼任講師
  康寧大學幼兒保育科業界教師
  新北市教保輔導團輔導員
  準公共教保服務輔導人員
  新北市立鶯歌幼兒園園長
  新北市樹林區武林國民小學附設幼兒園教師／園主任
- **現任：** 新北市立新店幼兒園園長
  新北市防災教育輔導團幼特教育組組長

陳美君（第三章）

- **學歷**：國立臺灣師範大學社會教育學系碩士
  國立臺中師範學院幼兒教育學系學士
- **經歷**：臺北市立信義幼兒園園長
  臺北市士林區百齡國民小學附設幼稚園教師／園長
  臺北市、金門縣幼兒園基礎評鑑委員
  臺北市非營利幼兒園到園檢查、績效考評委員
  臺北市準公共幼兒園訪視輔導委員
  教育部建構韌性防災校園與防災科技資源應用計畫諮詢顧問
  臺北市防災教育種子幼兒園諮詢顧問
- **現任**：臺北市政府教育局聘任督學
  康寧大學嬰幼兒保育學系兼任講師
  教育部防災教育輔導團委員
  中國幼稚教育學會理事
  財團法人幼兒教育基金會董事

張紹盈（第十章）

- **學歷**：國立臺北教育大學教育經營與管理學系教育政策與管理博士
  國立臺北教育大學幼兒與家庭教育研究所碩士
- **經歷**：臺北市立內湖幼兒園園長
  臺北市碧湖／新湖國小附設幼稚（兒）園教師（含兼任園長）
  教育部霸凌防制辦法研究案專案助理
  教育部幼稚教育師資培育—情境判斷測驗系統建置研究成員
  國立臺灣師範大學全方位幼兒潛能發展研發及測驗施測研究成員
  國家教育研究院「素養導向之教師資格考試幼兒園師資類科『學習
  　者發展與適性輔導』素養導向範例題研發」小組成員
  臺北市專業回饋人才初階認證成員
- **現任**：臺北市立大安幼兒園園長
  教育部國民及學前教育署補助辦理教保服務機構輔導教授
  康寧大學嬰幼兒保育學系兼任助理教授

二版序

幼兒園最關心的評鑑辦法，於 112 學年進入第三個五年週期（112～116 學年），因此許多幼保法規也在民國 111 年與 112 年間陸續修訂。本書於民國 109 年（2020）出版，民國 111 年（2022）二刷，承蒙各位讀者的厚愛，2023 年 12 月準備再刷時，由於近期許多幼保法規的修訂或新訂，以致內容修改的篇幅相當大，乃決定改以二版出版。茲說明修正重點如下：

1.隨著母法《幼兒教育及照顧法》於民國 111 年（2022）6 月 29 日修正公布後，相關子法也陸續修訂，因此本書各章的法規全面檢修，以最新版本的法規為準增刪修改內容。

2.配合政府政策，重視如何讓讀者理解法規的用意，而不是只寫出條文，期望能提供讀者重要的教保觀念，而非硬邦邦的法條。

3.對於新興的教保服務機構，如非營利幼兒園、準公共幼兒園、職場互助教保服務中心等之辦理，以及新公布的延長照顧服務規定，也詳加說明。

4.各章內容除說明政府的各項規定外，還仔細說明幼保人員應有的作法以及可能用到的表格，值得參考。

本書得以順利出第二版，必須感謝心理出版社編輯人員的費心，以及各位作者的用心，還有許多幼教先進使用本書後的指教，謹致予最高的敬意與謝忱。

蔡春美、張翠娥、陳素珍、廖藪芬、陳美君、張紹盈 謹識
2024 年 3 月

　　有鑑於幼兒園行政的專書不多，加上幼托整合後許多法規陸續修訂，乃邀約本書五位作者分工撰寫符合法規的最新幼兒園行政專書。本書定名為《幼兒園教保行政管理與實務：幼兒教育體系與運作觀點》，乃因有感於 2008 年出版的《幼兒教育體系與運作：幼兒教保行政管理與實務》一書之架構，在幼托整合的過程中印證了幼兒園行政不只是幼兒園的事，而是由中央到地方，由幼兒、家庭、社區到整個社會、國家的事，整個幼兒教育就是一個體系，必須運作良好，才能提升幼教品質，也才能造福幼兒。教保服務人員必須隨時關心國家政策法規的變革，了解整體幼兒教保體系的運作，從立案、學費訂定、教保服務人員任用、財務管理、環境營造、課程教學、健康安全、輔導、評鑑、社區資源與親職教育等，無一不跟整個幼教體系之運作有關。

　　因此，本書乃以 Bronfenbrenner 的生態觀點，運用社會體系之「社會生態理論觀點」，來看待幼兒及其所處的環境，則幼兒不只是一個單獨的個體，而是要深入體察幼兒所處的社會生態環境及其複雜的交互作用系統。在這些系統中，與個人最密切關係的稱為微系統，這個系統與個人的交流最直接、最頻繁且影響力最大；若以學前幼兒而言，微系統中重要的影響人物是教師及教保員、幼兒同儕、幼兒家長及常接觸參與的社區。外系統是指對幼兒有影響，但幼兒並未直接參與的社會情境，例如：父母的工作場所與關係、幼兒園的行政支持系統、公共或私人服務機構所提供的支持資源等。鉅系統則在系統環境的最外層，係指間接影響幼兒學習環境的中央主管機關、社會制度、法規、文化、價值信念等。

　　本書基於上述理念，全書分為四篇十二章，以幼托整合後最新公布的法規，來說明幼兒園及其相關的行政管理與實務。幼兒園的行政直接與中央及地方的教育行政主管機關有關，因此本書乃以「幼兒園教保行政管理與實務」為主標題，期望幼教系與幼保科系的學生、幼教從業者，以及關心幼教的社會人

士，能從中對幼兒教育的體系與運作有所了解與認同。本人榮幸擔任審閱者，關於本書之使用有下列四點說明：

1.書中的「老師」乃是除了園長之外所有的教保服務人員，包含教師、教保員與助理教保員，如特別指稱「幼教師」時，才會用「教師」。

2.有關年代的使用，全書內文與參考文獻的年代如在國內發生的事件或政府發布之法規仍用民國年代來標示，如西文參考文獻則採用西元年標示，以示區隔。

3.本書最大的特色是理論與實務並重，將我們在實際處理幼兒園行政的經驗化為「行政小錦囊」，另有「行政Q&A」於相關章節中，將最常困擾教保服務人員的問題舉實例說明，相信能為幼教系與幼保科系的學生，或已擔任教保工作的教保服務人員解惑。

4.幼兒園之行政工作相當繁瑣，本書因篇幅所限，乃將一些表格或可參考的資料列為「附錄」，置於心理出版社的網站，可供讀者迅速下載參考使用。本書為配合每年舉辦的幼兒園基礎評鑑，乃隨著各章主題內容將有關基礎評鑑要項以實例列舉解析，相信可幫助幼兒園釐清觀念，了解實際作法，順利通過評鑑；而對參加教師或教保員資格考試的考生而言，這也是重點所在。

隨著少子女化的浪潮，今後十年間，各級教育的環境必將產生變化，幼兒教育也不例外，雖然我們作者群擁有多年從事幼兒教保工作的經驗，但因學識修養有限，書中論點或有不妥之處，我們將隨著幼教政策的變動及時修訂內容，尚祈各位先進繼續支持，不吝指教。

本書從出版到修訂，承蒙多位幼兒園實務工作者與幼教專家指導與鼓勵，更勞心理出版社編輯人員費心，特致謝忱！

蔡春美　謹識
2020 年 8 月

目　次

第三篇　微系統的運作：以幼兒為主要的服務對象

附錄請於心理出版社網站之「下載區」下載

網址：https://psy.com.tw

解壓縮密碼：9786267447066

表次

圖次

第 一 篇

鉅系統的運作：

建構幼兒學習的社會支持網絡

幼兒園教保行政管理與實務：
　　幼兒教育體系與運作觀點

第一章　導論

張翠娥、蔡春美

第一節　幼兒教育體系運作的理論基礎

壹、社會生態理論觀點（concept of social ecological theory）

一、幼兒教育體系的社會生態觀點

　　生態理論原創人 Bronfenbrenner 強調多重環境對人類行為的影響，將環境依個人空間與社會的距離，分成一層套一層的幾個系統，依照與個人距離由近至遠排列，分別為微系統（microsystem）、外系統（exosystem）、鉅系統（macrosystem），以及居間系統（mesosystem）（也有人稱為中間系統）（何華國，1996；馮燕，1995；Brown et al., 1995; Odom & Bailey, 2001; Shonkoff & Meisels, 2000/2004）。如將 Bronfenbrenner 的生態觀點運用在社會體系，則稱之為社會生態理論觀點；以社會生態理論觀點來看幼兒，則幼兒不只是一個單獨的個體，而是要深入地觀看幼兒所處的社會生態環境及其複雜的交互作用系統。

二、幼兒教育體系的各類系統

　　在這些系統中，與個人關係最密切的系統稱為微系統，這個系統與個人的交流最直接、頻繁且影響力最大。若以學前幼兒而言，微系統中重要的影響人物是老師、幼兒同儕、幼兒父母，以及經常接觸和參與的社區。外系統是指：對幼兒有影響，但幼兒並未直接參與的社會情境，例如：父母的工作場所與關係、幼兒園的行政支持系統、公共或私人服務機構所提供的支持資源。鉅系統在系統環境的最外層，是指間接影響幼兒學習環境的中央主管機關、社會制度、法規、文化與價值信念等。

三、幼兒教育體系的居間系統

居間系統指的是系統間的連結與互動。生態理論原本是以個案為中心，故居間系統只提到微系統與外系統的互動關係，認為鉅系統、外系統對個案而言都是間接影響因素，卻未再深入談到鉅系統與外系統的互動關係。本書希望提供幼兒園行政管理運作的參考，特別加入鉅系統與外系統的互動關係，故本書所稱的居間系統包含鉅系統與外系統、外系統與微系統，以及系統內的互動關係，例如：政府定期對幼兒園進行評鑑，屬於鉅系統對外系統與微系統的教育品質監督，以確保外系統能支持優質的幼兒教育品質；園方與家長、社區的互動屬於外系統與微系統的互動關係，透過園方與家庭、社區的互助合作，才能協助幼兒的成長；園方與地方主管機關的互動、參與師培機構的進修等，則屬於外系統與外系統間的聯繫，讓社會資源能互相交流。溝通行政領導重在園內的互動溝通，幼兒園的行銷服務需要傳遞訊息給社會大眾，也需要與各專業團體、同儕團體之間保持良好的互動關係，這些都屬於居間系統的運作。

四、社會生態理論的基本假設

社會生態理論的基本假設認為，個體、家庭、組織和機構都被視為不可分離的單位，都是「整體組織」的一部分，這個整體的部分組成是有交互作用和相互依存之關係，問題行為的產生不是單純源於個體本身之因素，而是個人的生態系統在運作上失去了平衡，這種不平衡狀態主要是來自於個人的能力與需求，無法和環境的期望與需求相符合；而輔導或行為改變方案的目標，即在維持該幼兒的生態系統之均衡運作（陳靜江，1993）。在生態系統之中，只要一個部分改變就會影響整體系統的改變，如果一個環節較弱或有麻煩時，整個系統也都會變得較弱，也會有麻煩（陳靜江，1993；Wilson, 1998）。

　　換句話說，社會生態理論觀點相信，生態環境會影響個人的發展，個人的表現也會影響生態環境的運作。若將一個班級當成一個生態環境，當班級中有學生的能力和表現，與班級的平均表現落差太大，而想要幫助學生適應班級生態環境時，單純從個體能力的加強是不夠的，也需要了解整個生態環境對個體的影響與支持度，甚至運用整個生態系統去協助、支持他。若將一個幼兒園當成一個生態環境，當園方行政人員或老師中有適應困難的人員，而要幫助這些人員適應園方的生態環境時，單純加強人員的能力是不夠的，還需要了解整個生態環境對人員的影響與支持度，甚至運用整個生態系統去協助、支持人員的成長。社會生態系統的假設是：只要系統中有個體發生困難，即會引起連鎖效應，而造成整個生態系統的運作困難；反之，若能運用系統的力量提供個體改善，也會有正向的循環效益。

貳、社會支持網絡觀點（concept of social support networks）

一、社會支持與社會網絡

　　「社會支持」（social support）與「社會網絡」（social network）這兩個名詞看來相近，也確實有相關，但卻又不等同。以個人為中心，其生活中重要的相關資源與重要他人所組成之社會連帶，就是其社會網絡（崔艾梅，2003；莊珮瑋，2000）。社會支持是指，個體在面對壓力情境時，其身邊的親人、朋友或其他重要他人所提供的正式與非正式的支持。正式支持通常是指政府、民間專業機構或專業人員；非正式的支持指的則是家人、親戚、朋友、同儕或社團（周月清，1995；崔艾梅，2003；莊珮瑋，2000；Cohen & Will, 1985; Gladow & Ray, 1986）。

二、社會網絡要素

　　社會支持網絡對個體在面對壓力時的社會心理歷程，可增加其生心理健

康、減少及預防危機發生，有緩衝及保護作用（周月清，1995；崔艾梅，2003；Sarason & Sarason, 1985）。Skazak 與 Marvin（1984）及 Kazak 與 Wilcon（1984）指出，社會網絡具有下列要素（引自何華國，1996，頁44-45）：

1. **網絡大小**：支持網絡愈大，成功適應的機率愈大。
2. **網絡密度**：指網絡中成員彼此認識的程度，其熟悉度愈高，就會有較密切的互動。
3. **界線密度**：指網絡中成員彼此運用的程度，其重疊運用的程度愈高，穩定度就愈高。

高迪理（1991）曾對社會網絡加以分析，將社會支持網絡分為結構構成要素與互動連結要素，這兩個要素包含了前述三要素，又增加可即度（指容易接觸程度）、同質性（指網絡成員在年齡、性別等的相似度）、頻率（指支持發生的頻率）、持續時間（指交互作用發生的時間）、互惠性（指支持流動方向）、結合性（相當於前述的界線密度），以及多元複雜性（指相互交流支持的不同類型），這些向度更清楚說明了網絡的互動狀況。

三、社會支持網絡的建構原則

　　歸納社會支持網絡的觀點，幼兒教育體系若要提供幼兒一個具有足夠張力與支撐的社會支持網絡，需考量以下幾項原則。

（一）支持網絡來源應多元化

　　支持網絡愈大，幼兒學習成功適應的機率愈大，所以幼兒教育體系支持網絡的來源應多元化，可包含：老師本人的增能賦權、幼教輔導員的專業支持、幼兒園及社教單位的行政支持、家長的成長與支持、同事在情緒／教學的支持，以及社會資源的運用。

（二）加強支持網絡的互動與連結

　　網絡密度會影響支持效果，專業支持若能維持長期的友誼關係，透過專

業支持網絡的連結而促進相關人員的互動溝通，將能提供更有力的支持。

（三）依不同需求提供不同的支持強度

　　專業支持的強度可分為間歇性需求、有限性需求、廣泛性需求，以及全面性需求（邱上真，2001；American Association on Mental Retardation [AAMR], 2002）。每個幼兒園的資源不同，每位幼兒需要支持的程度也不相同，所以社會網絡支持的強度也會有所差異；只有依不同需求提供不同的社會支持強度，才能把支持送到最需要的地方。

（四）社會支持網絡的內涵依需求做彈性調整

　　支持的可能內涵很多元也很彈性，可以包括：學習評估、行政、人力、家長、專業知能、教保服務人員、專業成長、社區資源等，只有依需求做彈性調整，才能讓資源做最妥善的分配。

參、建構幼兒學習社會生態支持網絡的理念架構

　　鈕文英（2003）歸結相關資料指出，生態體系中有四個重要向度：(1)個體的特質與觀點；(2)生態體系的特性與重要他人的觀點；(3)生態體系與個體間互動的特性與品質；(4)不同生態體系間互動的特性與品質。

　　若依據鈕文英所提的四個向度來分析幼兒教育社會生態體系，第一個向度是「個體的特質與觀點」，個體指的就是「幼兒」，幼兒教育照顧的基礎單位就是個體幼兒，所有的生態支持系統都是為了幫助個體幼兒能健康適性地發展。若從微系統照顧的觀點來看，家庭及幼兒班級需要提供適性發展的成長環境，家長與直接照顧個體幼兒的教保服務人員，需要了解幼兒特質、幼兒在家庭及班級中的成長狀況、學習表現及各方面的適應狀況，家長及教保服務人員需思考的是如何善用幼兒特質幫助其適性發展；另一方面，也要考量如何調整家庭環境、班級環境，並調整教養、教學態度，以協助幼兒的學習適應。

　　第二個向度是有關「學前教育體系的特性與重要他人的觀點」，谷瑞勉（2014）指出一般學前班級的特性是：幼兒尚在發展中，故其能力差異大、保育與教育並重甚至更重、幼兒園本身發展的需求與教學影響班級的發展、家長與同事的人際關係對班級經營形成極大之影響力、對幼兒行為的輔導強調「引導重於管教」。

　　從上述學前班級生態體系的特性分析，對學前教育體系運作的啟示如下：(1)整體而言，班級組成分子異質性大，班級活動型態不宜有太多團體活動，宜多設計有助於個別差異發展的學習區活動或小組活動；(2)保育與教育兼重，宜多加強幼兒生活照顧與生活自理方面的學習活動；(3)老師要照顧這群差異大的幼兒，花費的時間精力易超過其負荷量，需要增加較多的人力。

　　第三個向度指的是「學前教育生態體系與幼兒間互動的特性與品質」，也就是從生態觀點發展其班級經營的論點，將班級當作一個「社會體系」，強調人員與班級環境間的互動關係（Carta et al., 1988; Doyle, 1986; Guralnick, 2001）。依此向度，生態評量應包括班級中老師與幼兒的互動、老師與家長的互動、家庭中的親子關係，以及幼兒與幼兒同儕的互動。

　　第四個向度是「不同生態體系間互動的特性與品質」，以幼兒為核心的微系統環境，包括：幼兒班級體系、幼兒家庭體系、幼兒園環境體系間的互動狀況，還有父母的工作場所與關係、幼兒園的行政支持系統、社區資源、公共或私人服務機構所提供的支持資源等外部系統，以及幼兒所處的社會文化、價值、法令政策、政府的福利措施等支持網絡之互動品質。

　　綜合前述以個別幼兒為核心的四大環境系統，以及生態體系的四個重要向度，參考鈕文英（2003）針對四個生態系統提出的生態體系向度圖，來架構學前班級生態環境圖像，如圖 1-1 所示。從以幼兒為中心的幼兒教育社會生態體系向度圖可以理解，幼兒個體的微系統為幼兒家庭、幼兒園的師生關係與同儕關係、社區等；微系統與外系統的聯繫與互動，指的是幼兒園／家庭之間、父母／老師之間的關係等；外系統為幼兒園行政支持系統、地方主

管機關、師資培育機構等；鉅系統則是指間接影響幼兒學習環境的中央主管機關、社會制度、法規、文化與價值信念，會間接影響幼兒；外系統與鉅系統的聯繫與互動，指的是教育評鑑、政府輔導方案、公文往返、教師研習等。圖 1-1 說明了建構幼兒學習社會生態支持網絡的理念架構。

圖 1-1　幼兒教育社會生態體系向度圖

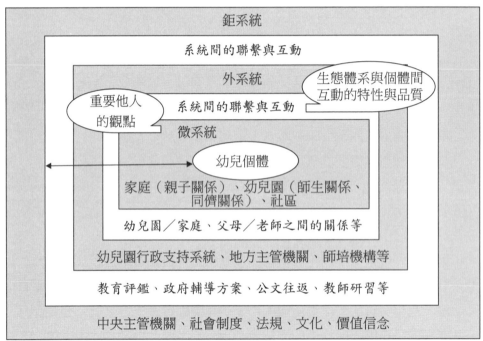

註：修改自鈕文英（2003，頁 49）。

第二節　幼兒教育的基本認識

壹、幼兒教育的意義與範圍

一、幼兒教育的意義

在提出幼兒教育的意義之前，請先思考下列兩個名詞的涵義。

（一）幼兒

人的一生依發展階段可分為若干時期，不同的學說有不同的分期方法，而發展的歷程事實上是連續不斷、無法分割的，只是為研究方便而將人類的生長發展勉強分成若干階段。依《幼兒教育及照顧法》（民國 100 年 6 月 29 日制定公布）的規定：「幼兒乃指 2 歲以上至入國民小學前之人。」因此，我們可以稱 2 歲左右至滿 6 歲的兒童為幼兒，其身心發展有特定的特徵，讀者可參考「幼兒發展與輔導」相關議題的專書說明。幼兒期的重要意義是「未成熟狀態」，因為未成熟所以有繼續向前發展的能力。未成熟狀態具有兩項重要的特性：一是「依賴性」（dependence），另一是「可塑性」（plasticity）。所謂「依賴性」並非只是「無能為力」的狀態，而含有「生長可能」的積極意義；所謂「可塑性」，亦不是「空無所有」、「隨外力變形」的意思，而是一種柔韌的彈性，意味著受教育的可能性，蘊含著人類能力生長發展的真正條件。人類有一段比任何動物都還要長的幼稚時期，正代表人類學習與教育的不斷增進之必要基礎，而社會文化才能不斷進步，生生不息。試想：如果人類一出生就能獨立行走、自謀生活，那麼人類的生活又會是怎樣的景觀？社會文化又會是怎樣的內容？幼兒的確是和大人不同，但絕不是縮小的「小大人」，其天真無邪與不懂事，正是大人可以好好實施教育的理由。

（二）教育

教育是什麼？自古以來對此問題常有見仁見智的答案。從字義來看，中文的「教育」二字在《說文解字》裡的解釋為：「教，上所施，下所效也；育，養子使作善也。」而外語的 education 一詞，源出於拉丁文 educere，這個字係由 e 與 ducere 兩字所組成，e 的意思是「出」，而 ducere 是「引」，合起來是「引出」的意思。中國古代關於教育字義的解釋，乃是傳統教育知識應與道德並重的具體說明；而西方以「引出」的意思來指稱教育，則多少顯示出西方對於教育本質的看法（伍振鷟，1971）。從古至今，各種教育本質的理論不斷被提出，歸納起來有認為教育是為發展個人潛能、實現自我的偏個人本位之說法；亦有認為教育的本質乃為適應社會或傳遞文化，甚至為未來生活而準備的社會文化本位之說法；當然也有介於二者之間，持調和折衷觀念的說法，認為教育既非完全是發展當前的兒童，但也絕不單為社會的適應，主張教育乃是一種生長的歷程，其起點固然是當前的兒童，但終點卻是未來的社會。也有人從生物學、心理學、社會學和哲學的觀念來說明「教育」的定義，而綜合為「教育是一種文化的活動，教育是藉文化的傳遞以發展受教者的人格，轉而又要求個人為社會文化服務的活動」。

從「幼兒」與「教育」的涵義說明可知：社會對每一位未成年幼兒有義務提供能充分發展潛能、又能接受社會文化的教育，而家庭是幼兒生長的第一個社會組織，父母就是幼兒的第一位老師，且家庭必定群居於社會之中，幼兒的生活環境不會只有小小的家庭，從左鄰右舍到巷口的商店都對幼兒有影響。及長，幼兒入幼兒園開始接受學校式的正式幼兒教育，因此可對幼兒教育做如下之定義：

> 「幼兒教育泛指學齡前兒童各種教育的總稱，包括家庭中的親職教育、生活環境中的生活教育，以及幼兒園等學校式的教育。」

　　上述乃幼兒教育較廣義的意義，狹義的幼兒教育則專指學校式的幼兒教育機構所實施之教育，在我國乃指幼兒園所提供的教育。

　　學校式的幼兒教育（early childhood education）有各種不同的說詞，較常見的是早年教育（education of early years）、幼年教育（early childhood education）或學前教育（pre-school education）。我國早期用「幼稚教育」一詞，是受日本影響。「幼稚園」的名稱於民國 11 年（1922）初見於教育部公布之法令中。近年來，幼教界認為用「幼兒教育」一詞比用「幼稚教育」為佳，因「幼稚」含有較差價值判斷的意味，因此民國 100 年（2011）頒布的《幼兒教育及照顧法》已用「幼兒教育」代換「幼稚教育」一詞。由於各國小學教育的開始年齡不盡相同，所以學前教育一詞所指的年齡階段，也會因國情不同而有差異。依據我國現行的《國民教育法》（民國 112 年 6 月 21 日修正公布），其規定滿 6 歲的兒童必須入國民小學接受義務教育，因此通稱入小學就讀的兒童為學齡兒童，故我國的學前教育係指滿 6 歲前的一段教育，亦即學齡前的兒童教育。在美國，也有將幼兒教育定義為出生至 8 歲的各種教保服務，包括：初等教育、中低年級的學校教育與學前課後收托輔導，此即基於兒童發展學的觀點，認為幼兒教育是家庭教育的延伸；同理，小學教育是幼兒教育的延伸，此正說明幼兒教育與小學教育銜接的重要。

二、幼兒教育的範圍

　　從上述幼兒教育的意義，可知其涵蓋的範圍，以下從五個方面來探討。

（一）就學制地位而言

　　我國的學制自幼兒園至研究所之修業年限約 24 年，其中包括：幼兒園 4 年、國民小學 6 年、國民中學 3 年、高級中等學校分別為高中 3 年或高職 3 年，以及專科、大學、研究所等 8 年。幼兒園教育雖未列為義務教育，但在學制系統圖上或每年教育部出版的《中華民國教育統計》一書中，都占有一席之地。幼兒教育在學制系統中居於基礎的地位，不僅是一切教育的起點，亦為國民教育的根本（如圖 1-2 所示）。

圖 1-2　現行學制系統圖

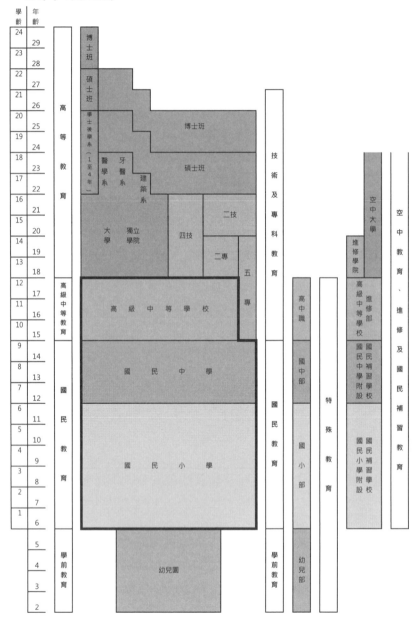

註：1. 引自教育部（2023a，頁 241）。

　　2. 粗線為目前已實施非學校型態實驗教育。碩士班修業年限為 1 至 4 年，博士班
　　　 修業年限為 2 至 7 年，本圖均以 2 年表示；自 102 學年起，大學醫學系修業年
　　　 限由 7 年改為 6 年。

（二）就受教對象的年齡而言

我國義務教育的年齡是 6 至 15 歲（16 至 18 歲為「國民免費教育」，而不是義務教育），6 足歲以前是屬於學前教育範圍，亦即幼兒教育的階段。在此階段的幼兒，如年齡在出生滿 2 足歲至未滿 6 足歲者可入幼兒園，家長可自由選擇讓孩子在 2 足歲至未滿 6 足歲間的任何年齡入園，並未強制規定滿 2 足歲就要入園。幼兒教育的年齡範圍，各國規定不盡相同，例如：美國是以出生至 8 歲的兒童列為幼兒教育的對象。

（三）就受教的場所而言

廣義的幼兒教育場所可以包括家庭、社區中的社會生活環境，以及學校式的幼兒教育機構；如以狹義的定義來說，則幼兒教育的場所是以幼兒園為主要施教機構。此外，專收孤貧幼兒的育幼院或孤兒院亦屬幼兒教育的範圍。以更完整的現代幼教觀點來看，狹義的學校式幼教機構亦應注意每個幼兒的家庭教育，及其居住環境的社區因素，才能真正達到幼兒教育的目標。

（四）就受教的時間而言

過去幼兒的受教時間有半日制或全日制，但隨著工商業的發展、婦女就業率日增，目前全日制的幼兒園已非常普遍。在大陸尚有住宿式的全托幼兒園，幼兒到週末才和父母相聚，這種制度的產生是為使父母能全力投入國家生產工作行列，但對親子關係的培養是否會有負面影響，實值得商榷。此外，近來愈來愈多的補習班、課後輔導中心、安親班、才藝班等補習教育性質的場所，也招收 6 足歲以前的幼兒，其受教時間有全天、半天或兩、三個小時者，其對幼兒的影響也是利弊參半，值得注意。

（五）就幼兒教育的內容而言

有人認為幼兒的教育內容是以保育為主，其實幼兒期應是兼顧保育與教育（張秀卿，1988），幼兒的身心才能平衡健全地發展。幼兒教育的內容若要能兼顧教育與保育，則在整個幼兒教保方案的規劃上，應將幼教目標、人

事規劃、環境設備、總務、教保活動、親職教育，以及社區資源運用等都包括在內，而師資專業化的要求更是幼兒教育內容品質提升的先決條件。

貳、幼兒教育的目標與功能

一、幼兒教育的目標

幼兒是人類希望的所在，而幼兒教育則是一切教育的基礎，也是民族生命延續與國家富強安康的基石。中外教育學者都很重視幼兒教育，一致認為幼兒期是個人一生中最具影響力的關鍵時期，所謂「3 歲定終身」就是這個意思。

幼兒期的教育以維護身心健康為第一要務，而人格教育又先於知識教育，重視培養與增進良好習慣、倫理觀念及合群習性；而在知識教育方面，則強調經驗的重要，幼兒必須透過親自體驗與操作，才能具體了解學習的內容，進而內化為知識，這是和中小學教育目標相異之處。雖然我們常強調，幼兒園須為將來入國民小學奠定良好的學習基礎，但幼兒園的教育內容並不是只為了入小學做準備，更不能成為小學的先修教育，而應有其特設的目標，那就是提供適合幼兒期身心發展的學習活動，使幼兒有個快樂的幼年；亦即，幼兒教育不應只具備小學教育的預備目標，而應有其為此階段幼兒生長發展所必需的教育目標。

茲將《幼兒教育及照顧法》（民國 111 年 6 月 29 日修正公布）第 11 條有關幼兒園的教育目標羅列如下：

「教保服務之實施，應與家庭及社區密切配合，以達成下列目標：

一、維護幼兒身心健康。

二、養成幼兒良好習慣。

三、豐富幼兒生活經驗。

四、增進幼兒倫理觀念。

五、培養幼兒合群習性。

六、拓展幼兒美感經驗。

七、發展幼兒創意思維。

八、建構幼兒文化認同。

九、啓發幼兒關懷環境。」

二、幼兒教育的功能

幼兒教育在今日之所以受到各先進國家的重視，並在社會中迅速發展，實與其多元化的功能有關。近年來，世界各進步國家的學者，都傾全力研究幼兒時期的身心發展、教育資源、教材教法、學習環境、情緒與社會發展、人格發展等，其目的無非是希望幼兒教育的功能在各方面能更加顯著，而獲得完全的發揮。茲將學校式幼兒教育的主要功能列舉如下。

（一）對幼兒本身的功能

1. 提供身心發展的良好環境。

2. 充實幼兒的具體生活經驗與生活內容。

3. 抒發幼兒的情緒，引導德、智、體、群、美五育均衡發展。

4. 培養正確的學習態度與基本能力。

5. 增進適應能力與人際關係的能力。

（二）對社區與家庭的功能

1. 協助家庭教養幼兒。

2. 教導父母善盡養育幼兒的職責。

3. 提高社區生活水準。

4. 結合家庭與社區人士的力量。

5. 推展有益社區與家庭的活動。

（三）對學術研究的功能

1. 提供幼兒發展的研究資料。

2. 協助師資培育機構的準老師參觀與實習場所。

3. 共同參與有關教保的各項研究工作。

（四）對國家社會的功能

1. 加強對國家民族的認同感。

2. 培養適應民主社會生活的知能。

3. 養成服務、合群、守法、守秩序的良好習慣。

　　幼兒教育的價值，可從一項對於美國 1960 年代低收入家庭的兒童，其接受學前教育的綜合研究得到印證，這是由 12 位社會科學家分別進行的追蹤研究。他們針對從 1965 年開始，美國政府在各州所推展的「從頭開始的教育計畫」（Head Start Program）（有不同譯名，如「啟蒙計畫」等）之對象進行追蹤研究，觀察早期兒童教育計畫的長期效果。康乃爾大學（Cornell University）的 Irving Lazar 教授與 Richard Darlington 教授，共同使用及分析這 12 位社會科學家的資料，他們的發現是：

> 「受過『從頭開始的教育計畫』（Head Start Program）的兒童（追蹤研究時的兒童年齡為9至19歲）比那些沒有接受學前教育經驗的兒童，在進入小學與中學後，較不需接受特殊的補救教學，較少留級或中途輟學。這些成果據研究是歸因於學前教育，而與性別、種族、家庭背景或智力因素相關不大。」（Lazar & Darlington, 1982）

　　這個計畫強調對低階層家庭的 3 至 5 歲幼兒之照顧，除指導家長注意兒童之健康營養外，還成立「兒童發展中心」，於暑假中安排八週的學前課程，以引導幼兒於上小學前打好基礎。

　　我國亦有類似的研究，例如：臺北市西門國小輔導室所做的「幼稚教育

對學童的影響」之研究，以 760 位剛入學的學童為對象，對「就讀與未曾就讀」幼稚園[1] 的學童做三年的追蹤研究後發現，就讀幼稚園的學童無論在智能測驗、學業成績或行為表現方面，均比未上幼稚園的兒童為佳，尤以家庭社會階層較高者，因早期接受正式的幼兒教育，而在學業或行為的表現上之有利影響，更為顯著（朱敬先，1986）。

參、幼兒教育的主管機關

從本章第一節幼兒教育體系的社會生態觀點之說明，已知生態理論原創人 Bronfenbrenner 強調多重環境對人類行為的影響，環境與個人距離由近至遠排列，分別為微系統、外系統、鉅系統，以及居間系統。從以幼兒為中心的幼兒教育社會生態體系向度圖可以理解：幼兒個體的微系統、外系統、鉅系統，以及各系統間的聯繫與互動，可對照幼兒教育體系與運作的關係（如圖 1-1 所示）。我國的政治制度為均權制，教育行政組織系統原本為中央、省（市）、縣（市）三級，民國 87 年（1998）實施精省（凍省），次年，臺灣省政府功能業務與組織調整，成為行政院的派出機關，原教育廳改為教育部中部辦公室，因此現行的教育行政組織系統就成為中央與地方（縣市）兩級制，教育部是主管全國幼兒園的中央教育行政機關，直轄市政府與各縣（市）政府則是主管直轄市與各縣（市）所屬幼兒園的地方教育行政機關。依照前述 Bronfenbrenner 的社會生態觀點，教育部屬幼兒教育體系的鉅系統，直轄市政府與各縣（市）政府則屬外系統。本節屬本書第一篇第一章，本應只介紹鉅系統的運作，但為說明方便，乃將主管幼兒教育的中央與地方教育行政機關一併在此說明。

---

1. 當時幼托尚未整合，故稱「幼稚園」。

一、主管幼兒教育的中央教育行政機關

　　主管幼兒教育的中央教育行政機關是教育部，管理全國學術、文化及教育行政業務，為行政院部會之一，設部長 1 人，綜理部務，指揮、監督所屬職員及機關，並設政務次長 2 人及常務次長 1 人，輔助部長處理部務。過去，教育部設有高等教育司、技術及職業教育司、中等教育司、國民教育司、社會教育司、體育司、總務司及其他處、室、委員會等，在民國 101 年（2012）12 月 31 日前，教育部主管幼兒教育的單位是國民教育司的第三科，掌管全國幼兒教育事項。

　　之後，《教育部組織法》（民國 110 年 5 月 26 日修正公布）及所屬機關（構）組織法修正草案，已於民國 101 年（2012）1 月 20 日完成三讀，並於民國 102 年（2013）1 月 1 日起，教育部整併體委會、青輔會部分業務，調整為三署、八司、六處、十一個附屬機關及一個行政法人。因應十二年國民基本教育、全民體育的推動，以及加強青年事務的輔導，組織改造後的教育部，將中等教育司、國民教育司改成立國民及學前教育署（簡稱國教署），規劃學前教育、十二年國民基本教育等業務。其他單位尚有體育署、青年發展署、綜合規劃司、高等教育司、技術及職業教育司、終身教育司、國際及兩岸教育司、師資培育及藝術教育司、資訊及科技教育司、學生事務及特殊教育司等。另外，民國 101 年（2012）5 月 20 日原行政院所屬的文建會已升格為文化部，教育部部分有關文化的業務已轉移到文化部。因此，教育部主管幼兒教育的單位，即是國民及學前教育署。另外，成立於民國 89 年（2000）的內政部兒童局已於民國 103 年（2014）6 月併入衛生福利部。

二、主管幼兒教育的地方教育行政機關

　　主管幼兒教育的地方教育行政機關是直轄市政府與各縣（市）政府，而承辦業務的是直轄市政府的教育局與各縣（市）政府的教育局（處）。依據《地方行政機關組織準則》（民國 107 年 12 月 5 日修正發布）第 15 條的規

定，按照直轄市及各縣（市）人口數決定主管教育單位名稱是教育局或教育處，目前除新北市、臺北市、桃園市、臺中市、臺南市、高雄市、金門縣、連江縣等縣（市）政府的主管教育單位稱為「教育局」外，其他各縣（市）政府的主管教育單位則稱為「教育處」。直轄市及縣（市）政府的教育局（處）掌管轄區內中等教育、國民教育、幼兒教育、特殊教育、社會教育，以及文化、體育等事項。各直轄市政府及各縣（市）政府的教育局（處）之組織架構不太相同，有的直轄市及縣（市）政府教育局（處）的幼兒教育是單獨設科（課）負責，例如：新北市、臺中市、高雄市設有幼兒教育科；有的縣（市）政府教育局（處）的幼兒教育業務則由學務管理科或課（簡稱學管科或課）兼辦，或與特殊教育合設「特殊及（暨）幼兒教育科」（簡稱特幼科）；無論是單獨設科或與其他科（課）合設幼教行政單位，都要負責該縣（市）的幼兒園設立、招生、輔導、稽查、補助、課程教學及教保服務等業務。茲將各直轄市及各縣（市）政府教育局（處）主管幼兒教育的行政單位名稱列出，如表 1-1 所示。

表 1-1　各縣（市）政府教育局（處）主管幼兒教育的行政單位名稱一覽表

單位	幼兒教育科	學前教育科	特殊與學前教育科	特殊及（暨）幼兒教育科	特殊教育科	學務管理科（課）
直轄市、縣市	新北市 臺中市 彰化縣 新竹縣 高雄市 桃園市 嘉義縣	基隆市 臺北市 苗栗縣 屏東縣	新竹市 花蓮縣	臺東縣 臺南市 宜蘭縣 嘉義市 金門縣	雲林縣	連江縣（課） 南投縣（科） 澎湖縣（科）

註：整理自各直轄市及各縣（市）政府網站資料（2020 年 4 月查詢）。

第三節　從幼托整合到幼兒園

壹、幼托整合的意義

　　「幼托整合」乃指，將原由教育部主管的幼稚園與內政部主管的托兒所，整合為「幼兒園」，統一由教育部主管，並採取一致的管理標準。此項政策的法源依據是《幼兒教育及照顧法》，此法已於民國 100 年（2011）6月 29 日制定公布，並於民國 101 年（2012）元旦正式實施。「幼托整合」的目的乃在健全學前教育體制，保障幼兒受教權益。

　　「幼托整合」之需求乃因幼稚園與托兒所一直以來的主管機關不同，其管理的法規也不同，幼稚園招收的幼兒年齡是 4 至 6 歲，托兒所則可招收出生 1 個月至 6 歲的幼兒，兩方的師資規定條件不同，設備標準也不一樣。數十年來，2 至 6 歲幼兒在幼稚園與托兒所，採不同法規，以致於同年齡的幼兒無法得到相同品質的教保內容，面對此一情況，加上隨著時代變遷，幼稚園與托兒所的功能逐漸融合，幼稚園也向下招收 2 至 3 歲幼兒，托兒所也採幼稚園的課程，所以需要「幼托整合」，以實現「同年齡的幼兒應獲得相同品質的教保內容」之教育原則。

貳、「幼托整合」政策的形成過程

　　中央政府嘗試規劃幼托整合政策始於民國 86 年（1997），層級為教育部國民教育司與內政部兒童局共同研議。民國 90 年（2001）正式啟動初步幼托整合方案（草案）規劃階段，層級提升為教育部部長與內政部部長，由兩部的政務次長代表主持幼托整合推動委員會，展開幼托整合方案之草案規劃；民國 94 年（2005）形成幼托整合政策共識，並展開具體政策規劃至今。以下說明幼托整合政策形成過程的三個階段（邱志鵬，2007）。

一、幼托整合政策起步階段（民國 86 年～民國 89 年）

　　行政院蕭前院長萬長於民國 86 年（1997）12 月 4 日，在第 2256 次院會中提示，幼稚園與托兒所都是以促進幼童身心健康發展、增進其生活適應能力為依歸，卻分屬教育及社政兩個體系，其對象（幼童）的年齡層卻部分重疊，就國家總體資源的應用而言似非經濟有效，請內政與教育兩部審慎研究該統合問題。接著，蕭前院長更於民國 87 年（1998）7 月 21 日全國社會福利會議結論時明確指示，將托兒所與學前教育整合事宜列為應優先推動之重點工作，並以如何保障同年齡之幼童享有同等品質之教保環境內涵，有效運用並合理分配政府資源為整合理念。

　　內政部兒童局局長與教育部國教司司長遂著手研議幼托整合可行方案草案，經多次協商及邀集幼教學者、團體、業者等諮詢，於民國 89 年（2000）共同提出「幼兒托育與教育整合方案」（草案）報行政院核定。

二、幼托整合方案起草階段（民國 89 年～民國 94 年）

　　政黨輪替後，幼托整合議題再度受到重視。教育部於民國 89 年（2000）年底成立「幼教政策小組」，並於民國 90 年（2001）2 月 19 日召開第一次小組會議，依會議決議由教育部代表邀集內政部協商，並就整合定位、目標與方向達成共識。民國 90 年（2001）2 月 26 日教育部與內政部各推代表組成跨部會的「幼托整合推動委員會」。民國 91 年（2002）10 月，「幼托整合政策規劃結論報告書」（草案）出爐，後經四次委員會議討論，並於民國 92 年（2003）11 月第九次委員會議，確認通過「幼托整合規劃結論報告書（草案）簡明版」內容。民國 93 年（2004）1 月 28 日，教育部及內政部兩部次長聯袂召開記者會，說明整合方案推動經過與內容，並辦理公聽會，以廣納意見。行政院於民國 94 年（2005）6 月 20 日敲定幼托整合後幼兒園之行政主管機關為教育部，並請教育部儘速成立專案小組規劃整體方案及相關配套措施後，再報院核定。

三、幼托整合政策形成共識，並進行具體規劃階段（民國94年～民國101年）

　　教育部於民國 94 年（2005）8 月 3 日成立「幼托整合專案諮詢委員會」，小組成員共計 27 人，設七個工作小組，包括：法制研修小組、立法推動小組、師資及人員權益問題小組、輔導及範例建構小組、幼兒園教保活動綱要及能力指標研編小組、宣導及溝通小組、績效評核小組等，並於「幼托整合專案諮詢小組」第一次會議時，決定幼托整合政策的具體規劃方向，包括：法制面、制度面、托教服務類型、立案及設備面、人員、培育體系、整合期程等。「幼托整合法制研修小組」召開多次會議後，於民國 95 年（2006）5 月作成《幼兒教育及照顧法》（草案）公聽會版本，並進行中、南、東、北四區之公聽會。在斟酌調整公聽會蒐集之各方意見後，法規名稱變更為《兒童教育及照顧法》（草案），提交教育部法規會審查，共 8 章、72 條。

　　經教育部法規會審查後，全文修正為 8 章、65 條，並於民國 96 年（2007）1 月 24 日通過教育部部務會議，呈報行政院核定。行政院院會於民國 96 年（2007）5 月 16 日通過《兒童教育及照顧法》（草案），全文共 8 章、71 條，函送入立法院審議。《兒童教育及照顧法》（草案）在立法院會期屆滿未完成立法程序，依法全案退回行政機關。民國 98 年（2009），經行政院重新審議修正後再行提交立法院審議。民國 99 年（2010）5 月，經立法委員趙麗雲等折衷協調，終獲致突破，本案更名為《幼兒教育及照顧法》，並於民國 100 年（2011）6 月 10 日三讀通過，自民國 101 年（2012）1 月 1 日開始施行，這是幼兒教育史上的一大進步。《幼兒教育及照顧法》歷經民國 102 年（2013）、104 年（2015）、107 年（2018）、110 年（2021）、111 年（2022）五次修正，茲以 111（2022年）修正之 8 章、66 條之內容，羅列其重點如下。

首先，該法以「幼兒」替代「兒童」，界定幼兒是指 2 歲以上至入國民小學前之人（第 3 條）。暫將 0 至 2 歲前之托嬰中心、6 至 12 歲之居家照顧服務及兒童課後照顧等，放在內政部主管的《兒童及少年福利與權益保障法》（民國 110 年 1 月 20 日修正公布）中規範。

　　其次，以「幼兒園」統稱幼兒教育及照顧之機構，原有之幼稚園及托兒所等名稱走入歷史（第 3 條）。教保服務人員是指在幼兒園服務之園長、老師、教保員及助理教保員（第 3 條）。主管機關：在中央為教育部，在直轄市為直轄市政府，在縣（市）為縣（市）政府（第 2 條）。

　　再者，關於幼兒園組織與人員資格及權益，以第三章第 15 至 29 條規範及保障，可見本法對於幼教、幼保人員之周延保障與重視。

　　綜觀《幼兒教育及照顧法》共分 8 章、66 條，除第一章總則（1～6 條）、第八章附則（62～66 條）外，計有：教保服務機構設立及其教保服務（7～14 條）、教保服務機構組織與服務人員資格及權益（15～29 條）、幼兒權益保障（30～34 條）、家長之權利及義務（35～41 條）、教保服務機構管理、輔導及獎助（42～49 條）、罰則（50～61 條）等。

　　經過約十四年的推動歷程，攸關我國學前教保制度變革的《幼兒教育及照顧法》，在民國 100 年（2011）6 月 29 日經總統明令公布，自民國 101 年（2012）1 月 1 日開始施行。本法正式實施後，幼稚園及托兒所的名稱終於走入歷史，由可提供 2 歲至入國小前幼兒接受教育及照顧服務的「幼兒園」取而代之，並由教育部門統籌監督管理。

參、「幼托整合」政策的執行重點（徐于婷、洪福財，2011）

一、整合幼托機構的主管機關與掌管事項

　　幼托整合之後，幼稚園與托兒所必須換照為「幼兒園」，可視規模與設備招收 2 至 6 歲的幼兒，其主管機關在中央為教育部，地方則為直轄市政府

與各縣（市）政府，採取一致的管理標準。

二、管理幼兒園的設立與教保服務

　　幼兒園的設立由地方主管教育機關，即直轄市政府與各縣（市）政府負責審查與督導。師生比在 2 歲至未滿 3 歲的幼幼班，由 1：15 調整為 1：8，每班至多 16 人；3 至 4 歲的小班、4 至 5 歲的中班，以及 5 至 6 歲的大班，則仍維持 1：15，每班至多 30 人；2 歲至未滿 3 歲的幼兒不宜與 4 至 6 歲的幼兒混班學習。

三、明定教保服務人員的資格與品質

　　幼兒園的師資分為幼教教師[2]（原來幼稚園的合格老師）與教保員、助理教保員（相當於原來托兒所的保育員、助理保育員）兩大類，學歷與員額皆有規範。2 至 6 歲幼兒皆可由教師或教保員教導，但大班幼兒每班至少要有一位具備幼教老師資格的教師。公立中小學附設的幼兒園，每園將可增加一位教保員，讓幼兒獲得更妥善的照顧。幼兒園應置廚工自製營養餐點，幼兒人數在 201 人以上要聘用護理人員，所有教保服務人員包括司機、隨車人員都要具備急救知能，接受急救訓練。

四、規範親師的權利與義務

　　《幼兒教育及照顧法》同意家長得加入地區性學生家長團體，一同與教保服務人員團體參與、監督幼兒教育品質，以保障幼兒之權益。此外，當幼兒園的教保服務有損家長或幼兒權益時，家長得對幼兒園的服務提出異議與申訴，另外也規範父母或監護人應履行繳費、參加幼兒園活動與告知幼兒身心狀況等義務，以權責相符，盡家長監護之責任。

---

2. 本書常用「老師」一詞包含幼兒園的「教保服務人員」中之「教師」、「教保員」與「助理教保員」，因幼兒通常以「老師」稱呼，不會分別稱呼「教師」、「教保員」等。

五、研訂幼兒園的品質與評鑑

　　《幼兒教育及照顧法》將對幼兒園的檢查、輔導與評鑑，統一規範檢核，並透過親師與社區共同參與，提升幼兒園教保服務的多元性，維持幼兒園的辦學績效。幼兒園均須接受評鑑，政府評鑑品質有保障，如評鑑不合格或屢次不改善，最嚴重者須關門。幼兒園行政組織及員額編制標準將採取全國統一，公立專設園長之遴選也將法制化，用人唯才。

肆、「幼托整合」政策執行後的影響

1. 「幼托整合」後的幼兒園歸教育部主管，事權統一，不會雙頭馬車，同年齡的幼兒會得到相同品質的教保內容，幼兒可獲得周全照顧，權益有保障。
2. 依《幼兒教育及照顧法》第五章「家長之權利及義務」規定，幼兒園應與家長訂定書面契約，避免爭議。幼兒園資訊透明公開，家長監督品質就能更穩定。
3. 幼兒園的教保服務人員均需具備急救知能，幼兒安全有保障。
4. 不利條件幼兒可以優先接受教保服務，可以兼顧弱勢家庭幼兒。
5. 幼兒園均須接受政府評鑑，可提升並保障教保品質。
6. 教育部負責教保服務人員的保障事項與教師組織的推動，例如：同意教保服務人員參加教保服務人員組織以共享權益；提供教保服務人員申訴評議之管道。《幼兒教育及照顧法》比過去更能保障教保服務人員較多的權益。

行政小錦囊

　　從事幼教工作的人，須有愛心與耐心，並應常常反省自己投入幼教工作的動機何在；經營幼兒園的人，也要常常反省自己的經營理念與作為，尤其管理行政的人，需要有新的觀念與開放的心胸，具有變通性，願意傾聽別人的想法，會對新資訊加以考量，會以「何者最能幫助幼兒學習」作為行政設施選擇的指標。

Q：若想了解政府的幼教政策趨勢，有什麼方法？

A：1. 上「全國教保資訊網」（https://www.ece.moe.edu.tw）查詢或查閱教育部及各縣（市）政府教育局（處）之政令宣導或施政計畫。

　　2. 注意報紙、網路及大眾媒體之報導。

　　3. 多參加各種與教保有關的研討會、公聽會，或向相關機構索閱教保有關宣導小冊。

1. 請參觀一所幼兒園，就你當天所見幼兒的活動實況，寫出 200 字左右的心得與評語。

2. 你對幼兒教育與國小教育的銜接有何意見？請就「以幼兒教育為基準」或「以國小教育為基準」的爭議，提出你對幼兒園與小學銜接的看法與建議。

第二章　幼兒教保的相關法規

蔡春美

第一節　教育法規的基本概念

壹、教育法規的涵義與性質

一、教育法規的涵義

　　幼兒教育的法規是教育法規的一種，所以要先對教育法規有基本認識。教育法規乃指教育法律與教育規章，教育法律之成立過程，首先是由教育部擬訂草案，再函請行政院，由院務會議議決通過；然後復以行政院名義提出教育法律案，送請立法院審查、討論與議決，完成三讀會之立法程序；最後由立法院咨請總統明令公布施行。

　　教育規章是由各級教育行政機關，依據其組織法或組織規程而訂定。換言之，舉凡有關校長、主任、老師、學生之行政規定，統稱為教育規章。

　　教育法律與教育規章之區別，可從制定機關、制定程序、適用範圍、效力等四方面說明之：

1. **制定機關**：教育法律之制定機關為立法院與教育部；教育規章之制定機關為直轄市教育局與縣（市）教育局（處）。
2. **制定程序**：教育法律是法律案，必須經由立法院三讀會之立法程序通過，並咨請總統明令公布施行，才能生效；教育規章則是由各級教育行政機關依其職權範圍內所制定的規定。
3. **適用範圍**：教育法律適用的範圍是整體性、全國性；教育規章適用的範圍則為該機關所管轄的範圍，是局部性、地方性。
4. **效力**：教育法律的效力優於教育規章；教育規章若與教育法律牴觸者無效。

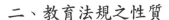

二、教育法規之性質

　　教育法規係教育法律與教育規章之合稱，是教育行政機關、公共團體及學校（幼兒園）為其組織及行政運作的需要而訂定之有關規定，其具有成文法、國內公法之行政法，以及規範性之法規等三項特質，茲分別說明之（任晟蓀，2012；吳清山，2008）。

（一）成文法

　　依法律之成文過程為標準，可分為成文法與不成文法兩種。凡由於制度上有立法權之機關製成文書，並經過一定手續公布之法律，即謂之成文法，亦稱制定法。成文法以外之一切有法律之效力者，例如：習慣、法理、判例等，皆為不成文法，因其非經立法機關依立法程序制定，亦未經一定手續公布，故亦稱非制定法。其區別不在於有無文字記載，乃在於其有否經過立法程序及公布程序（鄭玉波，2008）。我國的教育法律係先由教育部擬訂草案，復經由行政院通過提出，然後經過立法院之立法程序，最後由總統明令公布施行；因之，我國教育法律依法律的成立過程而言，其係屬成文法。

（二）國內公法之行政法

1.教育法規係國內法

　　法律以其內容為標準分類，首應分為國內法與國際法。由一個國家制定，並在其範圍內行使者，稱為國內法；反之，由國際團體承認，其行使不以一國之範圍為限，凡屬於國際團體各國家間均一致行使者，稱為國際法。我國的教育法規係由國家制定，並在我國範圍內行使，係屬國內法。

2.教育法規係國內法之公法

　　國內法分為公法、私法與公私綜合法等三種。凡規定權力關係、國家關係、統治關係者為公法；而規定平等關係、社會關係和統治關係者為私法；由公私法部分結合而形成者為公私綜合法。我國的教育法規係國家運用公權

力，規定主管教育行政機關與各級各類教育之組織、職掌及作用之一種法規；因此，其係為國內法中之公法。

3. 教育法規係國內公法之行政法

行政法是關於行政權的組織及作用之國內公法，其乃立於《中華民國憲法》（民國 36 年 1 月 1 日公布）之上，以《中華民國憲法》所定之原則為基礎，而為關於行政部門之詳細規定。我國現行的中央行政組織係以行政院為最高行政機關（《中華民國憲法》第 53 條），而教育部乃屬行政院之單位之一，是全國最高的教育行政機關。我國的教育法規係屬教育部，是規定我國教育行政權的組織及作用之法規；因之，其係屬行政法。綜而言之，我國的教育法規依法律之內容而言，其係屬國內公法之行政法。

（三）規範性之法規

我國的教育法規係以保障國家教育事業，並促進其健全發展為目的，而透過國家權力，以規範實行國家教育事務之法規。依此定義而論，我國的教育法規係屬「規範性」之法規，其主要作用是使我國各級主管教育行政機關、各級各類教育之行政人員、老師、學生，均有共同依據遵循之標準，俾奠定穩固我國國民法治之基礎，進而促進我國教育目標之具體實現，與我國整體教育事業之健全蓬勃發展，終而達成教育建國之目的。

惟晚近由於深受社會急遽變遷、工商業突飛發展之負面影響，違法者日有所增。因之，國家為確保教育法規之效力與其目的之達成，遂有強制性條文之增列，例如：民國 63 年（1974）11 月 16 日制定公布之《私立學校法》（民國 103 年 6 月 18 日修正公布），與民國 70 年（1981）11 月 6 日制定公布之《幼稚教育法》（民國 103 年 6 月 18 日廢止），均明列違法者懲罰之條文規定。其目的係藉制裁之手段，以確保我國教育法規之效力與其目的之達成。由此觀之，我國教育法規之性質，已逐漸有以「規範性」為主、「強制性」為輔之演變趨勢。

貳、教育法規的成立與修廢

一、中央法規及地方法規的立法

　　法律之制定與公布，屬於中央政府的職權，立法的程序包括「提案」、「審查」、「討論」、「議決」、「覆議」、「公布」等六項步驟。地方法規由中央授權地方政府制定公布。縣（市）的立法機關為縣（市）議會，在不牴觸國家法律的範圍內，得制定縣（市）法。地方單行法的立法程序與國家法律相同，各級行政機關發布[1]命令，必須經過「印署」（蓋印與簽押）及「公布」兩項步驟，命令一經公布，就具有拘束機關及人民的效力。

二、法規的公布與施行

　　教育法律雖因立法院完成立法程序而成立，但其效力之發生應在於公布之後。依我國《中華民國憲法》第 37 條規定：「總統依法公布法律，發布命令，須經行政院院長之副署，或行政院院長及有關部會首長之副署。」由此可見，我國公布教育法律之權屬於總統。惟行政院對於立法院議決之教育法律案如認為有窒礙難行時，依《中華民國憲法》第 57 條第 3 款規定：「……得經總統之核可，於該決議案送達行政院十日內，移請立法院覆議。覆議時，如經出席立法委員三分之二維持原案，行政院院長即應接受該決議或辭職。」行政院院長如接受該決議，總統應將該項法律案依法公布。我國的法律公布多採公報公布及揭示法，教育法律之完全有效成立，非但須經立法院通過，尚須公布施行；若僅公布而不施行，則無效力可言；故教育法律之施行，亦為其發生效力要件之一。法律雖經公布而發生效力，但其實際施行尚有一定「施行期限」。此自法律之公布至實際施行，謂之「猶豫期間」，乃配合法律之實際到達執行機關以及為施行之準備。故在猶豫期間，法效實際並未發生（吳清山，2008）。我國現行法制通常均採「自公布日施行」。

---

1. 發布與公布之意相同，目的為使公眾所周知，並使發布事項發生法律效力。

三、法規的整理及修訂

制定教育法規原在便利教育行政，實現教育目標。法規公布施行後的成效如何，應經常加以檢討。最好設置一專門單位，或在機關內指定專人，對於與法規有關的資料，例如：施行後所發生的問題、社會的反應、工作人員的意見、表現的效果等，加以蒐集整理；或舉行訪問調查，將所得的資料加以研究，獲致結論。此外，對於有些法規所依據的政策或基本法律有無變更、其他機關所頒布的法規與教育法規有無重複或牴觸等情事，也須隨時予以留意。如果所訂頒某些法規的內容及手續未盡適當，或施行已久，不能適合當前環境的情勢；或時效已失，無繼續存在的價值，便應立刻予以修正或廢止，否則反而會成為教育事業進步的障礙。教育法規之修正機關與其制定機關相同〔《中央法規標準法》（民國 93 年 5 月 19 日修正公布）第 20 條第 2 項〕，其修正程序與其制定、公布程序亦同。惟兩者公布時之用語略有不同，例如：制定《幼稚教育法》公布時，為「茲制定《幼稚教育法》，公布之」；修正《大學法》公布時，則為「茲修正《大學法》，公布之」。

關於教育法律之修正，皆無時間與次數之限制。就修正之時間而言，凡教育法律已施行者，固得修正之；其僅公布尚未施行者，亦得修正之。就修正之次數而言，即一而再、再而三，甚至多次之修正均無不可。惟教育法律之制定與變更，與國家政令之推行關係重大，自不宜朝令夕改，有損國家威信（吳清山，2008）。

四、法規的廢止

教育法規經公布施行後，即發生效力；而教育法規之廢止，即使原已生效之法規喪失其效力。教育法規之廢止原因，依《中央法規標準法》說明如下：

《中央法規標準法》第 21 條規定：「法規有左列情形之一者，廢止之：(1)機關裁併，有關法規無保留之必要者；(2)法規規定之事項已執行完

畢，或因情勢變遷，無繼續施行之必要者；(3)法規因有關法規之廢止或修正致失其依據，而無單獨施行之必要者；(4)同一事項已定有新法規，並公布或發布施行者。」

教育法規之廢止機關、程序與其制定機關、程序相同。惟其與制定程序略異者，係教育法規之廢止「得僅公布或發布其名稱及施行日期；並自公布或發布之日起，算至第三日起失效」（《中央法規標準法》第 22 條）。

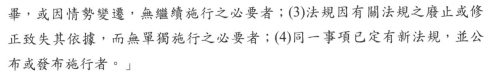

第二節　簡介幼兒園的相關法規

壹、幼兒園的主要法規——《幼兒教育及照顧法》

「幼托整合」後的「幼兒園」各項規範之主要法源依據是《幼兒教育及照顧法》，民國 111 年（2022）6 月 29 日修正公布之《幼兒教育及照顧法》共分 8 章、66 條，除第一章總則（1～6 條）、第八章附則（62～66 條）外，計有：教保服務機構設立及其教保服務（7～14 條）、教保服務機構組織與服務人員資格及權益（15～29 條）、幼兒權益保障（30～34 條）、家長之權利及義務（35～41 條）、教保服務機構管理、輔導及獎助（42～49 條）、罰則（50～61 條）等。依本章第一節教育法規的基本概念，《幼兒教育及照顧法》屬成文法，也是國內公法之行政法，有其規範性與強制性。

貳、幼兒園的相關法規

幼兒園要依據的法規並非只有《幼兒教育及照顧法》，還有許多法規是相關且常會參照的，通常我們會稱《幼兒教育及照顧法》為母法，在其條文中有「由中央主管機關定之」或「由直轄市、縣（市）主管機關定之」等字詞，就是有關該條文的細則或辦法必須再由負責的單位訂定公布再遵行，這些延伸訂出的法規稱為子法。由《幼兒教育及照顧法》延伸出來的子法目前

已陸續公布，例如：《公立幼兒園契約進用人員之進用考核及待遇辦法》（民國 112 年 12 月 25 日修正發布）、《幼兒園評鑑辦法》（民國 112 年 2 月 27 日修正發布）等，請參見各章介紹。

　　規範幼兒園的法規除了《幼兒教育及照顧法》及其子法外，尚有一些法規也很重要，例如：《勞動基準法》（民國 109 年 6 月 10 日修正公布）、《師資培育法》（民國 108 年 12 月 11 日修正公布）、《教師法》（民國 108 年 6 月 5 日修正公布）等，因為幼兒園的教保員與助理教保員是依《勞動基準法》，而教師是依《教師法》，所以幼兒園的教保服務人員都要熟悉《幼兒教育及照顧法》及其相關法規。

參、有關教保服務人員資格、權益與義務的法規

一、《幼兒教保及照顧服務實施準則》

　　本準則於民國 112 年（2023）11 月 22 日修正發布，係依《幼兒教育及照顧法》第 12 條第 5 項規定訂定之，共 20 條，原名為《幼兒園教保服務實施準則》。此準則為教保服務人員的重要工作守則，強調教保服務人員應遵守下列規定（第 3 條）：

1. 尊重、接納及公平對待所有幼兒，不得為差別待遇。
2. 以溫暖、正向之態度，與幼兒建立信賴之關係。
3. 以符合幼兒理解能力之方式，與幼兒溝通。
4. 確保幼兒安全，關注幼兒個別生理及心理需求，適時提供協助。

　　此外，對幼兒園的作息與教保作業也有具體明確之規範，教保服務人員應熟識這 20 條準則，並遵行之。

二、《教保服務人員條例》

　　本條例於民國 111 年（2022）6 月 29 日修正公布，全文共 53 條，分為總則、培育及資格、權益、管理、申訴及爭議處理、罰則、附則等七章，對幼兒教保服務人員的資格、權益及義務規範相當完整，其目的在提升教保服務人員之專業地位，全文可查閱「全國法規資料庫」網站。

肆、幼兒園內的規程章則

　　法規對幼兒教育體系的運作是非常重要的，前述幼兒園的主要法規與其相關法規都是鉅系統運作所遵行的規則，但在幼兒園內還是需要訂定一些規程章則來做為園內處理園務的依據，亦是維持全園紀律、增進行政效率，以保障幼兒教育品質之重要工具。茲列舉有關園內的規章如下（王靜珠，1995）。

一、園務方面的規章

1. **幼兒園組織大綱**：內容包括教保目標、行政組織系統、人員與職掌，以及各種會議與各種委員會的任務等。
2. **各組辦事細則**：內容規定各組的詳細職掌及辦事程序等。
3. **會議規則**：依照組織大綱所規定的各種會議，分別訂定其職權、出席人員、主席、會期及會議程序等。
4. **委員會組織規程**：依照組織大綱所規定的各種委員會，分別訂定其職權、委員人數、產生方法、任期、會期及會議程序等。
5. **教保服務人員服務規約**：規定教保服務人員擔任教學、負責保育，分掌園務、到園、離園、請假等辦法。

二、教保方面的規章

1. **借閱圖書規則**：內容規定園內借閱圖書的手續。

2. **教保實施辦法**：內容規定教保目標、組織、實施辦法（含課程與教學）、幼兒學籍登記、請假辦法等。

3. **餐點採購與供應辦法**：內容規定廚工管理，餐點單的訂定，食材採購、儲存、烹煮、供應，以及廚餘處理等。

4. **活動室規約**：內容規定每班活動室及特別活動室的使用與管理。

5. **健康與安全管理辦法**：內容規定全園師生健康管理與安全管理措施的規劃與實施。

三、事務方面的規章

1. **公文處理辦法**：內容規定公文之收發、分類、編號、起稿、判行、校對、用印、歸檔、保存、調卷等之處理手續。

2. **經費管理辦法**：內容規定預算、決算、報銷、出納、記帳、單據之辦理手續。

3. **領用物品辦法**：內容規定領用、歸還及購置物品之辦法。

前述有關幼兒園內的各項規章名稱並非政府規定，其種類不宜太多，各園可依規模大小做調整，亦可合併規章另外定名。這些規章當然不可與政府的法令牴觸，最好是經過大家充分討論後訂定，以便共同遵守。

伍、維護幼兒與家長權益、義務的相關法規

一、有關家長權益與義務的規定

《幼兒教育及照顧法》第五章第 35 條至第 41 條規定了「家長之權利及義務」，幼兒園有必要讓家長了解，其重點如下：

1. 幼兒園得成立家長會，此家長會得加入地區性家長團體。

2. 父母或監護人及家長團體得請求直轄市、縣（市）主管機關提供下列

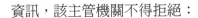

資訊，該主管機關不得拒絕：

(1)教保服務政策。

(2)教保服務品質監督之機制及作法。

(3)許可設立之教保服務機構名冊。

(4)教保服務機構收退費之相關規定及收費數額。

(5)幼兒園評鑑報告及結果。

3. 教保服務機構應公開下列資訊：

(1)教保目標及內容。

(2)教保服務人員及其他人員之學（經）歷、證照。

(3)衛生、安全及緊急事件處理措施。

(4)行政組織及員額編制情形。

(5)辦理幼兒團體保險之情形。

(6)收退費基準、收費項目及數額、減免收費之規定。

(7)核定之招收人數及實際招收人數。

4. 父母或監護人對教保服務機構提供之教保服務方式及內容有異議時，得請求教保服務機構提出說明，教保服務機構無正當理由不得拒絕，並視需要修正或調整之。

5. 直轄市、縣（市）層級家長團體及教保服務人員組織，得參與直轄市、縣（市）主管機關對幼兒園評鑑之規劃。

6. 教保服務機構之教保服務有損及幼兒權益者，其父母或監護人，得向教保服務機構提出異議，不服教保服務機構之處理時，得於知悉處理結果之日起 30 日內，向教保服務機構所在地之直轄市、縣（市）主管機關提出申訴，不服主管機關之評議決定者，得依法提起訴願或訴訟。

7. 父母或監護人應履行下列義務：

(1)依教保服務契約規定繳費。

(2)參加教保服務機構因其幼兒特殊需要所舉辦之個案研討會或相關活動。

(3)參加教保服務機構所舉辦之親職活動。

(4)告知幼兒特殊身心健康狀況，必要時並提供相關健康狀況資料，並與教保服務機構協力改善幼兒之身心健康。

二、有關幼兒權益保障的規定

《幼兒教育及照顧法》第四章第 30 條至第 34 條規定了「幼兒權益保障」，幼兒園也有必要讓家長了解，其重點如下：

1. 教保服務機構之負責人及其他服務人員，不得對幼兒有身心虐待、體罰、霸凌、性騷擾、不當管教，或其他對幼兒之身心暴力或不當對待之行為。

2. 教保服務機構應就下列事項訂定管理規定、確實執行，並定期檢討改進：

   (1)環境、食品安全與衛生及疾病預防。

   (2)安全管理。

   (3)定期檢修各項設施安全。

   (4)各項安全演練措施。

   (5)緊急事件處理機制。

3. 幼兒進入及離開教保服務機構時，該機構應實施保護措施，確保其安全；幼兒園如有幼童專用車輛，應遵守相關規定。

4. 教保服務機構應建立幼兒健康管理制度，並應將幼兒健康檢查、疾病檢查結果、轉介治療及預防接種等資料，載入幼兒健康資料檔案，並妥善管理及保存、保密，且依規定與家長保持聯絡。

5. 教保服務機構為適當處理幼兒緊急傷病，應訂定施救步驟、護送就醫地點、呼叫緊急救護專線支援之注意事項，以及父母或監護人未到達前之處理措施等規定。

6. 教保服務機構應辦理幼兒團體保險，並須符合法定規範，也應投保場所公共意外責任保險。

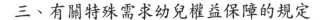

三、有關特殊需求幼兒權益保障的規定

　　有關特殊需求幼兒的權益保障可參閱《特殊教育法》（民國 112 年 6 月 21 日修正公布）及《特殊教育法施行細則》（民國 112 年 12 月 20 日修正發布）。特殊需求幼兒可分兩類：一類是指幼兒本身是身心障礙者，還有另一類是「特殊境遇的幼兒」，例如：高危險家庭的幼兒（如父或母酗酒、吸毒、犯罪入獄、暴力行為、性侵害等）、弱勢家庭的幼兒（如低收入戶、隔代教養、父或母為身心障礙者等）。

　　《幼兒教育及照顧法》第 7 條規定：「教保服務應以幼兒為主體，遵行幼兒本位精神，秉持性別、族群、文化平等、教保並重及尊重家長之原則辦理。……政府應提供幼兒優質、普及、平價及近便性之教保服務，對處於離島、偏遠地區，或經濟、身心、文化與族群之需要協助幼兒，應優先提供其接受適當教保服務之機會，……」公立幼兒園應優先招收不利條件之幼兒，現代教育的理念是盡量回歸主流（亦即融合教育），不要給孩子不必要的標記，亦即教育機會均等的原則運用，本著「有教無類」的精神，讓所有孩子能融合在一起接受教育。因此，如發現特殊需求幼兒時，不是要隔離他們，而是盡量能留在原班就留在原班，但如需其他資源時，就要尋求相關機構的協助，不得已時才轉介幼兒到相關機構，以求適切教育與照顧，但都必須與幼兒家長聯絡，一起討論解決方案，有時尚須與各縣市教育局（處）或社會局（處）聯絡，依合法程序辦理求助（如留原班但須語言治療師定期輔導，或需社會工作人員介入等）或辦理轉介手續。有關特殊需求幼兒的補助項目，將在下一項加以說明，至於身心障礙的特殊需求幼兒，如需輔助器材教具（如輪椅、點字工具、助聽器等），可向所屬直轄市或縣（市）政府社會局（處）洽詢申請辦法。

四、各項幼兒補助措施

　　《幼兒教育及照顧法》第 7 條第 6 項：「政府對接受教保服務之幼兒，

得視實際需要補助其費用；其補助對象、補助條件、補助額度及其他相關事項之辦法，由中央主管機關定之。」教育部乃依此訂定《幼兒就讀教保服務機構補助辦法》（民國 110 年 7 月 29 日修正發布）。經實地訪查，幼兒園的補助項目分為：2～5 歲幼兒免學費、低／中低收入戶家庭子女／大班 5 歲經濟弱勢加額「免繳費用」、原住民幼兒、弱勢家庭幼生午餐點心費用補助、就讀私立幼兒園就學補助、學費減免、課後照顧、餐點費補助、身心障礙幼兒教育補助費、延長照顧服務、私立幼兒園招收身心障礙幼兒補助等。各學年度會因某些因素做些調整，請注意「全國教保資訊網」的資料。

第三節　幼兒教保服務人員參閱法規應注意事項

　　教育法規具有引導與禁制的功效，行政單位透過各種法規的制頒與政令宣導，希望能導引教育事業的發展，達到各類教育目標。幼兒教育有關的法規，就是幼兒園的辦理依據，故幼教法規對教保服務人員而言，至為重要。教保服務人員參閱引用幼教法規時，至少應注意下列幾項原則。

壹、廣泛蒐集有關幼兒教育的法規

　　幼兒園適用的法規已在本章第二節扼要列出，但教保服務人員在應用法規時，不能只注意有「幼兒園」字眼的法規，事實上在基本教育法令中亦有許多與幼兒教育有關，值得廣泛蒐集、分類建檔，以備不時之需，例如：《特殊教育法》的條文中就有關於學前特殊教育辦理的規定；《師資培育法》的條文與幼兒老師資格的如何取得也直接相關，一定要參考。

貳、注意法規的修訂動向

　　由於近年來幼兒教育之蓬勃發展，政府於民國 32 年（1943）12 月 20 日

訂定的《幼稚園設置辦法》，其後雖經三次修正，但因其係屬行政命令，未具法律之效力，對未立案或辦理不善之幼兒園，始終未能收積極輔導與管理之效，故已於民國 72 年（1983）廢止。民國 70 年（1981）頒布的《幼稚教育法》，使我國的幼兒教育正式於法有據，開創我國教育史上的新頁，但早年制定的《幼稚教育法》，雖有教育與保育並重、管理監督與獎勵輔導兼顧等特色，但已逐漸顯現出需再修正的必要。因此，幼教工作者對法規的變動，須以敏銳眼光、專業素養去多加體會。

　　教育法規常因客觀環境之變更而須加以修訂，例如：由於社會大眾對我國師範教育走向多元化的開放制度，有極大之迴響，政府有關單位就公布《師資培育法》，使過去只由師範校院培育老師的局面，改為一般大學只要申請設立教育學程（分中學、小學、幼兒園、特殊教育等四類），即可培育各級學校之師資。可見隨著教育事業的日新月異，幼教工作者應隨時留心幼教法規的變更與修訂，才不會引用失去時效的法規，在此有四項建議供幼兒園負責人參考：

1. 幼兒園應多購置有關幼教法規消息或資訊的書刊，供全園老師與行政人員參考。
2. 多注意政府公報、網站及各大報刊載的文教消息。
3. 指派專人負責蒐集幼教法規，予以建檔、分類、歸檔，以便老師或行政人員隨時可以查閱。
4. 有關法規資料的全文檢索，可逕至「全國法規資料庫」（https://law.moj.gov.tw）查詢；有關幼教政策或訊息可查詢「全國教保資訊網」（https://www.ece.moe.edu.tw），上網查詢是最快獲得正確資訊的方法。

參、協助家長認識相關法規與維護相關權益

　　《幼兒教育及照顧法》第四章與第五章關於幼兒及家長的權益規定，教

保服務人員應充分了解，並在家長座談會時向家長說明。此外，政府對低收
入家庭、原住民或身心障礙者有補助的規定已在第二節說明，教保服務人員
應充分了解自己所教班級之幼兒的家庭狀況，主動協助他們辦理相關手續，
以維護其權益。

肆、隨時注意「全國教保資訊網」的內容

　　教育部建置的「全國教保資訊網」是幼教界人士與家長可以獲得許多資
訊的網站，舉凡政令宣導、研習活動公告、各項補助辦法等，都可在此找
到。「全國教保資訊網」有各項優惠措施、教養資源、評鑑、輔導、教保課
程、設施設備等專項可點選查閱。在數位化的時代，教育部對全國幼兒園的
管理也都數位化，幼兒園的資料都需上網，各園有自己的密碼，教師與教保
員的資料也都必須登錄，在職進修也在此登記，所以各項統計也因為數位化
而很容易掌握。教保服務人員要隨時注意此網站的資料，才能掌握新資訊，
對幼教工作勝任愉快。

行政小錦囊

沒收幼兒玩具合法嗎？

　　幼兒園老師為了維持課堂秩序，而沒收幼兒帶來的玩具或其他物品
是常有的事；但下課後或放學前，卻沒有把玩具或物品歸還幼兒，或存
放多日弄丟了，或直接把玩具或物品帶回家，這就是犯法的。因為「沒
收」是《中華民國刑法》（民國 112 年 12 月 27 日修正公布）上從刑的
一種，必須經法院判決才可以實施此項處罰，依現行法律規定，老師不
能「沒收」學生的物品，充其量只能暫時保管，讓幼兒專心學習，但須
在適當時機交還給幼兒，這樣才能在「法理」上站穩立場。

1. 如果有一群幼教老師想建議「擴大幼教老師進修機會」，請問其建議要形成法律條文公布實施，須經過哪些過程？請扼要條列之。

2. 請訪問兩間幼兒園，詢問幼兒園內的規程章則有哪些？並加以比較評論之。

3. 依《幼兒教育及照顧法》之規定，幼兒園應公開哪些資訊？

4. 依《幼兒教育及照顧法》之規定，父母及監護人應履行哪些義務？

第 二 篇

外系統的運作：
建構幼兒學習的支持環境

幼兒園教保行政管理與實務：
幼兒教育體系與運作觀點

第三章　幼兒園的行政意涵與籌備規劃

蔡春美、陳素珍、陳美君

第一節　幼兒園行政的意義、範圍與功能

壹、行政的意義

　　「行政」一詞，依中文字義解釋乃指「國家與公共團體為實現預定目的所做的事務與行為」（參見《辭彙》），亦可指某一機構的組織與其功能。行政的英文為 administration，依據《韋氏大字典》（*Webster's Dictionary*）的解釋，該字有「管理」或「導引事務」之意，如採更廣泛的字義，則並不限於國家或公共團體的事務，可見行政的意義可解釋為「一切事務的管理與導引」。

　　近代學者對行政的解釋，迄今仍無一致的說法，茲舉吳清山的說法為例，他從政治、管理及公共政策等三個層面加以說明（吳清山，2021，頁3）。

一、從政治層面的解釋

（一）就政府分工情形來說

　　所謂「行政」，乃係行政機關所管轄的事務，但立法與司法機關所管轄的事務並不包括在內。《辭海》曾將「行政」解釋為：「國家所行之政務。凡立法、司法之外之一切統治作用，總稱行政。」

（二）就涵蓋的範圍來說

　　政治的範圍較廣，層次較高；行政的範圍較狹，層次較低，例如：F. J. Goodnow 在其所著的《政治與行政》（*Politics and Administration*）一書中，曾說：「政治是國家意志的表現，行政是國家意志的執行。」

二、從管理層面的解釋

自從「科學管理之父」F. W. Taylor 於 1911 年出版《科學管理的原則》（*The Principles of Scientific Management*）一書之後，很多學者即以管理的層面解釋行政，例如：

H. Fayol 認為：「行政工作乃是由計畫（to plan）、組織（to organize）、命令（to command）、協調（to coordinate），以及控制（to control）等五種功能所構成。」

L. Gulick 與 L. Ulwick 認為：「行政就是計畫（planning）、組織（organizing）、人員（staffing）、指導（directing）、協調（coordinating）、報告（reporting）、預算（budgeting）等之繼續不斷的歷程。」簡言之，Gulick 和 Ulwick 創造了一個「POSDCORB」的字來解釋行政。

因此，從管理層面解釋「行政」，特別著重於利用有效的方法，例如：計畫、組織、協調、領導、控制、預算等，以有效處理事務。

三、從公共政策層面的解釋

「公共政策」（public policy）常與政府或公共團體的活動有關。T. R. Dye 認為，公共政策就是「政治選擇作為或不作為的行為」；持此觀點的學者，都把「行政」視為「政府政策的規劃與執行結果的一連串歷程」。

吳清山（2021，頁 4）因此歸納「行政」的定義為：「一個機關有效管理人、事、財、物等行為，以達成目標的過程。」若以幼兒園為例，則：

1. 行政的主體：某幼兒園。
2. 行政的內容：該幼兒園內的人、事、財、物。
3. 行政的方式：有效的管理，必須運用計畫、組織、領導、溝通、協調和決定等各種方式。
4. 行政的本質：行為、目標和過程並重。

　　研究行政學的人都承認：自從人類過著有組織化的生活開始，就一直存在著行政管理上的問題。目前是一個高度專業化的時代，社會上大規模的組織不斷產生，政府機關固然是龐大組織，但私人企業、學校、宗教團體、政黨、醫院等，無一不是龐大組織，因此就有企業行政、學校行政、宗教行政、政黨行政、醫院行政的產生。如以幼兒園行政而言，應屬教育行政，以下說明教育行政的意義與特質。

貳、教育行政的意義與特質

一、教育行政的意義

　　教育行政（educational administration）係指，國家對於教育、文化與學術，負起計畫、執行、考核的責任，採用最經濟、最有效的方法，以實現國家宗旨與政策，而達到建國的理想與目的；簡言之，教育行政就是國家對教育事業的行政。「教育行政」一詞有其廣義與狹義之分：狹義的教育行政僅指政府對各項教育事業之計畫、執行、考核等活動而言；而廣義的教育行政，除上述以外，更包括學校行政在內。由於教育與各方面的關係無法截然分開，通常所謂的教育行政，除了「教育的」行政外，尚包括了其他方面的行政，例如：文化行政、學術行政等。而教育行政也不包括所謂的教育活動，有些教育活動被劃歸在其他行政的範圍，例如：兒童福利屬於社會行政、職業訓練屬於經濟行政等（朱匯森，1968）。

　　上述教育行政的意義，亦有人從另一角度解釋為：

> 「教育行政乃是一利用有限資源，在教育參與者的互動下，經由計畫、協調、執行、評鑑等步驟，以解決教育問題，並達成最高效率為目標的連續過程。」（秦夢群，2006）

　　此定義特別強調資源的運用、行政參與者的互動、完備的計畫，以及有

效率的解決教育問題。

二、教育行政的特質

　　教育行政與其他行政不同之處，乃因其在教育概念及行政處理上具有下列特質：

　　1. 教育行政的對象是教育，教育須著重「人」與「我」的關係；而一般行政的對象是眾人之事，注重「行政人員」與「事務」的關係。

　　2. 教育行政要實現「教育是國家的一種投資」之理論；而一般行政是以經營利潤為目標，投資效益須立即可見。

　　英國教育家 G. Balfour 曾說：「教育行政的目的，乃在使適當的學生，能於適當的情況下，從適當的老師，接受適當的教育」（引自黃昆輝，1980），這的確是一針見血之談，任何教育如能做到此種境界，其教育行政的支援效果可謂已達百分之百。

　　美國教育行政專家 E. P. Cuberley 指出，教育行政乃集中於下列三種人的工作：

　　第一種人是教室內的老師管理教室內的工作，亦即通稱的班級經營。

　　第二種人是學校的校長，主管一校的組織行政和監督事宜。

　　第三種人是教育、文化、學術行政機關的長官或負責人，擔負許多學校或文化學術的組織行政與監督之責。

　　這三種人合起來的工作內容是廣義的教育行政內容，如以狹義的教育行政觀之，則第三種人是屬教育行政人員，第一、二種人應屬學校行政人員，而一般的老師亦須負起行政之職責，在此亦可獲得明證。

　　教育行政本身其實是一種手段，能促成教育事業的發展與進步才是它的真正目的，透過有效的行政作為、國家教育的實施，始能達成育才強國的任務。教育行政是一門科學，也是一種藝術，舉凡教育實際問題的研析、教育改進措施的決定、教育發展計畫的執行，乃至教育實施成效的評鑑，均須利用科學的原理與方法，才能收到「致廣大而盡精微」的效果，也才能達成綜

觀、洞見、客觀的行事要求（黃昆輝，1996）。

教育行政的效率要高，最重要的還是在於人；教育任務的達成，需要有健全的行政組織，而健全的行政組織，更需要有良好的行政人員。人員是需要鼓勵的，行政人員要有高度的成就動機，行政主管要有優異的領導，機構中要有向上發展的工作氣氛、和諧的人際關係、高昂的士氣、充分良好的溝通等，這些都需要高度的藝術。

近年來，有關教育行政的研究都集中於三方面：一是如何落實計畫、組織、溝通、協調及評鑑的整個行政過程；二是如何使機構層面與個人層面取得協調、完整，產生良好的仲裁力量；三是如何使行政人員表現出符合要求的行為，最後求得教育問題的圓滿解決。

總之，教育行政的意義可以從過程來說明，亦可從教育行政人員實際上所表現的行為形式來定義。從過程來看，教育行政可以說是一種以「做決定」（decision making）為中心的歷程；A. Guilick 認為，教育行政是計畫、組織、任用人員、導引、協調、報告及預算的繼續不斷之過程。若從行政人員的角度探討，教育行政實乃教育行政人員所表現的行為形式，這些人員被認為是視導者，也是仲裁者，亦是問題解決者（秦夢群，2006；黃昆輝，1996）。

參、幼兒園行政的意義、範圍與功能

一、幼兒園行政的意義

「幼兒園行政」簡單而言，即幼兒園所處理的一切事務，舉凡人、事、財、物等各方面都包括在內。這種說法雖然簡明扼要，但未能完全掌握幼兒園行政精義之所在。換言之，上述說法僅指出幼兒園行政的內涵，對於幼兒園行政的方法和目的則不夠明確。因此，更嚴謹的說法，幼兒園行政乃是：「幼兒園依據教育與保育原則，運用有效和科學的方法，對於園內之人、事、財、物等業務，做最妥善而適當的處理，以增進幼兒健全發展，達成幼兒教保目標的

一種歷程。」詳細來說，幼兒園行政的本質，具有教育性和服務性，在於導引和支援教與學，為師生服務，而其所使用的方法，乃是採用有系統、有組織的方法處理各項業務，以提高工作績效（吳清山，2021）。

　　幼兒園行政是教育行政的一部分，其任務在提供幼兒良好的學習情境，使老師能專心教學，發展並維持幼兒園與社區間動態的和諧關係，使家庭了解園方的教保活動，願意支持幼兒園，與幼兒園共同努力，讓幼兒能獲得健全發展的快樂童年。

二、幼兒園行政的範圍

　　依據前述幼兒園行政的意義，茲列出其範圍如下。

（一）行政組織編制

　　幼兒園為達到教育目標與行政效率，須有系統而適當的行政組織，並視其規模之大小、公私立別及人員多寡而定。決定行政組織編制時，須注意法令依據及管理的方便。私立幼兒園尚須注意是否要申請成立董事會組織、財團法人等問題。

（二）行政計畫與園務分掌

　　幼兒園的行政工作相當複雜，為求行政績效，須擬訂周密的行政計畫，包括：園務計畫、行事曆、各部門年度工作計畫等，而每一部門的員工如何分工合作，則須明訂園務分掌明細表，以推動業務之順利進行。

（三）各項會議與規程章則

　　幼兒園的會議可依規模大小做彈性調整，通常有園務會議、教保活動課程發展會議、總務會議、各類研究會及家長座談會等。規程章則方面可依需要訂定，以適應行政的需要，讓全體員工有依循準則。

（四）教務工作

　　教務工作包括招生報名、班級編班分配、建立幼兒資料、訂定生活作息

時間表、規劃幼兒學習評量等，尤其在教學品質提升方面，須做周詳的規劃。

（五）保育工作

幼兒的學習活動與保育工作不可分割，有些幼兒園會將教務與保育工作合併為教保組的工作，如規模較大，可分成兩組人員分掌。保育工作包括：導護、校內外活動安排、每日餐點的調配與管理、健康安全教育與設施之規劃、家庭訪問與聯絡等。

（六）總務工作

總務工作包括：文書、圖書、庶務、經費等，諸如：公文、檔案的管理；教具、教學用品、圖書等的採買與保管；園舍建築、房舍設備修繕；經費的分配管理等，都是總務工作。

以上所列有關幼兒園的行政範圍將在本書各章中詳細說明，在此只列出大要輪廓，提供讀者初步了解。

三、幼兒園行政的功能

幼兒園行政的功能可以從計畫、執行及評估的循環歷程來討論，也是園長執行教育理念所產生的教育成果。圖 3-1 所呈現的是園長的辦學理念，它是一種想法和計畫，對於老師的專業培訓及行政管理就是執行計畫的第一環，呈現在幼兒及家長的影響便是教育執行的結果，也就是計畫執行之評估結果，此評估結果尚可回饋園長修正辦學理念，而繼續循環、不斷改進，例如：一所專業的蒙特梭利幼兒園，園長欲將西方的教育理念理想化的在國內實行，對於教育文化差異及師資專業的培訓就是考驗著園長在計畫、管理及執行間的效能，教師／教保員將教育理念落實在幼兒園的活動及學習環境，對幼兒所產生的正向影響，而得到家長的認同（含理念溝通及家長育兒的能力成長），便是園長辦學理念的執行成果，這也就是幼兒園行政的功能。

圖 3-1　幼兒園行政功能產生循環圖

　　幼兒園行政是達成教育目標的必要手段之一，因此其主要任務可歸納為下列五項（黃昆輝，1996）：

1. 建立良好的教學情境。

2. 提供幼兒良好的服務。

3. 提供老師良好的服務，使老師能專心教學。

4. 發展並維持幼兒園與社區間的動態和諧關係，使家長了解幼兒園的教保活動，從而相信幼兒園、支持幼兒園。

5. 為達成這些任務，幼兒園的行政人員應善用經費與資源，以充實設備、支援教學。

從上述任務可以引申幼兒園行政的功能有四（吳清山，2021）：

1. 提供幼兒接受適當的教育。

2. 協助老師教學活動的進行。

3. 增進幼兒學習活動的興趣。

4. 協助政府各種政令的推動，如交通安全、環境保育、親職教育等。

肆、幼兒園行政的基本原則

幼兒園行政是教育行政的一部分，與其他行政（如公共行政、企業管理等）仍有相異之處。因為幼兒園是以教保幼兒為目的，其成效最不易評估，不像一般企業機構可由其利潤來了解其績效。但是，任何組織必須兼顧效率（efficiency）和效能（effectiveness），才能發揮其功效。因此，幼兒園行政的基本原則，可以歸納如下幾項（吳清山，2021）。

一、專業化原則

所謂專業，必須具備下列條件：(1)提供獨特的服務；(2)接受較長時間的養成教育；(3)不斷接受在職教育；(4)具有相當的自主權；(5)遵守倫理信條等。幼兒園行政在提供有效的教保服務，因此幼兒園的行政人員必須接受專業訓練，具有專業的知能與素養，方能勝任愉快。

二、科學化原則

幼兒園行政工作經緯萬端，甚為複雜，因此需要採用科學的方法，才能化繁為簡，提高績效。目前處在資訊化的社會，幼兒園行政已紛紛採用管理資訊系統（management information system）來處理學校各項業務，例如：學籍、課程、人事、設備、財務和圖書等方面，以減輕人力、降低成本、提高效率，因此辦公室自動化也成為時代之所趨。當然，資訊化只是科學方法的一種，運用有組織、有系統的方法處理各項業務，使其能夠順利有效地運作，亦為科學化的方式之一。

三、學術化原則

科技發展日新月異，教育知識亦是如此。幼兒園的行政人員必須隨時進修與研究，方能掌握教育動態與訊息，成為時代的先鋒。目前，幼兒園的行政人員在處理各項業務時，經常發現存在著許多問題，在這些問題當中，部

分是上級行政機關法令之規定未能符合實際需求，以幼兒園為例：教保服務人員資格認定、房舍建築限制、家庭訪問實施等，如果要有效解決這些問題，行政人員必須花費心血進行研究，再根據研究結果做為改進的參考。

四、民主化原則

　　幼兒園行政的推動，光靠一個人的力量是不夠的，必須群策群力、集思廣益，方能收到最大效果。身為幼兒園的行政主管，處理任何事情不可存有「唯我獨尊」、「獨斷獨行」的心態，否則將會得到反效果。在一個開放和多元的社會中，應讓同仁們有充分表達意見的機會。俗語說：「三個臭皮匠勝過一位諸葛亮」，其意在此。所以，在處理園務行政時，多運用會議方式，廣泛聽取同仁意見，或者私下請益，將可收到良好的行政效果。

五、整體化原則

　　幼兒園是一個小型的社會，為求能夠健全發展，園務行政的推動必須從整體著眼，因此要去除各單位「本位主義」的觀念。目前，各項業務的推動常會發生很多難題或摩擦，其中一個主要癥結所在，就是本位主義作祟，各單位不是認為自己的業務最重要，就是認為業務事不關己、不予重視，例如：環境教育的推動，常見各單位互踢皮球，就是最好的例證。所以，處理園務行政的基本原則之一，就是各單位要放棄本位主義觀點，一切為大局著想，彼此相互協調、密切合作，以謀求整體發展，才能實現教保目標。

六、彈性原則

　　幼兒園的事務處理必須保持充分的彈性，才能適應環境可能的變化和發展。因為行政所涉及的因素相當多，除了內在環境本身的因素影響外，同時也會受到外在社會、政治、文化及經濟等環境的影響。所以，處理幼兒園事務，有時在法令許可範圍內，適時彈性處理，不要拘泥形式、一成不變，才能適應環境之所需，藉以收到事半功倍之效。

七、績效原則

幼兒園行政最根本的目的，在於追求績效；換言之，必須以最少的人力、物力和時間得到最大的利益。當然，幼兒園行政的好壞，不只是視每位幼兒花費了多少成本，最重要的在於是否培養出幼兒健全的人格。是故，績效原則不僅是追求經濟效益，更重要的是要追求教育效益和社會效益，培養出對社會有用的人才。

第二節　幼兒園籌備與規劃的程序

壹、規劃籌備方案

幼兒園籌備計畫的工作策略是造就其成功與否的重要關鍵。然而，這些策略性的計畫只是籌備的起點，尤其是擔任領導者的角色，對於該計畫的發展及組織目標之籌備計畫的相關次計畫也是不可漠視。不論是幼兒園籌備計畫或次計畫，必須由幼兒園各部門、各單位，對於機構宗旨、教學理念及幼兒招生來源做最完善的準備（Kotler, 1996）。

幼兒園的籌備計畫有三個目的：第一，是用來發展幼兒園的經營策略，該策略主要是能和幼兒園的籌備單位溝通，並促使幼兒園運行；第二，做為籌備預算的當然依據；第三，提供一個監控進度的工具，並於計畫進行過程中做為計畫更正的措施。

每一個籌畫的主要作業可決定其他細部之幼兒園運行計畫，而幼兒園運行計畫有二個層次：其一為策略計畫（strategical plan），是指計畫幼兒園經營情形及營運機會的分析，並發展廣泛的教育推廣目標和策略；另一為運行計畫（tactical plan），是指籌備特定時期的經營策略，包括：幼兒園開辦期間的教育理念推廣活動、廣告、收費的訂定，以及社區活動等。

依據幼兒園籌備計畫，其他部門的籌備計畫即可同時發展出來，例如：

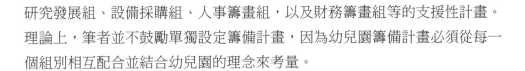

研究發展組、設備採購組、人事籌畫組，以及財務籌畫組等的支援性計畫。理論上，筆者並不鼓勵單獨設定籌備計畫，因為幼兒園籌備計畫必須從每一個組別相互配合並結合幼兒園的理念來考量。

一、幼兒園籌備程序

幼兒園籌備程序乃是依籌備計畫，協調未來幼兒園開辦系列工作過程之程序，同時此籌辦程序也是將來幼兒園經營的重要里程碑。此程序規劃的目的乃是在幼兒園未來的經營運行中，作為組織與系統的前階段程序。籌備程序若能規劃完善，將醞釀一個好的教學環境和行政效率，同時並將有效地執行幼兒園籌備計畫的過程。幼兒園籌備計畫所要討論的程序為：幼兒園籌備程序的主要步驟、計畫的主要內容，以及理論工具（敘述不同類型的幼兒園運行活動）。

幼兒園籌備必須注意幼兒園運行的程序。各項事業的宗旨都是在其有利的條件下，將「價值傳送」的觀點實現到社區中；所謂「價值傳送」的觀點，至少有二個要件：分別為理念的認同及幼兒園的回饋，例如：由於幼兒園的辦學理念並予以推廣，進而得到幼兒家長的認同及幼兒入學的行動，而幼兒園籌備程序正是肇基於此。「價值傳送」觀點乃是說明幼兒園知道該機構的特色及目標，且家長也能認同其理念，並讓幼兒前來就讀，但這種經營觀點使幼兒家長面臨更多的選擇。在各個幼兒園中，不同特色之「大量市場」可以畫分成幾個小市場（micromarkets），每個小市場都有其需要、認知、偏好及就讀標準；聰明的幼兒園領導者應針對目標市場好好地設計辦學理念（王靜珠，1995）。

一旦幼兒園選定要傳送到目標市場的教育理念後，就準備開始提供此相關資訊。有形的辦學理念與教育推廣必須詳盡擬訂，設定教育目標，此教育目標之設計須配合幼兒園的特色、收費及適合現階段家長的需求，此即為幼兒園籌備程序的一部分。溝通是籌備工作的重要事項之一，可利用人員推廣、廣告等，讓幼兒家長知道幼兒園的教學理念。一般而言，教學理念是產

生於幼兒園籌備程序開始之前，甚至在發展時（成熟時也可用），仍不斷持續進行著。

二、籌備訊息傳播

　　幼兒園籌備過程之訊息傳播，分別為家長的回饋、教學改善，以及教學的完整性，說明如下：

1. 家長的回饋：在幼兒入學後，仍不斷蒐集家長的回饋，以學習如何改善教學及了解幼兒家長的需求。
2. 教學改善：幼兒園應評估家長、教職員工的改善意見，並盡快導入最有價值且可實行的改善方案。
3. 教學的完整性：教學應是高品質及完整性的。

　　因此，幼兒園籌畫的第一步是籌畫程序，此時應建立幼兒來源和教學目標的定位策略，建立教學目標與所需資源，以達成籌備目標。財務籌備、設備採購與人事籌備的組織，能確保所採行的籌備計畫是否足夠，並能籌備支持人員的規劃。幼兒園籌備計畫必須是使人信服的一個計畫，應將此計畫「推廣」至未來幼兒園的全體教職員工，然後執行此計畫。在籌備期間，分別有以下幾個程序：分析幼兒來源；研究與選擇目標市場和教學特色定位；設計幼兒園經營策略；規劃幼兒園經營方案；組織、執行幼兒園經營活動（Kotler, 1996/1998）。

貳、籌備與執行

　　幼兒園的規劃策略必須轉變成籌備方案，此一階段的工作須完成籌備支出、籌備組合、籌備資源分配，以及組織、執行與掌控開辦活動等四項決策。

一、籌備支出

　　幼兒園必須決定達成開辦目標所需要的支出水準，並應以正常運行的開

支編列預算；除此之外，如果可能的話，應找出幼兒園開辦預算所占經費的比率情形。特定的幼兒園規劃（幼兒園籌備期間的支出項目）可能會超過正常水準的預算，以期望達到較高的市場占有率。在開辦工作期間，計算的花費成本，便是「開辦預算」。

二、籌備組合

幼兒園也須訂定如何將開辦預算分配於不同的籌備組合工具，籌備組合是幼兒園經營籌備過程中的重要概念。筆者將幼兒園的籌備組合、規劃分為四類：教學經營、收費標準、社區資源、教育推廣／廣告，這些都是幼兒園經營變數的內容。並非所有幼兒園的籌備組合都能夠在短期內調整，基本上，幼兒園可以在短期內改變收費、籌備人員的規模與廣告支出。

三、籌備資源分配

發展新的教學特色與更改經營策略是長期的承諾與決策，因此幼兒園在短期內可以改變經營組合，同時將籌備支出予以適當的分配，使資源能充分地被運用，並達到最高的邊際效益（福爾曼管理叢書，1992）。

四、組織、執行與掌控開辦活動

籌備程序的最後一個步驟，是組織開辦的資源與執行，以及掌控開辦計畫。幼兒園必須建立一個能夠執行開辦計畫的籌備組織小組，這個小組需要一些相關的部門／組別，例如：教學活動組、採購組、文宣組、公共關係組等（謝文全，1992）。

籌備組織小組常是由園長（管理者）來執行，其中有二項工作是主要事項：第一是協調所有幼兒園內教師／教保員的工作，例如：園長必須確定廣告／文宣組和教學活動組密切配合，來達成開辦的進度；另一項工作是和其他功能的部門／組別密切合作，若幼兒園的工作人員盡力推廣教學理念，但文宣發展部門卻無法設計出來，或在推廣時不夠謹慎，則教學理念小組將前

功盡棄；教學活動設計小組也端賴其人員是否有經過良好的選擇、訓練、指導、激勵和評估。一個好的團隊和不好的團隊有如天壤之別，園長應定期回饋部屬的績效，稱讚其優點、指出其弱點，並提出改善建議，且適當地鼓勵一些好的工作成果。幼兒園在籌備執行中，過程可能會充滿驚喜或挫折，因此需要有一個回饋和控制程序的機制。籌備開辦掌控分為三種不同類型：年度計畫控制、執行控制，以及策略控制（謝文全，1998），說明如下。

（一）年度計畫控制

年度計畫控制的任務，是確保幼兒園能如期完成計畫、執行、評估與其他的目標。首先，管理者必須在年度計畫中，明確訂出每個月或每學期的目標；其次，園長必須衡量在社區中的績效；第三，園長對任何嚴重的績效差距，必須找出原因；第四，園長必須對績效與目標間的差距，採取矯正的行動。有關年度計畫，讀者可參閱第十一章的表 11-1 和表 11-2。

（二）執行控制

執行控制的任務，是在衡量教學、家長、幼兒學習及幼兒園運行等相關事宜，此非容易之事。一個幼兒園的制度很少被設計成可以報告不同單位與教學活動的執行情形，而幼兒園的經營分析通常是用來衡量不同單位活動獲利的工具。

（三）策略控制

策略控制的任務，是去評估幼兒園的經營策略，是否仍然適用於目前的社會環境狀況；經營效率是在研究各種經營活動如何有效地執行。鑑於經營環境的快速變化，每個幼兒園都需要定期注意其經營效果，此工作可以利用教學稽核來進行（王立杰，1998）。

參、招生策略與市場調查分析

一、招生策略

　　我們可以從招生資訊系統中預設三個不同的教學特色：假設幼兒園家長分群，決定將目標市場定在「教學特色一」的模式，則須為此目標市場發展一個差異化與定位策略。幼兒園是否要針對高教育程度的家長，提供一個適合幼兒的學習環境／教學特色，或者要針對不同的家長分群（家長學歷、幼兒的家庭背景或文化），預設家長／幼兒需求（環境設備、教保模式）。一旦決定幼兒園的定位，接著要開始進行幼兒園的發展、測試與開辦，因此幼兒園發展在於有效地組織這些程序，並在更高的下一個階段中，使用不同的決策工具與控制（Grossman & Keyes, 1985）。

　　幼兒園開辦後，須依下列不同的成長生命週期階段：開辦初期、成長期、成熟期，評估／檢討必要的修正。此外，策略選擇將取決於幼兒園在這個社區中要扮演領導者、挑戰者、跟隨者或利基者的角色。最後，還必須把變化中的社會環境與挑戰對象列入考慮（Hearron & Hildebrand, 2006）。

行政小錦囊

　　在此競爭激烈的電子科技時代，經營幼兒園並不容易。為求幼兒園的永續經營，可以成立籌畫小組，向有經驗的人士請教，也要審慎評估附近社區的特質、可能招收的幼兒人數，尤其須思考幼兒園成立後要展現什麼樣的特色、建立哪一類型的風格，以吸引家長注意，進而認同而願意送其子女來幼兒園就讀；只要有周詳的籌畫、細膩的構思，相信會有很好的開始。

二、市場調查分析

分析與選擇目標市場和教學特色是幼兒來源的首要工作，其次為設計幼兒園經營策略，規劃幼兒園運行、幼兒園經營方案及組織系統，並執行幼兒園的運行活動。在幼兒來源的分析工作上，應注意分析幼兒預期的來源機會，以便建立未來主要的招生績效，例如：幼兒園選定豐富的社區資源環境，充滿著學習的機會，且在未來的十年，「該社區」將是一個主要的幼兒來源。未來的教育環境已漸成為一種服務植根計畫，在分析幼兒來源的同時，也應考慮家長的就業、工商社會的時間考量，以及快速的社會資源流通。因為幼兒園籌備期間，幼兒的教育需求及家長的現有條件限制，例如：時間、空間、經濟、人力與相關的教育資訊等，並未良好地組織起來。很多相關的幼兒教育機構（幼兒園）活躍於這個市場中，所以幼兒園在分析幼兒來源時，除了要顧慮以上所提的可能情況外，更需要提供長時間、多樣化的服務和多元化的教學／保育活動規劃，以提供一個具體的幼兒園設立宗旨及教學目標。幼兒園在長期教學目標的規劃上，應考量規劃一個完整適合幼兒發展生、心理需求的學習環境。然而，在分析幼兒來源的時候，必須提出一個有益於將來經營的計畫。即使在幼兒園宗旨及特色上，仍須做出完善且長遠的規劃時，幼兒園也可在宗旨設立及特色訂定後，進行有組織性的教育理念宣導（推廣／廣告）。幼兒園可將相關資訊傳達到社區，如Facebook的多媒體傳播，同時需要一個可信賴的幼兒來源資訊系統分析（如圖 3-2 所示），以做為評估幼兒來源的機會（Kotler, 1996/1998）。

在幼兒來源分析中，招生研究是不可缺少的招生工具，經由研究幼兒或家長需求、所在位置、就學需求等，加以規劃、研究，便能為幼兒及家長提供更完善的服務及需求的滿足。此外，園長（管理者）應不斷地蒐集資料，包含幼兒、家長、競爭者等招生資訊，內部的作業系統應進行次要資料的正式分析研究，例如：園內團體深入討論、社區人口結構、對外的招生電話訪談、幼兒園資訊郵寄宣導、網路多媒體傳播，以及幼兒來源的市場調查。若此蒐集的資

圖 3-2　幼兒來源資訊系統分析

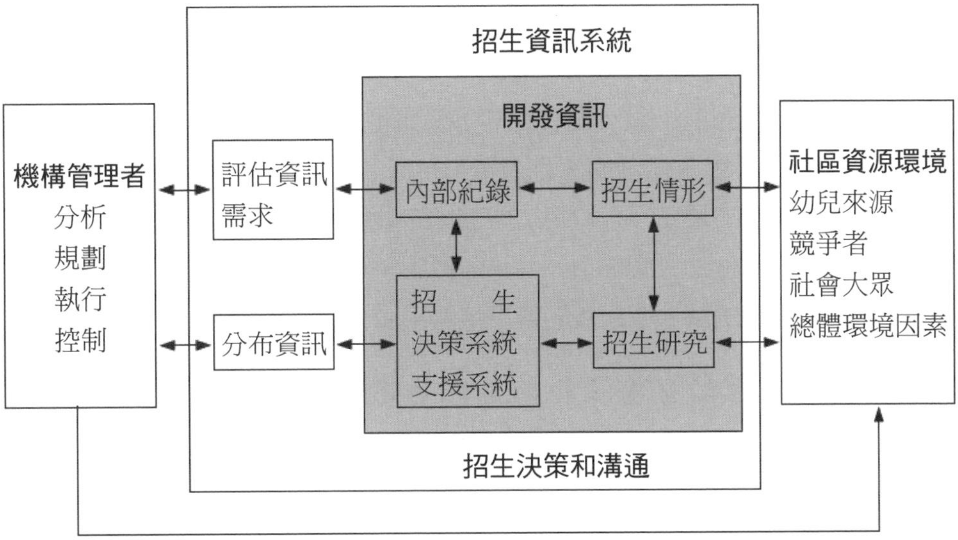

料都用於經營前的統計與分析，則幼兒園將可能得到許多不同的招生活動方案，對幼兒園運行的預期情況及可能影響的資訊才能有明確的掌握，這是幼兒園在開辦前很重要的招生研究工作。

　　幼兒園的研究目的，是蒐集有關幼兒園的招生環境資料，以顯著的資訊進行研究與計畫，其中包含個體環境（microenvironment）與總體環境（macroenvironment）。幼兒園的研究是針對個體環境中，影響教學目標之設計與運行的所有變數，包括：家長需求（如時間、經濟、教育水準）、社區資料、競爭者，以及各種不同社會大眾的需求。總體環境則包括：人口統計、經濟、科技、政治／法律，以及社會／文化等，影響教學理念與幼兒園營運的力量（Kotler, 1996）。

　　幼兒園在籌畫的過程中，就需要了解幼兒來源的市場，要知道：有多少家庭有適合入學的幼兒？他們對於學校的需求為何？為什麼有這樣的需求？他們在找尋什麼樣的幼兒園？以往的就學情況？對於不同幼兒園的印象是什麼？同時，幼兒園對於社區的資源環境，包括：小學、安親班與政府機構，

其他相關的組織系統或協會的資源等，這些人、事、物的評估與設備的規劃，從招生到幼兒園的營運，需要經過良好的計畫且能展現出教學特色，適合幼兒發展需求。幼兒園內部需要組織一個委員會，對於招生相關對象（家長、幼兒）的入學行為，做一個完整的了解與組織規劃（Lombardo, 1983）。

　　此外，幼兒園也要緊密地注意競爭者，必須預測競爭者的可能行動及相關的教學特色資源之應用，以避免造成國家、社會資源的浪費，同時對於競爭者的掌握，也能幫助幼兒園知道如何迅速做出決定性的反應。這項工作的主要關鍵，在於開發和維持一個最新的競爭情報系統（Decker, 1984）。

三、研究與選擇幼兒來源和幼兒園的定位

　　幼兒園必須研究和選擇幼兒園的經營目標，需要知道如何衡量預測特定招生市場的吸引力，需要去評估市場的規模、成長率、獲利性與風險。園長（管理者）需要衡量市場潛能與預測未來需求的主要方向，更需要了解各個經營目標的優點和限制，以避免誤用資源及時間，而市場衡量與預測將成為目標市場與教學方向選擇的重要關鍵。園長在研究與選擇幼兒來源和幼兒園定位的同時，應區隔不同的市場需求，加以評估，並選擇幼兒園最佳的營運方向（Seaver & Carteright, 1986）。

　　執行幼兒園營運方向的區隔有許多途徑（如圖 3-3 所示），因為它以幼兒家長／幼兒入學需求的二大變數，來區隔幼兒來源與幼兒相關需求。此特定架構被稱為幼兒園設立宗旨／經營方向方格，幼兒園內部可以估計每一個格子內市場的吸引力以及競爭優勢的程度，並找出什麼樣的教學特色／經營方向格子，最能配合幼兒園的目標與資源（Deroche, 1987; Taylor, 1989; Watkins & Durant, 1990）。

圖 3-3　幼兒園設立宗旨／經營方向方格

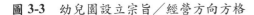

家長分群		
高教育程度的家長	中教育程度的家長	低教育程度的家長

		高教育程度的家長	中教育程度的家長	低教育程度的家長
機構特色（家長／幼兒需求）	教學特色1			
	教學特色2			
	教學特色3			

行政小錦囊

　　近年來，幼兒園的經營模式隨著各種不同的經營背景、教育理念、教學特色、教保模式等，產生了競爭的幼教市場。成立一所好的幼兒園，不論是公立或私立，在籌備的過程中，都應著手於有系統的幼教市場觀察、調查、分析，驗證教育行政管理實務，經過千錘百鍊，才提煉而成。

第三節　幼兒園的立案程序

　　從上述幼兒園的規劃，可知完善籌備計畫的重要性，同時它也是幼兒園設立前的關鍵工作，接著才是立案申請，本節依據《幼兒教育及照顧法》和相關法規說明立案程序提供參考，敬請讀者依各地方政府之規定洽詢申辦。

壹、幼兒園立案申請程序

依據《幼兒園與其分班設立變更及管理辦法》（民國112年2月27日修正發布）第2條：「幼兒園與其分班之設立、變更、停辦、復辦、撤銷或廢止設立及其他相關管理事項，依本辦法規定辦理；未依本辦法設立或未依本法由托兒所及幼稚園改制者，不得以幼兒園或類似幼兒園名義招收幼兒進行教育及照顧服務（以下簡稱教保服務）。」依該法規第二章「設立許可」之規定，就公立與私立之立案申請程序說明如下。

一、公立幼兒園之立案申請程序

1. 《幼兒園與其分班設立變更及管理辦法》第4條：「直轄市、縣（市）立幼兒園及其分班，由直轄市、縣（市）主管機關自行核可設立，免依本辦法所定申請設立許可程序辦理。」

2. 《幼兒園與其分班設立變更及管理辦法》第5條：「鄉（鎮、市）申請設立鄉（鎮、市）立幼兒園、直轄市山地原住民區申請設立直轄市山地原住民區立幼兒園或各級公立學校申請設立公立學校附設幼兒園，應填具申請書，並檢具下列文件，向所在地直轄市、縣（市）主管機關申請設立許可：

   (1) 設園計畫書：包括名稱、園址、設立宗旨、預定招收人數及編班方式。

   (2) 負責人之國民身分證影本及最近三個月內核發之警察刑事紀錄證明。

   (3) 建築物位置圖、平面圖及其概況：包括建築物使用執照影本、建築物竣工圖、消防安全設備圖說及消防安全機關查驗合格之證明文件，並以平方公尺註明樓層、各隔間面積、用途說明及室內外總面積。

   (4) 土地及建築物使用權利證明文件：包括土地、建物登記（簿）謄本及其他使用權利證明文件。但可由政府機關之資訊系統查證者，得免予檢具。

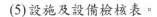

(5)設施及設備檢核表。

前項第 4 款之使用權利證明文件為租賃契約或使用同意書者，應經公證且有效期限自申請日起達 5 年以上。第一項鄉（鎮、市）立幼兒園及直轄市山地原住民區立幼兒園申請於同一鄉（鎮、市、區）內設立分班，或公立學校於同一直轄市、縣（市）內設立之分校、分部或分班申請設立附設幼兒園分班者，除免檢具該項第 2 款所定文件外，準用前二項規定辦理。」

二、私立幼兒園之立案申請程序

《幼兒園與其分班設立變更及管理辦法》第 6 條：

1. 私人申請設立非屬財團法人之私立幼兒園，應填具申請書，並檢具下列文件，向所在地直轄市、縣（市）主管機關申請設立許可：

   (1)設園計畫書：包括名稱、園址、設立宗旨、預定招收人數、編班方式及收退費基準。

   (2)負責人國民身分證影本及最近三個月內核發之警察刑事紀錄證明；負責人為外國人者，應檢具外僑永久居留證影本及原護照國最近六個月內開具無本法第 29 條第 1 項所定情事或犯罪紀錄之證明文件，但條約或協定另有規定者，其外僑永久居留證影本得以護照或外僑居留證影本代之。

   (3)建築物位置圖、平面圖及其概況：包括建築物使用執照影本、建築物竣工圖、消防安全設備圖說及消防安全機關查驗合格之證明文件，並以平方公尺註明樓層、各隔間面積、用途說明及室內外總面積。

   (4)土地及建築物使用權利證明文件：包括土地、建物登記（簿）謄本及其他使用權利證明文件。但可由政府機關之資訊系統查證者，得免予檢具。

   (5)設施及設備檢核表。

   (6)履行營運擔保證明影本；其擔保能力之認定基準，由直轄市、縣

（市）主管機關公告之。

2. 私人申請設立財團法人私立幼兒園，除應檢具前項規定文件外，並應檢具下列文件：

(1) 捐助章程影本。

(2) 捐助財產清冊及其證明文件。

(3) 董事名冊、國民身分證影本及最近三個月內核發之警察刑事紀錄證明；設有監察人者，並應檢具監察人名冊、國民身分證影本及最近三個月內核發之警察刑事紀錄證明；董事、監察人為外國人者，應檢具護照或外僑居留證影本及原護照國最近六個月內開具無本法第 29 條第 1 項所定情事或犯罪紀錄之證明文件。

(4) 願任董事同意書；設有監察人者，並應檢具願任監察人同意書。

(5) 捐助人同意於財團法人獲准登記時，將捐助財產移轉為財團法人所有之承諾書。

3. 財團法人或社團法人申請設立法人附設私立幼兒園，或非營利性質法人申請設立附設或附屬非營利幼兒園，除應檢具第 1 項規定文件外，並應檢具下列文件：

(1) 法人登記證明文件影本。

(2) 法人章程影本。

(3) 董事或理事名冊及國民身分證影本；董事或理事為外國人者，應檢具護照或外僑居留證影本。

(4) 董事會或理事會會議決議附設或附屬幼兒園之紀錄。

4. 團體申請設立團體附設私立幼兒園，除應檢具第 1 項規定文件外，並應檢具下列文件：

(1) 團體登記證明文件影本。

(2) 團體章程或規章影本。

(3) 理事、監事或委員名冊及國民身分證影本；理事、監事或委員為外國人者，應檢具護照或外僑居留證影本。

(4) 會員（會員代表）大會會議或委員會議決議附設幼兒園之紀錄。

5. 私立學校申請設立私立學校附屬私立幼兒園者，除應檢具第一項規定文件外，並應檢具學校主管機關核准其辦理之證明文件。

6. 醫院、商業申請設立附設私立幼兒園者，除應檢具第一項規定文件外，並應檢具醫院或商業登記證明文件影本。

　　以上是法規的規定，在實務上各縣市有各自申請的表格，請上網下載或洽詢各縣市單位辦理。有關同屬私立幼兒園的非營利幼兒園與準公共幼兒園之申請程序，請參閱本章第四、五節。

Q：請問幼兒園的創辦人、董事長、負責人是如何定義的？

A：創辦人：指幼兒園申請立案時，列名為創辦的那位出錢又出力的人。創辦人並不是一種職務，也無特別學歷資格的規定，只要有錢願意創辦一家幼兒園，提出申請立案時列名為創辦人，經立案核准後就成為該園的創辦人。

負責人、董事長：依《幼兒教育及照顧法》第 3 條第 4 項規定：「負責人：指教保服務機構依本法及其相關法規登記之名義人；其為法人者，指其董事長。」而依《幼兒教育及照顧法》第 8 條第 3、4 項規定：幼兒園得於同一鄉（鎮、市、區）內設立分班，其招生人數不得逾本園之人數，並以 60 人為限。私立幼兒園得辦理財團法人登記並設董事會。財團法人登記並設置董事會相關辦法，請參閱《幼兒園與其分班設立變更及管理辦法》第四章「私立幼兒園董事會與財團法人登記及管理」第 19 至 26 條之規定。董事會是合議制，一切園務事項均由董事會開會決定。董事會的人數通常為奇數，約 5 至 17 人，由創辦人籌組。

貳、幼兒園變更、停辦等相關事宜

幼兒園之變更、停辦、復辦、撤銷及廢止設立許可等相關管理事項，請參閱《幼兒園與其分班設立變更及管理辦法》第三章第 11 至 18 條規定，茲摘錄如下。

一、變更

第 11 條：「幼兒園有變更負責人、設立性質、名稱之必要，應填具申請書，並檢具相關文件，向直轄市、縣（市）主管機關申請，經核准後始得辦理；其分班應併同辦理。」

二、增班

第 12 條：「幼兒園或其分班有增加招收幼兒人數之必要，應填具申請書，並檢具相關文件，向直轄市、縣（市）主管機關申請，經核准後始得辦理。」

三、改建、擴充、縮減場地或遷移

第 13 條：「幼兒園或其分班有辦理新建、增建、改建、修建、擴充、縮減場地或遷移之需者，應填具申請書及相關文件，向直轄市、縣（市）主管機關申請，經許可後始得辦理。未依規定辦理或不符許可內容者，直轄市、縣（市）主管機關得廢止其設立許可。前項申請有安置幼兒之必要者，應併同檢具幼兒安置計畫。」

四、停辦、復辦

第 14 條：「幼兒園或其分班自請停辦，應敘明理由、停辦期限、在園幼兒及員工之安置方式，於停辦日二個月前向直轄市、縣（市）主管機關申請，經核准後始得辦理，並應對外公告。

幼兒園或其分班有下列情事之一者，應自請停辦：(1)未提供幼兒教育及照顧服務；(2)本法中華民國 107 年 6 月 27 日修正施行後經直轄市、縣（市）主管機關許可設立之公司附設私立幼兒園，未招收該公司或其他經簽訂契約之事業單位員工子女、孫子女；(3)本法中華民國 111 年 6 月 29 日修正公布，112 年 3 月 1 日施行後經直轄市、縣（市）主管機關許可設立之有限合夥、醫院或商業附設私立幼兒園，未招收該有限合夥、醫院、商業或其他經簽訂契約之事業單位員工子女、孫子女；(4)本辦法中華民國 108 年 6 月 24 日修正施行後經直轄市、縣（市）主管機關許可設立之職工福利委員會附設私立幼兒園，其招收對象未符合職工福利金條例及其相關規定(5)前四款以外無法繼續提供幼兒教育及照顧服務之情事。

前二項停辦期限以一年為原則，必要時，得申請縮短或延長；其申請延長者，合計不得逾二年。未依前三項規定辦理者，直轄市、縣（市）主管機關得依本法第 58 條第 1 項第 1 款規定辦理。幼兒園或其分班應於停辦期限屆滿二個月前填具申請書，並檢具復辦計畫及相關文件，向直轄市、縣（市）主管機關申請，經核准後始得復辦。第 3 項停辦期限屆滿未申請延長或復辦，或申請復辦未經核准者，直轄市、縣（市）主管機關得廢止其設立許可。」

第 15 條：「幼兒園或其分班自請歇業者，應敘明理由與在園幼兒及員工之安置方式，於歇業日二個月前向直轄市、縣（市）主管機關申請，經核准後直轄市、縣（市）主管機關應廢止其設立許可。」

第 16 條：「幼兒園或其分班有下列情形之一者，應提供直轄市、縣（市）主管機關依法應公布之裁罰相關資訊予幼兒之父母、監護人或實際照顧幼兒之人，並說明協助轉托幼兒之措施，及應妥善安置在園幼兒及員工：(1)經直轄市、縣（市）主管機關依本法或教保服務人員條例命其減少招收人數、停止招生、停辦或廢止設立許可；(2)教保相關人員對幼兒有違反本法第 30 條第 1 項或教保服務人員條例第 33 條第 1 項規定之情形受裁罰。

前項幼兒園申請恢復招生或復辦者，應於停止招生或停辦期限屆滿二個

月前，填具申請書，並檢具改善計畫及相關文件，向直轄市、縣（市）主管機關申請，經核准後始得恢復招生或復辦。幼兒園未依前項規定申請復辦，或申請復辦未經核准者，直轄市、縣（市）主管機關應廢止其設立許可。」

第 17 條：「直轄市、縣（市）主管機關受理第 11 條至前條之申請事項，應於二個月內完成審查。但情形特殊者，不在此限。經直轄市、縣（市）主管機關審查未通過者，直轄市、縣（市）主管機關應連同理由通知申請人。」

五、撤銷或廢止

第 18 條：「幼兒園或其分班經撤銷或廢止設立許可者，直轄市、縣（市）主管機關應註銷其設立許可證書，並予公告。」

第四節　非營利幼兒園之辦理

《幼兒教育及照顧法》之立法意旨為保障幼兒接受適當教育及照顧之權利，政府應提供幼兒優質、普及、平價及近便之教保服務。「讓家長減輕負擔」是政府教育政策目標之一，其政策方向即「擴大幼兒托育的公共化，提供價格合理、品質有保障的托育服務，才能減輕家長的經濟負擔，此也是扭轉少子女化危機的重要作為」（教育部，2017）。

我國的學前教保就未來環境進行預測：(1)保障工作與托育環境為穩定生育率之關鍵；(2)婦女就業率提升、家庭組織型態變遷，公共化教保服務需求殷切；(3)優質教保服務有利兒童未來發展，奠定幼兒各項能力基礎；(4)提升教保服務人員勞動條件為跨國界的共同問題。為讓家有學齡前幼兒的家長能兼顧職場及育兒需求，提升生育率及婦女就業率，亟需政府擴大幼兒教保公共化政策，打造穩定專業服務體系，逐年擴展公共化幼兒園供應量，增加家長選擇子女就學多元管道，以及提升友善職場就業機會，引領私立幼兒園改善教保服務人員勞動條件（教育部，2017）。

　　過去雖有以委外方式交由民間業者負責經營之「公辦民管」幼兒園，但隨著社會變遷，開辦「非營利幼兒園」是實現社會公益之適當契機。結合公部門與民間力量，透過公益法人的參與，能提高公共化教保服務機會，並提供需要協助幼兒優先入園，以提供多元型態教保服務、減輕家庭育兒負擔、滿足家長托育需求、維持專業人員薪資水準，並確保幼兒教保服務之品質。

　　非營利幼兒園的開辦是讓公益法人投入教保服務行列，關懷默默付出的教保服務人員，保障教保服務人員工作權益，營造友善之工作環境。另外，也要呵護國家未來的主人翁，以照顧每一個幼兒為目標，提供優質、平價之教保服務，促進幼兒健康成長、快樂學習。

　　依據民國 112 年（2023）12 月 25 日修正發布的《非營利幼兒園實施辦法》，茲將相關用詞定義、公益法人辦理非營利幼兒園之流程、方式與特色，以及注意事項等，分述如下。

壹、用詞定義

一、非營利幼兒園

　　依據《非營利幼兒園實施辦法》第 2 條：「非營利幼兒園：指協助家庭育兒與幼兒之父母、監護人或實際照顧幼兒之人安心就業、促進幼兒健康成長、推廣優質平價及需要協助幼兒優先教保服務為目的，以下列方式之一辦理之私立幼兒園：(1)由直轄市、縣（市）政府及所屬機關（構）、中央政府機關（構）、國立各級學校、軍警校院、鄉（鎮、市）公所及直轄市山地原住民區公所、公司組織之公營事業（以下併稱委託單位）委託非營利法人辦理；(2)由非營利性質法人申請經直轄市、縣（市）主管機關核准辦理。」

二、非營利性質法人

依據《非營利幼兒園實施辦法》第 2 條：「非營利性質法人（以下簡稱非營利法人），指下列法人：(1)學校財團法人及醫療法人；(2)幼兒教保相關工會組織；(3)依職工福利委員會組織準則所設，已完成法人設立登記之職工福利委員會；(4)章程載明幼兒與兒童、家庭、教保服務人員福祉、教育或社會福利事務相關事項之財團法人或非營利社團法人。」

三、委託辦理

《非營利幼兒園實施辦法》稱「委託辦理」係依據第 8 條：「委託單位委託辦理非營利幼兒園者，應擬訂委託辦理計畫，分別依下列程序為之：(1)中央機關（構）、國立學校委託辦理者，經中央機關（構）、國立學校送中央主管機關提審議會審議後，由委託單位公告；中央主管機關委託辦理者，逕提審議會後並公告；(2)地方機關（構）委託辦理者，經地方機關（構）送直轄市、縣（市）主管機關提審議會審議後，由委託單位公告；直轄市、縣（市）政府委託辦理者，逕提審議會後並公告。

前項委託辦理計畫，應包括下列事項：(1)非營利幼兒園地點規劃、社區資源評估及其他相關事項；(2)所需土地、建築物及設施、設備之取得方式；(3)需求說明書及契約書草案。非公司組織之委託單位委託辦理非營利幼兒園，需用之公有不動產，應以無償方式提供受託非營利法人使用。該公有不動產非自行經管者，得依法撥用，或經管理機關同意無償提供。第 2 項第 3 款需求說明書，應記載委託辦理案名稱、依據、目標、辦理方式、委託事項、委託期程、設置地點、招收幼兒人數、招收需要協助幼兒之規定、營運成本之負擔方式、提供之土地、建築物或設施、設備、受委託辦理者之資格、應檢附之文件及其他相關事項。委託單位依第 1 項規定公告委託辦理計畫，徵求有意願之非營利法人參加甄選時，應一併公告中央主管機關訂定之甄選基準及其他相關事項。」

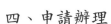

四、申請辦理

《非營利幼兒園實施辦法》稱「申請辦理」係依據第 11 條：「採申請辦理方式辦理非營利幼兒園者，非營利法人應檢具經營計畫書，報直轄市、縣（市）主管機關；……申請案經直轄市、縣（市）主管機關提審議會審議，並經直轄市、縣（市）主管機關核准後，與非營利法人締結行政契約。」非營利法人若依規定「終止契約並公告次數累計達二次者，不得再申請辦理非營利幼兒園；其董（理）事長經公告次數累計達二次者，亦同」。

五、審議會

根據《非營利幼兒園實施辦法》第 3 條：「中央主管機關為審議中央政府機關（構）與國營事業（以下併稱中央機關（構））、國立各級學校與軍警校院（以下併稱國立學校）委託非營利法人辦理非營利幼兒園，依本法第 9 條第 6 項設非營利幼兒園審議會（以下簡稱審議會）；……」

第 4 條：「中央主管機關所設審議會，置委員 13 人至 19 人，其中一人為召集人，一人為副召集人，均由中央主管機關首長指定之人兼任；其餘委員由中央主管機關首長就下列人員聘（派）兼之：(1)教保與兒童福利學者專家代表 2 人至 5 人；(2)勞工團體代表 1 人；(3)兒童福利團體代表 1 人；(4)教保服務人員團體代表 1 人或 2 人；(5)家長團體代表 1 人；(6)婦女團體代表 1 人；(7)中央主管機關代表 1 人或 2 人；(8)其他會計、法律、教育、社會福利相關專業人員或社會公正人士 3 人或 4 人。

直轄市、縣（市）主管機關所設審議會，置委員 15 人至 21 人，其中一人為召集人，由直轄市、縣（市）長或其指定之人兼任；一人為副召集人，由直轄市、縣（市）教育局（處）長兼任；其餘委員，除社會局（處）長及民政局（處）長為當然委員外，由直轄市、縣（市）長就下列人員聘（派）兼之：(1)教保與兒童福利學者專家代表 2 人至 5 人；(2)勞工團體代表 1 人；(3)教保團體代表 1 人或 2 人；(4)兒童福利團體代表 1 人；(5)教保服務人員團體代表 1 人或 2

人；(6)家長團體代表 1 人；(7)婦女團體代表 1 人；(8)其他會計、法律、教育、社會福利相關專業人員或社會公正人士 3 人或 4 人。……」

貳、公益法人辦理非營利幼兒園之流程、方式與特色

依據《非營利幼兒園實施辦法》第 7 條：「直轄市、縣（市）主管機關於所轄地區之優質、平價教保服務供給不足，或需要協助幼兒比率較高者，應優先考量規劃辦理非營利幼兒園，並不得以停辦公立幼兒園改辦非營利幼兒園之方式為之。直轄市、縣（市）主管機關為擴大公共化教保服務供應量而辦理非營利幼兒園，經審慎評估後，必要時得將公立幼兒園遷移至鄰近場地繼續辦理，於原場地空間辦理非營利幼兒園。」

一、「委託辦理」的申請程序

依據《非營利幼兒園實施辦法》第 9 條：「採委託辦理方式辦理非營利幼兒園者，非營利法人應檢具經營計畫書參加甄選；……」詳情可參閱該辦法。

二、「申請辦理」的申請程序

依據《非營利幼兒園實施辦法》第 11 條：「採申請辦理方式辦理非營利幼兒園者，非營利法人應檢具經營計畫書，報直轄市、縣（市）主管機關；……」詳情可參閱該辦法。

三、非營利幼兒園的特色

1. 促進教學正常化：幼兒園教保服務人員熟悉幼兒的生活經驗與發展，並能依照幼兒的年齡與需求，設計適合幼兒學習的課程，讓幼兒快樂學習。
2. 以帶好每一位幼兒為目標：關照弱勢幼兒，提供平等、尊重的教育環境，讓每個幼兒都可以享有均等的機會，學習尊重彼此的差異。
3. 建立夥伴關係：建立幼兒、家庭與社區的網絡，建構夥伴關係，使家

長可以同時享有政府與公益法人投入的資源。

4. 服務時間：

(1)收托服務時間：全年服務日比照行政院人事行政總處公告之行政機關辦公日辦理，但為進行環境整理、清潔消毒及課程討論等，每學期開學前，得停止服務五日，並列入年度行事曆。

(2)教保服務時間：非營利幼兒園教保活動課程之實施時間為上午 8 時至下午 5 時，並依《幼兒教保及照顧服務實施準則》之規定。

5. 工作人員配置：依照《非營利幼兒園實施辦法》與《幼兒園行政組織及員額編制標準》配置。工作人員之勞動條件依《勞動基準法》及其相關法令規定辦理，可穩定師資品質，確保優質教學。

參、承辦非營利幼兒園者應注意事項

不論是受委託辦理或申請辦理非營利幼兒園者，應熟讀相關法規，依規定完成各項法定程序。

舉凡申請程序，以及通過後整個非營利幼兒園園務的運作、人員敘薪、考核等都有規範，茲舉重要者如下：

1. 依據《非營利幼兒園實施辦法》第 14 條：「非營利幼兒園應依本法第 7 條第 4 項規定，優先招收需要協助幼兒，其仍有餘額者，招收一般幼兒。前項非營利幼兒園，為依性別工作平等法第 23 條第 1 項第 2 款所設之托兒設施者，依下列順序招收幼兒：(1)員工子女、孫子女；(2)需要協助幼兒；(3)前二款以外幼兒。直轄市、縣（市）政府採委託辦理方式辦理之非營利幼兒園，營運成本全部由幼兒之父母、監護人或實際照顧幼兒之人自行負擔者，其招收需要協助幼兒最低比率，由直轄市、縣（市）主管機關定之。前三項登記入園之幼兒人數逾可招收幼兒名額時，同一順序幼兒應採公開抽籤方式為之。」

2. 依據《非營利幼兒園實施辦法》第 15 條：「非營利幼兒園全年服務日，比照行政院人事行政總處公告之行政機關辦公日辦理。但為進行環境整理、清潔消毒及課程討論等，每學期開學前，得停止服務五日，

並列入年度行事曆。」

3. 依據《非營利幼兒園實施辦法》第16條：「非營利幼兒園教保服務人員及其他服務人員之配置，除依本法第16條與幼兒園行政組織及員額編制標準有關私立幼兒園之規定辦理外，並得視其規模及實際需求，增設各組及增置人員。前項人員之勞動條件，依勞動基準法及其相關法令之規定辦理。」

4. 依據《非營利幼兒園實施辦法》第17條：「非營利幼兒園之營運成本，應以中央主管機關公告之項目及方式計算；委託辦理者由委託單位、申請辦理者由直轄市、縣（市）主管機關，依公告之項目及方式計算營運成本，並報中央主管機關核定後，始得依第10條及第11條第2項規定，與非營利法人締結契約。前項營運成本，包括人事費、業務費、材料費、維護費、修繕購置費、公共事務管理費、雜支、行政管理費及土地、建築物、設施與設備之租金及其他相關費用等。但無償提供之土地、建築物、設施及設備，不得計入營運成本。前項人事費，得包括資遣費準備金，每年最多提撥全園專任人員月薪總額之百分之十；並應專戶儲存。」

5. 依據《非營利幼兒園實施辦法》第19條：「非營利幼兒園有向幼兒之父母、監護人或實際照顧幼兒之人收取營運成本以外費用之必要時，其項目應符合直轄市、縣（市）主管機關代收或代辦費自治法規之規定，並分別依下列程序同意後，始得為之：

   (1) 委託辦理之非營利幼兒園，依下列規定提審議會審議，並經委託單位同意：①中央機關（構）、國立學校委託辦理者，經中央機關（構）、國立學校送中央主管機關提審議會；中央主管機關委託辦理者，逕提審議會；②地方機關（構）委託辦理者，經地方機關（構）送直轄市、縣（市）主管機關提審議會；直轄市、縣（市）政府委託辦理者，逕提審議會。

   (2) 申請辦理之非營利幼兒園，應報直轄市、縣（市）主管機關提審議會審議，並經各該主管機關核准。

   幼兒於學期教保服務起始日後，中途入園、離園者，應依幼兒就讀當日起算，按比例覈實收費、退費。幼兒因故請假並於事前辦妥請假手續，或依法令停課日數，連續達五日以上者，應按幼兒每人每月實際繳交費用，乘以請假或停課日數占當月教保服務總日數之比率退費。」

6. 依據《非營利幼兒園實施辦法》第 20 條：「……幼兒就讀教保服務機構補助辦法或其他中央主管機關所定性質相同之就學補助，每人每學期所領取之補助總金額，不得超過幼兒應繳之全學期收費總額，且不得重複請領各直轄市、縣（市）主管機關所定就讀教保服務機構之補助或育兒津貼。」

7. 依據《非營利幼兒園實施辦法》第 21 條：「非營利幼兒園之教保服務人員、學前特殊教育教師、社會工作人員、護理人員、職員及廚工之服務人員，其薪資支給基準，規定如附表一至附表四。前項人員屬初任人員者，按第一級之薪資計算。但初任人員曾任相同職務之下列年資，得予採計；其採計基準如下：(1)曾於其他教保服務機構任職者，曾任職之年資，至多採五級。但其任職之教保服務機構為非營利幼兒園，或政府機關（構）、公營公司委託辦理之職場互助教保服務中心者，至多採二十級；(2)所任職之私立幼兒園改辦為非營利幼兒園者，任職於該私立幼兒園之年資，至多採五級，或依原私立幼兒園薪資擇優支給。第一項以外人員之薪資，依其擔任工作繁簡難易、責任輕重及應具備之知能條件，自行議定。但不得逾第一項各類人員支給基準，並不得低於勞動基準法規定之基本工資。非營利幼兒園支給第一項人員薪資，應納入契約，且得參考當地物價、薪資水準、專業知能及曾任職於幼兒園之工作年資，依附表一至附表四之薪級，於各該級別薪資範圍內，擬訂薪資支給、考核、晉薪及績效獎金支領相關規定，並分別依下列程序辦理：(1)委託辦理之非營利幼兒園，規定如下：①中央機關（構）、國立學校委託辦理者，由委託單位報中央主管機關核定；②地方機關（構）委託辦理者，由委託單位報直轄市、縣（市）主管機關核定；(2)申請辦理之非營利幼兒園：報直轄市、縣（市）主管機關核定。

第 1 項及第 3 項人員年終工作獎金，比照當年度軍公教人員年終工作獎金發給注意事項規定辦理；其支給月數，得依年終考核結果發給，最高以發給二個月為限，並分別依下列程序辦理：(1)委託辦理之非營利幼兒園：①中央機關（構）、國立學校委託辦理者，由委託單位報中央主管機關核定；②地方機關（構）委託辦理者，由委託單位報直

轄市、縣（市）主管機關核定；(2)申請辦理之非營利幼兒園：報直轄市、縣（市）主管機關核定。

中華民國 110 年 12 月 30 日修正發布之第 1 項附表一至附表四，自 111 年 1 月 1 日施行。中華民國 111 年 7 月 28 日修正發布之第 1 項附表一，自 111 年 8 月 1 日施行。中華民國 112 年 12 月 25 日修正發布之第 1 項附表一至附表四，自 113 年 1 月 1 日施行。」

8. 依據《非營利幼兒園實施辦法》第 22 條：「教保服務人員及其他服務人員應接受平時考核及年終考核。前項平時考核，應每學期辦理一次，並作為年終考核之依據。教保服務人員及其他服務人員任職至學年度終了屆滿一學年者，幼兒園應於每年 7 月 31 日以前完成年終考核。年終考核之等第、分數及晉薪規定如下：(1)甲等：80 分以上；其次學年薪資，得提高一級；(2)乙等：70 分以上未滿 80 分；其次學年薪資，得提高半級；(3)丙等：未滿 70 分；其次學年薪資，留原薪級。前項年終考核為甲等之比率，應依第 25 條之績效考評結果，由中央主管機關定之。」

9. 依據《非營利幼兒園實施辦法》第 25 條：「委託辦理者由委託單位、申請辦理者由直轄市、縣（市）主管機關，定期辦理下列事項：(1)前學年度工作報告、前學年度預、決算書、資產負債表及收支餘絀表、當學年度工作計畫及學年度收支預算編列明細之審查；(2)每學年至少到園檢查一次；(3)每學年度應於 6 月 30 日前完成績效考評。非營利幼兒園每學年度績效考評達 90 分以上，其依第 30 條規定，經同意繼續辦理者，得每二學年度到園檢查一次。委託單位為中央機關（構）、國立學校者，第 1 項第 2 款與前項到園檢查，及第 1 項第 3 款績效考評，應由中央主管機關為之。……」

10. 依據《非營利幼兒園實施辦法》第 26 條：「委託單位、各級主管機關為辦理前條第 1 項第 3 款、第 3 項績效考評，應組成考評小組。考評小組置委員 3 人至 5 人，由委託單位、各級主管機關，就教保服務人員、會計與教保學者專家及各機關（構）、學校代表聘（派）兼之，其中審議會委員代表至少一人。……」

11. 依據《非營利幼兒園實施辦法》第 27 條：「……績效考評，其考評

應包括下列內容：(1)招收幼兒情形；(2)收托需要協助幼兒情形；(3)幼兒之父母、監護人或實際照顧幼兒之人滿意情形；(4)契約之履約情形；(5)到園檢查結果；(6)會計查核簽證情形；(7)其他經中央主管機關公告事項。前項第 3 款幼兒之父母、監護人或實際照顧幼兒之人滿意情形，委託辦理者由委託單位、申請辦理者由直轄市、縣（市）主管機關，辦理各園幼兒之父母、監護人或實際照顧幼兒之人問卷調查之結果定之。第 1 項績效考評之總分為 100 分；考評指標、幼兒之父母、監護人或實際照顧幼兒之人滿意度調查問卷、到園檢查表及考評方式，中央主管機關應於考評 6 個月前公告。績效考評結果與年終考核為甲等之比率，由中央主管機關公告之。」

12. 依據《非營利幼兒園實施辦法》第 28 條：「非營利幼兒園績效考評結果達 70 分以上者為通過；未滿 70 分者為不通過。……」

肆、結語

近年來，「非營利幼兒園」成為家長的熱門選項。各縣（市）教育局（處）除輔導原公辦民營幼兒園轉型外，更積極盤整學校餘裕適宜空間，規劃設置為公共化幼兒園（指公立幼兒園或非營利幼兒園），與社會住宅併建或在公有空地興建幼兒園，以增加幼兒班級數與幼兒入園名額。

非營利幼兒園的核心價值是「平等尊重、專業整合、公私協力、社區互動」，希能促進幼兒、家長及教保服務人員間的平等尊重與合作互惠、致力於提升教保品質之專業團隊的整合與發展、落實公私部門間的合作與互動關係，為社區內有學齡前幼兒之家庭提供育兒相關資源連結與交流之平臺。

政府委託公益法人或公益法人申請興辦之非營利幼兒園，不以營利為目的，優質平價、弱勢優先，學費接近公立幼兒園，收托時間接近私立幼兒園，更符合家長需求。公益法人辦理非營利幼兒園可以節省開辦經費，採委託辦理者，由公部門提供土地、設施、設備，並有行政管理費可支用。公益法人辦理非營利幼兒園能實踐專業理念，是一個實踐教育理念的機會，讓對

幼兒教育有理念的專業團隊具自主經營空間；公益法人可以經營在地聲譽，社區資源共享，與夥伴協力經營，促進公益法人公信力；公益法人辦理非營利幼兒園又有政府免費宣傳、政府資源挹注、有信譽保證、節省開辦幼兒園時之行銷推廣經費之益處。

　　配合「擴大幼兒教保公共化計畫（106～109 年度）」（教育部，2017），協助各縣（市）政府增設公共化幼兒園，並以非營利幼兒園為主、公立幼兒園為輔之方向推動，為家長提供教保服務的多元選擇，減輕經濟負擔，滿足較彈性的托育時間需求；為幼兒保障享有優質教保服務之權益，促進幼兒全人發展；為教保服務人員確保合法及合理的工作條件，穩定教保師資。非營利幼兒園由政府及公益法人協力辦理，以成本價經營，提供家長平價、優質的教保服務，保障教保服務人員勞動權益，期能提升國人樂婚、願生、能養的意願。

第五節　準公共幼兒園之辦理

　　現代父母教養子女負擔日益沉重，學齡前子女所需教養費用較高，家長亟需價格合理且具一定品質、可兼顧職場與教養子女的托育場域。為減輕家長育兒負擔，教育部近年致力推動公共化教保服務政策，透過「擴大幼兒教保公共化計畫（106～109 年度）」（教育部，2017），持續補助地方政府增設公立及非營利幼兒園。

　　我國自幼托整合後，「幼兒學前教育與照顧」被簡稱為「幼兒教保」（educare），並納入教育部主管。107 學年度整體幼兒接受教保的比率，3 至 5 歲平均 79%，略低於 OECD[1] 國家平均的 82%。如果以單一年齡層計，5 歲 96%、4 歲 86%、3 歲 56%、2 歲 19%，顯示年齡愈小者入園率愈低。根據教

---

1. OECD 指經濟合作暨發展組織（Organization for Economic Cooperation and Development），簡稱經合組織，是全球 36 個市場經濟國家組成的政府間國際組織，於 1960 年成立。**OECD** 是先進國家聚會談論國際經濟事務之論壇，經過意見交流，以使會員國間能相互了解彼此採行政策所產生之影響，透過溝通協調，以促進全球經濟持續成長及健全發展。

育部107學年度的統計資料，公共化幼兒園有2,565園（其中128園為非營利幼兒園），約可招收20萬人；私立幼兒園有4,175園，約可招收49.6萬人。目前2至5歲學齡人口數計約85.7萬人，就學人數約53.9萬人，教保公共化比率為31.3%，遠低於前述 OECD 國家中的法國、德國、瑞典。目前，我國近七成幼兒須選擇私立幼兒園就讀，因此教保公共化是家長普遍期待的服務方式。

　　在公共化教保服務擴展時程及供應量尚無法快速滿足家長期待下，為了增加家長選擇平價教保服務的機會，教育部從2018年8月起，分二階段推動準公共機制，家長僅須負擔相當於公共化幼兒園的收費，此方式除可滿足家長平價教保服務的多元選擇，並可減輕經濟負擔。茲將相關用詞定義、申請程序，以及注意事項等，分述如下。

壹、「準公共幼兒園」的定義

　　教育部為執行「我國少子女化對策計畫（107 年～113 年）」（教育部等，2023）建置準公共機制，補助直轄市、縣（市）政府與私立幼兒園合作，符合《教育部推動及補助地方政府與私立教保服務機構合作提供準公共教保服務作業要點》（民國 113 年 1 月 17 日修正發布）[2]。在收費數額、老師及教保員薪資、幼兒園基礎評鑑（最近一期評鑑結果，包括追蹤評鑑，應均為「通過」，倘基礎評鑑結果為「部分通過」，經私立幼兒園檢附具體改善計畫書，報地方政府同意者，不在此限。最近一期基礎評鑑結果尚未公告者，由地方政府依私立幼兒園辦理情形，自行認定）、建築物公共安全檢查

---

2. 本要點所稱私立教保服務機構，指非屬財團法人之私立幼兒園、財團法人私立幼兒園、法人附設私立幼兒園、團體附設私立幼兒園、私立學校附屬私立幼兒園、依《幼兒教育及照顧法》第9條規定設立且其營運成本全部由家長自行負擔之非營利幼兒園、依《職場互助式教保服務實施辦法》第4條第1項第2款由私營公司及非政府組織設立之教保中心、醫院附設私立幼兒園，以及商業附設私立幼兒園。本節以地方政府與私立幼兒園合作的「準公共幼兒園」為討論重點。

（最近一次建築物公共安全檢查申報防火避難設施及設備安全標準檢查之結果合格或准予備查）、幼生與教保服務人員之生師比例，以及教保服務品質等 6 項要件，與政府簽定合作契約成為「準公共幼兒園」後，透過政府的協助，園內的幼兒可以享有就學優惠，家長繳費與幼兒園原來的收費差額，會由政府幫家長直接支付給幼兒園。準公共教保服務機構在本質上仍屬私立幼兒園。我國的幼兒園型態分為公立與私立兩類，詳請參閱第五章第二節，前節所述非營利幼兒園亦屬私立幼兒園，只是依法需由非營利法人辦理。

貳、申請程序

準公共教保服務機構的申請程序如下。

一、實施期程

分二期推動準公共幼兒園，107 學年度（2018 年 8 月 1 日起）於基隆市、新竹縣、新竹市、苗栗縣、彰化縣、南投縣、雲林縣、嘉義縣、嘉義市、屏東縣、宜蘭縣、花蓮縣、臺東縣、金門縣及澎湖縣等 15 個縣（市）先行試辦。108 學年度（2019 年 8 月 1 日起）推動至全國，除上述 15 個縣（市）外，再增加臺北市、新北市、桃園市、臺中市、臺南市及高雄市等 6 個直轄市，總共 21 個縣（市）（教育部國民及學前教育署，2018）。

從 2021 年 8 月起，配合全國推動「0～6 歲國家一起養」新政策，2 歲以上的幼兒就學費用再降低，讓幼兒的照顧更全面，家庭更輕鬆。

二、合作要件

（一）收費數額

依據《教育部推動及補助地方政府與私立教保服務機構合作提供準公共教保服務作業要點》第 4 條規定，第二期程（2021 年 8 月 1 日）起，收費數額，除私立幼兒園 2 歲以上至未滿 3 歲幼兒班級及教保中心，每生每月不得

超過新臺幣 12,200 元外；私立幼兒園 3 歲以上至入國民小學前幼兒班級之收費數額，依其設立許可證書所載幼兒總人數或本要點契約書約定事項載明之核定招收人數定之：(1)90 人以下：不得超過 11,000 元；(2)91 人至 180 人：不得超過 10,500 元；(3)181 人以上：不得超過 10,000 元。前項每生每月收費數額，以全學年度學費、雜費及代收代辦費合計之收費總額，除以全學年度教保服務月數，元以下採無條件捨去法計之。

前項全學年度收費總額之認定如下：(1)2018 年 4 月 30 日以前，私立教保服務機構登載於全國幼兒園幼生管理系統（以下簡稱幼生系統）之107學年度收費總額，或經地方政府 2018 年 12 月 31 日以前審核通過之項目及數額為準；(2)私立教保服務機構停辦期間未登載前款所定收費總額者，以停辦前最近一次登載於幼生系統之收費總額為準；(3)新立案之私立教保服務機構，以地方政府許可設立備查之收費總額為準，但其全機構人事成本合計應達總經營成本 50%以上。

準公共教保服務機構於第二期程辦理續約作業或新申請作業時，為符合第 5 點第 2 項之薪資規定，得採下列方式調整：(1)準公共教保服務機構辦理續約或配合政策調整各級薪資基準者，得由教育部就其增加之人事成本，核算調整數額；(2)私立教保服務機構 110 學年度以後第 1 次申請者，如 107 學年度公告之全學年度收費總額低於第 1 項之數額，得由教育部就其增加之人事成本，核算調整數額。

前項因應薪資規定調整收費數額者，應自調整薪資之次月起 3 個月內，檢具勞工保險之投保證明文件及薪資轉帳等證明以供查核。私立教保服務機構於延長停辦後復辦，因變更負責人向地方政府申請調整收費者，以審議通過之項目及數額為準，且全機構人事成本合計應達總經營成本 50%以上。第 2 項全學年度收費總額低於一定數額者，得申請調整收費，其數額經教育部及地方政府共同審議通過後，調整之。

（二）教保薪資

　　《教育部推動及補助地方政府與私立教保服務機構合作提供準公共教保服務作業要點》第 5 條規定，準公共教保服務機構園長（中心主任）、教師及教保員薪資，指每月基本薪資，不包括年終獎金、考核獎金、全勤獎金、主管職務加給、加班費及教育部補助之導師職務加給與教保費等。

　　準公共教保服務機構履約期間，園長（中心主任）、教師及教保員每人每月之基本薪資至少達以下額度：(1)在園任該職未滿 3 年者，至少新臺幣31,200 元以上；(2)在園任該職滿 3 年者，自滿 3 年之次學年度起每人每月基本薪資至少 34,200 元以上；(3)在園任該職滿 6 年者，自滿 6 年之次學年度起每人每月基本薪資至少 37,200 元以上。

　　準公共教保服務機構應訂定全體教職員工之調薪機制，並送地方政府備查，已高於前項所定每月基本薪資下限者，不得調降。教保服務人員有加班事實者，應依《勞動基準法》規定，另外給予加班費或約定補休。前點第 3 項第 3 款及第 6 項之準公共教保服務機構，其園長（中心主任）、教師及教保員每月基本薪資，除應達第 2 項規定外，全機構人事成本合計應達總經營成本 50%以上。

三、申請及審核流程

1. 私立教保服務機構應於申請期限內至填報系統，完成線上申請作業，並將申請表及相關文件、資料報地方政府。

2. 私立教保服務機構經地方政府審核通過成為私立教保服務機構者，應將用印之契約書送地方政府；雙方完成用印之契約書，地方政府應一份送私立教保服務機構，另一份留存。

3. 地方政府應於教育部指定期限內，將通過名單報教育部備查；教育部應於備查程序完成後，於「全國教保資訊網」公告。

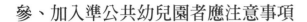

參、加入準公共幼兒園者應注意事項

為擴大 2 至 5 歲幼兒公共化供應量，與私立幼兒園服務模式合作，建置準公共幼兒園教保服務機制，《教育部推動及補助地方政府與私立教保服務機構合作提供準公共教保服務作業要點》對準公共幼兒園之日常管理及退場機制等皆有規範，茲舉重要者如下。

一、收費計算基準

全學年收費總額＝全學年（學費＋雜費＋材料費＋活動費＋午餐費＋點心費）每月平均收費＝全學年收費總額÷教保服務月數（餘數採無條件捨去）。

家長每月繳費數額＋政府協助支付費用＝每月平均收費。

二、按月向幼兒父母或監護人收取之費用規定

1. 每生每月收取費用如下表：

幼兒出生次序／屬性 ＼ 辦理期程	2018 年 8 月至 2021 年 7 月	2021 年 8 月至 2022 年 7 月	2022 年 8 月以後
第一胎	不超過 4,500 元	不超過 3,500 元	不超過 3,000 元
第二胎	不超過 4,500 元	不超過 2,500 元	不超過 2,000 元
第三胎（含）以上	不超過 3,500 元	不超過 1,500 元	不超過 1,000 元

2. 簽約為準公共幼兒園的私立幼兒園幼兒，每人每月收費扣除前款父母或監護人自行繳交之費用外，所餘費用，由政府協助支付。

3. 5 歲幼兒就學補助與政府協助支付費用，得採最有利於父母或監護人之方式辦理。

4. 入學即減免費用，家長不用申請，家長繳費與幼兒園原收費的差額，會由行政院支付給幼兒園。

三、政府協助家長支付之費用規定

（一）計算基準

1. 依各準公共教保服務機構實際招收人數、幼兒就學情形及各類家庭每月自付額，核實計算支付各準公共教保服務機構所需費用。

2. 幼兒中途入園、離園及教保中心者，以入園、離園及教保中心當日起計；當月就讀日數（包括例假日）15 日以下者，以半個月費用支付；逾 15 日者，以 1 個月費用支付。

3. 政府協助支付費用，每名幼兒每月不低於育兒津貼發放數額。但準公共教保服務機構收費總額低於育兒津貼者，以原收費數額為支付額度。

4. 5 歲幼兒就學補助與政府協助支付費用，得採最有利於父母或監護人之方式辦理。

5. 幼兒自請事（病）假，或因法定傳染病或流行性疾病疫情強制停課者，其請假或停課期間，不扣除政府協助支付費用；準公共教保服務機構應詳實記載幼兒出（缺）席情形，並妥善管理及保存，以備查察。

（二）撥款方式及日期

各學期分期撥款，其支付方式如下：

1. 第一學期第一期款：以各準公共教保服務機構 5 月 31 日登載於幼生系統之實際就學人數，為預估經費之計算基準；於 8 月 1 日以前，核撥全學期 50%經費。

2. 第一學期第二期款：以各準公共教保服務機構當學期之實際就學人數，計算全學期收費總額；扣除第一期撥付數後，於 9 月 30 日以前核撥。

3. 第二學期第一期款：以各準公共教保服務機構前一學期之實際就學人數，為預估經費之計算基準；於 2 月 15 日以前，核撥全學期 50%經費。

4. 第二學期第二期款：以各準公共教保服務機構當學期之實際就學人數，計算全學期收費總額；扣除第一期撥付數後，於 4 月 15 日以前核撥。

5. 各期撥款日，遇例假日或停班（課），順延至下一個工作日。

前項支付費用，準公共教保服務機構每學期應分別於 1 月 31 日、7 月 31 日辦理核結，因幼兒中途入園、離園及教保中心衍生之費用，致政府支付費用有不足者，應予追加；有賸餘者，由準公共教保服務機構返還地方政府。

四、申請補助

自民國 2019 年 8 月 1 日起，準公共幼兒園於履約期間，每學年得申請常態性補助，如表 3-1 所示。

表 3-1　準公共幼兒園相關補助表

項目	補助內容	核定基準	用途
一、常態性補助	設施設備費	1. 90 人以下：一學年最高新臺幣 20 萬元。 2. 91 人至 180 人：一學年最高新臺幣 30 萬元。 3. 181 人以上：一學年最高新臺幣 40 萬元。	購置教學設施設備、遊戲設施設備、安全設施設備或環境設施設備改善等。
	親職教育講座	一學年最高新臺幣 2 萬元。	1. 親職講座內容以適齡適性的教養觀念、增進親子互動技巧為原則；不得支用於幼兒園或教保中心之教學成果展、旅遊活動等。 2. 每場次參與人數以不超過 100 人，週休二日或實施教保活動課程以外之時間辦理為原則。

表 3-1 準公共幼兒園相關補助表（續）

項目	補助內容	核定基準	用途
一、常態性補助	課程教學輔導	一學年最高新臺幣 6 萬元。	1. 每學期至少 3 次，每次時數不少於 3 小時。 2. 支應項目： (1)專家學者輔導鐘點費：每小時新臺幣 1 千元，每日最高 6 小時。 (2)輔導人員膳費、交通費及住宿費。 (3)其他：印刷費、全民健康保險補充保費。
	教師助理員鐘點費	1. 每班接受安置身心障礙幼兒達 2 人以上者，補助增置人員鐘點費每日最高 4 小時；其中 1 人障礙程度為中重度以上者，每日最高 6 小時。 2. 每班僅安置 1 位中重度以上身心障礙幼兒，每日最高 4 小時。	1. 佐理接受身心障礙幼兒班級之增置人力鐘點費。 2. 依勞動部公告之最低基本工資，採工作日核算（包括勞健保等費用）。
	經濟需要協助幼兒課後延長照顧費	每人每月最高新臺幣 750 元。	部分補助低收入戶及中低收入戶幼兒，參加延長照顧服務之費用。

表 3-1　準公共幼兒園相關補助表（續）

項目	補助內容	核定基準	用途
一、常態性補助	招收 2 歲幼兒補助費	1. 招收人數達 6 人以上未滿 9 人者，一學年最高補助新臺幣 10 萬元。 2. 招收人數達 9 人以上未滿 17 人者，一學年最高補助新臺幣 20 萬元。 3. 招收人數達 17 人以上者，一學年最高補助新臺幣 25 萬元。 4. 以各園 10 月 31 日登載於幼生系統之人數核算。	充實及改善教學、安全等設施設備。 核定年度之規費（如房屋稅、地價稅、幼童車牌照稅、燃料稅等），基本支出費用（如水電費、瓦斯費、汽油費、環境清潔及消毒費等）。
二、準公共續約之一次性補助	園務營運費	1. 90 人以下：最高新臺幣 15 萬元。 2. 91 人至 180 人：最高新臺幣 20 萬元。 3. 181 人至 270 人：最高新臺幣 25 萬元。 4. 271 人以上：最高新臺幣 30 萬元。 5. 契約另定全學年度收費總額，且未因調薪而調整收費者，再額外提供新臺幣 12 萬元。	1. 充實及改善教學、安全等設施設備。 2. 核定年度之規費（如房屋稅、地價稅、幼童車牌照稅、燃料稅等），基本支出費用（如水電費、瓦斯費、汽油費、環境清潔及消毒費等）。

表 3-1　準公共幼兒園相關補助表（續）

項目	補助內容	核定基準	用途
二、準公共續約之一次性補助	研習增能費	1.90 人以下：最高新臺幣 3 萬元。 2.91 人至 180 人：最高新臺幣 4 萬元。 3.181 人以上：最高新臺幣 5 萬元。	1. 參與對象：準公共教保服務機構之負責人、園長、教保服務人員、職員工等。 2. 研習內容：安全教育、基本救命術訓練、幼兒園園家互動、親師關係及提升專業知能等研習。 3. 支應項目：講座鐘點費、工作人員加班費、講座差旅費、教材費、膳食費、場地使用費、場地布置費、健保補充保險費及雜支等。
	圖書	1. 每園 100 本。 2. 每名幼生 2 本。	由地方政府辦理採購及配送，每本以新臺幣 250 元核算。
三、指定期限內新申請加入第二期程並簽定契約之一次性補助	設施設備費	1. 每園額外再補助最高新臺幣 10 萬元。 2. 契約另定全學年度收費總額，且未因調薪而調整收費者，再額外補助最高新臺幣 12 萬元。	購置教學設施設備、遊戲設施設備、安全設施設備或環境設施設備改善等。
	圖書	1. 每園 100 本。 2. 每名幼生 2 本。	由地方政府辦理採購及配送，每本以新臺幣 250 元核算。

表 **3-1**　準公共幼兒園相關補助表（續）

項目	補助內容	核定基準	用途
四、第二期程配合 112 年 1 月及 113 年 1 月調薪之補助費	園務營運費	配合第 5 點第 2 項薪資基準調薪，且未因調薪而調整收費者，於第二期程指定期間，依下列招生規模，再額外給予補助。 1. 90 人以下：最高新臺幣 15 萬元。 2. 91 人至 180 人：最高新臺幣 20 萬元。 3. 181 人以上：最高新臺幣 25 萬元。 4. 271 人以上：最高新臺幣 30 萬元。	1. 充實及改善教學、安全等設施設備。 2. 核定年度之規費（如房屋稅、地價稅、幼童車牌照稅、燃料稅等），基本支出費用（如水電費、瓦斯費、汽油費、環境清潔及消毒費等）。
五、遊戲場設施設備修繕或汰換之一次性補助	部分補助遊戲場設施之修繕或汰換等經費	107 學年度至 109 學年度經備查之準公共教保服務機構，於 109 學年度得額外向地方政府申請遊戲場設施備修繕或汰換之一次性補助。	1. 修繕或汰換遊戲場設施設備，以符合兒童遊戲場設施安全管理規範。 2. 已拆除遊戲場設施或取得合格認證者，得申請新置遊戲場設施或其他教育部指定修繕項目（如廁所、廚房、健康中心、寢室及無障礙設施設備等）。

註：引自《教育部推動及補助地方政府與私立教保服務機構合作提供準公共教保服務作業要點》第 15 點附表二修正規定。

五、招生規定

1. 準公共幼兒園於履約期間辦理招生，應訂定招生規定；其內容應載明優先招收之對象、招收人數、登記時間、錄取方式及其他注意事項，經地方政府備查後，於招生登記一個月前，公告於網站。

2. 前項優先招收對象，應優先招收《幼兒教育及照顧法施行細則》（民國 112 年 9 月 26 日修正發布）規定之需要協助幼兒：(1)低收入戶；(2)中低收入戶；(3)身心障礙；(4)原住民；(5)特殊境遇家庭；(6)中度以上身心障礙者子女。申請就學人數超過可招收人數時，幼兒園應採公開形式辦理抽籤。企業、機關（構）設立、與其他雇主聯合辦理或職工福利委員會等團體法人附設（屬）幼兒園者，得優先招收員工子女後，仍有餘額者，依前項規定辦理。

3. 查詢準公共幼兒園簡章：家長可至全國教保資訊網，點選「幼兒園查詢」，輸入所欲查詢的幼兒園名稱，或勾選「準公共幼兒園」選項，進行查詢。進入所選幼兒園後，下拉選單，選取「準公共招生簡章」。若所選之準公共幼兒園還未上傳簡章，請家長直接洽詢該幼兒園。

六、退場機制

1. 準公共教保服務機構違反《幼兒教育及照顧法》、《教保服務人員條例》或《教育部推動及補助地方政府與私立教保服務機構合作提供準公共教保服務作業要點》規定，有下列情形之一，且情節重大者，地方政府應通知其自次學期解除契約：(1)可歸責教保服務機構負責人或園長之兒童及少年保護事件，並經地方政府處罰；(2)違反第 4 點收費數額、第 5 點教師及教保員薪資規定，經地方政府通知限期改善，屆期仍未改善，或屢次違反規定。

2. 準公共教保服務機構有下列情形之一，且經限期改善三次後仍未改善，或屢次違反規定者，地方政府得通知其自次一學年度解除契約：(1)違

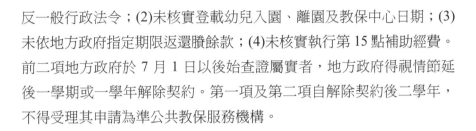

反一般行政法令；(2)未核實登載幼兒入園、離園及教保中心日期；(3)未依地方政府指定期限返還賸餘款；(4)未核實執行第 15 點補助經費。前二項地方政府於 7 月 1 日以後始查證屬實者，地方政府得視情節延後一學期或一學年解除契約。第一項及第二項自解除契約後二學年，不得受理其申請為準公共教保服務機構。

肆、結語

　　由於育兒負擔沉重，嚴重影響年輕夫婦的生育意願，是造成我國超低生育率的主因之一，此已是國安問題。政府不能坐視公立幼兒園免學費、私立幼兒園負擔沉重的幼兒教保持續兩極化，於是加速推動幼兒教保公共化。公共化速度無法滿足家長與幼教學者的期待，又考量既有的私立幼兒園豐沛的資源，於是推出以減輕家長教保負擔到每童每月不超過 3,000 元的準公共化政策，以拉近私立幼兒園與公立幼兒園的家長負擔差距，解決幼教兩極化的困境。

　　推動準公共幼兒園最主要的目的在於提供更多平價教保的選擇，減輕家長經濟負擔，讓家長繳費每生每月不超過 3,000 元，剩餘學費差額由政府繳交給園方，其性質雖不像公共化幼兒園（公立幼兒園、非營利幼兒園），但卻是帶有部分公共化色彩的私立幼兒園。由於準公共幼兒園本身為私立幼兒園，其收托時間、課程規劃等各家不一，即使加入準公共化，依然維持原營運方式，除非園方違反準公共化契約，否則政府不會介入調整。

　　對家長而言，就讀準公共幼兒園最大的吸引力在於學費貼近公立幼兒園、收托時間與私立幼兒園一樣彈性，且不同幼兒園有不同的課程規劃。過去私立幼兒園動輒 2 萬元起跳的學費，現在每月繳費最多不超過 3,000 元，減輕育兒負擔，讓準公共幼兒園的報名情況相當踴躍。政府與民間建立夥伴關係，創造穩定招收人數、改善教保服務人員薪資、降低家長育兒成本、確保服務品質等四贏局面。

第六節　職場互助教保服務中心之辦理

　　教育部於民國 108 年 7 月 10 日訂定發布《職場互助式教保服務實施辦法》（民國 112 年 2 月 27 日修正發布），鼓勵政府機關（構）、公司及非政府組織設置職場互助教保服務中心，於工作場所提供受僱者另一種教保服務之選擇，以支持其育兒，並兼顧工作及家庭照顧。

　　為配合我國「少子女化對策計畫」之推動，職場互助教保服務中心可由各政府機關（構）、公司及非政府組織於其合法使用之場址辦理員工子女之教保服務，並由政府機關（構）及公營公司優先推動。

　　依據民國 110 年 2 月 26 日修正發布的《職場互助式教保服務實施辦法》，茲將相關用詞定義、辦理職場互助教保服務中心之流程與方式，以及營運注意事項等，分述如下。

壹、用詞定義

1. 政府機關（構）：指中央、地方機關、機構、行政法人及非屬公司組織之公營事業機構。

2. 公司：指依公司法成立或登記之下列公司：(1)公營公司；(2)私營公司。

3. 非政府組織：指前二款以外依法經主管機關許可設立或核准登記之法人、團體、商號、有限合夥、私立醫療機構及其他私立機構。

4. 非營利性質法人（以下簡稱非營利法人），指下列經主管機關許可設立或核准登記之法人：(1)學校財團法人；(2)幼兒教保相關工會組織；(3)依職工福利委員會組織準則所設，已完成法人設立登記之職工福利委員會；(4)章程載明幼兒與兒童、家庭、教保服務人員福祉、教育、社會福利事務相關事項之財團法人或非營利社團法人。

5. 員工子女：指政府機關（構）、公司及非政府組織員工之子女、養子女。

6. 審議會：政府機關（構）及公營公司委託辦理職場教保服務中心者，準用《非營利幼兒園實施辦法》所定之辦理計畫審議、甄選非營利法人及與非營利法人締結契約之程序，並應將下列事項，提交上開辦法第 3 條之各級審議會審議。請參照本章第四節「非營利幼兒園之辦理」的審議會定義。

貳、職場互助教保服務中心辦理之流程、方式與特色

一、辦理方式

1. 政府機關（構）及公營公司應委託非營利法人辦理。
2. 私營公司及非政府組織得自行辦理或委託機構、法人、團體、職工福利委員會或自然人辦理。

二、設立職場互助教保服務中心評估準備階段

委託單位辦理新設職場教保服務中心時，評估準備階段之辦理事項包括規劃、審議、委託辦理作業、辦理設立許可及招生等流程，其主要工作內容簡述如下：

1. 規劃：盤點空餘空間及設置地點場勘、報送建築物裝修及購置設施設備申請計畫、辦理職場教保服務中心與設施設備改善規劃設計及工程採購、擬定委辦計畫。
2. 審議：委託辦理計畫函送各級主管機關之審議會〔中央政府機關（構）設置者送教育部、地方政府機關設置者送所在地直轄市、縣市政府教育局（處）〕審議、推派浮動委員、公告委辦計畫及甄選基準、受理非營利法人報送經營計畫書並函送各級主管機關甄選審議。
3. 委託辦理作業：甄選審議通過後，依中央主管機關核定之營運成本與非營利法人締結契約、工程施工、工程驗收、購置教保設備。
4. 辦理設立許可及招生：評估準備階段之設立許可及協助招生作業，委

託單位應依《幼兒教育及照顧法》及《職場互助式教保服務實施辦法》等相關規定辦理，向所在地方政府申請設立許可、招生作業（由委託單位調查提供欲就讀員工子女、孫子女名單後，如有餘額，再由非營利法人對外依序招收需要協助幼兒及一般幼兒）。

為配合於 8 月 1 日開學，評估準備階段相關作業建議至遲應於開辦前 15 個月開始。

三、設立職場互助教保服務中心履約管理階段

1. 職場教保服務中心開辦後，進入履約管理階段，此階段對委託單位屬於履約管理；對非營利法人和職場教保服務中心屬於自主管理。

2. 關於契約屆滿後的辦理情形或因故終止契約的辦理情形，依《職場互助式教保服務實施辦法》第 30 條規定辦理：

   (1)契約屆滿後繼續辦理：為鼓勵辦理良好之優質非營利法人於契約期間屆滿後繼續辦理，政府機關（構）及公營公司委託辦理之職場教保服務中心，政府機關（構）及公營公司得視員工子女、孫子女需求，於契約期間屆滿八個月前，通知非營利法人提出後續四學年之經營計畫書，經政府機關（構）或公營公司同意後繼續辦理；每次辦理期間為 4 學年。

   (2)契約終止辦理情形：政府機關（構）或公營公司未於前項所定期間通知非營利法人申請繼續辦理，或非營利法人申請繼續辦理未經政府機關（構）或公營公司同意，契約期間屆滿時，應終止辦理職場教保服務中心，政府機關（構）或公營公司應公告之。

   非營利法人於委託辦理職場教保服務中心期間有下列各款情形之一者，政府機關（構）或公營公司應以書面通知其終止契約，並將非營利法人及其董（理）事長名單報中央主管機關公告之：

   (1)違反《幼兒教育及照顧法》、《教保服務人員條例》、《勞動基準法》、《職場互助式教保服務實施辦法》，或於職場教保服務中心內進行教材之宣傳、推銷或其他商業性活動，或從事契約約定以外之工作、業務，及其他違反契約所定事項，經命其限期改善，屆期

仍未改善。

(2)職場教保服務中心發生財務困難，致影響其正常運作，並損及幼兒權益。

(3)職場教保服務中心發生其他足以嚴重影響其經營及幼兒、教保服務人員或其他服務人員之情事。

(4)職場教保服務中心經各該主管機關依第 28 條第 1 項第 3 款及第 2 項規定辦理績效考評，其考評結果為不通過。

(5)職場教保服務中心以委託經營權向金融機構借貸。

四、職場互助教保服務中心應設置之空間

1. 幼兒專用室內活動室面積扣除牆、柱、出入口淨空區等面積後，不得小於 30 平方公尺，且幼兒每人不得少於 3 平方公尺。

2. 配膳室得與政府機關（構）、公司或非政府組織共用；其面積不得計入前款幼兒專用室內活動室總面積計算。

五、職場互助教保服務中心應配置人員規定

1. 教保服務人員應為專任。招收幼兒每 10 人應置教保服務人員 1 名，不足 10 人，以 10 人計，且每一辦理場址應至少配置 2 名教保服務人員。

2. 以專任或由前款教保服務人員兼任方式配置主任。

3. 得以兼任或特約方式配置護理人員。

4. 得視需要配置職員。

5. 得視需要以專任或兼任方式配置廚工。

六、職場互助教保服務中心之營運

1. 職場互助教保服務中心之收費項目、用途、數額、減免及收退費基準，除《職場互助式教保服務實施辦法》第 21 條及第 22 條另有規定外，依《幼兒教育及照顧法》第 9 條規定辦理。

2. 職場互助教保服務中心於就學補助、行政、人事、衛生保健及安全管

理規定如下：(1)就學補助依政府學前教育相關補助規定；(2)行政管理、人事管理準用、衛生保健及安全管理準用《幼兒園與其分班設立變更及管理辦法》（中華民國 112 年 2 月 27 日修正發布）相關規定。

3. 政府機關（構）及公營公司委託辦理職場互助教保服務中心之營運成本（包括人事費、業務費、材料費、維護費、修繕購置費、雜支、行政管理費與土地、建築物、設施與設備之租金及其他相關費用），應以中央主管機關公告之項目及方式計算，並報中央主管機關核定後，始得與非營利法人締結契約。但無償提供之土地、建築物、設施及設備，不得計入營運成本。人事費得包括資遣費準備金，每年最多提撥全職場互助教保服務中心專任人員月薪總額之 10%；並應專戶儲存。

4. 政府機關（構）及公營公司委託辦理職場互助教保服務中心，其收、退費規定如下：(1)幼兒每人每月應繳交費用之方式，準用《非營利幼兒園實施辦法》第 18 條第 1 項規定；(2)有向幼兒之父母、監護人或實際照顧幼兒之人收取營運成本以外費用之必要者，準用《非營利幼兒園實施辦法》第 19 條第 1 項規定；(3)中途就讀、離開職場互助教保服務中心、因故請假或依法令停課者，其收費及退費準用《非營利幼兒園實施辦法》第 19 條第 2 項及第 3 項規定；(4)政府機關（構）及公營公司委託辦理職場互助教保服務中心，其全年服務日準用《非營利幼兒園實施辦法》第 15 條規定。

七、限期改善

直轄市、縣（市）主管機關應定期就職場互助教保服務中心，進行訪視、輔導；經訪視、輔導結果，發現辦理成效不佳者，應命其限期改善。

參、結語

公益法人承接職場互助教保服務中心，以平價、優質、非營利、社區化之方向營運，透過政府與公益法人團體協力的方式，結合民間團體資源，提

供幼兒優質的教保服務品質，減輕社區家庭照顧負擔，提升教保人員的工作環境與權益。

在幼兒教育及照顧的部分，公益法人同時結合以職場為中心之社區文化資源，開展幼兒對於個人與家庭、社區、環境等關係之連結，對幼兒教育、家長育兒焦慮以及教保人員工作權益的重視，建立一個幼兒、家長、老師，乃至於社區共存、共好、友善育兒的環境。

配合政府鼓勵生育政策，讓員工安心工作，落實行政院提供給職場父母「讓孩子在你的辦公室上學」的托育願景，實現「大手牽小手，一起開心上班上學」的夢想，職場父母安心工作，兼顧家庭，更重要的是，收費比照非營利幼兒園，減輕年輕雙薪家庭的負擔，讓年輕人敢婚、願生、樂養，朝向幸福企業邁進，解決我國少子女化日益嚴重的國安問題。

第七節　幼兒園行政的常見問題與改進建議

幼兒園行政主要為支援與促進幼兒教保的正常發展，以達成幼兒教保目標；廣義言之，任何有關幼兒園的事項，皆與其行政有關。我國的幼兒教育正逐步走向正常化的途徑，但在過渡時期仍有許多問題存在，在此僅就幼兒園本身的主要問題提出改進建議。

國內幼兒園到處林立，但各園的行政管理卻是最弱的一環，許多園長並不是不想做好行政管理，而是根本不知從何做起。雖然幼教系或幼保科系有開設「行政」的課程，但限於只有 2 學分，往往只學到皮毛，無法真正熟練。本書各章將分項詳述幼兒園行政的理論與實務，在此僅就幼兒園較易發生的問題歸納為六項，做簡要之說明。

壹、幼兒園經營者未具正確之幼教理念，宜多吸收幼教新知

目前，有若干幼兒園經營者不是學幼教出身，對幼教沒有正確的認識，

辦學時常有違反幼教或不符合幼教原理的措施。負責幼兒園行政的人如無幼教概念，會成為外行領導內行的情形，因此宜聘請合格師資擔任園長或主任，也要多閱讀有關書籍或參加研習，吸取幼教新知。

貳、幼兒園行政人員不熟悉法令規章、不懂報表簿冊之整理，宜加強熟練

目前，幼兒園行政人員對董事會、財團法人、行政組織、公文處理、各項會議、發展計畫、幼兒各項資料建立等，有不夠熟悉的現象。公立幼兒園的老師與教保員可能要分擔行政工作，當然要熟悉各項行政的運作，而私立幼兒園通常是由園長負責全園的行政工作，因此建議園長要多參閱有關書籍，參加有關行政管理的研習會，必要時聘請行政助理來協助處理，而各種資料應建檔保存，分層負責、科學管理。

參、幼兒園主管沒有行政領導的理念，宜多加強進修體驗

私立幼兒園老師之流動率較高，雖與待遇低、福利差有關，但更與主管是否具有民主與科學之行政領導有關。幼兒園之主管，如園長、主任、組長等，宜多閱讀有關行政領導之書刊，從人性化之觀點，提供部屬人性化之工作環境，彼此尊重、信任，在合理制度與互相關懷的關係中營造溫暖的氣氛，這是行政管理中感性而重要的工作項目。教育部已於民國 101 年（2012）7 月 18 日訂定發布《幼兒園園長專業訓練辦法》（民國 112 年 2 月 27 日修正發布），希望公私立幼兒園園長都有機會參加培訓課程，以提升園長的專業知能。

肆、忽視制度化的重要，宜凡事建立制度，以法治人

　　幼兒園的業務千頭萬緒，舉凡課程、教學、環境、設備、交通、安全、財務、出納、餐點、親職教育等，樣樣都須建立一套制度，不要朝令夕改，對不同人運用不同規定，那就永遠無法管理園務。只有在全體教職員工都能遵循共同訂定的規定下，合作無間的運作，使行政制度化、工作系統化、方法科學化，才能「帶人帶心」，使行政真正有效率。

伍、未能適度建立幼兒園與家庭、社區之關係，宜多費心經營

　　幼兒園因其招收之幼兒年齡較小，家長隨時都會來園聯絡事情或接送幼兒，對於幼兒在園裡的一切事項也特別關心，而由於幼兒的吵鬧聲或歌唱聲，常會干擾社區，造成社區人士不諒解。目前，有些幼兒園太遷就家長或社區人士的要求，有些園又太忽略家長與社區人士的意見，因此宜適度地建立幼兒園與家庭、社區之關係，如能進一步做好親職教育，又能充分運用社會資源，將會給幼兒園帶來更順暢的助力。

陸、對評鑑或督導人員不知如何表現本園的優點，宜深入研討

　　政府會定期辦理幼兒園評鑑，許多園不懂如何填寫自評表，也不知如何表現平日辦學的成果，在被評鑑人員批評時，也不知從何辯解，更無專業對話；其實如果平日真正努力辦學，好好建立資料，應該是能展現優點，受人肯定的。因此，幼兒園負責人應以各縣（市）行政主管機關發給的評鑑手冊為藍本，全園所有人員應開會研討如何建立良好的自評制度，逐項研究其要點及如何具體呈現。從開學的第一天起，每日按規定實施，留下資料，條理的整理，美觀的裝訂；對於教保活動部分，能讓老師們互相觀摩，隨時保持良好的幼兒學習狀態，不管何時有督導人員來臨都是一樣，能做到此地步

就是幼兒的福氣了。

　　以上分別說明我國幼兒園行政方面存在的問題及簡要的改進建議，較詳細的行政管理理論與實際作法，將在本書各章分別說明。

行政小錦囊

　　行政效率的提高要先反省行政制度在情、理、法各方面是否兼顧。一個好的行政主管特別要注意「做事容易，做人難」這句俗話的涵義，帶人要帶心，但也需有一套制度法規來規範部屬，並且公平地執行。

實務思考題

1. 為什麼幼兒園的帶班教師或教保員也要分擔行政業務，試舉其工作內容為實例，證明之。
2. 請就本章幼兒園行政運作的理論與實際，試擬三個問題，並訪談一位幼兒園園長，完成一篇報告。

第四章　優質幼兒學習環境的建構與維護

張翠娥

第一節　優質幼兒學習環境的規劃理念

　　幼兒園是許多孩子除了家庭之外，第二個生活最密切的地方。研究顯示，物質環境會影響幼兒的行為表現（Frost & Klein, 1979; Sponseller, 1982），因此營造良好的學習環境是每一位老師與園方的責任。由於師培已有「幼兒學習環境設計」的課程，本節乃就原則提要如下；有關實例請參閱第二至五節。

壹、幼兒園學習環境規劃的意義

　　幼兒園學習環境是幼兒學習、生活的重要場所，是專門為其創設符合其身心發展水準和需要的環境，可協助幼兒充分發揮潛力、實現教育目標。幼兒園學習環境能直接與間接影響幼兒的感覺、行為表現和學習意願。

一、幼兒學習環境的定義

　　幼兒學習環境，係為達成幼兒教育目標而設立的學習活動場所。狹義而言，僅指幼兒園內作為一般學習用的「活動室」；廣義而言，則涵蓋幼兒園內所有室內外的學習活動設施，包括：園舍、庭園、運動遊戲場及其附屬設施（湯志民，2001）。

二、幼兒園學習環境規劃的基本觀念

　　環境的規劃設計常能反映出園長或老師的價值觀，及其所預期的學習效果，也就是說，在不同的教育理念下所規劃出的幼兒園環境，可能不盡相同。一個黑板高掛、桌椅排列整齊、教材教具高鎖於櫥櫃中、一只掛圖、一臺風琴的幼兒園，一望而知是一個以老師為主導的學校，其所強調的可能是讀寫算練習和唱遊等團體性的教學活動，在這種教育理念下所規劃的學習環

境，是不太有讓幼兒從自由探索中遊戲學習的機會。換言之，一個注重幼兒主動參與、以遊戲學習為導向的幼兒園，其空間設計呈現的將是另一種不同風貌。可見經營者的教育理念是環境規劃主導，這是不能不慎思的課題。

雖然各種不同的教育方案有其不同的教育理念，但綜合當今世界潮流幼教的發展趨勢，仍可找尋出一些脈絡，這些基本的幼兒教育理念包括：

1. 以幼兒為教學主體。
2. 顧慮幼兒的發展需要。
3. 鼓勵自發性的學習。
4. 提供多樣化的學習活動。
5. 同時顧慮團體與個別的需求。
6. 顧及特殊兒童的需要。

貳、環境對老師教學及其對幼兒行為的影響

空間環境對人的行為具有強烈的「暗示」與導引性，人在不同的空間會有不同的「空間行為」。教室的常規與幼兒的行為表現，不只是受老師引導的技巧與幼兒個人特質的影響，另一個很大的因素就是受制於環境設計與空間規劃。環境猶如無聲的老師，潛移默化地引導幼兒發展與學習，身為教育工作者應先深入了解幼兒園環境對幼兒的影響，掌握影響幼兒與環境的因素，才能設計出真正適合幼兒的學習環境（周怡伶、段慧瑩，2009）。活動室的物質空間因素，如開放或封閉空間、學習區域的使用等，會引導幼兒表現出合作專注或注意力不集中、攻擊等行為（Day, 1983）；換句話說，若能洞悉兒童行為與環境規劃的關係，具備活動空間安排的知識與技巧，對幼兒秩序的維持及互動學習，將能發揮甚大的影響力。

全美幼兒教育協會（National Association for the Education of Young Children [NAEYC]）的研究報告顯示，最能預測幼兒園教學品質的因素是「空間」，在具有良好空間規劃的幼兒園裡，老師對學生的態度較和善，較能觀

察學生外在行為所隱含的意義。這些老師也較鼓勵學生自由探索，選擇自己想參與的活動，但同時也會引導學生學習自律，體認權力和義務間的關係。但在空間規劃品質較差的教室裡，學生則較少表現出學習意願，老師的行為也顯得較不敏感與消極（Kritchevsky & Prescott, 1977）。

幼兒學習環境是一種潛在課程，也是顯著課程，對幼兒的學習、成長與發展有直接、間接的影響。學習環境的建構，應提供吸引幼兒主動探索的情境，建構主動學習環境的要素，包括：符應幼兒的發展、適宜的班級人數、幼兒中心的課程、學習者中心教室，以及近便的空間設備（湯志民，2001）。

田育芬（1987）綜合許多國外有關兒童行為與環境空間規劃的文獻，歸納出下列幾點結論與啟示：(1)空間的安排是影響幼兒行為的主要因素；(2)幼兒互動品質的增進或改善，有賴於空間品質的提升；在經過設計之高品質的環境下，有助於幼兒語言的發展，增進學習的速度，促進成長行為的培養及對教具的使用；(3)沒有一個絕對標準理想的空間模式，唯有考慮所處環境的主觀條件與限制，靈活運用這些影響行為的因素，有計畫的安排，才能促進幼兒一切的發展。

另外，許多學者的相關研究（田育芬，1987；林佩蓉、歐姿秀，1995；黃瑞琴，1985；Cowe, 1982; Doyle, 1986; Kritchevsky & Prescott, 1977; Rogers, 1976; Sponseller, 1982; Teets, 1985）都顯示，環境確實會影響老師教學及幼兒的行為表現，歸納其建議並參酌國內實際情況及筆者的經驗，整理出如表4-1所示。

從表 4-1 中可以看出，環境設計與幼兒行為的確有密切的關係，以下從環境設計可能對幼兒行為的影響觀點，建議在環境設計上應注意的要項：

1. 空間密度：密度又可細分為空間、社會及設備密度等三類，操弄每一個類別的密度變項，都會對幼兒產生不同的影響；密度確實會影響幼兒的行為及社會互動，適度的空間密度才會促使同儕的互動增加。建議每位幼兒的室內活動空間不宜少於 2 平方公尺。

表 4-1　環境設計與幼兒行為反應表

	環境設計	幼兒行為反應
空間密度	1. 每位幼兒的室內活動空間不宜少於 2 平方公尺。	1. 若人數維持不變、空間縮小（空間密度）時，會使學生的不滿意度及侵略行為增加，並降低其注意力。 2. 若空間不變、人數增加（社會密度）時，會導致幼兒想像性遊戲及注視行為的增加。
適度的隔間或畫定界限	2. 提供家長休息室，並藉靜態活動區和遊戲場分開，使家長可以仔細觀察兒童行為。 3. 分割活動室成較小的學習區域，且讓幼兒容易辨識。 4. 遊戲場應設不同的活動區域，並加強對園內各角落的利用，以形成靜態活動區。 5. 活動場應設置各種大小的活動分區，以供應大小不同的團體。	3. 家長的來訪容易引起兒童情緒上的興奮。 4. 在分隔的學習區中，幼兒會以較安靜的方式參與工作及進行互動，亦能增加幼兒與設備之間的互動。 5. 兒童遊戲時除進行動態活動外，亦有部分兒童進行靜態遊戲。 6. 兒童的活動型態常是大團體與小團體參雜在一起。
動線流暢性	6. 服務部門採不同的出入口和道路，或另設停車空間，以減少意外事件發生。 7. 活動室的動線規畫宜注意流暢性，並保持三分之一以上的剩餘空間。	7. 服務性車輛和空間常是幼兒躲藏、追逐的好場所。 8. 在左述的環境中，幼兒語言的表現多於身體動作的表現；且在身體及語言的表現中，促進成長的行為多於抑制成長的行為。
隱密度	8. 在活動室中提供一些隱密的角落。 9. 善加利用教室周圍的角落，但要注意安全性。	9. 幼兒在可以獨立遊戲且隱密的區域活動時，合作性行為會增加，且較能安靜地進行活動。 10. 幼兒喜歡在各屋角之處遊戲。
取用性	10. 將經常使用的教材教具放在幼兒容易取用的地方。	11. 方便取用的教材教具使用率較高，且幼兒互動的行為較多。
柔軟度	11. 提供柔軟度高的物理環境，如地毯、座墊、明亮的色彩等。	12. 柔軟度高的環境給幼兒一種親切、溫暖、像家的感覺。

2. 適度的隔間或畫定界限：全幼兒園的動靜態活動區應作區隔，遊戲場亦應設不同活動區，以供應大小不同的團體；室內活動室應適度區隔成小的學習區，讓幼兒容易辨識。

3. 動線流暢性：全幼兒園出入口的動線應流暢並注意安全性，活動室的動線規劃亦要注意流暢性，並保持三分之一以上的剩餘空間。

4. 隱密度：最好能在活動室內設置隱密性高的角落，讓幼兒有紓解情緒的個人空間。

5. 取用性：經常使用的教材教具，要放在幼兒容易取用的地方。

6. 柔軟度：宜提供柔軟度高的物理環境，如地毯、座墊、明亮的色彩等。

行政小錦囊

　　空間設計的基本考慮點是：這是一個為幼兒而設的活動空間，應以孩子的需求為最大的考量點。

參、回應幼兒教育理念的環境規劃

　　因應世界幼兒教育的發展趨勢，配合我國國民教育未來的發展需要，以幼兒健全之身心發展為核心，提供幼兒安全、健康、自然之生活與學習環境為原則，歸納出回應幼兒教育理念的環境規劃，重點如下：

1. 環境整體規劃符合前瞻性原則，反映辦學理念特色。

2. 依據不同年齡層的兒童發展特性規劃適宜空間。

3. 空間規劃兼具教育性與照顧性功能。

4. 考量安全性、實用性及效益性。

5. 符合多元、平等性原則。

6. 空間環境規劃具豐富性、層次性與多樣性。

7. 空間使用富彈性及可變性。

8. 考量空間使用的衝突性、干擾性。

9. 考慮配合綠建築、環境共生之設計。

10. 結合社區資源，落實幼兒教育社區化之願景。

第二節　建構優質的幼兒學習環境

在進行幼兒園學習環境建構之前，要再一次確認以下問題：創辦者的教育理念是偏向何種教育模式取向？準備收托的對象年齡範圍為何？是否收托特殊幼兒？預計收托多少幼兒？創辦經費如何？有了這些基本藍圖，才能做環境評估分析工作——園址的選擇、園舍基本構造的評估、使用者需求的考量，以及學習環境的物理因素分析等。

環境規劃一般而言，包括硬體與軟體兩部分。硬體以園舍的建築與設備為主，軟體則指課程的設計安排部分。由於課程設計安排範圍甚廣，通常在幼教課程通論或教材教法的課程中會有詳細說明，本節所談的環境規劃限定以硬體的園舍建築、設備為重點。

相關法規有《幼兒園及其分班基本設施設備標準》（民國108年7月10日修正發布），此乃依據《幼兒教育及照顧法》第8條第6項之規定辦理：「幼兒園與其分班基本設施設備之標準，及其設立、改建、遷移、擴充、招收人數、更名與變更負責人程序及應檢具之文件、停辦、復辦、撤銷與廢止許可、督導管理、財團法人登記、董事會運作及其他相關事項之辦法，均由中央主管機關定之。」

壹、優質幼兒學習環境位址的選擇

在規劃環境之前，通常須做環境評估分析工作，例如：園址的選擇、園舍基本構造的評估等。在規劃環境時，也要考慮環境物理因素的分析等。選

擇適當的園址須考慮不少因素，尤其是新設立的幼兒園應儘量配合，以求環境能有最佳的狀況。通常園址的選擇宜考慮以下幾項因素。

一、大環境的選擇

（一）地區規劃的考慮

選擇園址、購買園地、園舍之前，有一個重要的因素須考慮，即所選的園址是否是校址專用地，將來是否有被徵收的可能。校地產權是否清楚，若是租用，要考慮可否變更為學校用途，且各項設施只能作暫時之計。此係依據《幼兒園及其分班基本設施設備標準》第 4 條之規定辦理：「幼兒園及其分班之用地，應符合都市計畫法及都市土地使用分區管制或區域計畫法及非都市土地使用管制等相關法規之規定。」另外，這也會使得幼兒園在進出管理上過度戒備，而影響全園的氛圍。

（二）與特殊設施或場所之距離

依據《幼兒園及其分班基本設施設備標準》第 5 條規定，幼兒園及其分班與加氣站 [1]、公共危險物品及可燃性高壓氣體 [2]、殯葬設施 [3]，以及其他特

---

1. 依據《加氣站設置管理規則》（民國 106 年 11 月 22 日修正發布）第 7 條第 4 項規定，加氣站「與所面臨道路上之鐵路平交道、隧道口、同側高速公路交流道匝道漸變端點、公私立高級中等學校、國民中學、國民小學及當地直轄市、縣（市）政府認定需保持交通安全之公共設施等應有一百公尺以上之距離。……但各直轄市、縣（市）政府依其社會環境與交通狀況已另訂距離測量方式者，應依其規定。……」

2. 依據《公共危險物品及可燃性高壓氣體製造儲存處理場所設置標準暨安全管理辦法》（民國 110 年 11 月 10 日修正發布）第 13 條第 2 項規定：「設備標準第 12 條第 1 款第 6 目、第 2 款第 3 目及第 12 目規定之場所，其收容人員在 20 人以上者。」上述所謂的設備標準是指《各類場所消防安全設備設置標準》（民國 110 年 6 月 25 日修正發布），場所即包括：托嬰中心、早期療育機構、有收容未滿 2 歲兒童之安置及教養機構、學校教室、兒童課後照顧服務中心、補習班、訓練班、K 書中心、幼兒園等，需距離製造六類公共危險物品及可燃性高壓氣體製造、儲存或處理場所 30 公尺以上。該辦法第 3 條：「公共危險物品之範圍及分類如下：第一類：氧化性固體；第二類：易燃固體；第三類：發火性液體、發火性固體及禁水性物質；第四類：

殊設施或場所之距離，都應符合其他中央法規或地方自治法規規定。所謂其他特殊設施或場所，應指繁雜、危險、汙穢或風氣不良的地區，推想包括：有煤煙、有毒氣體等工廠；資源回收、垃圾丟棄場等可能有傳染病源的場所；市場、戲院、車站、機場、垃圾焚化場、風化區、鐵路旁、高速公路旁，以及交通頻繁、有危險河流、池塘、湖等的附近，均應保持距離。鄰近這些場所容易有噪音及各種汙染源，若無法避免，需要採用隔音窗、門，並緊閉門窗以抵擋噪音，因周邊環境嘈雜，大人與幼兒在室內的聲音也會因此變大，且需要經常檢測是否有有毒汙染物（劉玉燕，2012a）。

最好選擇屬性單純的環境，比較適合的地區是住宅區、文教區及風景區；附近有公園、農場或大小型休憩場所，範圍在孩子來回走路半小時以內的距離。

二、地勢、土質與陽光

不管是新建園或租、買舊園，要注意到該區地下排水系統是否理想，不要為了便宜而選沼澤劣土、高地或礁石地，因其整理費力費時，可能花了很多的人力和財力還不見得合乎理想。且要注意到陽光是否照得到、通風的程度如何，如在高樓大廈旁就可能碰到此問題。

三、園地面積

依據《幼兒園及其分班基本設施設備標準》第 12 條：「幼兒每人室外活動空間面積，不得小於 3 平方公尺；私立幼兒園及其分班設置於直轄市高人口密度行政區者，不得小於 2 平方公尺。……」但高人口密度行政區，由中央主管機關會商直轄市主管機關定之。

易燃液體及可燃液體；第五類：自反應物質及有機過氧化物；第六類：氧化性液體。……」

3. 依據《殯葬管理條例》（民國 112 年 12 月 27 日修正公布）第 8 條規定，設置、擴充公墓，應與學校、醫院、幼兒園之距離不得少於 500 公尺。

　　另外，第 12 條還規定：「……室外活動空間依前條規定設置者，其個別面積應符合下列規定：(1)設置於基地地面層、二樓或三樓之露臺：每一面積不得小於 22 平公尺；(2)設置於毗鄰街廓之土地：面積不得小於 45 平方公尺。……」

　　其所謂室外活動空間面積，不包括一樓樓地板面積、騎樓面積、法定停車面積、道路退縮地及依法應留設之公共開放空間等。室外活動空間面積不足部分，得以室內遊戲空間面積補足。但室外活動空間面積仍不得小於 22 平方公尺及招收幼兒人數二分之一所應具有之面積。

四、使用樓層

　　依據《幼兒園及其分班基本設施設備標準》第 6 條：「幼兒園及其分班，其為樓層建築者，……應先使用地面層一樓，使用面積不足者，始得使用二樓，二樓使用面積不足者，始得使用三樓；四樓以上，不得使用。……」

　　第 20 條提到：「位於山坡地或因基地整地形成地面高低不一，且非作為防空避難設備使用之地下一層，得作為室內遊戲空間使用。……設置於地下一層之室內遊戲空間，應符合下列規定：(1)其週邊應留設有兩側以上，寬度至少 4 公尺及長度至少 2 公尺之空間，兼顧逃生避難及通風採光；(2)設置二處進出口，其中一處，應通達可逃生避難之戶外。」

五、交通接送的可能問題

　　幼兒園收托的孩子除了搭乘幼童專用車外，幾乎都需要家長接送，故其交通問題，一為幼童專用車的出入動線，二為家長接送時的停車與交通阻塞問題。因此，在環境規劃時，應將交通問題事先規劃，以免造成幼兒出入的不便與造成區域時段性的塞車問題。幼童專用車的出入動線應該和孩子的戶外遊戲空間做明顯的區隔，設計時就應事先規劃好接送動線，並於接送時間內做好交通指揮與管理工作。

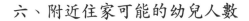

六、附近住家可能的幼兒人數

　　幼兒園宜設置於通學便利、交通安全及四周環境良好的位置。若幼兒園不準備設置幼童專用車，以家長接送為主，應考慮設置在附近以幼兒步行10 分鐘範圍內可能入園的幼兒人數；若有幼童專用車，乘坐幼童專用車的時間亦以不超過 30 分鐘為原則。

七、其他考量因素

1. 考量未來發展的可能性：未來若有擴園計畫，應考慮四周是否有空地或可租買的房舍，以供將來發展之需。
2. 善用社會資源：政府這幾年積極推動非營利幼兒園、準公共幼兒園（參見本書第三章第四、五節），若符合條件即可申請。另外，依據《住宅法》（民國 112 年 12 月 6 日修正公布）第 3 條的定義，社會住宅指由政府興辦或獎勵民間興辦，專供出租之用之住宅及其必要附屬設施。第 33 條規定：「為增進社會住宅所在地區公共服務品質，主管機關或民間興辦之社會住宅，應保留一定空間供作……托育服務、幼兒園、……或其他必要附屬設施之用。……」若租用社會住宅，第 22 條有提到社會住宅營運期間，若作為幼兒園使用之租金收入，免徵營業稅。其租稅優惠，實施年限為五年，於年限屆期前半年，行政院得視情況延長之。

貳、園舍建築基本構建評估

　　幼兒園的建築，依據教育、適用及舒適原則，應專為幼兒教育而設計。一所專為幼兒教育著眼而設計的幼兒園，縱有缺失，亦不致太離譜，但有時限於經費，或取地重建的不易，可能須租用或運用舊有房舍規劃，這時就需要評估原建築物的基本構造是否適於改建為幼兒園。有的建築物本身就不適

合當幼兒園，有的可能必須花費很大的心思去改善，但常常花了很多的人力和財力，卻又不見得能將所受的限制加以克服。以下幾點可作為評估的參考。

一、是否安全？

「快快樂樂地上學，平平安安地回家」可說是辦學的第一守則。幼兒的活動性強、自我中心，加上對危險缺乏警戒心，因此幼兒園在安全的防護上，參考劉玉燕（2012b）及筆者個人經驗，提出下列幾點需要注意考量之事項。

（一）出入口的安全考量

1. 幼兒園主要出入口處臨接的道路寬是否在 8 公尺以上？
2. 出入口是否避開下列狀況：臨接道路交叉點或截角線、轉彎處起點、穿越斑馬線、橫越天橋、地下道上下口起 5 公尺以內？
3. 幼兒、家長進出校園的出入口與幼童專用車、轎車等的出入口，以及運送食物、搬運等的出入口是否分開設置？
4. 從大門入口到園舍的通道上，是否未設置鞦韆、溜滑梯、腳踏車道等特別動態的設施？
5. 出入口有無迴旋空間或讓家長等待、停車的地方？
6. 校園內沒有隱藏的死角，從入口處即能看到全園的環境？

（二）建物規劃的安全考量

1. 建築物本身的結構是否堅固？
2. 牆壁、屋頂、樓梯、臺階、廚房、餐廳、臥室等設備和裝置，是否達到法規安全標準？
3. 建物建材是否有防火、防水、防颱、防震的功能？
4. 空間是否具有透明性的潛力，讓教保服務人員容易看見所有幼兒？
5. 空間由公共到私密，是否具有層次性與連續性，以確保幼兒的安全？

6. 空間是否夠大，足供幼兒於室內與室外的活動量？

7. 行政辦公室位置是否能讓工作人員隨時掌握園內發生的事？

（三）建物避難逃生安全考量

另外，要注意萬一有緊急情況如何逃生。依據《幼兒園及其分班基本設施設備標準》第 9 條規定，室內活動室之設置，應設置二處出入口，直接面向避難層或走廊，以方便緊急情況下逃生。另外，筆者提醒需要事先觀察注意的事包括：

1. 是否規劃充足的避難逃生空地？

2. 建築材料是否使用防火材質？

3. 樓梯的寬度、高度是否符合規定？

4. 是否為輻射屋、海砂屋？防火巷是否通暢？

5. 是否有無法改善的死角？

如果上述問題，即使花大筆裝潢費都難以解決時，就得考慮放棄，甚至要考慮值不值得花大筆裝潢費。

二、是否容易達成教育理念？

如果辦學者的教育理念是讓孩子在遊戲中學習，除了教學活動的配合外，硬體設備也是影響此教育理念是否能達成的因素之一。因此，至少須考慮給孩子一個能自由嬉戲的空間，室內須讓孩子有自發性學習的機會，附近是否有公園或其他公共設施等，都是考慮的因素。如果辦學者重視能給孩子一個溫暖、像家的地方，就不該選擇冰冷的大理石地、高聳的圍牆、排排坐的桌椅。環境可以透露辦學者的教育理念，不能不慎重考慮。

三、是否符合健康原則？

良好的幼兒園環境基本上要符合健康原則，在評估環境結構時，首先要注意光線與通風問題。

完全密閉式的空間並不適合辦理幼兒園，因中央空調系統有故障失靈的時候，孩子的抵抗力弱，密閉空調式空間的傳染力較強，若長時間沒辦法和自然空氣接觸，也會影響健康狀況。因此，地下室、高隔間都不適宜整天在裡面活動。有些幼兒園強調小班制，每個教室隔得太小間，光線與通風都不佳，長期下來除了視野受到限制，容易變成近視眼外，對身心健康都會有影響。因此，建築規劃時，應考慮到光線與通風的問題。

四、動線的安排是否順暢？

動線包括：孩子每天出入活動的路線、餐飲運送和處理路線、娃娃車接送路線、從吃飯到睡覺場所的路線、從教室到遊樂場的路線等，要考慮是否容易有衝撞、跌倒之虞？是否有看不見的死角？是否會影響相關活動？是否通暢？在最擁擠狀況的流量如何？以孩子的活動量及速度，其所耗費時間為何？如何設計一個方便、流暢、安全的動線，是很重要的課題。

五、是否具有彈性？

一個幼兒園通常無法準確預估收受的幼兒人數，一般而言，開辦初期會面臨招生不足的問題，當然也有例外。在創辦幾年後，又可能面臨想擴充卻無腹地，或者面臨轉型、改變教學方針，需要重新調整設施的問題。因此，在環境規劃之初就要考慮到預留一些彈性，將可以省下一筆整修費。如儘量不使用固定牆壁的設備，部分空間可以考慮多元化，如兩間教室平時用木製門隔開，家長座談會、園遊會等需要大場地活動時可以打開來。用來隔開學習區的櫃子最好也不要釘死，採活動櫃方式，可以過一段時間就做一些變化。

參、使用者需求的考量

幼兒園整體環境規劃需要考慮到使用者的需求。一般而言，幼兒園的使

用者可以分為三個族群——兒童、工作人員和家長。

一、兒童需求

　　環境空間的設計要考慮到使用設備兒童的年齡、需要使用的時間、兒童的身體狀況、在此空間內兒童可能的活動型態，以及個別兒童的特殊需求等，整個環境空間要能提供兒童獲得安全成長的機會。依據兒童需求會使用到的空間，包括：活動室、室外活動空間、室內遊戲室、盥洗室（含廁所）、保健室、行動不便者使用設施等。

二、工作人員需求

　　工作人員需求須考慮到是否特別設有接待服務人員？如果有，其工作地點須設在近入口處、易看到招呼家長的地方，但若是由一般行政人員負責，可考慮將行政辦公室設在入口處；另外，醫護人員需要有醫護室，廚工使用的廚房設備等都要考量。依據工作人員需求較常用到的空間，包括：辦公室、活動室、教保準備室、盥洗室（含廁所）、保健室、廚房或備餐室等。

三、家長需求

　　家長雖然不是整天在幼兒園，但他們是教保服務機構主要的經費來源，可說是教保服務機構的衣食父母，不能不重視他們的感覺。因此，應提供一個停車方便、下雨天可以不必淋雨的接送區域，一個舒適並能看到重要消息公布的等待區。還有個別諮商室，能提供與家長討論幼兒個別問題的地方，也是需要考慮的。雖然法規上並未特別規定，但是一個懂得經營的園長，應該要積極做這些部分的規劃。

　　另外，可能還需要一些多功能的空間，可供兒童於下雨天嬉戲、戲劇演出、慶生會、家長座談會、慶祝活動等的綜合性空間。

肆、合宜學習環境氛圍的營造

　　若想營造一個溫馨自在的環境，通常會使用柔和的燈光，在地板上鋪上柔軟的墊子，擺放幾個舒適的靠墊。反之，像銀行、法院等想營造肅穆莊嚴的氣氛，在建築上會採高門廳的設計，材質上也傾向採用冷色調的材料，這說明了環境確實可以影響人類的行為。我們如何運用環境的物理因素來營造合宜的學習氣氛呢？Jones（1977）以柔和／冷硬、開放／封閉、簡單／複雜、干預／隔離、低活動性／高活動性等五個向度，來分析環境和人類行為的互動關係。

一、柔和／冷硬

　　高明度、暖色系的色彩、燈泡的燈光、柔軟的地毯、舒適的靠墊、蕾絲的窗簾等，其柔和度較高，易散發出歡迎、邀約的氣氛。相對地，低明度、寒色系、刺眼的燈光、水泥或大理石的地板、鐵欄杆、高聳的圍牆等，則透露著冷淡、肅穆的氣氛。

二、開放／封閉

　　一個利用矮櫃隔出幾個活動空間，開架式地擺放各式各樣的教具，以及將教具鎖在高高的玻璃櫃中，桌椅全部面向講臺一字排開的空間擺設，兩者之間馬上可以感覺出其開放與封閉的不同程度。另外，桌椅排列的方向位置，也會影響幼兒與幼兒之間的互動關係，如果要營造不同的學習氣氛，環境的擺設是可以給人截然不同的感受。

三、簡單／複雜

　　簡單與複雜的向度，並不是單純指設備、教具功能的單純或複雜度，而是指一件器材或設備環境所能吸引人的程度。看似簡單的回收紙張，若能與美勞材料互相搭配，將是相當吸引人的創作素材，並可以組成較複雜的學習

環境；反倒是結構複雜的電動玩具，如果其吸引人的地方永遠只是上發條轉動，反而屬於簡單的向度。另外，簡單或複雜也要視幼兒的發展年齡及學習吸收度而定，對大班幼兒和幼幼班幼兒在評估此向度時，就有不同的考量。

四、干預／隔離

本向度重在適度與否，適度的干預介入是好的，如添置新教具或安排校外參觀訪問等，但老師過度的干預，如過度權威地指導命令控制情境，則是不好的。有個隱密空間或半開放空間可以讓孩子紓解情緒、偶爾獨處，將有助於其社會行為的發展，但若長期處在隔離狀況下，則有礙其發展。

五、低活動性／高活動性

本向度指的是環境中能提供大肌肉活動之程度，通常一個好的學習環境應該是能提供兼具動靜態活動的進行，整體環境規劃必須有低活動區，也要有高活動區，作息安排若能搭配進行，較能滿足孩子們的需求。

湯志民（2001）的研究建議，在幼兒學習環境設計與布置時，可以幼兒活動的動靜態和乾濕性（不用水和用水）二個向度做為依據。該研究另提到，幼兒學習環境的設計應掌握教育性、探索性、多樣性、可變性、舒適性、安全性及參與性等七項原則，方能為 21 世紀的新主人翁建構出豐富、有趣、多樣、變化、安全、舒適且具有探索性的教育環境。周怡伶與段慧瑩（2009）透過文獻資料蒐集，探討幼兒園中介空間建構，建議老師要鼓勵幼兒參與學習環境規劃設計，並將整個幼兒園皆視為幼兒的學習環境。以下提供表 4-2「園區安全管理檢核表」供參考之用。

表 **4-2**　園區安全管理檢核表

項目	安全檢視注意要點	檢查結果		處理情形
		符合	待改進事項	
門	1.門板完整，使用正常			
	2.軌道順暢，鉸鏈正常			
	3.門鎖正常，有備用鑰匙			
	4.保全設備正常			
	5.防夾措施正常			
	6.防止幼兒任意進出危險空間之防護措施正常			
	7.鐵捲門開關及遙控器放在幼兒無法觸碰的地方			
	8.鐵捲門裝有偵測到物體則立即停止之安全裝置			
窗	1.窗框完整，使用正常			
	2.玻璃完整			
	3.紗窗完整			
	4.軌道順暢			
	5.保全設備正常			
	6.鎖（栓）正常			
	7.防夾措施正常			
	8.防墜措施正常			
牆	1.圍牆無裂縫、傾斜			
	2.外牆無剝落、裂縫現象			
	3.內牆無剝落、滲水現象			
	4.牆角防護措施完整具功能			
	5.牆面附加物安全、無脫落風險且運作正常			

園名：　　　　　　　　　　　　查核日期：　年　月　日

表 4-2　園區安全管理檢核表（續）

項目	安全檢視注意要點	檢查結果		處理情形
		符合	待改進事項	
天花板	1. 樑無傾斜、龜裂現象			
	2. 天花板無龜裂、剝落下陷			
	3. 無漏水現象			
	4. 燈具穩定、使用正常			
	5. 無蟲蟻侵入或破損			
	6. 天花板附加物牢固安全、無脫落風險且運作正常			
柱	1. 柱無傾斜、無龜裂			
	2. 柱與地面無裂痕			
	3. 柱體防護措施完整具功能			
地板	1. 地面平坦無裂痕、破損			
	2. 地面無積水（滲水）現象、不濕滑			
	3. 地面高低落差處有防護措施			
樓梯及走廊	1. 欄杆間隙在 10 公分以下且無設置橫條			
	2. 樓梯扶手穩固安全正常			
	3. 樓梯止滑條無脫落、功能正常			
	4. 樓梯間照明亮度適當			
浴廁環境	1. 浴廁清潔無異味			
	2. 垃圾桶加蓋			
	3. 有肥皂或洗手乳等淨手設備			
	4. 有避免交互感染的乾手設備			
	5. 地面排水良好、不濕滑			
	6. 清潔用品收放好、幼兒不易取得			

表 4-2 園區安全管理檢核表（續）

項目	安全檢視注意要點	檢查結果		處理情形
		符合	待改進事項	
櫥／櫃／桌／椅／架	1. 位置妥當、不防礙視線及動線			
	2. 安置穩固牢靠、不易晃動、傾倒			
	3. 表面及邊緣完整平滑			
	4. 功能正常、無故障			
	5. 尖角有防護措施			
	6. 物品擺放正確、數量適當			
門禁管理	1. 大門開關由內部有效控制，並指定專人接應門鈴、作過濾引導			
	2. 設有訪客接待區，停等空間充裕且安全，並與幼兒活動範圍適度區隔			
	3. 設置訪客登記簿並落實訪客登記			
	4. 門禁管理與幼兒接送制度密切配合			
	5. 家長及訪客須憑識別證件始可入園			
	6. 落實鑰匙保管及運用制度			
防護系統	1. 圍牆欄杆等都完整，外人無法任意進出			
	2. 保全或警民連線系統正常且功能合用			
	3. 定期檢測保全或警民連線系統並維修			
	5. 自動感應照明燈功能正常			
	6. 監視錄影系統功能正常			

表 4-2 園區安全管理檢核表（續）

項目	安全檢視注意要點	檢查結果		處理情形
		符合	待改進事項	
防護系統	7. 園區與社區有適當界線，可管控互動情形			
	8. 與社區建立良好關係，可守望相助			
	9. 與轄區派出所建立良好警民關係			
	10. 落實家長與民眾申訴作業制度、妥善處理抱怨問題			
停車場	1. 停車場及行車動線與幼兒活動範圍完全區隔			
	2. 平面停車區嚴格執行倒車入庫方式停車			
	3. 地下停車場的出入口有警示燈及鈴響			
其他	1. 光線充足			
	2. 空氣流通且溫濕度適當			
	3. 各類物品標示清楚、擺放穩當整齊			
	4. 活動轉換空間恰當、視線死角有安全措施			
	5. 危險物品放置適當、管理得宜、無安全顧慮			
	6. 電器設施功能正常，擺放得宜、配件收納妥當（含電器用品、插座、管線等）			
	7. 盆栽完整擺放位置得宜			

註：為使用方便，請幼兒園視情形自行修改。

檢核人： 組長： 主任： 校（園）長：

註：引自教育部（2023b）。

伍、符應特殊需求幼兒之無障礙環境規劃

依據《建築物無障礙設施設計規範》（民國 109 年 5 月 11 日修正，以下簡稱《規範》）。《規範》104.2：「無障礙設施：係指定著於建築物之建築構件（含設備），使建築物、空間為行動不便者可獨立到達、進出及使用。」

一、相關研究發現

林嫈婷（2006）曾進行有關幼兒園無障礙環境的研究，她以問卷檢核加訪談的方式進行，除檢核高雄縣市 104 所幼稚園外，另訪談 12 位曾收托肢障幼兒之幼教老師（幼稚園及托兒所老師各 6 位），分別從量化資料及實務托育者的角度，來了解無障礙環境項目的重要性。研究發現：

1. 外部空間需改進者依序為「斜坡道之扶手」、「斜坡道」及「步道鋪有行進引導設施」。
2. 建築物內部空間最需改進者依序為「走廊」、「樓梯」、「電梯」、「廁所」、「馬桶、小便池」及「洗臉盆」等六項相關設置，皆以扶手最需被改善。
3. 建築物內外空間之無障礙環境，均未隨園所位址或性質而有任何顯著差異，顯示無論是高雄縣市之幼稚園或托兒所，無障礙環境狀況一致。
4. 所有幼教老師提及需增設適合幼兒尺寸之扶手，包括：「斜坡道」、「廁所」、「樓梯」、「馬桶、小便池」及「洗臉盆」之扶手，其次為廁所地板及便池周圍地板。
5. 檢核與訪談結果，均顯示最需改善的部分為「扶手」及「斜坡道」。

二、幼兒園無障礙空間需改進之法規規範

依據上述研究，所提幼兒園無障礙空間最需要改進的「扶手」及「斜坡道」部分，參考《規範》提出相關法規之規範，說明如下。

（一）斜坡道

依據《規範》206.1：「適用範圍：在無障礙通路上，上下平台高差超過3公分，或坡度超過1/15者，應設置坡道。」206.2.2：「寬度：坡道淨寬不得小於90公分；如坡道為取代樓梯者（即未另設樓梯），則淨寬度不得小於150公分。」206.2.4：「坡道地面：坡道地面應平整、防滑且易於通行。」

（二）行進引導設施

依據《規範》206.2.1：「坡道引導標誌：坡道儘量設置於建築物主要入口處，若未設置於主要入口處者，應於入口處及沿路轉彎處設置引導標誌。」

（三）斜坡道之扶手

依據《規範》206.5：「坡道扶手：高低差超過20公分之坡道，兩側皆應設置符合本規範207節規定之連續性扶手，且得免設置水平延伸。」

（四）扶手

無障礙設施需設置之扶手，依據《規範》207.2.1：「扶手形狀：可為圓形、橢圓形，圓形直徑約為2.8公分至4公分，其他形狀者，外緣周邊長9公分至13公分」（如圖4-1所示）。

圖4-1　《規範》207.2.1：扶手形狀

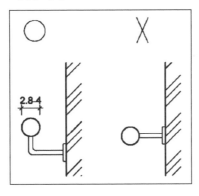

207.2.2：「表面：扶手表面及靠近之牆壁應平整，不得有突出或勾狀物。」

207.3.2：「與壁面距離：扶手若鄰近牆壁，與壁面保留之間隔應不得小於 5 公分，且扶手上緣應留設最少 45 公分之淨空間」（如圖 4-2 所示）。

207.3.3：「高度：設單道扶手者，扶手上緣距地板面高度應為 75 至 85公分；設雙道扶手者扶手上緣距地板面，高度應分別為 85 公分、65 公分。若用於小學高度應各降低 10 公分」（如圖 4-3 所示）。

圖 4-2　《規範》207.3.2：與壁面距離

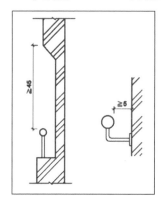

圖 4-3　《規範》207.3.3：高度

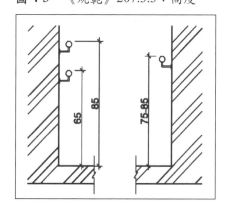

　　　無障礙廁所應設置馬桶及扶手，依據《規範》505.2：「淨空間：馬桶至少有一側邊之淨空間不得小於 70 公分，扶手如設於側牆時，馬桶中心線距側牆之距離不得大於 60 公分，馬桶前緣淨空間不得小於 70 公分」（如圖 4-4 所示）。

圖 4-4　《規範》505.2：淨空間

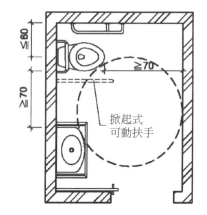

掀起式
可動扶手

《規範》505.5：「側邊 L 型扶手：馬桶側面牆壁應裝置 L 型扶手，扶手外緣與馬桶中心線距離為 35 公分（如圖 4-5 所示），扶手水平與垂直長度皆不得小於 70 公分，垂直扶手外緣與馬桶前緣之距離為 27 公分，水平扶手上緣與馬桶座墊距離為 27 公分（如圖 4-6 所示）。」

圖 4-5　《規範》505.5.1：側邊 L 型扶手 1

圖 4-6　《規範》505.5.2：側邊 L 型扶手 2

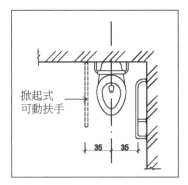

《規範》505.6：「可動扶手：馬桶至少有一側為可固定式之掀起式扶手，L 型扶手中間固定點並不得設於扶手垂直部分。使用狀態時，扶手外緣與馬桶中心線之距離為 35 公分，長度不得小於馬桶前端且突出部分不得大於 15 公分」（如圖 4-7 所示）。

圖 4-7　《規範》505.6：可動扶手

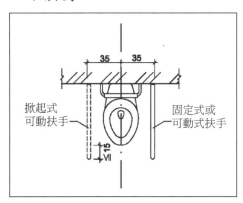

陸、跨專業合作，營造優質環境的溝通協調

　　幼兒園的環境規劃必須和許多相關專業人士一起合作，不是單靠幼教經營者就能獨自完成。如何能合作愉快，使工作進行順利，是需要智慧與用心的經營。

一、發照單位

　　幼兒園的環境規劃首先要考慮的是：發行使用執照的單位工作人員如何審視？設備再好若通不過檢核，拿不到立案執照，一切的心血都是白費的。所以，設計規劃環境時一定先要了解相關法規，必要時可直接到政府機構詢問。因為政府官員工作繁忙，若要拜訪應事先約好時間且一定要準時，相關資料也應準備齊全，以免浪費彼此的時間。

二、建築師

　　一般建築師對幼兒園的需求並不是很了解，所以選擇一位有設計理念又具幼教知識的建築師當然最好，但可能不容易找得到。退而求其次，至少要選一位會讓你覺得舒適、願意多了解情況、仔細聽你解說的建築師。最好能請建築師先參觀一下自己心目中的理想幼兒園，讓他對幼兒園有一些初步認識。另外，一定要清楚告知有關建築要求的相關法規，以及自己的特別需求，要求對方先畫出設計藍圖，多溝通討論。在溝通過程中應保持客觀、尊重專業的態度，把握大原則，讓建築師有創造發揮的空間。

三、承包商

　　承包商基本上是承攬整個工程作業，從工程發包到完成，都必須監督整個工程進度與工作狀況。幼兒園的經營督導者需要做的是先與承包商溝通整個設計理念，了解工程進度，不定期巡訪，以了解是否符合原先的設計構想，若發現有任何問題，不應直接指揮建築工人，應與承包商直接聯絡溝通。

四、會計師

　　會計師可以協助幼兒園抓緊預算，但並不是每個幼兒園都要請會計師，有些只請會計師做部分工作，如工程經費預算、每個月的收支損益表等，會計師會協助其建立一個較好的經費控制系統。但基本上，在請會計師協助規劃前，應據實告知可能的經費預算，並在整個過程中留下詳細的收支紀錄與證據資料，否則會計師也會「巧婦難為無米之炊」。

行政小錦囊

　　空間的設計與物理取向，應與辦學的理念相配合，才能營造出具有特色的學校。

第三節　必要空間的建構與維護

　　依據《幼兒園及其分班基本設施設備標準》第 7 條規定：「幼兒園及其分班，均應分別獨立設置下列必要空間：(1)室內活動室；(2)室外活動空間；(3)盥洗室（包括廁所）；(4)健康中心；(5)辦公室或教保準備室；(6)廚房。……」

　　設置於國民小學校內之幼兒園，得與國民小學共用健康中心、辦公室或教保準備室、廚房；設置於國民中學以上學校內之幼兒園，除廚房得與學校共用外，均應獨立設置；設置於公寓大廈內之幼兒園及其分班，均不得與公寓大廈居民共用。

壹、幼兒學習活動空間──室內活動室

　　室內空間包括幼兒的活動室、幼兒的其他空間，如出入口、廁所、走廊、洗手臺、餐點區等；大人的區域，如教職員室、園長室、事務室等地方的規劃。

一、使用樓層

　　室內活動室是幼兒在園內活動的主要空間，依據《幼兒園及其分班基本設施設備標準》第 9 條，對室內活動室樓層的建築規範重點如下：「室內活動室之設置，應符合下列規定：(1)為樓層建築者，其室內活動室之設置，應先使用地面層一樓，使用面積不足者，始得使用二樓，二樓使用面積不足者，始得使用三樓，且不得設置於地下層；(2)2 歲以上未滿 3 歲幼兒之室內活動室，應設置於一樓；(3)應設置二處出入口，直接面向避難層或走廊。」

　　另外，「建築物地板面在基地地面以下之樓層，其天花板高度有三分之二以上在基地地面上，且設有直接開向戶外之窗戶及直接通達戶外之出入口，經直轄市、縣（市）主管機關核准者，視為地面層一樓。幼兒園及其分班有下列情形之一者，其室內活動室設置於一樓至三樓，不受第一項第一款使用順序及第二款之規定限制：(1)設置於直轄市高人口密度行政區；(2)位於山坡地，且該樓層有出入口直接通達道路，並經直轄市、縣（市）主管機關核准。」

二、面積

　　依據《幼兒園及其分班基本設施設備標準》第 10 條規定，室內活動室的面積不包括室內活動室內之牆、柱、出入口淨空區等面積；室內活動室之面積，應符合下列規定：

　　1. 招收幼兒 15 人以下之班級，其專用之室內活動室面積不得小於 30 平

方公尺。且得採個別幼兒人數計算方式為之,每人室內活動空間不得小於 2.5 平方公尺。

2. 招收幼兒 16 人以上 30 人以下之班級,其專用之室內活動室面積不得小於 60 平方公尺。

三、光線和音量

光線和音量對室內活動室使用的影響很大,《幼兒園及其分班基本設施設備標準》第 21 條有明確的規範:「……(3)平均照度至少 500 勒克斯(lux),並避免太陽與燈具之眩光,及桌面、黑(白)板面之反光;(4)均能音量(leq)大於 60 分貝(dB)之室外噪音嚴重地區,應設置隔音設施。樓板振動噪音、電扇、冷氣機、麥克風等擴音設備及其他機械之噪音,應予有效控制。……」

若因建築結構問題,亦可善用色彩,使室內看起來明亮些,或運用吸音材質吸收音量。

四、地板、天花板和牆面

地板的材料應易於清洗、有彈性、能承載重物、有吸音效果、不易滑倒,感覺是衛生、溫暖的。或可利用小塊地毯、拼接塑膠地板或不同燈光強度、不同的地平面,分隔相鄰近的學習興趣中心。

不同使用功能地區可採不同高度的天花板,如特別規劃的遊戲屋、隱蔽處,可採較低的天花板。而一般空間最好應有 3 公尺高。

牆面也可覆蓋各種形式的材料,如軟木塞板、絨布板等,其可消音亦可用以展示,主要色彩以柔和明亮為主。注意室內銳角、柱子的安全處理。地面、天花板、牆面的設計亦應考慮特殊幼兒的需要。

五、櫥櫃和展示設施

依據《幼兒園及其分班基本設施設備標準》第 21 條,有關櫥櫃和展示

設施的規定如下：

1. 個人物品置物櫃：提供足夠幼兒使用之個人物品置物櫃，以及收納玩具、教具、書籍等儲存設備。

2. 幼兒使用的櫥櫃和架子：要符合幼兒身高尺寸，並採用適合幼兒人因工程，且可彈性提供幼兒集中或分區活動之傢俱。

3. 各種設備器材：設置可布置活動情境之設備器材、教具、活動牆面、公布欄、各種面板等。

4. 配置學習區及幼兒作品展示空間：學習區內擺設之玩具、教具及教材，應滿足適齡、學習及幼兒身體動作、語言、認知、社會、情緒及美感等發展之需求。

5. 供教保服務人員使用之物品或其他相關物品：應放置於 120 公分高度以上之空間或教保準備室內。

小提醒：供幼兒使用的櫥櫃，應分門別類用盒子或籃子將教材教具裝好，放在固定櫃子上，讓幼兒自由取用、收拾。這些櫃子最好可以移動，有時亦可用來區隔學習空間，其位置以幼兒方便取用為原則。

六、動線規劃

　　動線的安排要讓幼兒能觀察各學習區的活動，且以很容易進入各學習區為原則。

　　Rogers（1976）指出，環境中有流暢的動線及剩餘空間至少占全部面積的三分之一以上，幼兒語言的表現要多於身體動作的表現。在身體動作表現中，促進成長的行為多於抑制成長的行為，在語言的表現中亦是如此（田育芬，1987）。

　　通路要明顯，以避免活動室的交通混亂。還應有兩個基本出入口，這是基於安全及活動的理由。

七、空間區隔

（一）教學模式與空間區隔

　　不同的教學模式，其空間規劃就會有所不同，例如：蒙特梭利教學和學習區教學的教室空間都會分隔學習區域，讓幼兒自由探索學習，但區域名稱和擺放內容會不同。每個學習區域需要依據其特性和需求做不同的配置與安排，例如：科學角光線要充足；娃娃家應有封閉性，具有家的感覺；美勞角應靠近水槽和許多櫃臺面；操作角、圖書角需要安靜；積木角不宜設在交通要道上，並最好鋪設地毯或軟墊，以消減積木落下或撞擊的聲音等；且各區域要有足夠空間。如果活動空間不夠大，可以合併類似的角落或利用室外空間，或配合單元變換角落。有關學習區的環境規劃，教育部已聘請國內幼教專業團隊依據各種相關法規，以及幼教專業文獻、現場測試（field-tested）編製成「幼兒園課程與教學評估表」（教育部，2023c）。該評估表有清楚的學習環境規劃指標，包括：學習區的整體規劃、學習區老師角色，以及各學習區的規劃原則，目前已公布於「全國教保資訊網」，建議可善加利用此工具。

（二）空間界定

　　空間應留有彈性，但應有充分的空間界定，例如：以櫥櫃或架子分隔空間，避免直接建造牆壁分隔空間。各區域的隔間不宜太高，不要高於孩子的身高，以免阻礙老師視線。各區域界限要明顯，鄰近的區域要避免干擾，例如：音樂角與圖書角宜分開。

（三）空間特色

　　各區域應有明顯的特色，讓幼兒能快速而明顯地找到適合自己能力、興趣的區域。

　　室內空間的設計可保留原建築的基本構造，儘量發揮其特色。原則上，小型的幼兒園若再區隔成一個個小小的教室，孩子就像在關監牢；而太大的

場地空間若不加以區隔，亦可能成為室內運動場。

（四）空間安全

依據《幼兒園及其分班基本設施設備標準》第 21 條規定：「考量教學器材及各學習區單獨使用之需要，適當配置開關及安全插座」及「使用耐燃三級以上之內部裝修材料及附有防焰標示之窗簾、地毯及布幕」。

八、幼兒櫥櫃

依據《幼兒園及其分班基本設施設備標準》第 21 條規定，室內活動應「設置簡易衣物更換區，並兼顧幼兒之隱私」。

幼兒櫥櫃宜設置在靠近出入區和戶外空間的地方，可用來放置幼兒個人的物品，例如：外套、衣服、圍兜、工作成品等。

若室內須換鞋，亦可在櫥櫃底層或旁邊設置鞋櫃，並在旁邊放置休息凳，可讓幼兒坐著換鞋或換衣服。櫥櫃上最好貼上名條或識別標誌，以幫助幼兒辨認，強調個人所有權。

九、午睡區

由於幼兒的吃飯時間差距大，清理不易，為避免浪費太多等待時間，午睡區與餐點區最好能分別設置在不同空間，若必須在同一空間也最好能分隔區域。如果空間許可，應考慮單獨設置午睡區。

午睡區應離開嘈雜的區域，光線要能控制，窗戶要有窗簾，地下室或易潮濕的地方不宜設為午睡區。

依據《幼兒園及其分班基本設施設備標準》第 21 條規定：「幼兒每人應有獨立區隔及通風透氣之棉被收納空間。」

若設置小床，應將小床儲藏在通風良好的地方，因若將小床疊放在教室一角，會形成一個危險又誘惑的攀爬裝置。

十、隔離區

　　最好能在隱密角落設置休憩屋或情緒角，讓幼兒可以有情緒抒發的空間，或者生、心理不適需要安靜休息時，提供一個可以安身的地方。

十一、2 至 3 歲幼兒之室內活動室

　　依據《幼兒園及其分班基本設施設備標準》第 21 條規定：「招收 2 歲以上未滿 3 歲幼兒之室內活動室，應設置符合教保服務人員使用高度之食物準備區，並得設置尿片更換區；其尿片更換區，應設置簡易更換尿片之設備、尿片收納櫃及可存放髒汙物之有蓋容器。」並應注意所有可能的「視覺死角」，那是最容易出事的地方。

　　活動空間的規劃會影響幼兒的生活和學習的品質，不同方案所規劃的活動空間也有所不同，活動室規劃需能滿足老師教學的多種需求。活動室是老師與幼兒最主要的活動空間，通常老師教學會有團體討論、團體活動、學習區活動、小組活動等，所以空間規劃需含團體討論區、團體活動區、小組學習區、個別使用空間，以及考量特殊幼兒的需求等。

貳、戶外開放空間的建構與維護——室外活動空間

　　戶外空間可說是幼兒園的門面，也是幼兒大肌肉活動的主要場所。由於其所占面積大，所使用的設備費也較高，常是建築規劃訴求的重點，且不論所採用的方案形式為何，戶外空間均是幼兒園必備的條件之一。

一、戶外開放空間建構的法規依據

　　依據《幼兒園及其分班基本設施設備標準》第 11 條：幼兒園的「室外活動空間應設置於幼兒園基地地面層，且集中留設」。若「室外活動空間面

積不足，或室外活動空間無法設置於基地之地面層，經直轄市、縣（市）主管機關實地會勘後核准者，得以下列各款方式之一或合併設置，不受前項規定之限制：(1)使用二樓或三樓之露臺（直上方無頂蓋之平臺）作為室外活動空間，並加強安全措施，所設置之欄杆，其高度不得低於 110 公分，欄杆間距不得超過 10 公分，且不得設置橫條；其為裝飾圖案者，圖案開孔直徑不得超過 10 公分；(2)使用毗鄰街廓之土地作為室外活動空間，並符合幼兒學習環境及行徑安全，且行進至該土地之路線為 100 公尺以內，路徑中穿越之道路不超過 12 公尺。」

二、戶外開放空間的規劃原則

（一）考量安全性

　　幼兒於戶外活動空間活動時，追、趕、跑、跳的機會多，所以空間的封閉性、地面的軟硬度、設備的安全與安排，都是需要注意的。

（二）顧慮各類幼兒的需求

　　遊戲場地的設計除了要讓正常幼兒發展探索、試驗和創造經驗外，也要考慮不同身心障礙類型的幼兒需求，例如：加設斜坡或扶把。。

（三）符合幼兒發展需要

　　不同年齡幼兒所需發展的經驗不同，戶外活動空間的設計應富有彈性，能照顧到不同年齡層幼兒的發展需要。

（四）提供動態與靜態活動的機會

　　戶外活動空間除了要有動態的體能區外，也要有靜態的區域，例如：走道區、緩衝區、台階兼休息區等。

（五）注意外觀及給人的感受

　　戶外空間是幼兒園與外界接觸的第一線，所以要注意到其在外觀上給人的感受性。

（六）考慮開辦費及維修費

　　經費預算對環境設計的影響甚大，設備的選擇不只要考慮採購或工程費用，還要注意到需要多少維修費。有些設備雖然採購費便宜，但每年的維修費相當高，也有的因材質不好、耗損率高，使用年限也較短，整體經濟效益反而低。所以規劃時最好做整體性的考量。

三、戶外開放空間的建構內涵

（一）位置

　　戶外遊戲場和辦公室應有適當聯繫，且與室內活動區、休息室、鞋、衣櫃鄰近，出入要方便，最好不要圍繞著建築物設計，因其範圍太廣，有許多不易監督的地方。

（二）大小

　　依據《幼兒園及其分班基本設施設備標準》第 12 條：「幼兒每人室外活動空間面積，不得小於 3 平方公尺；私立幼兒園及其分班設置於直轄市高人口密度行政區者，不得小於 2 平方公尺。室外活動空間依前條規定設置者，其個別面積應符合下列規定：(1)設置於基地地面層、二樓或三樓之露臺：每一面積不得小於 22 平方公尺；(2)設置於毗鄰街廓之土地：面積不得小於 45 平方公尺。室外活動空間面積之計算，不包括一樓樓地板面積、騎樓面積、法定停車面積、道路退縮地及依法應留設之公共開放空間面積。室外活動空間總面積未符合第一項規定，而達 22 平方公尺及招收幼兒人數二分之一所應具有之面積者，其室外活動空間面積不足部分，得以室內遊戲空間面積補足。」

　　有關戶外區的規劃，一般會保留三分之二的動態活動區域，也可以考量幼兒園的教育理念與周邊可運用的公共資源，做彈性規劃調整。

（三）牆、柵欄

在管理上，幼兒園不宜有外人隨意進入，但顧及幼兒視覺相關活動的發展，完全封閉形式對幼兒的視聽發展會有影響，對小規模的幼兒園影響更大。基本上，在危險地區（如面臨街道、池塘旁），應圍繞不能攀爬的障礙，大約 1.2 公尺高；在沒有潛在危險的戶外區則可用較少的障礙，如大石頭、灌木、柵欄等。此外，門可分大門和小門，大門通常在上學和放學或需要裝卸大型貨物的時間開放，小門則於平時上課或放學後使用。

（四）地形、地面

若有一塊起伏的丘陵地，千萬不要剷平，那是一個很好規劃的戶外遊樂區。可依地形起伏設置滑梯、攀登架、沙坑、水池、迷宮，甚至蜿蜒的跑道等，反而能營造出幼兒園的特色。戶外區最好能設計各種地面，鋪草皮的地面可作運動場，擺盪或攀爬設施的周圍最好覆蓋沙或軟質的地面。某些區域可保留些沙石或泥土，以供幼兒挖掘、玩水或種植，這些地區最好靠近盥洗臺。因地面形式有所改變，應避免幼兒被絆倒。

（五）排水

排水溝應鄰近建築物以利排除遊戲場中的水，並在陡峭或傾斜區種植植物以防沖蝕。此外，還應注意：永久性的設備（如排水管）不可埋於低窪區；玩水區宜有一自然傾斜度以利排水；沙地、沙坑宜接近水栓，並注意排水。

（六）花壇、灌木、池塘

戶外場地若能種植些花木，甚至挖掘個池塘，不僅可使環境看起來美觀，也可以讓幼兒從自然環境的實地觀察中，培養愛護自然的心。

（七）半戶外空間

在戶外區與室內區間可以搭蓋只有遮棚的半戶外遊戲區，天氣好時，可

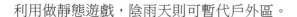

利用做靜態遊戲，陰雨天則可暫代戶外區。

四、戶外各區空間的規劃與維護

依據《幼兒園及其分班基本設施設備標準》第 23 條規定，幼兒戶外空間分為「非遊戲空間」與「遊戲空間」兩類，且強調室外活動空間地面，應避免有障礙物，有空間供幼兒活動，遊戲設備應適合各年齡層幼兒之需求，其安全及衛生應符合中華民國國家標準及相關法規之規定。

（一）非遊戲空間

非遊戲空間，包括：種植區、飼養區及庭園等，其位置通常設在建築物的側翼或園內的庭院。其主要設施，包括：動物區、鳥籠、菜圃、花圃、假山、植物區等。

1. 種植區

種植區可分為全園共同的種植區或讓各班認養的種植區，通常種植區的規劃會依各幼兒園的環境狀況自由選擇。有些幼兒園雖然空地不多，但是善用走廊空間，購買吊掛式的植栽盒，既可達到種植的目的，也有綠化校園的效果。

2. 飼養區

飼養區的大小並無特別規範，空間大的幼兒園可以建造小型的動物園區，飼養常見的可愛動物。空間小的幼兒園可以使用飼養屋或飼養盒，飼養較小型的動物。

3. 庭園

庭園的設計對整個校園的美觀有很大影響，通常需要與整體建築設計做搭配，以整體環境觀感為優先考量。其實若用心設計也會有很好的教學效果，例如：在種植的花草旁標示解說牌，說明該植物的名稱與特性。亦可考慮種植不同顏色、氣味的花草樹木，或隨季節變化設計不同的植栽，老師們

自然會依據教學而加以利用。特別要注意應選擇沒有毒性的植物，以免幼兒誤食造成危險。以前，夾竹桃是校園中常見的植物，後來因為發現其具有毒性，目前已經較少見了。

（二）遊戲空間

遊戲空間，包括：遊戲空地、遊戲設備區、沙坑或沙桌及戲水池等。

1. 遊戲空地

遊戲空地係專供幼兒跑跳、追逐或做團體活動之用。車道則提供幼兒騎腳踏車之用，彎曲的道路更有趣，但不可 90 度轉彎，以免發生意外。

2. 遊戲設備區

遊戲設備區的主要設施有：

綜合遊樂設施：提供各種體能訓練之用；創造遊戲區：提供想像、創造的空間，可以小木屋的方式呈現，材料包括大積木、輪胎、繩索、木頭、鐵鏈、水管等，幼兒可利用這些材料創作組合。

3. 沙坑或沙桌

沙坑是幼兒相當喜愛的遊戲區，能提供其自由創造操作的機會。沙坑的設置要注意幼兒人數的容量，一般幼兒園喜採長方形或正方形沙坑，彎曲的沙河則較美觀；沙坑應有界限，以減少沙的流失，最好設有覆蓋物，避免貓狗的踐踏。沙坑的設置最好鄰近水源，以方便玩泥巴或沖洗。

4. 戲水池

玩水幾乎是每位幼兒都喜愛的活動，若能規劃出一處玩水區，定能讓幼兒著迷。但要注意的是防滑設施與安全教育。

5. 休息區

大量的身體活動後，需要有一處休憩的地方，若能在動態遊戲區旁設置個小涼亭，或於陰涼處放個長板凳、大石頭，會讓幼兒玩得更愉快。

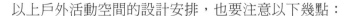

以上戶外活動空間的設計安排，也要注意以下幾點：

1. 多設計混合性、多項功能的遊樂設備。

2. 設施安排應注意功能的互補或干擾作用，例如：沙和水域可配置一起；
   擺盪設備則不宜配置在車道或運動區旁，以免發生危險。

3. 相同的遊戲設備宜分散設置：其好處是同一遊戲時段，幼兒可有更多
   形式的大肌肉活動，亦能減少膽大冒失的競爭。

4. 注意活動的動線與遊樂器材的性質：擺盪大、衝撞性強的遊樂器材宜
   避免在主要活動的動線上，以免幼兒來往不注意而造成意外傷害。

5. 戶外空間與場地是都市幼兒園辦學者最頭痛的問題，若真不易找到有
   足夠戶外空間的幼兒園，最好設在公園、公共遊樂場附近，把它當作
   戶外活動場的延伸。

參、盥洗室（含廁所）

　　幼兒園的盥洗室有男女廁共用或男女分廁者。盥洗室通常包括洗手臺和
馬桶，設置數量與相關配件依幼兒年齡、性別而有差異。依據《幼兒園及其
分班基本設施設備標準》第 24 條：「每層樓至少應設一盥洗室；盥洗室
（包括廁所）之衛生設備，應符合下列規定：……(1)每樓層至少一處盥洗
室設置冷、溫水淋浴設備；(2)2 歲以上未滿 3 歲幼兒班級，每班均設盥洗
室；盥洗室均設置冷、溫水淋浴設備；(3)2 歲以上未滿 3 歲班級內盥洗室之
淋浴設備，得計入每樓層盥洗室設置淋浴設備之數量。……」

　　衛生設備之規格和數量如下所述。另可參閱基礎評鑑指標 5.2.1 及 5.2.2
（附錄 11-1）。

一、大便器

大便器分坐式和蹲式兩種（坐式如圖 4-8 所示），2 歲以上未滿 3 歲幼兒應使用坐式大便器，3 歲以上幼兒得使用蹲式，而大便器旁均應設置衛生紙架。使用上各有優缺點，坐式雖較穩定安全並可兼大小便使用，但男生小便時須翻蓋，稍嫌不便，且易弄髒。男生小便，仍以男生小便器為主，男生每 15 人 1 個。大便器數量，男生每 15 人 1 個，女生每 10 人 1 個。如為坐式，則便缸以離地高 25 公分（得正負加減 4 公分），詳如表 4-3 所示。

考量幼兒的隱私權，大便器之間最好能加裝隔間，如圖 4-9 所示。

圖 4-8　幼兒使用之坐式大便器示例　　**圖 4-9　大便器之間加裝隔間示例**

註：新北市立鶯歌幼兒園提供。

註：新北市立鶯歌幼兒園提供。

表 4-3　大、小便器規格與數量表

類別	形式	規格說明	數量	注意事項
大便器	以坐式為原則	高度（包含座墊）為 25 公分（得正負加減 4 公分）	男生每 15 人 1 個，女生每 10 人 1 個	2 歲以上未滿 3 歲幼兒應使用坐式大便器，大便器旁應設置衛生紙架
	蹲式	應在其前方或側邊設置扶手		3 歲以上幼兒得使用，大便器旁應設置衛生紙架
小便器	小便斗式	高度不得逾30公分	男生每 15 人 1 個	不得採用無封水、無防臭之溝槽式小便設施
衛生設備數量規定	1. 按同時收托男女幼兒數各占一半計算。 2. 大便器、小便器及水龍頭之數量計算，未達整數時，其零數應設置 1 個。 3. 男生大便器及小便器數量，得在其總數量不變下，調整個別便器之數量。但大便器數量，不得少於前項第二款所定個數二分之一以下。			

註：整理自《幼兒園及其分班基本設施設備標準》第 24 條。

二、小便器

　　小便器以固定在牆上的小便斗式為主，高度不得逾 30 公分（如圖 4-10 所示），不得採用無封水、無防臭之溝槽式小便設施。設置數量為每 15 名幼兒應設 1 個小便器。

三、其他相關衛浴設備規定

　　其他相關衛浴設備規定如下，詳如表 4-4 所示：

　　1. 水龍頭每 10 人 1 個，得採分散設置，出水深度視幼兒年齡而定。

圖 4-10　幼兒（男生）使用之小便器加裝搗擺（隔板）示例

註：新北市立鶯歌幼兒園提供。

表 4-4　水龍頭及洗手臺規格與數量

類別	形式	規格說明	數量	注意事項
水龍頭	間距	間距至少40公分	每10人1個，至少三分之二以上設置於盥洗室（包括廁所）內	得採分散設置
	出水深度	不得逾24公分		供2至3歲幼兒使用
		不得逾27公分		供3至6歲幼兒使用
洗手臺	高度	不得逾50公分	洗手臺前應設置鏡子	供2至3歲幼兒使用
		不得逾60公分		供3至6歲幼兒使用

註：整理自《幼兒園及其分班基本設施設備標準》第24條。

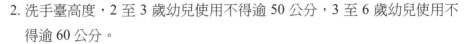

2. 洗手臺高度，2 至 3 歲幼兒使用不得逾 50 公分，3 至 6 歲幼兒使用不得逾 60 公分。

3. 隔間設計：需兼顧幼兒隱私及安全之原則，並注意以下事項：(1)大小便器雙側應以軟簾或小隔板，及前側應以門扇或門簾隔間，且不得裝鎖。但供 2 歲以上未滿 3 歲幼兒使用者，其前側得不隔間；(2)隔間高度不得逾 120 公分。但淋浴設備設置於專供教職員工使用之廁所內者，不在此限。若於民國 108 年 7 月 10 日修正施行前已設置之盥洗室（包括廁所），其隔間高度不受前項規定之限制。但不得高於教保服務人員之視線。

4. 淋浴設備：(1)每樓層至少一處盥洗室設置冷、溫水淋浴設備；(2)2 歲以上未滿 3 歲幼兒班級，每班均設盥洗室；盥洗室均設置冷、溫水淋浴設備；(3)2 歲以上未滿 3 歲班級內盥洗室之淋浴設備，得計入每樓層盥洗室設置淋浴設備之數量。

5. 盥洗室（含廁所）之地面應採防滑裝置，避免積水或排水不良。

6. 盥洗室（含廁所）應是光線良好、色彩明亮、通風佳、感覺是愉悅的。

肆、健康中心

　　依據《幼兒園及其分班基本設施設備標準》第 14 條規定：「健康中心之設置，應符合下列規定：(1)招收幼兒人數達201人之幼兒園：獨立設置；(2)前款以外之幼兒園或分班：得設置於辦公室內。但應區隔出獨立空間，並注意通風、採光。」

　　第 25 條則依不同規模的幼兒園，規範：「健康中心之設備，應符合下列規定：(1)幼兒園招收人數在 100 人以下者，至少設置一張床位，101 人以上者，至少設置二張獨立床位；(2)設置清洗設備，方便處理幼兒嘔吐及清潔之用；(3)存放醫療設施設備、用品及藥品之櫥櫃，其高度或開啟方式應避免幼兒拿取。」

伍、辦公室或教保準備室

一、辦公室

幼兒園應提供教職員一個舒適、寬敞的空間。老師大部分的時間均在教室裡和一群活力充沛的幼兒奮戰，所以教職員辦公室應提供一處可以放鬆休息的地方。最好能提供老師每人一個可以放置材料、紀錄的櫥櫃，若空間夠大，可提供每人一張桌椅，否則應有一大型工作桌，可供製作大型教具、海報之用，亦可當會議桌。

二、園長室

園長是管理全園的負責人，常得接待客人、家長的來訪，需要有一個接待空間。園長室的基本設備包括大型辦公桌椅和櫥櫃。

三、家長接待室

家長接待室的主要功能是讓家長有地方坐著等待幼兒，減少對幼兒活動的干擾，讓家長感覺幼兒園是溫暖、親切且值得信任的。家長接待室應是舒適的，可以讓家長觀看布告欄，亦可提供一些親職教育資訊與書籍。

四、教保準備室

依據《幼兒園及其分班基本設施設備標準》第 15 條規定：「辦公室及教保準備室得合併或分別設置，並應符合下列規定：(1)留設可供教保服務人員與家長或幼兒單獨晤談之空間；(2)空間光線及照度充足、通風良好；(3)滿足教保服務人員準備教學、製作教材教具及交流研討之使用。」

第 26 條則規定：「辦公室或教保準備室，應依需要設置教材教具製作器材、辦公桌椅、電腦及事務機器、業務資料櫃、行事曆板、會議桌及教保服務人員個別桌椅或置物櫃等設備，並視個別條件及需求，增加其他必要設備。」

以上教保準備室之使用，建議分門別類歸放教材教具，做好登錄、出入的記錄工作。若是老師自己設計的教具，應附上教具使用說明，詳記活動進行方式，以利彼此交換利用教具。

陸、廚房

一、廚房整體環境規劃

在日本與歐美地區的幼兒必須自行攜帶餐點，園方只提供微波爐或蒸飯箱，通常其備餐室都非常簡單。但在我國，大部分幼兒園都會為幼兒準備餐點，所以規模愈大的幼兒園，備餐設備就愈齊全，備餐室也愈大。通常有為幼兒準備餐點的幼兒園，其備餐室會包括：冰箱或冷凍櫃、飯鍋、調理臺、各種鍋鏟餐盤刀叉等餐具、食物儲藏櫃、高溫消毒器、備餐臺、洗碗機等，若有收托 2 歲以下幼兒者，還會增加奶瓶消毒器、調奶臺等。

依據《幼兒園及其分班基本設施設備標準》第 16 條規定，廚房應：「⑴維持環境衛生；⑵確保衛生、安全且順暢之配膳路線；⑶避免產生噪音及異味」。

第 27 條則強調要「設置完善之給水、淨水系統，依飲用水管理條例等相關規定辦理；注意排水、通風及地板防滑」。

二、廚房設備

依據《幼兒園及其分班基本設施設備標準》第 27 條規定：「廚房之設備，應符合下列規定：⑴出入口設置紗門、自動門、空氣簾、塑膠簾或其他設備；⑵設置食物存放架或棧板，作為臨時擺放進貨食物用；⑶設置足夠容量之冷凍、冷藏設備，並在該設備明顯處置溫度顯示器或指示器，且區隔熟食用、生鮮原料用，並分別清楚標明；⑷設置數量足夠之食物處理檯，並以不銹鋼材質製成；⑸爐灶上裝設排除油煙設備；⑹設置具洗滌、

沖洗、殺菌功能之餐具清洗設施；(7)設置足夠容納所有餐具之餐具存放櫃；(8)製備之餐飲，應有防塵、防蟲等貯放食品之衛生設備；(9)餐具洗滌及殘餘物回收作業，應採用有蓋分類垃圾桶及廚餘桶。……」

三、用餐區

有的幼兒園會專設餐點區供應餐點，有的幼兒園則以活動室當餐點室。可以設計一個讓幼兒自己領餐點的櫃臺，高度宜低於 60 公分，並且盡可能接近餐桌。

餐點區應有足夠空間可以讓幼兒自己放回餐盤、收好椅子。地板應採用可以用肥皂水洗滌、防水的材質。光線應明亮、愉悅，空氣要流通，窗戶要有窗簾。

柒、行動不便者使用設施

雖然《幼兒園及其分班基本設施設備標準》並未特別註明行動不便者使用設施的必要設備，但依據《身心障礙者權益保障法》（民國 110 年 1 月 20 日修正公布）第 31 條規定：「……公立幼兒園、課後照顧服務，應優先收托身心障礙兒童，辦理身心障礙幼童學前教育、托育服務及相關專業服務；並獎助民間幼兒園、課後照顧服務收托身心障礙兒童。」而第 30 條則強調，需提供無障礙校園環境、各種教育輔助器材及相關教育資源，讓身心障礙兒童有公平合理接受教育的機會。

幼兒園應提供無障礙校園環境，包括：斜坡道、扶手、避難層出入口、樓梯、盥洗室（含廁所）、昇降設備等，無障礙通路上若有高低差時應設置坡道，坡道的設計避免過長及過陡，鋪面應選用防滑材質，宜融入建築物的整體設計。行動不便幼兒使用無障礙設施，因幼兒年紀小，單獨使用可能有危險性，建議要有專人引導陪伴。

第四節　聯絡性空間與其他增設空間

　　幼兒的其他空間包括生活、通行、互動上所必需的空間，例如：出入區、走廊、盥洗室、餐點區、午睡區等。

壹、聯絡性空間

一、接待區

　　出入區是幼兒園的門面，是給初入幼兒園人士的第一印象，也是平日家長接送幼兒最常駐留的地方，給人的感覺應是明亮、溫暖、親切的。

　　出入區通常除了人員的出入外，還有娃娃車或送點心、材料、設備等服務性車輛的出入。為顧及幼兒的安全，幼兒上下幼兒園的出入口與車輛的出入口應加以區別。

二、停車空間

　　最好鄰近有設置能讓家長停車的停車場，並保留家長停留空間，使家長可以看到幼兒活動但不干擾他們。依據《幼兒園及其分班基本設施設備標準》第 19 條規定：「幼兒園及其分班之停車空間，得依建築法及其相關法規規定，以繳納代金方式免設置於基地內。幼兒園基地內設置之停車空間，應與室外活動空間作適當之安全區隔，並應減少進出噪音及排放廢氣。」另外，停車場應避免設在幼兒主要的活動場所旁，因車子的後側、底側常是幼兒最好奇的地方，一不留意就容易發生意外。行政人員坐鎮的地方要容易看得到幼兒及家長的出入，以便招呼並注意門戶。

三、走廊

走廊常是掛衣架、幼兒櫥櫃、展示架、洗手臺等放置的地方，宜設在凹處，以避免幼兒在走動時互相干擾。走廊和活動室之間宜間隔一小片空間，因在走廊相交處和活動室出入口處的走廊常是衝突最多的地方。依據《幼兒園及其分班基本設施設備標準》第 17 條規定：「走廊應符合以下規定：(1)連結供幼兒使用空間之走廊，若兩側有活動室或遊戲室者，其寬度不得小於240 公分；單側有活動室或遊戲室者，其寬度不得小於 180 公分；(2)走廊之地板面有高低差時，應設置斜坡道，且不得設置臺階；(3)確保走廊之安全且順暢之動線機能，轉角處應注意照明；(4)使用適當之遮雨設施，避免走廊濕滑。」

四、樓梯

依據《幼兒園及其分班基本設施設備標準》第 18 條：「樓梯應符合下列規定：(1)幼兒園樓梯之淨寬、梯級尺寸，除於中華民國101 年 4 月 3 日前已依建築法取得F3 使用類組（托兒所）之建造執照或使用執照，並於 102 年 12 月 31 日以前申請幼兒園設立許可者外，應符合下列規定：

類別	樓梯寬度	級高尺寸	級深尺寸
供幼兒使用之主要直通樓梯	140 公分以上	14 公分以下	26 公分以上
設置於室內活動室或室內遊戲空間內部使用之專用樓梯	75 公分以上		

(2)樓梯應裝設雙邊雙層扶手，一般扶手高度應距梯級鼻端 75 公分以上，供幼兒使用之扶手高度，應距梯級鼻端52 公分至 68 公分範圍內；(3)扶手之欄杆間隙，不得大於 10 公分，且不得設置橫條，如為裝飾圖案者，其圖案開孔直徑不得超過10 公分。扶手直徑應在 3 公分至 4 公分範圍內。扶手外側間若有過大之間隙時，應裝設材質堅固之防護措施；(4)樓梯位置之配置，應

注意整體動線之暢通、方便使用，並注意照明；其踏面，應使用防滑材料。」

貳、其他可增設之空間

依據《幼兒園及其分班基本設施設備標準》第 8 條規定：「幼兒園及其分班得增設下列空間：(1)寢室；(2)室內遊戲空間；(3)室內、外儲藏空間；(4)配膳室；(5)觀察室；(6)資源回收區；(7)生態教學園區；(8)其他有利教學活動之空間。」

一、寢室

依據《幼兒園及其分班基本設施設備標準》第 28 條規定：「幼兒園提供過夜服務時，應提供專用寢室，並符合下列規定：(1)設置於一樓，幼兒每人之寢室面積不得小於 2.25 平方公尺，教保服務人員或護理人員每人不得小於 3 平方公尺；(2)幼兒及教保服務人員或護理人員均應有專用床具。幼兒專用床具應符合人因工程，床面距離地面 30 公分以上，排列以每行列不超過二床為原則，並有足夠通道空間供幼兒夜間行動，及教保服務人員巡視照顧及管理；(3)幼兒寢具應一人一套不得共用，且定期清潔及消毒，注意衛生；(4)應安裝紗窗紗門，及配置兼顧安全與睡眠舒適之照明設備；(5)應提供毗鄰且具隱私之盥洗室，供幼兒清洗、更衣及沐浴。」

二、室內遊戲空間

依據《幼兒園及其分班基本設施設備標準》第 20 條規定：「室內遊戲空間之設施，應符合下列規定：(1)獨立設置，面積不得小於 30 平方公尺；(2)設有固定大型遊戲器材者，其天花板淨高度，不得小於 3 公尺；(3)位於山坡地或因基地整地形成地面高低不一，且非作為防空避難設備使用之地下一層，得作為室內遊戲空間使用。前項第三款設置於地下一層之室內遊戲空

間，應符合下列規定：(1)其週邊應留設有兩側以上，寬度至少 4 公尺及長度至少 2 公尺之空間，兼顧逃生避難及通風採光；(2)設置二處進出口，其中一處，應通達可逃生避難之戶外。」

另外，第 22 條規定：「室內遊戲空間，應規劃玩具、器材、桌椅等收納及儲存空間；並得設置大型固定或小型移動型遊戲器材。前項室內遊戲空間之設備，自地面以上至 120 公分以下之牆面，應採防撞材質。」

三、室內、外儲藏空間

幼兒園教學常需要使用到各種教材教具，不同的單元主題所需要的教材教具也有所不同，非常需要有特別的儲藏空間來存放。幼兒園的室內儲藏空間通常被用來當成教材室，儲放各種教學材料、教具及各種教學資源。室外儲藏空間較常用來儲放遊樂器材或較大的材料。室內、外儲藏空間雖不是法規上訂定的必要空間，但幼兒園若能設置室內或室外儲藏空間，對其教學設備的管理會有很大的幫助。

四、配膳室

配膳室又稱為「備餐室」，主要是提供調理完成之餐點分裝、預備配送之使用，有些幼兒園會在廚房規劃出一個配膳空間或配膳桌。幼兒園若有較大的廚房空間，特別是較大型的幼兒園，建議可規劃出一間配膳室，可以和廚房相連，或以窗臺空間傳送食物，可避免廚房烹煮食物的噪音及異味，也比較衛生。配膳室通常會有儲物櫃、食物調理臺、冰箱等設備，使用時要注意：(1)確保安全且順暢之配膳路線及維持環境衛生；(2)避免幼兒進出；(3)避免產生噪音及異味。

五、觀察室

大部分的幼兒園均未設置觀察室，除非負有學術研究任務的幼兒園，如大學附設的研究觀察兒童中心。觀察室通常使用觀察窗，光線要比活動室暗

些，若裝上窗簾則可充作放映室。

　　觀察室（廊）可鄰近家長接待區或此區的一部分，有關以上大人的區域，可視幼兒園的大小，稍作調整規劃，如地方小，教職員休息室可充作家長接待室，教材室可與儲藏室一起，並視方案的特色強調某部分。

六、資源回收區

　　一般幼兒園通常是使用資源回收箱／筒，進行資源回收，除非是大型學校，才會特別規劃出資源回收區。資源回收物通常容易引來蚊蟲、螞蟻、蟑螂、老鼠，甚至是野貓、野狗，建議放置在遠離廚房及幼兒主要活動區，而且要做好衛生管理，以免引發傳染疾病。

七、生態教學園區

　　如果幼兒園的環境及經費條件許可，建造生態教學園區可發展為幼兒園的特色。可透過生態教學園區的建置，推動綠色環保教育，並透過課程設計及實地觀察，帶領幼兒探索生物奧妙。另外，建造動物眷養區、植物種植區也都有助於生態教學。國小附設幼兒園可與國小共享資源，例如：臺北市長春國小就設有生態園區，區內的生態池是利用幫浦循環水流、池底覆蓋土石方式，設計出「池深不一」的環境，以利各種不同水生植物生長，並以培育本土水生植物為主，提供師生及社區民眾學習水生動植物及觀賞生態的場所，落實生物多樣性及自然生態保育的教育學習。

八、其他有利教學活動之空間

　　每個幼兒園都可依據其想要發展的特色，發展其他有利教學活動之空間，例如：表演舞臺區、藝術教室、舞蹈教室、陶土教室、樹屋、體驗公車廂、奇妙鏡屋、黑暗探索體驗室、身障體驗區等，只要是有利於教學活動的創意構想，都是可以發揮的。

第五節　器材設備選購、安全與維護

壹、材料設備的選購

　　大型設備材料的選購，最好能在房舍建築或改建前與建築師做溝通，否則等事後才構想的話，可能須等其他的開銷都決定之後才能購買，特別是公立學校的經費有一定的預算，不能隨意動用。而且事先計畫，可以幫助建築師清楚將要購置的設備材料之形式及品質。選購設備材料應注意以下事項。

一、考慮方案目標

　　有些方案強調自發自主的學習，需要有中空的矮櫃擺放教具，以供幼兒自由取用；有些方案強調創造性課程，則需要有適合發揮創造功能的設備材料；有些方案特別為障礙幼兒而設計，設備材料的選用就要考慮障礙幼兒的生、心理需求。

二、考慮使用空間需求

　　採購設備時要考慮使用空間的需求，設備的大小要能符合空間的需求。不同空間大小及使用功能會需要不同大小種類的設備，採購的原則應符合個別使用空間的需求，而不是因設備而將就空間使用。

三、考慮經費預算

　　每個幼兒園均有其經費預算，對設備材料也有一定預算，所以應按需要的先後順序列出來，以供添購器材項目選擇的參考。另外，有些器材是必需品，但有多種代用品，應斟酌其效用性；消費性用品則要考慮儲放空間、使用期限、零買與整批購買的價差等。

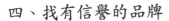

四、找有信譽的品牌

貨比三家不吃虧，大型長期使用的設備材料，除了考慮價格問題外，找有信譽的品牌是很重要的。

五、注意構造材質

要選擇耐久、不需要保養的設備材料，並注意構造材質的安全性，例如：遊樂設施的重心穩不穩？是否容易傾倒或絆到幼兒？高度是否合宜？油漆有無毒性？是否有銳角、突出物、易碎或容易脫落的地方？外表的美觀也是要注意，包括：顏色、亮度、溫度、氣味、大小等，都需要考慮。

六、考慮使用的多功能性

一般的幼兒園空間、經費都有限，若能考慮設備材料的多功能性，則可充分發揮器材的效用，且較能激發幼兒的創造力。

七、應用多種設備器材

設備器材的數量要考量幼兒人數及使用率，應有足夠數量供幼兒使用，不宜讓幼兒等太久。

貳、遊樂設備的安全檢驗

遊樂設備在購買及安裝後均應做安全檢驗，檢驗項目請參考表 4-5。說明如下。

一、建構材料的耐用性及穩定度

在組合和安裝後，設備應經註冊合格的工程師證明其耐用度、載重量；要能經得起推、拉或溜、滑；是否穩定不易傾倒。

表 **4-5**　兒童遊樂設施安全檢核表

檢核日期：　年　月　日

檢核項目	檢核結果		處理情形	備註
	符合	待改進事項		
一、遊戲場環境				
（一）鋪面與緩衝距離				
1. 遊戲設施下方有符合標準的安全鋪面（如沙、軟墊等）				
2. 遊戲設備的使用區域內沒有硬質的混凝土（水泥）地面、瀝青（柏油）地面或劣質地面				
3. 遊戲設施下方的鋪面範圍有達到安全距離的要求				
4. 地面平順，鋪面無缺損、無坑洞，且排水性良好、無積水				
5. 遊戲設施之間或與其他設施（如花圃）、樹木之間有足夠的安全距離				
6. 遊戲設施的地樁埋設深度足夠，不突出於鋪面				
（二）遊戲場環境與維護				
1. 於適當地點設有遊戲使用安全告示牌				
2. 遊戲場周遭環境沒有造成動線衝突或危害幼兒遊戲的玻璃門、窗				
3. 遊戲場周遭環境沒有危險物品（例如：油漆、汽油、碎玻璃、鐵釘等）				

表 4-5　兒童遊樂設施安全檢核表（續）

檢核項目	檢核結果		處理情形	備註
	符合	待改進事項		
4. 遊戲場周遭環境沒有危險設備及設施（設備如高壓電、冷氣機的主機等，設施則為水池、樑柱等）				
5. 在遊戲場周遭環境的附近沒有有毒、有刺植物（例如：曼陀羅、黃金葛、聖誕紅、九重葛）				
6. 遊戲場周遭環境的衛生良好，無鏽腐、無青苔				
二、遊戲設施				
（一）滑降設施狀況（各類型滑梯）　　　　　□無此項設施				
1. 滑道平順，無接縫高低差或破裂				
2. 中間平台設有護欄或防護柵欄				
3. 滑道入口處應有設備（如護欄、護罩），協助改變姿勢由站立改為蹲坐				
4. 滑梯入口與銜接平台間無空隙、無高低差，且滑出段著地處與地面安裝牢固				
（二）攀爬設施狀況				
項目：□攀爬架　□階梯　□爬網　□攀岩　□其他：_____□無此項設施				
1. 爬梯或階梯踏面穩固完好，無斷裂鬆脫				
2. 固定基座牢固無動搖、鏽損或突出地面之尖銳構件				

表 4-5　兒童遊樂設施安全檢核表（續）

檢核項目	檢核結果		處理情形	備註
	符合	待改進事項		
3.構造本體無鏽蝕、斷裂、破損、變形				
4.構件接合平順或有包覆措施、無尖銳邊角外露				
5.繩纜、鎖鏈完整無斷裂、鏽蝕、鬆脫、破損				
6.無危險間隙				
（三）平台及連接設施狀況				
項目：□平台　□吊橋　□鑽籠　□其他：＿＿＿＿＿　　　　□無此項設施				
1.構造本體穩固，無鏽蝕、斷裂、破損、變形				
2.構件接合平順或有包覆措施、無尖銳邊角外露				
3.繩纜、鎖鏈完整無斷裂、鏽蝕、鬆脫				
4.設施無危險間隙				
5.平台上無利於幼兒攀爬的欄杆				
（四）獨立設施				
鞦韆　　　　　　　　　　　　　　　　　□無此項設施				
1.基座、支架安裝牢固，無傾倒、鬆脫之虞				
2.擺盪軸承無鏽蝕、斷裂、破損、異音				
3.每座鞦韆間距符合安全標準				
4.座位無破損、鬆脫、尖銳角隙				
5.擺盪範圍有適當隔離措施維護安全，如欄杆、圍板等				

表 4-5　兒童遊樂設施安全檢核表（續）

檢核項目	檢核結果		處理情形	備註
	符合	待改進事項		
6.一座支架內的鞦韆座椅不超過2個				
7.鞦韆應獨立設置（不與組合遊具結合使用）				
8.鞦韆與其他設施間有安全距離（緩衝距離為軸承到地面的二倍長度，且前後都有）				
□連動式翹翹板　□搖搖樂			□無此項設施	
1.固定基座牢固，無動搖破損				
2.彈簧功能正常無損				
3.設施本體完整無破損、斷裂				
4.設施本體無擠壓點、壓碎點與剪力點				
5.扶手完整無鏽損、鬆脫、傾倒、搖晃				
6.設施本體無不當的突出物（點）				
平衡木			□無此項設施	
1.結構穩固				
2.構造本體無鏽蝕、斷裂、破損、變形				
3.高度未超過30公分				
4.支架不會造成絆倒危險				
球池			□無此項設施	
1.球池內的球每月定期清洗、消毒或更新				
2.球池內之遊戲球深度適當				

表 4-5　兒童遊樂設施安全檢核表（續）

檢核項目	檢核結果		處理情形	備註
	符合	待改進事項		
3. 球池結構穩固				
4. 防護措施恰當完善				
沙坑			☐無此項設施	
1. 無積水現象				
2. 沙坑及內裝的沙深度都適當				
3. 無不當雜物（寵物排泄物、玻璃碎片）				
設有活動式遊戲設備			☐無此項設備	
1. 構造本體穩固，無鏽蝕、斷裂、破損、變形				
2. 設備四周設有安全鋪面				

三、行政管理事項

☐設置戶外固定式遊戲設施應符合中華民國國家標準、遊戲設施之設計及安裝廠商應出具合格保證書

☐遊樂設施檢查紀錄

☐遊樂設施保養及維修紀錄

☐遊戲場管理人受訓證書（影本）＿＿＿人

受訓之管理人姓名	受訓日期	身分證字號	證號

四、改善事項（圖文說明）

註：幼兒園得視狀況自行增刪。

檢核人：　　　　　　組長：　　　　　　園長：

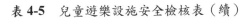

表 4-5　兒童遊樂設施安全檢核表（續）

> 註：依據衛生福利部社會及家庭署 2023 年 11 月 17 日修正的《兒童遊戲場設施安全管理規範》，兒童遊戲場設施管理單位在該設施開放使用前，應檢具下列表件陳報該管兒童遊戲場設施主管機關備查；變更或增設時亦同：(1) 兒童遊戲場設施基本資料（包含設置位置、範圍、遊戲設施種類、數量及照片、設置平面圖、使用者年齡、管理人等資料）；(2)廠商出具符合國家標準及相關法規規定之合格保證書；(3)投保含附設兒童遊戲場設施之公共意外責任險證明文件（政府部門附設兒童遊戲場無收費者得免附）；(4)兒童遊戲場設施自主檢查表；(5)由取得我國簽署國際實驗室認證聯盟（ILAC）相互承認協議（MRA）認證機構核發 CNS 17020 或 ISO/IEC 17020 認證證書之檢驗機構，進行備查前檢驗，並開立具有認證標誌之合格檢驗報告。另外，合格檢驗報告應至少保存 6 年，檢驗頻率如下：(1)鋪面：不分室內外，每 3 年檢驗一次；(2)遊具：室外每 3 年檢驗一次，室內每 6 年檢驗一次。

註：引自臺北市政府教育局（2023，頁 191-193）。

二、器材的尖銳邊緣、突出點

　　所有的尖銳邊緣、突出點都應被抹平或處理，若以包紮、覆蓋法，則覆蓋物的牢靠度要達使用工具才能去除的程度；所有的分叉點或破裂點都應處理完善後才能使用。

三、移動可能的碰撞

　　懸吊物的衝擊力不得超過 50 公斤，滑梯不宜太陡，鞦韆的周圍宜加柵欄，搖船前後亦應有阻擋欄杆，以免快速跑過的兒童受到碰撞。

四、各種鑽爬出入口的大小與角度

　　各種鑽爬出入口不應會套住幼兒的頭部，鑽爬出入口的銜接亦應有幼兒

能抓、握、踏、爬的安全距離及角度，並要注意缺口銜接的銳角或粗糙的表面是否已磨平。

五、設備的落差

滑梯、高臺、攀登架等，都有或多或少的落差，這些落差除了要注意是否適合幼兒跨爬的距離外，還要注意其斜度、扶手及是否設有保護欄杆，最好在有落差設備的下面能考慮使用彈性地面，以防萬一。

六、維修說明和檢驗標誌

買來的設備要注意其是否提供維修說明及檢驗項目表，還要有承造商的驗明標籤。

行政小錦囊

可在幼兒園設置玩具醫院角，收容損壞的玩具、教具，由老師和幼兒一起想辦法修復，這是鼓勵幼兒自己解決問題的好主意。定期派出玩具醫院的醫生們至幼兒園中巡視，看看幼兒園中的哪些大型設備需要「醫療」，也是替設備器材做安全檢驗的好法子。

參、器材設備的安全維護與管理

維護幼兒安全可說是幼兒園行政管理上最重要的課題，而安全的維護，除了要隨時檢驗器材設備的安全性外，周邊設施、幼兒活動安排及安全措施教育都是需要注意的。以下幾點建議提供器材設備在安全維護與管理的參考。

一、儘量減少意外，注意活動動線

容易被踢倒、損壞的物品使用空間要遠離主要交通要道，搖盪的遊樂器材也最好能靠邊放，以免影響經過的幼兒。

二、危險物品應放在幼兒拿不到的地方

除蟲劑、消毒水、漂白劑、樟腦丸、接合劑等危險物品，要放在孩子拿不到的地方。

三、定期清潔、檢查與維修

定期的清潔、檢查與保養，可使器材增加使用年限。檢查時，若發現有鬆動的螺絲釘、突出的鐵釘，要隨手弄緊或打平，若設備器材已損壞至必須請人來修復的話，應盡快聯絡修復工人，並在修復之前禁止幼兒使用，以避免危險。

四、定期清點存貨

設備資產通常需要在採購後先建立財產清冊，並定期清點存貨，若發現與紀錄有所差異時，須馬上清查歸位，或找出原因詳加記錄；當設備增加或移動時，亦需要加以註明。定期清點除了解使用狀況外，也提供新的採購與更替的重要訊息。

五、適時的收藏與整理

平日晚上、下雨天時，一些可移動的室外玩具，應儘量搬移收藏或遮蓋，以增加設備器材的使用年限，等到較長的假期（如寒暑假）時，再來整理、收藏、編目。

六、建立使用器材設備的規則

建立一套器材設備的使用規則，可減少許多器材教具的損毀與遺失。這套規則應包括老師使用器材設備的辦法，以及幼兒使用器材設備的注意事項。這些辦法與使用規則，皆應清楚標示借還辦法、使用期限、使用方法，以及放置位置、地點等。

常用的教材教具分別用器皿裝置，可幫助幼兒自動取放與尋找，在管理上也可省很多氣力，例如：做個剪刀插，一班需要多少剪刀就做多少插洞，把剪刀排列在插板上，可一目了然是否有遺失。各種物品均有其固定的箱子或放在固定的架上，對物品的保管及幼兒自動自主能力的培養有很大幫助。

肆、考量特殊需求幼兒的設備選購

不同障礙類型的幼兒所需要之設備會有所差異，基本上係依據《特殊教育法》第 20 條規定：「……特殊教育需求之幼兒及學生，經成年學生、學生或幼兒之法定代理人或實際照顧者同意，並徵詢未成年學生意見後，依前條規定鑑定後予以安置，並提供特殊教育及相關服務措施。各級主管機關應每年重新評估前項安置及特殊教育相關服務措施之適當性。……」第 10 條要求：「特殊教育與相關服務措施之提供及設施之設置，應符合融合之目標，並納入適性化、個別化、通用設計、合理調整、社區化、無障礙及可及性之精神。」

依據《身心障礙者權益保障法》（民國110年1月20日修正公布）第30條規定：「各級教育主管機關辦理身心障礙者教育及入學考試時，應依其障礙類別、程度、學習及生活需要，提供各項必需之專業人員、特殊教材與各種教育輔助器材、無障礙校園環境、點字讀物及相關教育資源，以符公平合理接受教育之機會與應考條件。」故幼兒園若接受身心障礙幼兒，必須考量不同障礙類別幼兒的需求，提供符合其需求的設備設施，例如：斜坡道、有

扶手的廁所、輪椅、站立架、溝通板、特殊座椅、點字讀物，以及相關教育資源等。

1. 請自行尋找一家幼兒園，依據表 4-2「園區安全管理檢核表」，了解該園環境，並提出環境的分析與改進意見。
2. 請自行尋找一家幼兒園或公共的兒童遊樂設施，依據表 4-5「兒童遊樂設施安全檢核表」，檢視該遊樂設施符合安全規定的狀態，並列出待改進或檢修事項，做綜合評述。

第五章　幼兒園的人事管理

陳素珍、廖藪芬

第一節　人事管理的定義、內容與功能

壹、人事管理的定義

　　人事管理（personnel management）是指，以人為主，講求尊重人性價值與尊嚴的管理。以幼兒園運作而言，人事管理乃指園長帶領教職員工，以實際專業能力朝向工作目標（幼兒園理念、宗旨），在此過程中採取必要的管理協助及輔導措施，以達到人適其職、職得其人、適才適用的目標及園務順利推展。

　　對於人事管理，以「情、理、法」為考量，首先以「法」源為基礎制度，再透過「理」性溝通協商達成共識，營造溫馨有「情」的教育園地。

貳、人事管理的內容和功能

　　幼兒園的行政資源，可包括：人力、物力、財力、組織結構、科技方法，以及資訊（information）等，雖然人力資源的價值為最高，但也是社會組織最大的問題根源。因為相對而言，自然資源的開發有限，而人力資源卻可無限開發，所以人事管理是最有價值的策略運用。且因為人是有思想、能語言、有感情，以及能行動的個體，往往有自己的思想、感情與行動方式，相對人也是社會組織中產生問題的根源，故人事行政管理乃是行政管理的重心。人事管理並非單指組織中對工作人員的選用、任用、升遷、薪給、訓練、考核、保險、退休、撫卹及福利諸事宜等機械化的工作，亦是一個專業化的管理、科學化的管理、民主化的管理，以及公開化的管理，更重要的是能適性適能，人人各得其所、各展所長，充分發揮潛能，大家同舟共濟、齊心協力，共同達成幼兒園的任務與目標。

　　人事管理是處理幼兒園行政事務中與人相關的作業，除了一般常見的人

才招募與甄選之外，也包括：薪資與福利、領導與激勵、勞資關係等。近幾年的研究發現，人事管理除了事務性的工作以外，也包括提升教職員工的專業知識、行政支援班級教學、班級教學配合行政運作，以達到優質教學品質。一般而言，園長重視課程及教學活動，並將大量的時間及經費都投入於此，但是培訓（指有系統地提升教職員工的專業能力）及留才（指留住經培訓或理念相同又有工作能力的教職員工）是一大考驗，所以在幼兒園內發展出一套有系統的人事管理，是很重要的事；除了在事務的執行上可以事半功倍外，園內的行政效率及教學效能也是幼兒園邁向成功的重要因素。

良好的人事管理使教職員工和園長能保持良好的互動關係，並且能讓所有的教職員工覺得適得其所。園內良好的人事互動，是指在情、理、法之下，園長和教職員工有著良好的互動關係；彼此需要了解對方的需求，給對方應有的尊重，表現真誠的態度，設身處地為對方著想，且不斷地溝通再溝通。

第二節　幼兒園行政組織與編制、工作職掌

壹、幼兒園行政組織與編制

　　幼兒園依其設立主體型態不同、園本身的規模大小及工作的繁簡程度，而有不同的行政組織、員工編制，為了讓讀者更清楚人事行政組織，首先簡略說明「幼兒園型態」，接續探討「行政組織」與「員額編制」，茲分敘如下。

一、幼兒園型態

依據《幼兒園與其分班設立變更及管理辦法》第 3 條，幼兒園有公立和私立兩種類型，說明如下。

（一）公立幼兒園

1. 直轄市、縣（市）立幼兒園：直轄市、縣（市）自行設立之幼兒園（例如：臺北市立信義幼兒園、新北市立新店幼兒園）。
2. 鄉（鎮、市）立幼兒園：鄉（鎮、市）設立之幼兒園（例如：宜蘭縣冬山鄉立幼兒園）。
3. 直轄市山地原住民區立幼兒園：直轄市山地原住民區設立之幼兒園（例如：高雄市那瑪夏區立幼兒園）。
4. 公立學校附設幼兒園：公立學校設立之附設幼兒園（例如：臺中市南區和平國民小學附設幼兒園）。

以上舉例為筆者加註，以利於讀者了解公立幼兒園的類型。

（二）私立幼兒園

1. 非屬財團法人之私立幼兒園：私人設立未辦理財團法人登記之幼兒園。
2. 財團法人私立幼兒園：私人設立並辦理財團法人登記之幼兒園。
3. 法人附設私立幼兒園：財團法人或社團法人設立之附設幼兒園。
4. 團體附設私立幼兒園：人民團體或依法設置之事業單位職工福利委員會設立之附設幼兒園。
5. 私立學校附設或附屬私立幼兒園：私立學校依相關法律或私立學校法設立之附設或附屬幼兒園。
6. 非營利幼兒園：依《幼兒教育及照顧法》第 9 條規定由直轄市、縣（市）政府、中央政府機關（構）、國立各級學校、鄉（鎮、市）公所及直轄市山地原住民區公所委託經依法設立或登記之非營利性質法人辦理，或由非營利性質法人申請經直轄市、縣（市）主管機關核准

辦理之附設或附屬幼兒園。

另外，「準公共幼兒園」本質是私立幼兒園，要件（包含收費數額、教師與教保員薪資、基礎評鑑、建物公共安全、教保生師比、教保服務品質等六項）皆符合標準的私立幼兒園與政府簽約，審核通過加以補助，讓家長實質感受每月繳費降低，依據幼兒出生次序／屬性繳費也不超過 3,000 元，其餘費用由政府協助支付給私立幼兒園，減輕家長育兒負擔。

二、行政組織

依據《幼兒教育及照顧法》第17條第7項規定，訂定《幼兒園行政組織及員額編制標準》（民國112年2月27日修正發布），將幼兒園依其設立分成三個類別，茲分述如下。

（一）第一類別（第3條）

直轄市立、縣（市）立、鄉（鎮、市）立、直轄市山地原住民區立幼兒園，按招收人數或班級數，依下列規定設各組：

1. 90 人以下：教保組。
2. 91 人至 180 人：教保組及行政組或總務組。
3. 181 人至 270 人：教務組、保育組及行政組或總務組。
4. 逾 270 人：教務組、保育組、行政組及總務組。
5. 設有學前特殊教育班 3 班以上：特殊教育組。
6. 幼兒園分班：教保組。

（二）第二類別（第3條）

公立學校附設幼兒園，按招收人數或班級數，依下列規定設各組：

1. 90 人以下：不設組。
2. 91 人至 180 人：教保組。
3. 逾 180 人：教務組及保育組。
4. 設有學前特殊教育班：得設特殊教育組。

5. 幼兒園分班：教保組。

（三）第三類別（第 4 條）

私立幼兒園，按招收人數，依下列規定設各組：

1. 180 人以下：教保組。

2. 181 人至 360 人：教保組及行政組或總務組。

3. 361 人至 540 人：教務組、保育組及行政組或總務組。

4. 逾 540 人：教務組、保育組、行政組及總務組。

5. 幼兒園分班：教保組。

私立幼兒園除依前項規定辦理外，得視實際需要增設各組，並報直轄市、縣（市）主管機關備查。

第一類別和第二類別的各款人數或班級數，不包括該幼兒園分班之招收人數。

三、員額編制

幼兒園的員額編制可分兩大項，茲分述如下。

（一）公立學校附設幼兒園之員額編制（第 7 條）

1. 主任：1 人，由幼兒園教師或教保員兼任。但招收人數逾 150 人者，專任。

2. 組長：各組及分班各置 1 人，由幼兒園教師、教保員或職員兼任；特殊教育組組長，由學前特殊教育教師兼任。

3. 園長以外之教保服務人員：依本法第 16 條第 4 項及第 5 項規定配置，專任。招收人數逾 150 人者，得再增置教保服務人員 1 人。

4. 護理人員：依本法第 17 條第 4 項規定配置。但高級中等以下學校班級數逾 23 班，且附設幼兒園招收人數逾 200 人者，專任 1 人。

5. 社會工作人員、學前特殊教育教師：視需要配置。

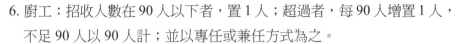

6. 廚工：招收人數在 90 人以下者，置 1 人；超過者，每 90 人增置 1 人，不足 90 人以 90 人計；並以專任或兼任方式為之。

7. 人事、主計及總務：由學校之人事室、會計室及總務處辦理。

前項各款人數，包括各該幼兒園分班之人數。

（二）除第一項之外的幼兒園員額編制（第 6 條）

1. 園長：1 人，專任。

2. 組長：各組置 1 人，由幼兒園教師、教保員或職員兼任；特殊教育組組長，由學前特殊教育教師兼任。

3. 園長以外之教保服務人員：依本法第 16 條第 4 項規定配置，專任。招收人數在 150 人以下者，得再增置教保服務人員 1 人；逾 150 人者，得再增置教保服務人員 2 人。

4. 護理人員：依本法第 17 條第 4 項規定配置。

5. 社會工作人員、學前特殊教育教師：

    (1)公立幼兒園：招收人數在 300 人以下者，得以特約、兼任或專任方式視需要配置；招收人數逾 300 人者，視需要置專任 1 人。

    (2)私立幼兒園：視需要配置。

6. 廚工：

    (1)公立幼兒園：招收人數在 90 人以下者，置 1 人；超過者，每 90 人增置 1 人，不足 90 人以 90 人計；並以專任或兼任方式為之。

    (2)私立幼兒園：招收人數在每 120 人以下者，置 1 人，超過者，每 120 人增置 1 人，不足 120 人以 120 人計；並以專任或兼任方式為之。

7. 職員：

    (1)公立幼兒園，招收人數在 90 人以下者，置專任 1 人；91 人至 180 人者，置專任 2 人；181 人至 270 人者，置專任 3 人；逾 270 人者，置專任 4 人。招收人數在 360 人以下者，得再增置專任 1 人；逾 360 人者，得再增置專任 2 人。

(2)私立幼兒園，視需要配置。

8.人事、主（會）計：

(1)公立幼兒園，依本法第 17 條第 6 項規定配置。

(2)私立幼兒園，視需要配置，並由職員兼任。

前項各款人數，包括各該幼兒園分班之人數。

依上述的行政組織和員額編制，讀者可依「招收幼兒數及相關法規」，自行繪製幼兒園的行政組織系統圖。以下提供市立幼兒園、國小附設幼兒園、私立幼兒園、非營利幼兒園等示例，如圖 5-1 至圖 5-4 所示。

圖 5-1 市立幼兒園行政組織圖

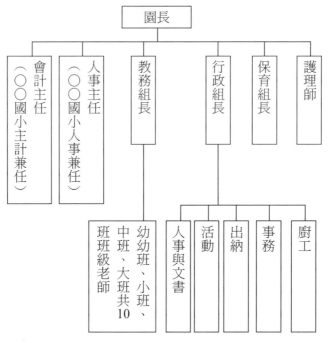

註：1.人事主任僅提供諮詢、輔導，不負責處理業務；會計主任協助與負責處理業務。
  2.依據《幼兒園行政組織及員額編制標準》，符合第 3 條第 1 項第 4 款：逾 270人，設「教務組、保育組、行政組及總務組」。園內視需求可以彈性設置 1～4位組長，兼任可領「組長津貼」。
  3.新北市立鶯歌幼兒園提供。

圖 5-2　國小附設幼兒園行政組織圖

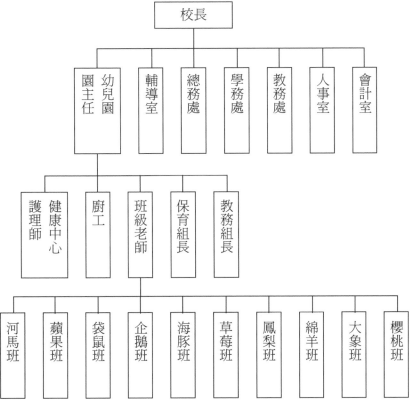

註：1.依據《幼兒園行政組織及員額編制標準》，符合第 3 條第 2 項第 3 款：逾 180
　　　人，設「教務組及保育組」，兼任可領「組長津貼」。
　　2.修改自新北市永和區秀朗國民小學附設幼兒園。

圖 5-3　私立幼兒園行政組織圖

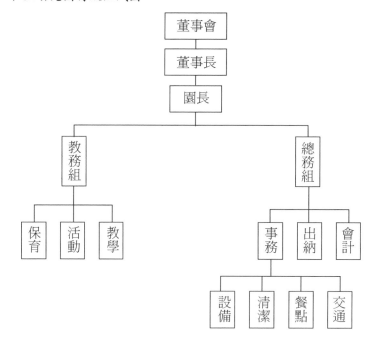

註：私立牧人幼兒園提供。

圖 5-4　非營利幼兒園行政組織圖

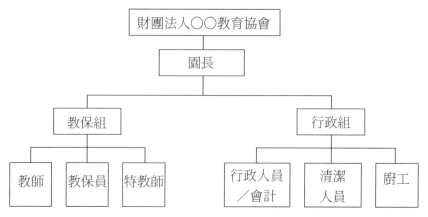

註：社團法人中華音樂舞蹈暨表演藝術教育協會附設新北市私立北大非營利幼兒園提
　　供。

貳、幼兒園工作職掌

因應不同的幼兒園型態，而有不同的行政組織、員額編制，依《幼兒教育及照顧法》第 16、17 條之規定，有園長（園主任）、教師、教保員或助理教保員、護理人員、學前特殊教育教師、社會工作人員、廚工等，而且護理人員、學前特殊教育教師、社會工作人員之設置，須視幼兒園規模大小而定，其「工作職掌」內容與項目因應各園員工編制不同而有差異，各園可以自行彈性調整，以利於園務順利推展，說明如下。

一、園長（園主任）之角色與職掌

幼兒園園務推動最重要的領導人物就是園長（園主任），因此張衛族（2009）指出，園長（園主任）之主要角色有四：

1. 行政領導者（園務規劃、計畫、執行、決策、仲裁、考核、服務、危機處理、公關、品管等）。
2. 教學領導者（教學支持與視導、課程設計與研究、教學經驗分享、觀察評量等）。
3. 溝通協調者（教育推廣、輔導與諮商、組織文化營造等）。
4. 終身學習者（自我學習成長）。

依據許玉齡（2004）之研究，幼兒園園長（園主任）之主要工作有：「處理及批閱公文」、「建立文書資料檔案」、「規劃與督導幼兒安全工作事項」、「策劃與家長的聯繫方式」、「與上級主管保持聯繫，建立重要關係」、「處理招生事宜」、「規劃與督導幼兒健康工作事項」、「計畫、執行與評估全園課程」、「規劃與督導幼兒餐點工作事項」，以及「擬訂幼兒園的願景與工作計畫」等。

二、各組之職掌

幼兒園園務分掌請參考基本的法規，再依據法規彈性調整各組工作職掌

內容，茲分述如下。

（一）法規

　　依據《幼兒園行政組織及員額編制標準》第 5 條：「幼兒園所設各組，掌理事項如下：(1)教務組：招生、註冊、教學活動之安排、教學設備之規劃、管理與運用調配及其他教務相關事項；(2)保育組：幼兒保育、衛生保健、疾病預防、親職教育、社工與特殊幼兒輔導及其他保育相關事項；(3)教保組：前二款事項；(4)行政組：主（會）計、人事、廚工、幼兒經費補助及其他一般行政業務事項；(5)總務組：出納、文書、公文收發、採購、財產管理、事務管理及其他庶務相關事項；(6)特殊教育組：協助幼兒鑑定安置、輔導、轉銜、通報及其他學前特殊教育相關事項。幼兒園單設行政組或總務組者，掌理前項第四款及第五款事項。」

（二）工作職掌

　　以表 5-1 為例，某市立幼兒園因應幼托整合，民國 100 年（2011）前為「公立托兒所」、民國 100 年（2011）後改制為「市立幼兒園」，班級數為10 班（幼兒人數為 271 名），其員額編制與任（進）用之法源說明如下：

1. 園長：1 名，原本是教師身分，參加園長遴選，受聘教育局為「園長」一職，適用《教師法》。
2. 組長：2 名，班級教保員兼任，分別為教務組長和行政組長，適用《勞動基準法》。
3. 教師：4 名，適用《教師法》。
4. 教保員：15 名，其中有 13 名契約教保員適用《勞動基準法》，2 名保育員是托兒所留任直接轉換其職稱，適用《公務人員任用法》（民國112 年 2 月 15 日修正公布）。
5. 護理師：1 名，托兒所留任直接轉換其職稱，適用《公務人員任用法》。

表 5-1　全園工作職掌

○○幼兒園○○○學年度工作職掌	
1.園長：○○○	
(1) 綜理園務。	
(2) 擬訂幼兒園中長程計畫與調整修正。	
(3) 督導與關切園內各項業務事宜。	
(4) 緊急應變總指揮。	
(5) 園務檢討與調整。	
2.教務組長：○○○契約教保員	**3.行政組長：○○○契約教保員**
(1) 課程計畫：年度計畫、學期計畫、主題計畫、教學活動計畫等統籌。	(1) 「家長座談會」計畫與執行。
(2) 教學週誌：教學活動計畫與教學活動紀錄之整理。	(2) 招生（註冊／退學／遞補）事宜。
(3) 專業社群申請與執行。	(3) 行事曆（學期、寒假、暑假）的擬訂。
(4) 編擬家長手冊、親子閱讀手冊、學習區紀錄本、班書共讀明細表。	(4) 全國幼兒園幼生管理系統／全園幼生名冊／幼兒綜合資料紀錄表之彙整。
(5) 定期召開「全園性教保活動課程發展會議」。	(5) 教育部「全國教保資訊網」填報（幼兒園管理、幼兒園填報區—設施設備等資料）。
(6) 定期召開教保會議。	(6) 遊樂設施管理人、全園設施設備（包括遊戲設施）檢核。
(7) 教師專業知能研習計畫與彙整。	(7) 幼生補助款送審與核撥。
(8) 專業發展輔導：教育部「全國教保資訊網」填報（輔導計畫區）／輔導計畫申請與教授聯繫／成果資料彙整。	(8) 課後照顧業務。
(9) 【臺灣本土語言】實施（計畫、情境布置、資料彙整）。	(9) 「基礎評鑑」資料的彙整。
(10) 教學活動計畫、教學活動紀錄、觀察紀錄、評量相關教學表單等修擬。	(10) 志工服務時數與管理。
(11) 幼小銜接教育。	(11) 「教育部校園安全暨災害防救通報處理中心」資訊網。
(12) 節慶活動協助與審核。	(12) 召開行政會議（每月）。
	(13) 召開園務會議（期初、期末）。
	(14) 「親職講座」計畫與執行。
	(15) 校務行政系統填報／處理相關行政公文。

表 5-1　全園工作職掌（續）

(13)教育部全國教師在職進修資訊網：研習開課登錄與管理。 (14)全國教育實習資訊平臺的登錄管理。 (15)「基礎評鑑」資料的彙整。 (16)班級教保人員值班排表。 (17)校務行政系統填報、處理相關公文。	(16)活動協助與督導。 (17)其他臨時交辦事項。
4.保育組長：○○○契約職員 (1)特教業務：特教巡迴輔導、生活助理員、專業團隊服務等統籌。 (2)全園環境消毒：環保局聯繫與資料彙整。 (3)園區衛生環境與清潔管理。 (4)空氣汙染評估與宣導。 (5)廚工管理與考核。 (6)傳染病（COVID-19、腸病毒、流感等）防治與宣導。 (7)防災工作（校園災害防救計畫、防災地圖、演練與腳本）實施與彙整。 (8)消防防護計畫、員工自衛消防編組、火源表等彙整。 (9)社區教保資源中心活動計畫與執行。 (10)學前特殊教育諮詢服務據點計畫與執行。 (11)議題教育（健康教育、生命教育、安全教育、品德教育及性別平等教育）推廣與資料彙整。 (12)「基礎評鑑」資料的彙整。	**5.護理師：○○○護理師** (1)幼生傷病處理。 (2)餐點表規劃（一學年度）。 (3)餐點定期檢核與核銷。 (4)廚工管理（環境衛生／餐點）。 (5)廚房管理相關表格擬訂。 (6)幼兒園食材登錄平臺系統。 (7)配合衛生所辦理各項事宜／月報表。 (8)幼生平安保險（學生團體保險）的辦理。 (9)傳染病（COVID-19、腸病毒、流感等）防治與宣導。 (10)腸病毒防治自我檢查表。 (11)腸病毒通報（新北市學校疑似傳染病通報系統／校園安全通報）。 (12)衛生保健表格與資料彙整（發展檢核表、身高體重、斜弱視篩檢、班級清潔消毒、含氟漱口水等）。 (13)中班幼生體檢。

表 5-1　全園工作職掌（續）

(13)訂定「緊急事件處理機制」／緊急事故處理流程與記錄。	(14)流感疫苗接種。
(14)兒童少年保護與家庭暴力及性侵害事件處理。	(15)幼生塗氟服務。
(15)兒童少年保護及高風險家庭通報。	(16)醫藥保健用品採購與管理。
(16)高風險家庭評估表。	(17)協助議題教育（健康教育、生命教育、安全教育）推廣。
(17)幼兒未到園處理及追蹤輔導標準化作業流程。	(18)班級活動室照度的測量。
(18)其他臨時交辦事項。	(19)飲用水大腸桿菌群檢測／飲用水設備維護與紀錄。
	(20)配合「緊急事件處理機制」／緊急事故處理流程與記錄。
	(21)其他臨時交辦事項。
6.事務：○○○職員（臨時人員）	**7.出納：○○○契約職員**
(1)全園設施設備（包括遊戲設施）維修與管理。	(1)辦理總務（招標採購）
(2)協助辦理總務（招標採購）。	(2)地方教育發展基金控管。
(3)電梯保養與合約。	(3)各項收支傳票登入（推算簿）、經費核銷控管。
(4)影印機租賃與核銷／合約。	(4)零用金收付款、開立支票。
(5)保全系統合約。	(5)薪資、加班費、課後照顧鐘點費、代課（班）費的核發。
(6)AED（自動體外心臟去顫器）管理與合約。	(6)勞健保、二代健保、所得稅等辦理。
(7)飲水機管理與合約。	(7)註冊費收款及繳庫、寒暑假照顧費收款、餐點費等各項退費。
(8)水電管理、水塔清潔管理。	(8)導師費及教保費發放。
(9)財產管理。	(9)收取各項代收款及領款製據。
(10)改善設施設備、教學環境經費申請與成果報告書。	(10)其他臨時交辦事項。
(11)綠色採購。	
(12)優先採購。	
(13)園內物品採購（教材教具、文具用品、清潔用品或其他）。	
(14)幼生圍兜、書包、室內鞋、運動服採購。	

表 5-1　全園工作職掌（續）

(15)節約能源行動管理與報告。 (16)畢業照籌備與核銷。 (17)公共安全檢查簽證申報與查核檢修資料建檔。 (18)消防安全設備檢修申報與查核資料建檔。 (19)公共意外責任保險的辦理。 (20)監視器調閱與管理及建構護生安全網。 (21)資通安全填報。 (22)其他臨時交辦事項。	
8.人事與文書：○○○職員（臨時人員） (1)人事管理。 (2)代課／代理甄選（教師、教保員、護理師、職員、廚工）。 (3)考核統籌與辦理。 (4)教育部「全國教保資訊網」填報（教職員管理─教職員新增或異動資料）。 (5)公文收發與歸檔。 (6)檔案管理。 (7)教材教具登錄與管理。 (8)體能器材登錄與管理。 (9)教師介聘、教保員遷調。 (10)其他臨時交辦事項。	9.活動：○○○契約職員 (1)幼兒園網頁管理。 (2)幼兒園行銷活動推廣。 (3)辦理「社區教保資源中心」活動。 (4)拍攝及剪輯活動影片。 (5)全國幼兒園幼生管理系統管理。 (6)收費三聯單印製及存根歸檔。 (7)協助各項幼生補助款申請、送審與核發。 (8)協助辦理總務（招標採購）。 (9)協助行政組長／教務組長業務。 (10)其他臨時交辦事項。
10.班級老師：教師、教保員 (1)課程計畫：年度計畫、學期計畫、主題計畫、教學活動計畫。 (2)教學週誌：教學活動計畫與教學活動紀錄。	11.廚工：（契約／臨時人員廚工） (1)廚房使用管理。 (2)廚房定期清潔與衛生、自主管理記錄。 (3)餐點烹煮與協助餐點表設計。

表 5-1　全園工作職掌（續）

(3)班級協同教學與經營管理。	(4)餐點數量統計與申購。
(4)班級衛生保健與管理	(5)餐點食材來源標示與管理（有效期
(5)照顧幼生安全與健康。	限）。
(6)學習區空間規劃、學習區活動計	(6)餐具清洗與消毒。
畫。	(7)餐點留存樣品備查。
(7)教材教具申購。	(8)茶杯定期之清洗消毒。
(8)融入式課程「議題教育、防災教	(9)協助園區衛生環境與清潔管理。
育、臺灣本土語言」計畫與執行。	(10)協助全園設施設備維護與管理。
(9)幼兒紀錄與評量（學習區、行為觀	(11)其他臨時交辦事項。
察與輔導、學習評量—形成性評量	
與總結性評量）。	
(10)教師教學檔案的建檔。	
(11)幼兒學習成長檔案的整理。	
(12)課程研發與活動策劃執行。	
(13)親師溝通與記錄。	
(14)班級活動室教材教具／物品管	
理。	
(15)配合值班與延長照顧服務。	
(16)配合行政業務的執行。	
(17)其他臨時交辦事項。	

註：新北市立鶯歌幼兒園提供。

6. 職員：4 名，其中有 2 名是托兒所留任直接轉換其職稱，適用「臨時人員」（新北市政府非編制人員），2 名是契約進用，適用《勞動基準法》。

7. 廚工：4 名，其中有 2 名是托兒所留任直接轉換其職稱，適用「臨時人員」；2 名是契約進用，適用《勞動基準法》。

以上為利於園務工作推展與各職所司，全園擬訂工作職掌內容以某市立幼兒園為例，如表 5-1 所示，而國小附設幼兒園、私立幼兒園、非營利幼兒園工作職掌等示例請詳見附錄 5-1 至 5-3。為讓每天工作順利進行且有效能，建議每週擬訂週工作計畫表（如表 5-2 所示），以及為讓園務運作正常，不因個人行政職務調動、離職等影響，宜建立「職務交接表」（詳見附錄 5-4），分述如下。

表 5-2 週工作計畫表

○○幼兒園○○○學年度第○學期第○週教務組週工作表（4/20～4/25）			
編號	**工作事項**	**完成日期**	**備註**
1	收第九週教學活動計畫表	4/20	
2	完成 4/23 入班觀摩計畫表	4/20	
3	提醒○○班明天語言治療師入園	4/21	
4	第七次專業發展輔導	4/22	
5	提醒老師繳交入班教學觀摩紀錄表	4/23	
6	特教領案：○○國小	4/24	

註：新北市立鶯歌幼兒園提供。

第三節　人員資格與任用

壹、幼兒園的人員資格

關於幼兒園的人員資格，在第二節中的（二）工作職掌中略有提及任用法源。以下更深入探討幼兒園的人員資格與任用法源：一般私立幼兒園以《勞動基準法》為主，而公立幼兒園需考量「幼稚園與托兒所整合」（幼托整合）的日期基準點。

一、中華民國 100 年 12 月 31 日之前

依據《幼兒教育及照顧法》第 21 條:「公立托兒所改制為公立幼兒園後,原公立托兒所依公務人員任用法任用之人員及依雇員管理規則僱用之人員,於改制後繼續於原機構任用或僱用,其服務、懲戒、考績、訓練、進修、俸給、保險、保障、結社、退休、資遣、撫卹、福利及其他權益事項,依其原適用之相關法令辦理;並得依改制前原適用之組織法規,依規定辦理陞遷及銓敘審定;人事、會計人員之管理,與其他公務人員同。公立幼稚園、公立托兒所依本法改制為公立幼兒園,原依行政院與所屬中央及地方各機關約僱人員僱用辦法僱用之人員,及現有工友(含技工、駕駛),依其原適用之相關法令規定辦理。」

以上人員依法核定在案之繼續在職,直接轉換其職稱。

二、中華民國 100 年 12 月 31 日之後

幼兒園的人員資格條件須依《教保服務人員條例》第 6 至 11 條規定,幼兒園園長、教師、教保員、助理教保員應具備的資格如下。

(一)園長

《教保服務人員條例》第 6 條:「幼兒園園長,應同時具備下列各款資格:(1)具幼兒園教師或教保員資格;(2)在教保服務機構(包括托兒所及幼稚園)擔任教師、教保員,或幼兒教育、幼兒保育相關科、系、所畢業之負責人,並實際服務滿五年以上;(3)經直轄市、縣(市)主管機關自行或委託設有經中央主管機關認可之幼兒教育、幼兒保育相關科、系、所、學位學程之專科以上學校辦理之幼兒園園長專業訓練及格。……第一項第二款服務年資證明,應由服務之教保服務機構開立,或得檢附勞動部勞工保險局核發之勞工保險被保險人投保證明文件,並均應經直轄市、縣(市)主管機關確認其服務事實。」

　　有關幼兒園園長專業訓練，其受訓資格、課程、時數、費用及其他相關事項之辦法，請參考《幼兒園園長專業訓練辦法》，其園長專業訓練課程請參閱附錄 5-5。

（二）教師

　　《教保服務人員條例》第 8 條第 3 項：「幼兒園教師培育及資格之取得，除本條例另有規定外，依師資培育法規定辦理；教師資格於師資培育法相關規定未修正前，適用幼稚園教師資格之規定。」

（三）教保員、助理教保員

　　《教保服務人員條例》第 10 條：「教保員應具備下列資格之一：(1)修畢經中央主管機關認可之國內專科以上學校教保相關系科之幼兒園教保專業課程且取得專科以上學校畢業證書；(2)具備國外專科以上學校幼兒教育、幼兒保育相關系、所、學位學程、科畢業證書，並取得經中央主管機關發給之修畢教保專業課程證明書。……第一項第一款國內專科以上學校教保相關系科之師資、設施、招生名額、課程之設置基準、學分抵免、審議、認可、廢止認可及其他相關事項之辦法，由中央主管機關定之。中央主管機關得自行或委託學術團體或專業評鑑機構，定期辦理教保相關系科評鑑，並公告其結果，作為核定、調整各教保相關系科招生名額及廢止認可之參考；其評鑑項目、類別、程序、救濟、效力及其他相關事項之辦法，由中央主管機關定之。第一項第二款持國外專科以上學歷者，申請修畢幼兒園教保專業課程證明書應檢附之文件、資料、認定基準、收費及其他相關事項之辦法，由中央主管機關定之。教保相關系科之學生，其入學資格及修業年限，依大學法及專科學校法之規定。」

　　《教保服務人員條例》第 11 條：「助理教保員，應修畢國內高級中等學校幼兒保育相關學程、科之課程，並取得畢業證書。……第一項相關學程及科之認定標準，由中央主管機關定之。」

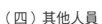

（四）其他人員

1. 社會工作人員及護理人員係依據《幼兒教育及照顧法》第 19 條：「依本法進用之社會工作人員及護理人員，其資格應符合相關法律規定。」

2. 職員、廚工係依據《幼兒教育及照顧法》第 22 條：「……公立幼兒園之其他服務人員，依勞動基準法相關規定，以契約進用，契約中應明定其權利義務；其進用程序、考核及待遇等相關事項之辦法，由中央主管機關定之。……」

貳、員工甄選、任用、聘約與培訓

一、甄選與任用

隨著人事管理的專業化和變遷，以及環境的複雜化，幼兒園教職員工甄選、任用與培訓等事務與時俱進不斷調整與改善，分為公立和私立不同方式：公立甄選方面依循法源規定辦理，而私立方面須符合相關法規任用資格，其甄選方式因園制宜。

目前，私立幼兒園是先公告徵人啟事，再自辦教職員工的甄選與任用；公立幼兒園則通常由直轄市政府、縣（市）政府教育局（處）統一甄選，再由錄取者填志願，依成績排序分發到有缺額的幼兒園。幼兒園教師採聘任制，教保員則採用契約進用制。有關教育局（處）統一甄選招考幼教老師的簡章（以臺北市為例），請參閱附錄 5-6。

有關教保員、助理教保員之甄選，依據《公立幼兒園契約進用人員之進用考核及待遇辦法》第 7 條，至少應就筆試、口試、試教及實作，擇二種以上方式綜合考評，請參閱附錄 5-7（以新北市為例）。

除了教保員、助理教保員以外之其他契約進用人員，依據《公立幼兒園契約進用人員之進用考核及待遇辦法》第 7 條，其甄選方式得採筆試、口試

或實作之一種方式辦理。

公立幼兒園園長甄選，由教育局（處）統一甄選招考，請參閱附錄 5-8（以新北市為例）。

私立幼兒園園長依據《教保服務人員條例》第 7 條：「……私立幼兒園園長，由董事會遴選合格人員聘任；未設董事會者，由負責人遴選合格人員聘任，並均應報請所在地直轄市、縣（市）主管機關核定。」

二、聘約與培訓

甄選任（進）用後即是訂定聘約或契約，而聘約或契約的內容須認真仔細閱讀，對於工作內容、工作時間、薪資、請假、考核、退休、保險、權利義務等清楚明瞭後再簽名核章。在此，茲舉教師聘約、契約進用人員勞動契約範本供參，請參閱附錄 5-9 與附錄 5-10。以下針對幼托整合（民國 100 年12 月 31 日）之後的人員提供簡略公私立幼兒園任期與聘約，如表 5-3 所示。

教育品質的更新及提高，是行政管理的重要組成部分，表現在一系列的培訓政策與制度。所謂培訓，是根據教職員工所任職和工作的需要，而對其進行「再教育」、「在職進修」的過程；對於提高教職員工個人的工作技能和更新教職員工個人的專業素養結構，具有十分重要的意義。教職員工培訓制度的建制之原因為：行政系統的需求壓力之內在驅力，以及社會的快速發展所引起之外在壓力。

教職員工的培訓政策有三個不同的取向：任職前培訓、任職後培訓、高級主管人員培訓，茲說明如下：

1. 任職前培訓：是指新被錄用、剛剛進入幼兒園而尚未正式任職人員的預備訓練，如「新進教保服務人員專業知能與工作倫理」研習會（請參閱附錄 5-11）。

2. 任職後培訓：此種培訓方式是對現任的教職員工進行的研習增能和「回流教育」。請上網查閱「全國教師進修網」的相關研習資訊。

3. 高級主管人員培訓：在幼兒園裡，高級主管人員能量極大如同幼兒園

表 5-3　公私立幼兒園任期與聘約

人員		任期	聘約或契約
園長	公立	四年	聘書
	私立	無規定任期 可長期到退休	勞動契約書 （不定期契約）
教師	公立	初聘為一年，續聘第一次為一年，以後續聘每次為二年，續聘三次以上服務成績優良，經教評會審查通過後，得以長期聘任。長期聘任至多為七年。 可長期聘任到退休	聘約
	私立	無規定任期 可長期聘任到退休	勞動契約書 （不定期契約）
教保員 助理教保員 護理師 職員 廚工 幼童專用車駕駛人	公立	無規定任期 可長期聘任到退休	勞動契約書 （不定期契約）
	私立	無規定任期 可長期聘任到退休	勞動契約書 （不定期契約）

註：作者自行整理。

　　的大腦、心臟，能為幼兒園或整個社會進行高效能的管理，如「公立學校附設幼兒園主任培育研習實施計畫」（請參閱附錄 5-12）。

　　另外，在「在職進修」方面，因應《幼兒教育及照顧法》第 17 條：「幼兒園有 5 歲至入國民小學前幼兒之班級，其配置之教保服務人員，每班應有一人以上為幼兒園教師。……」以及第 58 條：「……公立托兒所或經政府許可設立、核准立案之私立托兒所，已依本法改制為幼兒園者，其 5 歲至入國民小學前幼兒之班級，至遲應於 114 年 8 月 1 日起符合第 17 條第 1 項

所定，……」。幼兒園在職人員進修「幼兒園教師師資職前教育課程專班」（簡稱幼教專班），請參閱附錄 5-13。

行政小錦囊

幼兒園內教保活動包含的領域很廣，教保服務人員應把學習重點放在各種不同的學習領域上，進而達到全方位的自我成長，並隨時保持一顆愉快的心情。學習吸收各方面的資訊，才能滿足幼兒多方面的學習需求及自我的成長，並在自己的工作職場上更能得心應手，成為一個全方位的教保服務人員。因此，一個好的教保服務人員，應有積極的態度，多方涉略不同領域，這也是個人成長與學習所必要的歷程。

第四節　人員待遇、福利、考核與退休制度

幼兒園人員的待遇與福利，公立通常優於私立。但是，待遇與福利並非個人選擇公立或私立工作的主要考量，而是看每個人對自己的期望與興趣，而有不同的選擇，只要工作有目標、有熱忱、有學習動力，相信不論於公立或私立工作環境仍能學以致用、發揮所長貢獻服務。以下從法源與待遇福利、考績制度、差勤與勞健公保、輪值與加班、退休制度等分述如下。

壹、法源與待遇福利

一、法源

公立幼兒園與私立幼兒園依其法源而有不同待遇福利，說明如下。

（一）公立幼兒園

1. 幼兒園園長：依據《教保服務人員條例》第18條：「以現職教師身分任公立幼兒園園長者，其待遇、退休、撫卹、保險、福利及其他權益相關事項，準用教師待遇條例、公立學校教職員退休資遣撫卹條例、公教人員保險法及其他相關法規有關公立國民小學校長之規定。以現職契約進用之教保員身分任公立幼兒園園長者，其待遇、退休、保險、福利及其他權益相關事項之辦法，由中央主管機關定之。」

2. 幼兒園教師：依據《教保服務人員條例》第19條：「公立幼兒園教師，其待遇、介聘、退休、撫卹、保險、福利及其他權益相關事項，準用教師待遇條例、國民中小學校長主任教師甄選儲訓及介聘辦法、公立學校教職員退休資遣撫卹條例、公教人員保險法及其他相關法規有關公立國民小學教師之規定。」對於生活津貼部分，讀者可以上網查詢《全國軍公教員工待遇支給要點》（民國112年1月19日修正發布），對於公教人員婚喪生育補助、子女教育補助等能有更清楚的了解。

3. 幼兒園教保員、助理教保員：依據《教保服務人員條例》第20條：「公立幼兒園依勞動基準法相關規定以契約進用之教保員、助理教保員，其待遇及其他相關事項之辦法，由中央主管機關定之。」

4. 其他人員（如護理師、職員）：依據《教保服務人員條例》第21條：「公立托兒所改制為公立幼兒園後，原公立托兒所依公務人員任用法任用之人員及依雇員管理規則僱用之人員，於改制後繼續於原幼兒園任用或僱用者，其進修、俸給、保險、保障、結社、退休、撫卹、福利及其他權益相關事項，依其原適用之相關法令辦理。……公立幼稚園、公立托兒所依幼照法改制為公立幼兒園，原依行政院與所屬中央及地方各機關約僱人員僱用辦法僱用之人員，其待遇、退休、福利及其他相關權益事項，依其原適用之相關法令規定辦理。」

（二）私立幼兒園

1. 教保服務人員：依據《教保服務人員條例》第22條：「私立教保服務機構教保服務人員之權益事項，依勞動基準法、性別工作平等法、勞工保險條例、就業保險法、勞工退休金條例、工會法、團體協約法、勞資爭議處理法、大量解僱勞工保護法及其他相關法規辦理。私立幼兒園教師之待遇、進修、研究、退休、撫卹、保險、教師組織，於中華民國100年12月31日以前已準用教師法相關規定者，仍依其規定辦理。」

2. 私立幼兒園的人員待遇與福利是依據《勞動基準法》以契約進用，其權利義務於契約內明定。

二、待遇福利

（一）報酬制度

個人敘薪是教職員工報酬的主要部分。在完成職位規定所要求的工作後領取薪資，是每一位教職員工依法享有的權利，而決定教職員工薪資水準的主要依據，則是職務等級和資歷長短。

幼兒園教職員工之薪資依內涵可分為內在報酬及外在報酬。所謂內在報酬指的是對於員工的尊重、升遷機會、工作環境等相關事宜，而外在報酬乃是針對員工的金錢性報酬（如工資、薪資、獎金等）及福利性報酬（如保險、退休、給假等）。

（二）薪資

幼兒園教職員工之敘薪，應依個人的學經歷不同而有不同的給薪標準，可視為本薪的部分；又因有人兼任行政職務，例如：園長、主任、組長等，應依工作量及所擔任之責任給予適當的鼓勵與加給薪資，此一薪資範圍則為加給。依據公立幼兒園人員任用的不同法源，在此提供「公教人員給與簡明表」、「公立幼兒園契約進用人員薪資支給基準表」等供參，請參閱附錄

5-14 至 5-16。

　　私立幼兒園的薪資基本上是以《勞動基準法》為主，勞雇雙方簽訂「勞動契約」議定之，但不得低於基本工資。在此提供個人薪資表為例，如表 5-4 與表 5-5 所示。

表 5-4　公立幼兒園個人薪資表

入帳日期：　年　月　日					
項目	金額	備註	項目	金額	備註
本俸			所得稅		
專業加給			健保費		
主管加給			公勞軍保費		
			退撫／離職儲金		
應發合計			應扣合計		
實發合計					
備註					

註：新北市立鶯歌幼兒園提供。

貳、考核制度

　　考核的功能為效率評價（efficiency rating）或服務評價（service rating）。考核通常是由園長或考核小組對教職員工的工作效果之系統評價。考核制度在教職員工激勵制度中，占據一個關鍵性的位置，一方面它為給予教職員工公正的外力報酬奠定了堅實基礎；另一方面直接促進內在報償的實現。考核有多方面功用，其中包括：健全人事行政的基礎、做為合理獎懲的依據、做為調整人力之依據、提高行政效率。考核有其必要性及重要性，但首要原則在於客觀、公正與確實。為達此原則與防止片面性、提高代表性，所以應組織負責考核的專門委員會，並提供可申訴的管道，以確保考核公正性的最後一道防線。以某私立幼兒園為例，如表 5-6 所示。

表 5-5　*私立幼兒園個人薪資表*

○○幼兒園
年　　月份薪資表

姓名：

科目	金額	科目	金額
學歷		全勤	
經歷（他園）		值班	
經歷（本園）		加班	
專業加給		績效	
蒙氏		健保費	
特教			
行政加給			
本俸			
薪資總額			
健保費			
勞保費			
實領			

資料來源：私立牧人幼兒園提供。

　　而在公立幼兒園方面，考核因應晉用任用法源不同而有不同考核規定，例如：園長考核表、教師考核表、教保服務人員以外之其他契約進用人員平時考核表、契約進用教保服務人員平時考核表、教保服務人員以外之其他契約進用人員年終考核表、契約進用教保服務人員年終考核表、公務人員平時考核表、公務人員年終考核表等，請參閱附錄 5-17 至 5-24。

表 5-6　私立幼兒園年度考核表

○○○私立幼兒園教職員工年度考核表

編號	姓名		職稱		性別		到職日期		年　月　日	
項目		考　核　內　容					評分標準	審核分數	備註	
工作效率	工作效率高，且經常維持一定之水準						16-20			
	工作效率尚可，且均能符合要求						11-15			
	工作效率欠佳，常達不到標準						6-10			
	工作效率低落，無法達到一般工作要求						1-5			
工作品質	工作品質意識強烈，自我要求甚高，經密確實						16-20			
	品質意識高，工作品質均能合乎標準						11-15			
	品質意識尚可，工作品質尚能合乎標準						6-10			
	品質意識欠佳，工作品質常有差誤						1-5			
工作態度	服從指揮，悉心接受指導，肯為工作犧牲奉獻						16-20			
	服從指揮，樂於接受指導，工作謹慎努力						11-15			
	尚能服從指揮，接受指導，工作能符合要求						6-10			
	服從性欠佳，不易接受指導，工作熱誠有待加強						1-5			
勤敏性	勤勉有加，主動爭取工作，交付任務均提前完成						16-20			
	個性勤勉，交付任務均能迅速完成						11-15			
	尚稱勤勉，交付任務，尚能勉強完成						6-10			
	工作上偶會計較或偷懶，並延誤時效						1-5			
責任感	責任心甚強，可安心交付工作						9-10			
	具責任感，交付工作極少督促						7-8			
	尚稱負責，稍加督促極可						5-6			
	處事被動，須時加督促						3-4			
	遇事推諉，不負責任						1-2			
團隊精神	積極參與團聚活動，主動與同事協調合作						9-10			
	能參與團聚活動，與同事相處和諧						7-8			
	尚能與同事協調合作						5-6			
	極少參與團聚活動，勉強能與同事合作						3-4			
	不願參與團聚活動，不與同事合作						1-2			
		總分合計 A					100			

人事評核	曠職	事假	病假	遲到早退	公假	喪假	公傷假	嘉獎	學年度考績分數	考績等級
	/	/	/	/	/	/	/			
加扣分數 B										
人事經辦				人事主管				日期	年　　月　　日	

註：私立牧人幼兒園提供。

參、差勤與勞健公保

一、差勤

　　幼兒園的人事差勤制度是人事薪資及出缺勤的管理，其中含薪資、出勤、考核（專業成長）之紀錄及結算。園內的管理系統宜化繁為簡及有明確的人事作業，其中含出勤管理、請假、代課、加班、獎金及勞健保費用計算等，並將管理系統運用於報表分析及人事管理參考，可建立每月薪資結算效率，並簡化運作時間。

　　公立幼兒園之教保服務人員因婚、喪、疾病、分娩或其他正當事由得請假；其假別、日數、請假程序、核定權責與違反之處理及其他相關事項之辦法，由中央主管機關定之。另外，有關請假辦法請參考《公立幼兒園教保服務人員請假辦法》（民國 112 年 2 月 27 日修正發布），在此提供公教員工得請假天數簡明表、各類臨時人員給假日數一覽表、《勞動基準法》相關假別、新北市政府所屬公立學校附設幼兒園各類教職員工給假日數一覽表，請參閱附錄 5-25 至 5-28。

　　出勤紀錄各園不一，例如：簽到（退）表或打卡單。依據《勞動基準法》第 30 條提及「勞工正常工作時間」須確認教職員工是否有出勤、休息日、例假日和休假相關紀錄。雇主應依相關規定製備及保存勞工出勤紀錄，並依規定核予例假、休息日及休假。在請假方面，程序一定要完備，依據各園請假程序完成請假，有請假系統或請假單等方式請假。以下以表 5-7 至表 5-9 為例。

圖 5-5　公立幼兒園請假系統 1

註：新北市立新店幼兒園提供。

圖 5-6　公立幼兒園請假系統 2

註：新北市立新店幼兒園提供。

表 5-7　*私立幼兒園請假單*

○○幼兒園　教職員工請假單

　　　　　　　　　　　　　　　　　　　　學年度　　第　　　學期

員工姓名			職稱		
請假事由				假別	
職務代理人			職稱		
請假日期	年　　月　　日	自　月　　日　時至　月　　日　時 共　　　　天　　　　時			
交接事項：					
園長：			總務：		

註：私立牧人幼兒園提供。

二、勞健公保

　　幼兒園為了保障教職員工在職期間的安全，應提供勞工保險或公教人員保險、全民健康保險。為保障幼兒園員工之勞工保險權益，幼兒園性質可歸屬公益事業，其僱用員工 5 人以上者，自應依《勞工保險條例》（民國 110年 4 月 28 日修正公布）第 6 條規定辦理投保，而且投保薪資不得有低報情形。關於勞工保險投保薪資分級表、全民健康保險，以及公保投保金額分級表，請參閱附錄 5-29 至 5-31。

肆、輪值與加班

一、輪值

　　為提供優質的教保服務品質與符應家長工作與家庭需求，幼兒園內除設

有班級的教師／教保員外，還應加強導護制度（早值、晚值）的執行，並確實達到對幼兒保護的功能。幼兒園的導護制度為輔導制度之一，同時導護工作應由園內的教師／教保員共同負責，輪值實施。輪值表如表 5-8 所示。

表 5-8　輪值表

○○幼兒園○○○學年度第一學期九月份輪值表				
日期	早值	晚值（內、外）	幼童專用車	辦公室晚值
9/3～9/7	婕○、麗○	慧○、佟○	曼○	園長
9/10～9/14	曼○、玟○	婕○、麗○	如○	○老師
9/17～9/21	婕○、明○	曼○、玟○	佟○	園長
9/24～9/28	慧○、玟○	如○、明○	麗○	○老師

註：私立牧人幼兒園提供。

二、加班設定

一般而言，教職員工宜按個人所擔任的職務，配以合理的薪資，但若因故延長工作時數或工作量時，幼兒園應給予適當的鼓勵與加給薪資。茲舉某公立幼兒園為例，如表 5-9 所示。

表 5-9　加班請示單

註：新北市立鶯歌幼兒園提供。

伍、退休制度

　　教職員工的退休制度，乃是人事管理系統的更新機構制度之重要組成部分。教職員工退休是指，教職員工因工作一定年限，達到一定年齡後或由於特定情況不堪工作而停止工作，退出工作崗位，脫離教職員工的職位。在退出之際，可以得到一定數額的退休金，以作為對其在職期間服務貢獻的報酬，以及維持其本人及家庭往後生活的經濟資助。茲依退休制度的功能、退休條件、退休方式、退休金等四方面，說明如下。

一、退休制度的功能

　　在西方國家，退休制度源自於社會保險制度，至第二次世界大戰結束後，西方國家陸續建立、健全退休及退休金待遇的權利，並給予政府為教職員工提供退休保障的義務，其主要功能為：促進人員更新、增強教職員工系統活力、提高行政效率、穩定工作情緒，以及防止人才外流。

二、退休條件

　　教職員工在職期間，除嚴重失職、被判重刑或失去國籍外，一般而言，退休需要具備的年齡條件及工齡條件，說明如下：

　　1. 年齡條件：西方國家對教職人員的退休年齡有一個一般性的最高法定界限，例如：英國及日本規定為 60 歲，法國及德國規定為 65 歲，我國一般規定為 65 歲，美國規定為 70 歲。在此前提下，再依工作性質之不同，而對教職人員退休年齡分別規定。目前，教育部對於教師退休有函文指示，考量公立幼兒園教師所任職務的教學對象為幼兒，確須考量體能負荷之合宜範圍，即公立幼兒園教師於準用《公立學校教職員退休資遣撫卹條例》（民國 112 年 1 月 11 日修正公布）第 18 條第 1 項第 1 款規定申請自願退休時，其自願退休條件得予以調降為「任職滿 5 年，年滿 60 歲」（請參閱附錄 5-32）。

2. 工齡條件：西方國家對教職人員的工齡條件有一個最低法定界限，達到這個界限才有權享受退休待遇，例如：日本規定為 3 年，美國規定為 5 年，英國和德國規定為 10 年，法國規定為 15 年。工齡限制的目的為：防止退休制度蛻化成單純的福利保障而喪失激勵工作、提高行政效率的作用，以及維持機構工作的穩定性和連續性。

　　我國的退休條件制度依據《勞動基準法》第 53 條：「勞工有下列情形之一，得自請退休：(1)工作 15 年以上年滿 55 歲者；(2)工作 25 年以上者；(3)工作 10 年以上年滿 60 歲者。」依據《勞動基準法》第 54 條：「勞工非有下列情形之一，雇主不得強制其退休：(1)年滿 65 歲者；(2)身心障礙不堪勝任工作者。前項第一款所規定之年齡，對於擔任具有危險、堅強體力等特殊性質之工作者，得由事業單位報請中央主管機關予以調整。但不得少於 55 歲。」

三、退休方式

　　西方國家的退休有多種方式，其中包括：強迫退休、自願退休、殘疾退休，以及不稱職退休。其中，自願退休又分為：以年齡條件為標準、以工齡條件為標準，以及以工齡和年齡的組合為標準。

四、退休金

　　勞工退休金之給與標準依據《勞動基準法》第 56 條有明確的規定，園方須依規定提撥勞工退休準備金或提繳勞工退休金，茲舉「勞工退休金月提繳分級表」，請參閱附錄 5-33。另外，在公務人員／教師退休金方面，茲舉「公務人員退休撫卹基金繳納金額對照表」，請參閱附錄 5-34。

　　綜合以上，針對不同任用法源的人員，簡略整理有關保險、考核、退休等總表供參，如表 5-10 所示。

表 5-10　公立幼兒園保險、考核、退休總表

法源＼項目	公保	勞保	考核	退休
教師法	●		1 年一次（7 月）	● 公保年金 ● 退休撫卹基金
勞動基準法		●	1 年三次 第一次平時考核（8～11 月） 第二次平時考核（12～3 月） 年終考核（7 月）	● 勞保年金 ● 勞工退休金
公務人員相關法令	●		1 年三次 第一次平時考核（1～4 月） 第二次平時考核（5～8 月） 年終考核（12 月）	● 公保年金 ● 退休撫卹基金
行政院及所屬各機關聘僱人員／新北市政府及所屬機關學校約聘僱與非編制人員（臨時人員）		●	1 年三次 第一次平時考核（4 月） 第二次平時考核（8 月） 年終考核（12 月）	● 勞保年金 ● 勞工退休金

註：作者自行整理。

Q：如何運用有效的管理方法，來面對剛進入幼兒園的新進人員？

A：接任新工作之前的「職前訓練」是不可缺少的（將幼兒園的相關資訊提供給新進教師／教保員）。新進教師／教保員的就任，最好是在原任教保員離職前一週開始，以便辦妥交接工作。幼兒園亦可安排一段時間，讓其觀摩其他教保員的教學，或在課餘時，主動和其交換意見，聽聽其心得或問題。另外，在開始時不要經常到教室去觀看他上課，讓他在沒有壓力的自然情況下逐漸熟悉新環境，也可以找一位客觀負責的教師／教保員指導。善用新進教師／教保員的專長，是新進教師／教保員所需要的成就與成就歸屬感的培養。園長可在平日觀察新進教師／教保員的能力，依其本身的專長，做園內專職分組的規劃，並找出一位教師／教保員來擔任工作指導者（小組長），給予適當的職務，或由新進教師／教保員提出自己的專才，適才適用，以便管理並做工作的調整。

第五節　勞資關係與勞資會議

壹、勞資關係

　　勞資關係乃勞資雙方間之權利與義務及其有關事項的處理。依據《勞動基準法》第 70 條及《勞動基準法施行細則》（民國 108 年 2 月 14 日修正發布）第 37 條規定，雇主僱用勞工人數在 30 人以上者，應依其事業性質，就工時、休息、休假、工資、津貼及獎金、紀律、考勤、請假、獎懲及升遷、受僱、解僱、資遣、離職及退休、災害傷病補償及撫卹、福利措施等相關事項訂立工作規則，報請主管機關核備後，於事業場所內公告並印發各勞工。

　　工作規則係雇主依其事業性質所訂定之重要管理規定，影響勞工的勞動條件權益甚鉅，因此工作規則須報地方勞工行政主管機關核備通過後公開揭示；公開揭示時，建議敘明核備之勞工行政主管機關、核備日期及文號，以減少勞資爭議。此外，工作規則之內容須依據法令、勞資協議或管理制度變更情形適時配合修正，修正時亦應報核。其辦理流程如下：

1. 勞動部提供符合《勞動基準法》最低標準規定之工作規則參考範本，上網搜尋「工作規則參考手冊」，即可加以參酌適宜調整修改為自己園適用的「工作規則」版本。

2. 擬訂自己園適用的「工作規則」之後，再經由「勞資會議」通過，報勞工局核備。

3. 勞工局會回文函示通過予以「文號」，再將「核備日期」及「文號」置入於「工作規則」，印發給員工。

貳、勞動契約

　　依據《勞動基準法》第 9 條：「勞動契約，分為定期契約及不定期契約。臨時性、短期性、季節性及特定性工作得為定期契約；有繼續性工作應為不定期契約。」例如：公立幼兒園與勞工簽訂的「公立幼兒園契約進用人員勞動契約」（詳見附錄 5-10）。

參、勞資會議

　　依據《勞動基準法》第 83 條規定訂定之《勞資會議實施辦法》（民國103 年 4 月 14 日修正發布）第 2 條：「事業單位應依本辦法規定舉辦勞資會議；其事業場所勞工人數在 30 人以上者，亦應分別舉辦之，其運作及勞資會議代表之選舉，準用本辦法所定事業單位之相關規定。事業單位勞工人數在 3 人以下者，勞雇雙方為勞資會議當然代表，不受第 3 條、第 5 條至第 11

條及第 19 條規定之限制。」

　　因此，適用《勞動基準法》的人員為勞方、園負責人為資方，依據《勞資會議實施辦法》第 3 條：「勞資會議由勞資雙方同數代表組成，其代表人數視事業單位人數多寡各為 2 人至 15 人。但事業單位人數在 100 人以上者，各不得少於 5 人。……」第 18 條：「勞資會議至少每三個月舉辦一次，必要時得召開臨時會議。」

　　《勞資會議實施辦法》第 13 條：「勞資會議之議事範圍如下：一、報告事項：(1)關於上次會議決議事項辦理情形；(2)關於勞工人數、勞工異動情形、離職率等勞工動態；(3)關於事業之生產計畫、業務概況及市場狀況等生產資訊；(4)關於勞工活動、福利項目及工作環境改善等事項；(5)其他報告事項。二、討論事項：(1)關於協調勞資關係、促進勞資合作事項；(2)關於勞動條件事項；(3)關於勞工福利籌劃事項；(4)關於提高工作效率事項；(5)勞資會議代表選派及解任方式等相關事項；(6)勞資會議運作事項；(7)其他討論事項。三、建議事項：工作規則之訂定及修正等事項，得列為前項議事範圍。」

　　勞資會議紀錄係依據《勞資會議實施辦法》第 21 條：「勞資會議紀錄應記載下列事項，並由主席及記錄人員分別簽署：(1)會議屆、次數；(2)會議時間；(3)會議地點；(4)出席、列席人員姓名；(5)報告事項；(6)討論事項及決議；(7)臨時動議及決議。前項會議紀錄，應發給出席及列席人員。」在此提供勞資會議紀錄示例，請參閱附錄 5-35。

　　目前，幼兒園勞資協商的常見議題，例如：工作時間、休息日、例假日和休假、中午午休、加班等。因此，以下首先說明休息日、例假日、特休、補休的定義，再敘明幼兒園常見勞資會議協商議題。

一、休息日、例假日、特休、補休的定義

1. 休息日：出勤較為彈性，其出勤性質屬延長工作時間，雇主如有使勞工於休息日工作之必要，在遵守《勞動基準法》第 24 條第 2 項、第 3

項、第 32 條及第 36 條規定之前提下，可徵求勞工之同意出勤。

2. 例假日：屬強制性規定，俾以適當地中斷勞工連續多日之工作，保護其身心健康，雇主不得任意剝奪勞工此項基本權益。例假日之合法出勤要件，僅限於《勞動基準法》第 40 條所列「天災、事變或突發事件」之極特殊狀況，若無該等法定原因，縱然勞工同意，亦不得使勞工於例假日工作。

3. 特休：《勞動基準法》第 38 條規定，繼續工作滿一定期間者，應依下列規定給予特別休假：(1)6 個月以上一年未滿者 3 日；(2)一年以上二年未滿者 7 日；(3)三年以上五年未滿者 14 日；(4)五年以上十年未滿者 15 日；(5)十年以上者，每一年加給 1 日，加至 30 日為止。

4. 補休：指因工作需要連續加班，而給予等量工作時間的補償休息。

二、幼兒園常見勞資會議協商議題

1. 超時工作：幼兒園為符應家長需求與家庭照顧便利有早值與晚值、辦理活動籌畫準備，就有超時工作問題，園方需協商加班補休或核予加班費等。

2. 辦理活動：利用假日或晚間辦理節慶活動、運動會、畢業典禮或親職講座等，園方需協商加班補休或核予加班費等，並確定於休息日辦理。

3. 中午午休：幼兒在園需要老師的關照，儘管是「午休」時間，老師片刻都不能離開幼兒身邊，但依據《勞動基準法》第 35 條：「勞工繼續工作 4 小時，至少應有 30 分鐘之休息。但實行輪班制或其工作有連續性或緊急性者，雇主得在工作時間內，另行調配其休息時間」，因此需透過協商確認輪休方式。

第六節　教保服務人員專業倫理

壹、專業倫理的涵義

在歐美先進國家，教育行政人員已有高度的專業化（professionalization），他們多數都具有學士或碩士以上的學位，而且都受過教育行政人員的專業訓練。依據 1998 年針對美國加州舊金山的 108 位行政管理者進行之抽樣調查中，碩士學位占 15.7%，大學學位占 52.8%，專科學位占 8.3%，其他占 13.9%，持有以上所列一種以上的學位者占 9.3%。

上述提到在討論教育行政人員需要高度專業化時，需思考專業化的標準。美國教育協會（National Education Association）提出了八項專業化標準：

1. 應屬高級心智活動。
2. 應受長時間的專業教育。
3. 應具有專門的知識領域。
4. 應能不斷地再進修。
5. 應有健全的專業組織。
6. 應以服務社會為目的。
7. 應屬永久性的職業。
8. 應建立並能遵守專業規模或公約。

專業化的主要條件是建立有專業組織的系統，幼兒園的人事管理應藉其系統而發揮團隊精神、提高幼教專業地位、制定專業規模或公約、發揮自治自律的精神、進行專業研究與辦理在職教育以提高專業水準，以及謀求專業人員的團體福利。

教育行政人員的專業行為必須符合道德規範，且規範要富理想又切合實際，才能合理適用於所有幼兒園。行政人員應深深體認到幼兒園是屬於大

眾，其目標乃在為全體民眾提供接受教育的機會。此外，行政人員亦承擔著為幼兒園及社區提供專業領導的責任，此種責任的履行有賴於行政人員具有理想的專業標準。行政人員的行為應由社區、同事、幼兒的學習結果及幼兒家長來評斷，為達成上述目標，幼兒教育行政人員宜遵守以下之專業規範：

1. 以幼兒的利益為一切決策及行動基準。
2. 以誠正的態度履行其專業職責。
3. 遵行正當程序的原則，並保障所有個人的權利。
4. 採取合理的手段，履行幼兒教育目標。
5. 避免利用職位採取政治的、社會的、宗教的、經濟的及其他的影響力，以獲取個人利益。
6. 只從經認可的隸屬主管單位取得立案證明。
7. 經由研究及不斷的專業發展，以維持此專業標準並改善工作效率。
8. 尊重所有契約，直至履行或解除為止。

教育行政人員專業化制度，是幼兒教育的現行方向及目標。我國目前在行政人員的專門培訓機關逐漸完整，宜再加強證書制度、專門組織及專業規範，期使我國的幼兒教育行政人員能專業化，且更具系統與完整性。

貳、幼兒園教保服務人員應遵守的專業倫理

教保服務人員的品質乃是提升幼教品質的關鍵因素，除了職前專業訓練之外，如何將服務內容專業化，讓幼兒園的行政與教學都能達成教保功能，促使教保服務人員能發揮專業、實踐幼教理想，這些都是目前專業幼教的一個重要課題。

國內因社會結構的改變，仿效西方先進國家，改善幼兒照顧品質，提供多元福利，如育嬰假、育嬰補助，以及提高教保服務人員保障的勞健保制度之改變，使得教保服務人員任教的意願有著前所未有的變化；在傳統觀念

下，教保服務人員結束學校的專業訓練後，就以進入幼教服務的目的為主，但目前從事相關行業或是其他職業領域的現象多元，產生專業人員投入職場的意願低迷，加上層出不窮的工作挑戰，使幼兒園留住人才相當困難，更談不上培訓人才，因此教保服務人員的專業倫理確實是解決問題的核心。中華幼兒教育改革研究會曾針對幼教人員專業改革，於 2001 年通過「中華民國幼兒教育專業倫理守則」，內容包含：教保服務人員「對幼兒的倫理」、「對家庭的倫理」、「對同事的道德責任」、「對社會的倫理」等四個領域，提出規範準則提供參考，對教保服務人員確實是一個明確的引導，全文如下。

中華民國幼兒教育專業倫理守則

前言

幼教工作者經常都面臨很多的難題，會需要基於道德和倫理的本質來做決策，茲將本守則公開陳述我們在幼教領域的責任及應有的道德行為，以提供幼教工作者遭遇倫理困境時，可以有一個依循的準則。

本守則之建立係基於下列共同認知：

1. 幼兒期是人類生命週期中獨特且重要的階段。

2. 幼兒教育工作乃是以幼兒發展的知識為基礎。

3. 尊重及支持幼兒與家庭之間的親密關係。

4. 了解幼兒的最佳方法是由其家庭、文化和社會脈絡著手。

5. 尊重每個個體的尊嚴、價值和獨特性。

6. 在信任、尊重和關心的關係之中，最能幫助幼兒和成人發揮其最大的潛能。

本倫理守則共分為四部分：1.對幼兒；2.對家庭；3.對同事；4.對社會。每一部分都包括理念及實際執行上的指引原則。

一、對幼兒的倫理

理念：尊重幼兒之權利與獨特性，善盡照顧與保護之責，提供適性發展之
　　　教保方案。

原則 1-1：在任何情況下，我們絕不能傷害幼兒，不應有不尊重、脅迫利誘
　　　　　或其他對幼兒身心造成傷害的行為。

原則 1-2：應公平對待幼兒，不因其性別、宗教、族群、家庭社經地位等不
　　　　　同，而有差別待遇。

原則 1-3：我們應了解幼兒的需要和能力，創造並維持安全、健康的環境，
　　　　　提供適性發展的方案。

原則 1-4：我們應熟悉幼兒被虐待和被忽略的徵兆，採取合宜的行動保護幼
　　　　　兒，當握有確切的證據時，應向主管機構通報。

原則 1-5：我們應知道早期療育系統之運作過程，能及早發現、通報、轉介
　　　　　及給予相關的協助。

二、對家庭的倫理

理念：尊重及信任所服務的家庭，了解家長的需求，協助或增進家長的幼
　　　教理念及為人父母的技巧。

原則 2-1：應尊重每個家庭之習俗、宗教及其文化，並尊重其教養的價值觀
　　　　　和為幼兒做決定的權利。

原則 2-2：我們應該讓家庭知道我們的辦學理念、政策和運作方式。

原則 2-3：如涉及影響幼兒權益的重要決定，我們要讓家長參與。

原則 2-4：如有意外或特殊狀況發生時，我們應即時讓家長知道。

原則 2-5：如涉及與幼兒有關的研究計畫，我們事前應該讓家長知道，並尊
　　　　　重其同意與否的決定。

原則 2-6：我們應尊重幼兒與家庭的隱私權，謹慎使用與幼兒相關的紀錄與
　　　　　資料。

原則 2-7：當家庭成員對幼兒教養有衝突時，我們應坦誠地提出我們對幼兒的觀察，幫助所有關係人做成適當的決定。

三、對同事的道德責任

理念：基於專業知識，與工作夥伴、雇主或部屬建立及維持信任與合作的關係，共同營造有益於專業成長的工作環境。

（一）對工作夥伴間的倫理

原則 3-1：我們應與工作夥伴共享資源和訊息，並支持工作夥伴，滿足專業的需求與發展。

原則 3-2：當我們對工作夥伴的行為或觀點覺得擔心時，應讓對方知道我們的擔憂，並和他一起以專業的知識和判斷解決問題。

原則 3-3：我們應與工作夥伴共同討論、分工，並接納工作夥伴給予的建議，並適當地調整自己。

（二）對雇主的倫理

原則 3-4：當我們不贊同任職機構的政策時，應先在組織內透過建設性的管道或行動表達意見。

原則 3-5：當我們代表組織發言時，應以維護組織權益的角度來發言與行動。

原則 3-6：我們應積極參與機構舉辦之活動，並給予適當的建議。

（三）對部屬的倫理

原則 3-7：我們應創造一個良好的工作環境，使工作人員得以維持其生計與自尊。

原則 3-8：我們應配合法令制訂合宜的人事政策，並以書面明示所有工作人員。

原則 3-9：對於無法達到任職機構標準的部屬，應先給予關切，並儘可能協助他們改善，如必須解僱時，一定要讓部屬知道被解僱的原因。

原則 3-10：應發展合理明確的考核制度，對部屬的考核與升遷，應根據部屬的成就紀錄以及他在工作上的能力來考量。

四、對社會的倫理

理念：讓社會了解幼兒的權利與幼教的專業，提供高品質的教保方案與服務，重視與社區的互動，並關懷幼兒與家庭福祉的政策與法令。

原則 4-1：我們應為社區提供高品質、符合社區需求和特色的教保方案與服務。

原則 4-2：我們有義務讓社區了解幼兒及其權益，提升社區家長的親職知能。

原則 4-3：當我們有證據顯示機構或同事違反保護幼兒的法令規定時，應先循內部管道解決；若在合理的時間內沒有改善，應向有關當局舉報。

註：1.引自中華幼兒教育改革研究會（2001）。
　　2.本守則草案於 2000 年公布，2001 年通過。

　　而在「幼兒園教保服務人員工作倫理守則」方面，以四個核心價值：尊重接納、公平正義、負責誠信、關懷合作，將面對之對象及專業關係歸納為三項：服務倫理（對幼兒及其家庭）、組織倫理（對同事、機構及部屬）及社會倫理（對專業及社會），例如：尊重幼兒及其家庭的隱私，未經同意，不得以任何方式對外發表；了解幼兒園所在地區的情境，尊重當地的文化及特色，並積極納入教保活動課程，培養幼兒對在地文化的理解及關懷等。請參閱附錄 5-36。

1. 若有家長向園長抱怨老師的教學態度及方法不佳，而你是那位園長，你會如何處理？

2. 你認為幼兒園該如何招募教師、職員、司機或廚工？對不同職務的工作人員在甄選時應注意哪些事項？

3. 某家私立幼兒園，共有 7 班（含 1 個幼幼班），招收幼兒人數 196 人，請試擬該園的行政組織圖與工作職掌，並加以說明。

4. 你認為一位專業的教保服務人員，以教師為例，應遵守的專業倫理為何？

第六章　幼兒園的總務行政

陳素珍、蔡春美、廖藪芬

第一節　收費標準與成本管理

壹、收入與管理

一般而言，幼兒園依公私立的不同其經費來源有所差異，公立幼兒園的經費來源主要來自主管機關〔教育部及各縣（市）政府〕與家長收費；而私立幼兒園的經費來源主要來自家長收費，其收入管理則依各園大小規模之差異，而產生不同的制度。大規模幼兒園的班級數多，通常會有獨立的單位進行有系統的管理，但部分小規模幼兒園的班級數少，為了減少人事成本，而通常由行政人員在其他業務中一併處理與管理。

公私立的收入管理也有些差異，一般公立幼兒園的收入可能是幼兒的學費、雜費、材料費、活動費、午餐費、點心費、保險費等，由出納組（行政人員）依規定及手續徵收，並製成「收費三聯單」，如表 6-1 所示。經由出納、主計、園長核章後，發給家長到指定銀行或超商繳費：家長保留「第一聯學生收執聯」；幼兒園將「第二聯學校收執聯」收據存款交予主計人員，主計人員將所收款項存庫登帳管理；銀行或超商收「第三聯代收單位留存聯」。

私立幼兒園的收入來源乃是幼兒的學雜費，科目金額依各園大小規模不同而異，收費金額應核報教育局（處）通過（「全國幼兒園幼生管理系統」收費情形設定，如表 6-2 所示），才得以向家長收費。收費內容包括學期註冊費（含保險費、雜費、教材費等），以及月費（含餐點費、材料費等），繳費方式以學期或每月繳交現金、轉帳或到指定銀行繳費，各園透過會計系統或自行記帳管理，再發給家長收據，如表 6-3 所示。

依據當地教育局（處）公布收費及退費標準，以新北市為例，如表 6-4 所示。

表 6-1　公立幼兒園收費三聯單

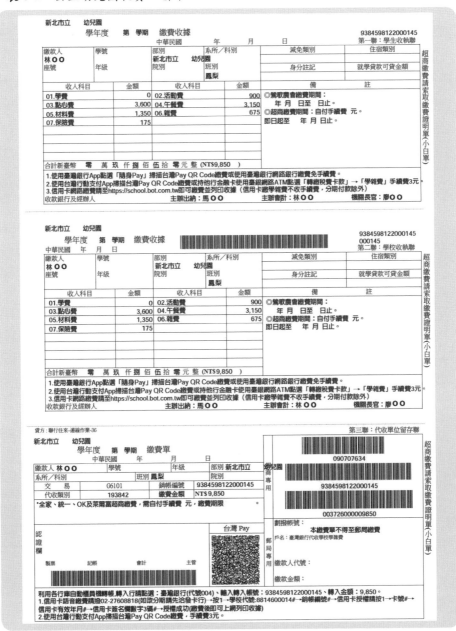

註：新北市立鶯歌幼兒園提供。

表 6-2　私立幼兒園登錄「全國幼兒園幼生管理系統」收費情形設定

適用年齡 ☑5歲 □4歲 □3歲 □2歲

收費項目	收費期間	上學期計 5.5 個月				下學期計 5.5 個月			
		半日班	小計	全日班	小計	半日班	小計	全日班	小計
學費	☑學期 □月		0	15000	15000		0	15000	15000
雜費	☑學期 □月		0	1000	1000		0	1000	1000
代辦費	小計	0		44000		0		44000	
材料費	□學期 ☑月		0	2200	12100		0	2200	12100
活動費	□學期 ☑月		0	1200	6600		0	1200	6600
午餐費	□學期 ☑月		0	2800	15400		0	2800	15400
點心費	□學期 ☑月		0	1800	9900		0	1800	9900
全學期總收費	總計	0		60000		0		60000	
交通費	□學期 □月 ☑單趟 ☑雙趟	單 雙	0 0	單 1200 雙 2400	1200 2400	單 雙	0	單 1200 雙 2400	1200 2400
課後延托費	□學期 □月		0	0	0		0	0	0
家長會費	□學期 □月		0	0	0		0	0	0

註：私立牧人幼兒園提供。

表 6-3　私立幼兒園繳費收據

第一聯-由幼兒園存查　　　　　　　　　　　　　　　　　No.202008-1

新北市私立○○幼兒園繳費收據

幼兒姓名：○○○　　　班別：大班　　　繳費日期：○○○年 08 月 03 日

繳交○○○學年度第1學期各項費用--本學期本園之教保服務起迄日：
【○○○年 8 月 16 日至○○○年 1 月 31 日，1學期以 5.5 月計算】全日班
本園收退費基準依據「新北市教保服務機構收費及退費標準」辦理。

收費項目		期間	金額	說明/期程	備註
學費		一學期	15,000	5歲幼兒學費由教育部補助一學期1萬5,000元等政府撥付款後發給家長	
雜費		■期/□月	1000		
代辦費	8月材料費	□期/■月	1152	8/16-8/31	
	8月活動費	□期/■月	629	8/16-8/31	
	8月午餐費	□期/■月	1467	8/16-8/31	
	8月點心費	□期/■月	943	8/16-8/31	
	交通費	□期/■月	1257	雙趟 8/16-8/31	非補助項目
	保險費	一學期	依政府規定	以當學年度保險收費標準辦理	非補助項目
其他				代購運動服(制服、園兒)、書包及餐具之費用，或辦理戶外教學之門票及租賃車輛或搭乘大眾運輸工具之費用。應視家長個別需求，不得強制要求購買或參加。	
8 月繳費合計			21448		

經手人：　　　　　　　　　　　　　園長/負責人：

註：私立牧人幼兒園提供。

表 6-4　新北市公立幼兒園收費項目基準表

（單位：新臺幣）

收費項目		公立學校附設幼兒園	專設幼兒園	收費期間	說明
學費		七千元	半日制：四千五百元 全日制：七千元	一學期	一、專設幼兒園收費之總額，不得高於前一學年度之收費總額。 二、本表之學期收費期間，係以四點五個月計算。 三、午餐費及點心費部分： ㈠幼兒園午餐與點心代辦費支出項目及其支出比例、結餘款之使用範圍及結餘額度之限制等，準用新北市政府所屬各級學校午餐經費收支要點規定辦理。 ㈡幼兒園提供午餐或點心（食材）如因實際成本高於本表所定費用者，得報本府同意後調整費用，不受本表規定之限制。 四、交通費部分：經本
雜費		一百五十元	一百五十元	一個月	
代辦費	材料費	一千三百五十元	半日制：一千一百二十五元 全日制：一千三百五十元	一學期	
	活動費	九百元	半日制：六百七十五元 全日制：九百元	一學期	
	午餐費	七百元	七百元	一個月	
	點心費	八百元	半日制：五百五十元 全日制：八百元	一個月	
	交通費	無	六百元	一個月	
	保險費	一、依高級中等以下學校學生及教保服務機構幼兒團體保險條例辦理。 二、每學期每名幼兒應繳保險費（或自付額度），配合教育部公告之當學期保		一學期	

表 6-4　新北市公立幼兒園收費項目基準表（續）

（單位：新臺幣）

收費項目		公立學校附設幼兒園	專設幼兒園	收費期間	說明
代辦費	保險費	險費收費標準辦理。		一學期	府同意核准購置幼童車之幼兒園，始得收取；該項費用得依實際情形核實收取。 五、家長會費部分：以幼兒家庭為單位收取；且設立家長會之幼兒園，始得收費。
	家長會費	一百元	一百元	一學期	
	其他費用	依本標準第三條第一項第三款第十目辦理			

註：1. 依據《新北市教保服務機構收費及退費標準》（民國 111 年 12 月 28 日修正發布）。
　　2. 收費項目與用途，請參閱附錄 6-1「新北市教保服務機構收費及退費標準」第 3 條。

貳、支出與管理

公立幼兒園的主要經費來源是政府編列預算，而財務管理屬於地方政府權責，由主管單位分配預算、編製支出及支出流程，並由各單位或支出執行業務有系統地完成。除了有完整機制外，控管的流程也是經費支出所應事先考量的事項。

私立幼兒園之經費支配由園內主管單位編審預算，依比率透過會計單位

支出，其內容通常為人事費、行政管理費、建設費等登帳控管。而公立幼兒園會計（主計）處理人事費、活動費、材料費、修繕費等，通常分為以下程序：

1. 依收入分析**支出比率**。
2. 分配每年的**預算**及支出項目。
3. 撥款至單位的**庫存帳戶**（如臺灣銀行、農會）。
4. 各單位或執行業務將支出**原始憑證提出申請**（印領清冊、申購單）。
5. 經**審核**通過（單位主管、會計、校／園長）。
6. 會計單位編製**記帳憑證**（付款憑證、支出憑證）。
7. 債權人（申請人、廠商）**取得匯款**。
8. 會計依記帳憑證及相關原始憑證（匯款憑單）回條**登錄**。

以上程序簡略說明依據收入（繳庫）與支出（需求）編列預算、申購核銷、登錄記帳之管理程序。

參、採購與管理

公立幼兒園依政府頒定的《政府採購法》（民國 108 年 5 月 22 日修正公布）執行，而私立幼兒園一般是依園內需求或採購內容的必要性而予以執行。公立幼兒園在執行採購前，會依採購規模性質（工程、財物、勞務）等分配進行採購，若依採購金額分類，可分為小額採購（15 萬以下）、未達公告金額（15～150 萬）、公告金額（150 萬以上）、查核金額，以及巨額採購（工程 2 億、財物 1 億、勞務 2 千萬）。並以維護公共利益及公平合理為原則，對廠商不得為無正當理由之差別待遇，採購資訊公開透明化，兼顧採購效率及品質。

而在採購方面，公立幼兒園有「優先採購」5%的規定，因應《身心障礙者權益保障法》、《優先採購身心障礙福利機構團體或庇護工場生產物品及服務辦法》（民國 106 年 3 月 27 日修正發布）的採購方式，針對特定商品項目必須優先向身心障礙機構、團體或庇護工場採購，例如：烘焙類、米麵製品、節慶禮盒、便當、餐盒、清潔用品、盆栽花卉等。

肆、申購與核銷程序

公私立幼兒園對於採購的用品，須於採購前提出請購單／申購單（如表6-5、表6-6所示），經園內相關單位核章通過後，才能採購。採購後如要核銷，須黏貼發票經園內相關單位核章通過後，才完成核銷程序。

表 6-5　公立幼兒園請購單

註：1. 請購人首先填上請購（修）及動支單之「日期、物品名稱、規格（若無規格尺寸，免填）、單位、數量、單價、預估金額、受款人、總計、動支科目、用途及說明」。
　　2. 再填上收入（支出）憑證黏存單之「工作計畫（科目）名、分項計畫、3級用途別（或子目）、費用（收入）別、金額、用途說明」，動支科目的材料費是收取幼兒（家長）繳交費用屬於「應付代收款」，而工作計畫（科目）2123和3級用途別（或子目）L103010都是利於會計作帳編碼。
　　3. 待請購單核章後，則可以採購物品，再將發票黏貼在收入（支出）憑證黏存單即可核銷。

註：新北市立鶯歌幼兒園提供。

表 6-6 私立幼兒園申購單

○○幼兒園物品申購單

● 班級：　　　　　　　　　　　【請填寫清楚，字跡勿潦草】

文具事務用品							
項	物品名稱	數量	備註	項	物品名稱	數量	備註
1				1			
2				2			
3				3			
4				4			
5				5			
6				6			
7				7			
8				8			
9				9			
10				10			
11				11			
12				12			
13				13			
14				14			
15				15			
16				16			
17				17			
18				18			
19				19			
20				20			

承辦人：　　　　　　　　主任：　　　　　　　　園長：

註：私立牧人幼兒園提供。

第二節　財務管理

壹、財務管理的基本認識

　　財務管理主要是提供幼兒園的財務營運狀況，給相關人員決策之參考資料。財務管理因使用的目的不同，分為內部資料及外部資料兩大系統：前者為幼兒園的經營管理系統，而後者則注重幼兒園的財務狀況及經營成果之評估。財務會計多以成本會計及管理會計提供的資料為決策依據，而經營結果及財務狀況評估，則是以財務會計所提供表冊為基礎。

　　幼兒園管理者對於財務管理更需要有深入的了解，也應渴求獲得更多的資訊，因為它是行政管理的重要部分。本章針對幼兒園在經營上可能遇到的財務相關作業，介紹淺顯易懂的內容，使行政管理者能自行整理會計、零用金的各種財務作業，這樣才能達到財務管理及全盤掌握全園的經營狀態，將資金的運用、調度和分配做最完美的規劃及管理。幼兒園對於財務經營與管理得當，可以有效提高效率、降低成本，創造最高的利潤，但很可惜的是，並不是每一個園長或管理者都可以將財務管理運用得很理想，並選擇正確的財務管理方向。希望藉此章節的介紹，讓讀者在實務工作的園務經營中有所助益。

　　公立幼兒園依《教育經費編列與管理法》（民國 105 年 1 月 6 日修正公布）第 13 條規定，直轄市、縣（市）政府之各項教育經費收入及支出，應設立地方教育發展基金，基金應設專帳管理。因此，以新北市為例說明設置地方教育發展基金，以促進教育健全發展，提升教育經費使用績效。以下為「新北市地方教育發展基金」簡介，如圖 6-1 所示。

圖 6-1　「新北市地方教育發展基金」簡介

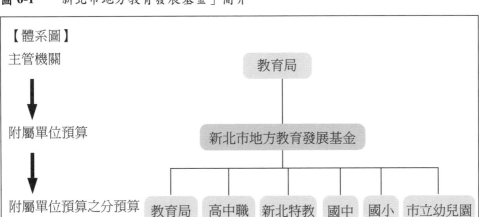

註：新北市立鶯歌幼兒園提供。

行政小錦囊

在講求專業領導的時代，各行各業都需要專業人才，而幼兒園的財務管理正是經營過程中，非常重要的一部分。以往國內的幼兒教育不太重視財務的系統管理與應用，而產生幼兒園的經營瓶頸；因為我國幼教這個社會體，培育許多非常優秀的教育工作者，但幼教專業的領導管理者卻不多。近年來，國內的幼教經營管理面臨著多元市場的壓力及複雜的行政管理，亟須藉由有系統的行政管理及財務會計管理資訊化，來加強幼兒園的管理制度。因此，財務管理透過科技資訊化加強管理，乃是目前幼兒教育學界及業者殷切的期望。

　　依據「新北市地方教育發展基金」編列預算，一般公立學校附設幼兒園是與附屬單位（如國小、國中等）合併編列，但市立幼兒園是獨立編列。以某市立幼兒園「地方教育發展基金」編列預算（簡稱本預算）為例（如表6-7 所示），另外向幼兒（家長）收取費用（材料費、活動費、午餐費、點心費等）屬於「應付代收款」，「應付代收款」預算編列另列表不在表 6-7 中。另外，以某私立幼兒園向家長收費編列年度預算為例，如表6-8 所示。

表6-7 「新北市地方教育發展基金」新北市立○○幼兒園附屬單位預算之分預算

新北市立　　　幼兒園
新北市地方教育發展基金
基金用途明細表
中華民國109年度

單位：新臺幣千元

	前年度決算數		業務計畫及用途別科目	本年度預算數	上年度預算數	計畫內容說明
業務計畫(2級)	22,440	54	**學前教育計畫**	22,540	22,422	
工作計畫(3級)	22,440	541	**學前教育**	22,540	22,422	
用途別(1級)	17,756	1	**用人費用**	18,150	17,716	
用途別(2級)	12,224	11	**正式員額薪資**	12,188	12,188	
用途別(3級)	11,709	113	職員薪金	11,788	11,788	教職員薪資
	217			0	0	
	298	114	工員工資	400	400	廚工薪資
	187	12	**聘僱及兼職人員薪資**	200	200	
	187	124	兼職人員酬金	0	0	
	0			200	200	兼代課鐘點費
	225	13	**超時工作報酬**	182	253	
	225	131	加班費	100	100	各項業務加班費
	0			82	153	不休假加班費
	1,973	15	**獎金**	2,357	2,110	
	658	151	考績獎金	837	590	教職員考績獎金
	1,315	152	年終獎金	1,520	1,520	教職員年終獎金
	1,531	16	**退休及卹償金**	1,530	1,333	
	347	161	職員退休及離職金	348	340	教保員勞退準備金
	1,184			253	305	支(兼)領月退休人員年終慰問金

註：1.業務計畫（2級）、工作計畫（3級）、用途別（1級）等是利於會計系統作帳處理的「會計科目」或「預算科目」（請對照參閱表6-5 公立幼兒園申購單）。
　　2.用途別分級請參閱附錄 6-2「歲出第一級至第三級用途別科目分類定義」。

註：新北市立鶯歌幼兒園提供。

表 6-8　私立幼兒園上年度決算與本年度預算

○○幼兒園○○○年決算及○○○年預算

收　　入				支　　出			
會計科目	107年預算	107年決算	108年預算	會計科目	107年預算	107年決算	108年預算
保 育 費	3,340,000	3,775,750	3,340,000	薪 資 支 出	11,046,000	10,458,346	10,970,000
教 材 費	695,000	699,640	695,000	員 工 福 利	420,000	394,310	383,000
活 動 費	940,000	1,226,920	940,000	研 究 費	85,000	81,540	85,000
月 費	14,571,000	15,695,365	14,571,000	勞 健 保 費	1,500,000	1,387,106	1,600,000
交 通 費	285,000	415,104	285,000	平安保險費	229,000	215,104	250,000
工作材料費	682,000	781,320	682,000	餐 點 費	1,360,000	854,283	1,000,000
平安保險費	117,000	150,700	117,000	教 材 費	700,000	605,574	700,000
代 辦 費	400,000	500,000	400,000	活 動 費	1,115,000	922,043	1,100,000
其 他 收 入	80,000	160,626	83,000	代 辦 費	500,000	439,315	500,000
				交 通 費	300,000	261,430	300,000
				事 務 費	1,100,000	821,834	1,100,000
				維 修 費	300,000	241,818	300,000
				雜 費	800,000	728,094	900,000
				稅 捐	220,000	216,772	220,000
				什 項 購 置	600,000	493,101	600,000
				捐 贈	200,000	200,000	200,000
				保 全 費	45,000	44,625	45,000
				離 職 金	270,000		250,000
				折 舊	270,000	246,036	120,000
				費 用 合 計	21,060,000	18,611,331	20,623,000
				備 轉 金	50,000		490,000
				本 期 盈 餘		4,794,094	0
合　　計	21,110,000	23,405,425	21,113,000	合　　計	21,110,000	23,405,425	21,113,000

※附註

上年結轉	25,080
本期盈餘	4,794,094
20%稅	-958,819
稅後盈餘	3,835,275
轉教會發展基金	-3,830,000
結轉下年	5,275

園長：　　　　　　　　　製表：

註：私立牧人幼兒園提供。

貳、會計系統

在幼兒園的財務管理中，會計主要是管理「帳」，而出納則管理「錢」。制度產生正確而可靠的經營績效與營運，同時也是做為幼兒園評估和分析營運狀況的依據。若要達到這個目的，其運行應配合：會計科目的明確記錄、銀行轉帳的正確運用、學費結帳的處理、收款作業。

會計系統對公立幼兒園而言是主計專門在使用，一般的老師或職員（行政人員）不會使用此系統。因此，公立幼兒園的會計通常是由國小、國中的主計兼任。相關處理會計資料範圍，包括會計憑證、會計簿籍及會計報告之處理。主計使用的是「地方教育發展基金會計資訊系統」，如圖 6-2 所示。

圖 6-2　地方教育發展基金會計資訊系統

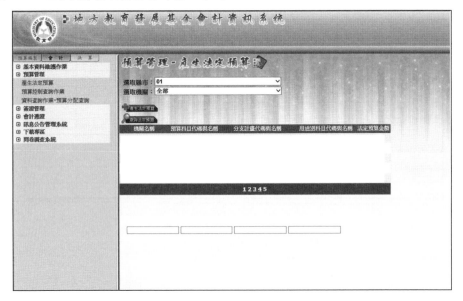

註：新北市立鶯歌幼兒園提供。

　　然而，私立幼兒園因應各園規模與需求不一，如何決定是否洽購與使用
會計系統？因此，各園使用會計系統也會有不同版本，只要符合自己園的需
求，利於財務經營與管理效能即是合宜的會計系統，而使用會計系統的人，
可能是行政職員（會計）或主任等人員。在此，以私立幼兒園為例說明會計
系統如下：一般會計科目有其明確的名稱及完整的作業程序，進入會計系統
畫面（如圖 6-3 所示），即可看到會計科目管理、日記帳、明細分類帳、總
分類帳、試算表、損益表、資產負債表、期間試算表、營業成本分析表等。
當有收入（幼兒繳費）時登錄「**傳票登錄作業**」（如圖 6-4 所示）。

圖 6-3　會計系統畫面

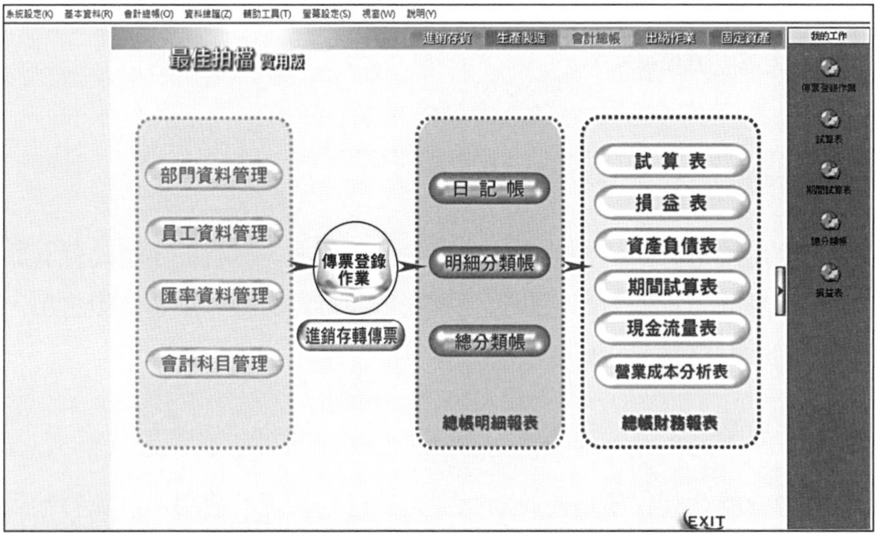

註：私立牧人幼兒園提供。

圖 6-4 傳票登錄作業

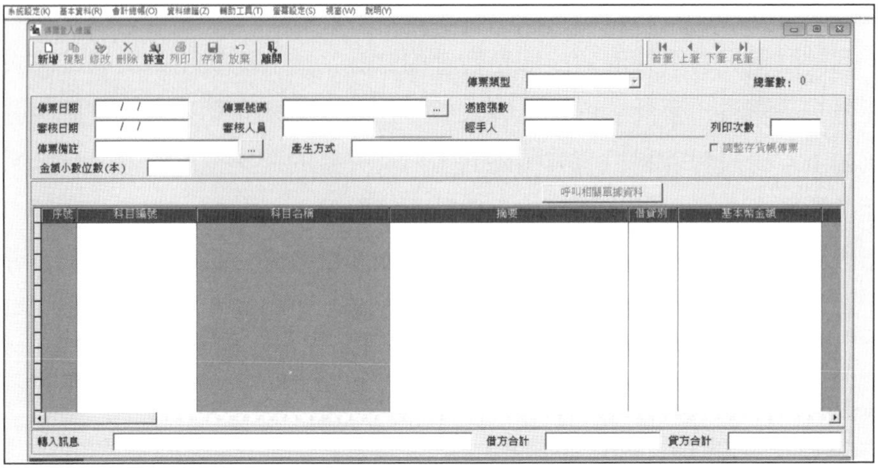

註：私立牧人幼兒園提供。

一、會計功用

會計功用就是有系統地處理幼兒園的會計作業，其目的是將幼兒園的會計資訊提供給園方管理者，協助對外界在各種行動方案中釐定決策之用，以了解幼兒園的財務狀況及經營成果。

二、會計內容

會計內容的功能主要是便於幼兒園對於財務管理及使用，以資料輸入的作業，有系統地提供會計資料，協助幼兒園的會計作業。會計系統能蒐集幼兒園的內部資料，以及外部環境作業相關事宜，其內容包括：資產、負債、成本、費用、收入、營業外收入、營業外支出等相關會計作業，說明如下。

（一）資產

資產是指，凡透過各種交易或其他事項所獲得或控制之財務資源，能以

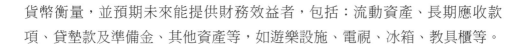

貨幣衡量，並預期未來能提供財務效益者，包括：流動資產、長期應收款項、貸墊款及準備金、其他資產等，如遊樂設施、電視、冰箱、教具櫃等。

（二）負債

負債是指，凡過去交易或其他事項所發生之財務義務，能以貨幣衡量，並將以提供勞務或支付財務資源之方式償付者，包括：流動負債及其他負債等，如人事勞保、健保、水電費、電話費需繳付等。

（三）成本

幼兒園在學期運行的過程中會有交易，成本即是指在一定期間內所銷售之貨品，例如：幼兒的書包、餐袋、服裝等產品。依幼兒園不同性質的交易成本，可分為：交通服務成本、課程教材、餐點食材成本、幼兒保險等。

（四）費用

幼兒園依相關交易或管理活動而發生各項支出，依不同費用性質，可分為：一般人事費用、辦公費用、修繕費用、廣告行銷費用、保險稅捐費用等。

（五）收入

凡幼兒園因主要交易行為而產生的進帳，謂之收入。依不同收入性質，可分為：學雜費收入、捐贈收入、基金之孳息等。

（六）營業外收入

營業外收入係指，幼兒園主要交易活動之外而發生之收入，例如：利息收入（幼兒園存戶－農會利息）。

（七）營業外支出

營業外支出係指，幼兒園主要交易活動之外而發生之支出，例如：災害損失（天災人禍）、商品盤損（書包毀損、餐袋發霉）等。

參、財務會計處理程序

　　幼兒園係採用現金收付制的會計基礎，其最大特色是以當期的現金收入及現金支出，做為當期收益與費用列帳的依據，幼兒園即依據執行業務所得，採用現金收付制的會計基礎。幼兒園財務會計運行的過程應依循著會計循環（指各項工作周而復始、連續不斷，此謂之財務會計循環程序）。財務處理雖不斷進行，但會計卻具有週期性，每一會計期間（年度）之交易，均各自分錄（交易紀錄）至決算報告為止。

一、財務會計的內容

　　在財務會計系統內容上，功能主要便於幼兒園在財務相關作業的使用，以資料輸入作業，系統地提供會計資料，以協助幼兒園不同財務會計作業。財務會計系統蒐集幼兒園內部資料，其會計循環內工作，概略分為：分錄（journalizing）、過帳（posting）、試算（taking trial balance）、調整（adjusting）、結帳（closing）、決算報告等六個階段如下。

（一）分錄

　　當幼兒園交易發生時，即應根據交易證明發生之原始憑證，區分借貸，衡量金額予以記錄，此一程序稱為分錄。通常會利用分錄表或日記帳來記錄，主要是「借」（支出）與「貸」（收入）平衡，一個減少，另一個增加，例如：從幼兒的餐點費提出（支出）90,000 元，放入農會（幼兒園帳戶）就會增加（收入）90,000 元，如表 6-9 與表 6-10 所示。

（二）過帳

交易經過日記帳的處理後，再將每一分錄所影響之會計科目，按原金額、原借貸方式加以分類集中，記入各相同帳戶／簿冊，此項工作稱為過帳。主要是確定「此筆交易」成立。

（三）試算

分錄經由過帳後，再將分類帳中各帳戶之借方總額與貸方總額相抵銷後之餘額，彙總列表，主要目的是再確認分錄及過帳工作是否有誤，稱為試算，以確認多筆（科目名稱）借貸無誤，如表 6-11 所示。

表 6-9　分錄表

會 計 科 目	摘　　要	借 方 金 額	貸 方 金 額
	中華民國　　　年　　月　　日		編號：　　　200121
餐點費	一月份	90,000.00	
農會活存	一月份		90,000.00
合　　　　　　　　計		90,000.00	90,000.00
核准　　會計　　覆核　　出納　　登帳　　製票			

註：私立牧人幼兒園提供。

表 6-10　日記帳

日　記　帳

從 2020/01/01 到 2020/01/31
2 　`　`
列印日期：2020/02/04

傳票編號	D/C	科目編號	科 目 名 稱	金 額	摘 要
	D	2259	其 它 預 收 款	18,000.00	扣預繳
	C	4106	代辦費-平安保險	1,800.00	學生繳費
200109	D	6123	交通費-其他	1,634.00	汽車加油
	D	6124	交通費-汽油	1,000.00	娃娃車加油
	C	1102	零用金	2,634.00	1月5號
200110	C	4102	保育費	119,000.00	學生繳費
	C	4205	教材費	18,000.00	學生繳費
	C	4206	活動費	24,000.00	學生繳費
	C	4106	代辦費-平安保險	3,600.00	學生繳費
	C	4208	工作材料費	26,400.00	學生繳費
	C	4101	月費	86,000.00	學生繳費
	D	2259	其 它 預 收 款	36,000.00	扣預繳
	D	1108	農會活存-20038377	243,200.00	學生繳費
	C	4207	交通費	2,200.00	學生繳費
200111	C	4102	保育費	365,000.00	學生繳費
	C	4205	教材費	55,500.00	學生繳費
	C	4206	活動費	74,000.00	學生繳費
	C	4106	代辦費-平安保險	11,100.00	學生繳費
	C	4208	工作材料費	81,400.00	學生繳費
	C	4101	月費	297,700.00	學生繳費
	C	4207	交通費	4,600.00	學生繳費
	C	4110	代辦費-圍兜	600.00	學生繳費
	C	4111	代辦費-室內鞋	750.00	學生繳費
	C	4202	代辦費-冬季運動服	2,000.00	學生繳費
	C	4204	代辦費-睡袋	2,300.00	學生繳費
	D	2259	其 它 預 收 款	111,000.00	扣預繳
	D	1108	農會活存-20038377	783,950.00	學生繳費
200112	D	6112	事務費-修繕費	84.00	修理喜樂家插座
	D	6215	雜費	7,350.00	一月份垃圾清潔費
	C	1102	零用金	7,434.00	1月7號

註：私立牧人幼兒園提供。

表 6-11　試算表

試　算　表

傳票日期: 從 2020/1 到 2020/1
頁　　次: 1
列印日期: 2020/02/05

科目編號	科 目 名 稱	借 方 金 額	貸 方 金 額
1108	農會活存	491,431.00	443,579.00
2147	應 付 費 用	323,914.00	148,887.00
2258	暫收款		840.00
2259	其 它 預 收 款		18,000.00
4101	月費		410,400.00
4106	代辦費-平安保險		2,900.00
4206	活動費		59,000.00
4224	利息收入		291.00
6008	薪資	122,900.00	
6010	員工福利	3,771.00	
6011	勞保費	12,016.00	2,635.00
6012	健保費	7,816.00	2,392.00
6013	勞退金	7,182.00	
6105	教材費	3,859.00	
6108	水電費	660.00	
6113	餐點費	90,000.00	
6129	加班費	4,000.00	
6215	雜費	9,375.00	
6216	租金支出	12,000.00	

借方總額: 1,088,924.00　　　　　　貸方總額: 1,088,924.00

註：私立牧人幼兒園提供。

（四）調整

在會計處理過程中，某些帳項會隨著時間經過，而使得原記載科目或金額產生變化，為使各帳項能正確表示實況，應定期加以整理修正，在會計處理過程中，稱為調整，例如：原本用「餐點費」科目支付餐點費 9 萬元，但誤用「材料費」科目支付餐點費 9 萬元，再從「材料費」轉正為「餐點費」，使用「轉帳傳票」調整，如表 6-12 所示。

表 **6-12** 轉帳傳票

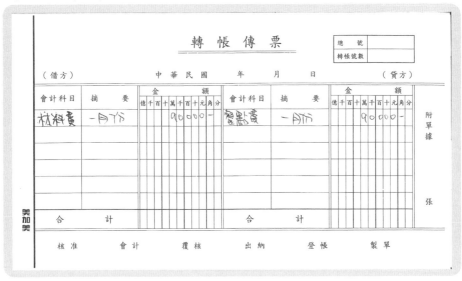

註：私立牧人幼兒園提供。

（五）結帳

每一個會計期間終了，應將交易產生後的各收益及費用帳戶做一清結，以結算該期間之盈虧，並列示各資產、負債及園方權益帳戶之餘額，以結轉下期連續記載，稱為結帳，再次確認核對無誤。

（六）決算報告

會計期間結束，應將期間內所有交易之結果彙總列表，以顯示該期間之經營結果。決算表的紀錄，包括：損益表、資產負債表等。

1. 損益表（如表 6-13 所示）是表示「一段時間」的經營結果，可看出幼兒園在此期間之收入、支出及獲利等情況，也就是「收入－支出＝淨利」。

表 6-13　損益表

期 間 損 益 表

年 月 份：從 2020 年 1 月 到 2020 年 1 月　　　　　部 門：
列印日期：2020/02/05　　　　頁次：1

科目編號	科目名稱	借方金額	貸方金額	合　計	比率
【營業收入】					
4101	月費		410,400.00		86.84%
4106	代辦費-平安保險		2,900.00		0.61%
4206	活動費		59,000.00		12.48%
4224	利息收入		291.00		0.06%
		0.00	472,591.00	472,591.00	100.00%
【營業成本】					
	期初存貨	0.00			
	期末存貨		0.00		
		0.00	0.00	0.00	0.00%
	★★★營業毛利★★★			472,591.00	100.00%
【營業費用】					
6008	薪資	122,900.00			26.01%
6010	員工福利	3,771.00			0.80%
6011	勞保費	12,016.00	2,635.00		1.99%
6012	健保費	7,816.00	2,392.00		1.15%
6013	勞退金	7,182.00			1.52%
6105	教材費	3,859.00			0.82%
6108	水電費	660.00			0.14%
6113	餐點費	90,000.00			19.04%
6129	加班費	4,000.00			0.85%
6215	雜費	9,375.00			1.98%
6216	租金支出	12,000.00			2.54%
		273,579.00	5,027.00	268,552.00	56.83%
	★★★營業淨利★★★			204,039.00	43.17%
【營業外收益】					
		0.00	0.00	0.00	0.00%

主管：園長邱　　　　　製表人：

註：私立牧人幼兒園提供。

2. 資產負債表（如表 6-14 所示）是表示「一個時間點」的概念，在一個時間點，公司有哪些資產（如土地、房屋）？還有哪些負債？也就是「資產－負債＝權益＝幼兒園身價」。

表 6-14　資產負債表

```
                    帳 戶 式 資 產 負 債 表
年 月 份：2020/1
頁 次：1                                         列印日期：2020/02/05
科 目 名 稱      金     額    比 率    科 目 名 稱      金     額    比 率
=========== ============ ========    =========== ============ ========
【資產】                              【負債】
 <<流動資產>>                           <<流動負債>>
農 會 定 存      360,000.00   12.97%   應 付 款            0.00    0.00%
農 會 活 存    2,391,130.00   86.16%   應 付 費 用     149,687.00    5.39%
暫 付 款            0.00    0.00%   暫 收 款           840.00    0.03%
存 貨              0.00    0.00%   其 它 預 收 款   346,500.00   12.49%
預 付 費 用         0.00    0.00%                  ============ ========
                ============ ========                   497,027.00   17.91%
              2,751,130.00   99.14%    <<長期負債>>
 <<基金及長期投資>>                                      ============ ========
                ============ ========                        0.00    0.00%
                    0.00    0.00%    <<其他負債>>
 <<固定資產>>                                            ============ ========
                ============ ========                        0.00    0.00%
                    0.00    0.00%                  ============ ========
 <<其他資產>>                                             497,027.00   17.91%
存 出 保 証 金    24,000.00    0.86%   【業主權益】
                ============ ========    <<投入資本>>
                 24,000.00    0.86%                 ============ ========
                                                          0.00    0.00%
                                        <<保留盈餘>>
                                      累 積 盈 虧   2,278,103.00   82.09%
                                      本期盈虧(已入累盈)  204,039.00    7.35%
                                                   ============ ========
                                                   2,278,103.00   82.09%
                                                   ============ ========
                                                   2,278,103.00   82.09%
============ ============ ========    =========== ============ ========
   資 產 總 額  2,775,130.00  100.00%   負債+業主權益  2,775,130.00  100.00%


主管：[園長邱]  [印]       製表人：[田]
```

二、會計憑證

　　幼兒園交易為會計處理對象，每一筆交易事實之發生，基於習慣及法令要求，必須具備交易之原始憑證。《商業會計法》（民國 103 年 6 月 18 日修正公布）第 14 條：「會計事項之發生，均應取得……足以證明之會計憑證。」第 15 條：「商業會計憑證分下列二類：(1)原始憑證：證明會計事項之經過，而為造具記帳憑證所根據之憑證；(2)記帳憑證：證明處理會計事項人員之責任，而為記帳所根據之憑證。」原始憑證指的是用以證明交易發生之經過，及辦理各項手續之依據，而記帳憑證依據《商業會計法》第 17 條，乃指收入傳票（如表6-15所示）、支出傳票（如表6-16所示），以及轉帳傳票等三種。

表 **6-15**　收入傳票

私立○○幼兒園		**收　入　傳　票**			
					第 1 頁,共 1 頁
傳票日期:2020/04/10	部門編號		部門名稱:		傳票號碼:202004100003
序	科目代號	科目名稱	摘要	借方	貸方
1	1112	農會活存	幼生繳費	225,400	
2	4105	月費	幼生繳費		195,800
3		以下空白			
4					
5					
			合　　　計	225,400	195,800

註：私立牧人幼兒園提供。

表 6-16　支出傳票

序	科目代號	科目名稱	摘要	借方	貸方
		支　出　傳　票			
	私立○○幼兒園				第 1 頁,共 1 頁
	傳票日期:2020/04/1　部門編號　　部門名稱:			傳票號碼:202004010003	
1	6128	事務費-醫藥材料	藥品	435	
2	1110	零用金	4/1		435
3		以下空白			
4					
5					
			合　計	435	435

註：私立牧人幼兒園提供。

第三節　事務管理

　　幼兒園的總務事務包羅萬象，其中包括：財物管理、庶務管理、文書管理等事項。當今，政府相當重視與宣導「四省（省電、省油、省水、省紙）專案」，以精進政府機關及學校節約能源成效，落實全面節能減碳行動，將臺灣推向低碳社會，因此政府機關學校的節能填報、綠色採購等業務成為主要工作要項。而在事務管理方面注意協調配合，並用科學的方法落實行政工作。

壹、財產物品管理

　　所謂財產物品管理，係指有關於幼兒園內的財產及物品管理，以方便使用及控制。一般而言，財產物品管理的方式很多，每個幼兒園都可能有一套自行設計的管理系統，但如何達到有效的管理乃是值得探討的。茲將財產物品管理略分為財產管理及物品管理兩大類，說明如下。

一、財產管理

財產管理基本原則之管理程序分為以下幾項：

1. 財產編號：財產登記程序首先是財產編號，需依財產的種類加以分類，並一一給予編號，然後製成財產編號目錄。

2. 財產登記：辦理財產編號後，接著便是財產登記，並將「財產標籤」黏貼在財產物品上，以利於管理。

3. 財產增減表：財產登記後，在使用的過程中，部分財產可能會有增或減的情況，應於每月月底加以清點，並造具財產增減表。

4. 財產報告：財產經過長期的使用及有效的管理過程，在每月、每半年與年度終了時，應實際加以盤點，並製成財產報告書。以某公立幼兒園年財產報表和某私立幼兒園班級財產表為例，如表 6-17 與表 6-18 所示。

有關圖書登錄總表、教具一覽表之示例，請參考附錄 6-3、附錄 6-4。

表 6-17　公立幼兒園年財產報表

新北市立○○幼兒園
財產盤點清冊

列印日期：108/11/19
頁　　碼：第 8 頁／共 33 頁

購置日期	財產編號設備編號	財產名稱特徵及說明	單位	數量	原始價值取得價值	帳面價值	年限	已使用年數	檢查情形	保管單位	使用人	存放地點一存放地點二	保管人簽章	備註一備註二
107/05/09	314030813-000001	數位照相機 NIKON COOLPIX B700	架	1	11,662 11,662	10,315	5	1.07		新北市立鶯歌幼兒園	林睿筑	辦公室		
105/11/07	314030817-000001	數位投影機 PJD7326	臺	1	13,000 17,000	7,637	5	3.01		教保組	林睿筑	109		
106/09/26	314030817-000002	數位投影機 BOXLIGHT ANX420　4000流明	臺	1	13,000 13,000	9,782	5	2.02		新北市立鶯歌幼兒園	林睿筑	214活動室		
106/08/23	314040101-0	電腦網路系統 DSR-1000AC	套	1	15,510 15,510	11,415	5	2.03		新北市立鶯歌幼兒園	林睿筑	辦公室小機櫃		整合型資安無線路由器
101/03/15	314040109-000001	防火牆 FORTINET FG-80C-FW	式	1	45,842 45,842	458	5	7.09		行政組	蕭玲芷	辦公室		
101/05/25	314050109-000001	掃瞄器 虹光AVISION@V2400	臺	1	34,648 34,648	346	5	7.06		行政組	蕭玲芷	辦公室		

註：新北市立鶯歌幼兒園提供。

表 6-18 私立幼兒園班級財產表

○○園財產清冊【○○學年度第○學期 溫柔家】			
教具教材類			
蒙特梭利日常生活教育區			
穿線板×1	衣飾框 a×1	剪貼工×1	編織工×1
衣飾框 b×1	衣飾框 c×1	衣飾框 d×1	衣飾框 e×1
螺絲組手眼協調螺絲組	穿×1	色紙架×1	刺工×1
衣飾框 f×1	夾衣組×1	刺工剪工紙張櫃×1	倒茶組×1
刺工墊×6	折巾一組	橡皮筋變化組×1	羅馬拱門×1
組合積木×1	敲釘組		

註：私立牧人幼兒園提供。

二、物品管理

物品管理之程序包括：

1. 採購：採購是指幼兒園內各組物品購買，應填具請購單／申購單依照規定辦理。採購也依幼兒園的規模大小及採購量而有所區分，所採購物品在一定金額以內，由主管部門逕行辦理，超過時則應呈奉核准辦理。以下為某私立幼兒園採購流程，如表 6-19 所示。

表 6-19　私立幼兒園採購流程

採購流程：
　　申購人　→　事務　→　總務（出納）→　園長→採購→使用單位驗收→會計核銷→出納
　　　↓　　　　　↓　　　　　↓　　　　　　　↓
　（使用單位）（採購）　（控帳）　　　　（核章）

註：私立牧人幼兒園提供。

2. 收發與保管：其程序為驗收、保管、核發、責任賠償。
3. 登記與報核：物品應加以登記，分設消耗物品收支分類及非消耗物品收支分類兩種。
4. 報廢與廢品處理：報廢之物品應呈奉相關單位核准，予以利用、變賣或銷毀。可依據「新北市政府未報廢閒置及低度利用動產再利用計畫」辦理移撥其他單位再使用。

貳、庶務管理

幼兒園的庶務管理，主要包括園內的設施設備維護管理、安全檢修，說明如下。

一、設施設備維護管理

依據《幼兒園及其分班基本設施設備標準》第 2 條：「……(1)設施：指提供幼兒學習、生活、活動之建築、附屬空間及空地等；(2)設備：指設施中必要之遊戲器材、教具、媒體器材、教具櫃、儲藏櫃、桌椅等用品及器材。……」因此，全園設施設備（包括遊戲設施）維修與管理，包括：建築物（活動室、辦公室、廚房、廁所等）、戶外場地、電梯、監視系統、飲水機、影印機、電腦維護與管理、水電修繕、AED 等。有關「設施設備安全檢核與維修紀錄表」，請參考附錄 6-5。

維護管理除了承辦人每天入園巡視校園之外，更需由園內所有人員在發覺全園設施設備有毀損時，立即通報與填寫修繕單，而修繕單可以依各園需求自行設計，以某私立幼兒園為例，如表 6-20 所示。

表 6-20　私立幼兒園修繕單

○○幼兒園修繕單							
申請人 （班級）	申請時間 （申請者填）	修繕內容 （申請者填）					
	月　日 上午　下午 時　分						
修繕概況 （事務組填寫）		修繕處理時間 （事務組填寫）		修繕概況 （申請者勾）			技工修繕時間 （申請者填）
已修好	待處理	月　日		已 OK	未能 修好	部分修 好處理	月　日 時　分 ～　時　分
備註（事務組填寫）		單位主管蓋章	維修後申請人簽名				
			無法維修之原因（技工填寫）				

註：私立牧人幼兒園提供。

二、安全檢修

幼兒園在安檢上有關防火規定，應定期進行防火檢查、設置消防器材設備等「消防安全設備檢修申報與查核」，如表6-21所示。針對建築物防火避難設施與設備安全檢查，應定期進行「公共安全檢查簽證申報與查核檢修」，如表 6-22 所示。

有關安全檢核表，例如：園區安全管理檢核表、消防安全維護檢核表、水電設備基本安全檢核表等，皆可上「全國教保資訊網」查詢，或詳見附錄6-6 至 6-8。

表 6-21　消防安全設備檢修申報　　表 6-22　公共安全檢查簽證申報
　　　　　　與查核　　　　　　　　　　　　與查核檢修

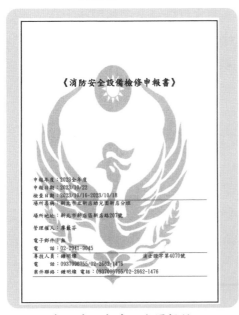

註：新北市立新店幼兒園提供。　　　　　註：新北市立新店幼兒園提供。

參、四省（省電、省油、省水、省紙）專案與綠色採購

四省是指：

1. 節約用電目標：每年用電量以不成長為原則，並依執行成效逐年檢討年度節約用電目標。
2. 節約用油目標：執行單位每年用油量以較前一年減少 1%為原則，依執行成效逐年檢討。
3. 節約用水目標：執行單位每年用水量以較前一年減少 2%為原則，依執行成效逐年檢討。
4. 節約用紙目標：擴大實施「電子公文節能減紙推動方案」，減少採購公文用紙及影印用紙。

以上基於省電、省油、省水、省紙採購符合節能標章、環保標章或省水標章之用電、綠建材標章、減碳標籤、臺灣木材標章及國外標章產品（簡稱綠色產品）、用水設備、器具、車輛及其他事務性產品，以「綠色採購」為主要考量，並達到行政院環境保護署年度綠色採購指定採購項目比率 95%之目標。

第四節　文書管理

所謂文書管理，是指幼兒園公文處理和有關公務的一切文件管理而言。幼兒園的文書大略可分為對外往來的公文案件，以及內部的章則、文件，如通知單、會議紀錄、幼兒資料等，因篇幅的關係，本節將文書管理分為三部分，說明如下。

壹、文書的意義及種類

一般文書可分為廣義及狹義兩種：前者指的是有關公務之文件，均可稱

為文書，而後者係指《公文程式條例》（民國 96 年 3 月 21 日修正公布）所規定之公文。以下就廣義與狹義予以說明。

一、狹義的文書

狹義的文書乃是針對政府公布之「公文」而言，包括：令、呈、咨、函、公告及其他公文等六種，讀者可參閱本書第二章第一節「教育法規的基本概念」。

二、廣義的文書

廣義的文書係指有關處理公務之文件均是，除包括前述之狹義文書外，尚包括：報告、通報、收據、計畫書、會議紀錄，以及其他各種簿冊表件等。

貳、文書處理程序

一般的公文處理可依幼兒園組織的大小及事務管理規則，而訂定「文書處理實施要點」。一般文書處理程序係依據《文書處理手冊》（行政院，2023）的「文書處理流程圖」，請參考圖 6-5。

文書處理的內容，包括：收文拆驗、編號登記、分文批辦、擬辦、擬稿、判行、繕寫打字、校對、用印簽署、編號登記及封發。簡言之，文書處理包括收文處理、核擬文稿、發文處理、歸檔等四部分，茲說明如下：

1. 收文處理之程序為：簽收、拆驗、譯錄、分文登記、編號。
2. 核擬文稿之程序為：擬辦、送會、呈核、敘稿、會稿、閱稿、判行。
3. 發文處理之程序為：繕印、校對、蓋印、登記、編號封發及遞送等。
4. 歸檔則是文書處理的最終程序。

有時公文只收文處理後即可歸檔，不一定要經過這四個程序；有的公文須回文，須經過上述收文處理、核擬文稿、發文處理及歸檔等程序；有時幼

圖 6-5　文書處理流程

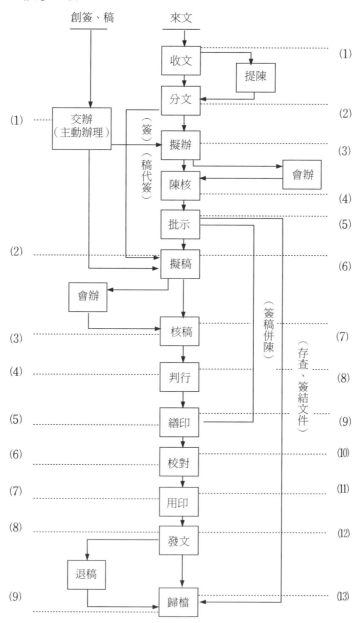

註：引自行政院（2023，頁 17）。

兒園主動要發文給某幼兒園或政府機關，則會從第二個程序開始，先核擬文稿、發文處理後再歸檔。可見文書處理雖有上述四個程序，但仍須視需要決定進行的程序。近年來，由於科技發達，每家幼兒園都有電腦，網際網路無所不至，為環保也為時效，政府機關都採用電子公文，所以幼兒園可以從所屬的直轄市或縣（市）政府網站下載政令、公告或電子公文，也可從網路報名參加研習或上傳幼兒園各種資料報表，方便又有效率。幼兒園最好指定專人每日上網收文，園長要過目每份電子公文或紙本公文，批閱擬辦或送會有關部門處理。幼兒園可將重要的電子公文下載成紙本，依日期收存備查，並另歸檔於電腦內。文書處理的重點是當有人要查詢某件公文時，文書管理者能夠很快查得到。

參、文書處理實例

　　幼兒園行政業務之執行，公文種類繁多，收到的公文應在總收文簿上登記收文及來文字號、簡由、附件等事項，分類保存，其保存年限一般而言可依重要程度分類保存，詳細資料可參考表 6-23。

表 6-23　公文保存年限分類

編號	公文分類	保存年限	備註
01	法規	永久	
02	師資	五年	
03	各項補助款	五年	
04	安全與衛生	二年	
05	各項研習	二年	
06	其他	本學期	

　　上述相關資料可以利用檔案管理，並留下紀錄，需要時可以立即調閱運用。有關公文發文與收文例，以某私立幼兒園的紙本公文發文和收文為例，請參考圖 6-6、圖 6-7 所示；以某公立幼兒園的電子公文發文和收文為例，如圖 6-8 至圖 6-15 所示。

　　電子公文「發文」——新北市政府第二代公文自動化系統流程如下：(1)創簽／創稿；(2)電子交換；(3)函（稿）／取「發文字號」；(4)呈核給單位主管「決行」；(5)稿轉成「函」／發文。

圖 6-6　紙本公文「發文」

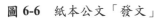

檔　　號：

保存年限：

新北市私立○○幼兒園　函

地　　址：新北市○○區○○路○○號

承 辦 人：○○○

傳　　真：02-○○○○○○○○

聯絡電話：02-○○○○○○○○

受文者：新北市政府教育局

發文日期：中華民國○○○年○○月○○日

發文字號：○○牧字第○○○○號

速別：普通

密等及解密條件或保密期限：普通

附件：如附件一。

主旨：檢送本園幼童專用車異動報備表。

說明：

　　一、檢送本園幼童專用車異動報備表及新購幼童專用車型錄。

　　二、本園幼童專用車出廠日期為 101 年 11 月 14 日，今年度屆滿 10 年。依照幼
　　　　兒園幼童專用車輛與其駕駛人及隨車人員督導管理辦法第四條第一點之規
　　　　定，幼兒園幼童專用車之車齡不得逾出廠十年。出廠年限逾十年者，應予
　　　　汰換。本園擬規劃汰換屆滿十年之幼童專用車並新購一台幼童專用車，懇
　　　　請准予核備。

正本：新北市政府教育局

副本：私立牧人幼兒園

園長　邱美惠

註：私立牧人幼兒園提供。

圖 **6-7** 紙本公文「收文」

正本

檔　號：
保存年限：

新北市政府教育局 函

地址：220242新北市板橋區中山路1段161號20樓
承辦人：○○○
電話：(02)29603456 分機2790
傳真：(02)29529696
電子信箱：○○○@ntpc.gov.tw

受文者：如正副本行文單位

發文日期：中華民國○○○年○○月○○日
發文字號：新北教幼字第1122317936號
速別：普通件
密等及解密條件或保密期限：
附件：

主旨：檢送「113年度新北市公私立幼兒園教保服務績優人員暨資深人員表揚實施計畫」及「新北市公私立幼兒園教保服務績優人員推薦參考標準」各1份，請查照。

說明：
一、依據新北市幼兒園及其教保服務人員獎勵辦法辦理。
二、本市為獎勵公私立幼兒園教保服務績優人員及資深人員，鼓舞工作士氣，藉以提升幼兒園教保服務品質，爰辦理幼兒園教保服務績優人員及資深人員遴選及表揚。
三、請貴校(園)鼓勵所屬參加，並於113年2月19日(星期一)前將資料以掛號逕寄本市板橋區文德國民小學。
四、報名資料請於信封上貼上「推薦資料郵寄封面」並以掛號寄達，收件截止日以郵戳為憑，逾期不予受理。
五、旨揭計畫、參考標準以及評選說明影片，請至本市幼兒教育資源網重要公告區下載（https://kidedu.ntpc.edu.tw/app/home.php）。

正本：新北市各公立幼兒園、新北市各私立幼兒園
副本：中華幼兒教育協會、社團法人新北市幼兒教保發展協會、社團法人新北市兒童教保協會、新北市幼兒教育學會

局長 張明文

註：私立牧人幼兒園提供。

圖 6-8 電子公文「收文」1

註:新北市立新店幼兒園提供。

圖 6-9 電子公文「收文」2

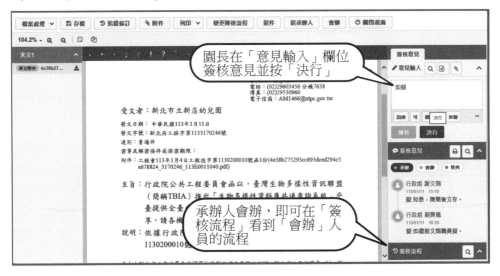

註:新北市立新店幼兒園提供。

圖 6-10　電子公文「收文」3

檔　號：
保存年限：

新北市政府 函

地址：220242新北市板橋區中山路1段161號13樓
承辦人：○○○
電話：(02)29603456 分機7638
傳真：(02)29530960
電子信箱：○○○@ntpc.gov.tw

受文者：新北市立新店幼兒園

發文日期：中華民國○○○年○○月○○日
發文字號：新北府工採字第1133170246號
速別：普通件
密等及解密條件或保密期限：
附件：工程會113年1月4日工程技字第1130200010號函1份(4e38b275293cc893dced294c5
　　　e678824_3170246_113E0011040.pdf)

主旨：行政院公共工程委員會函以，臺灣生物多樣性資訊聯盟
　　　（簡稱TBIA）推出「生物多樣性資料庫共通查詢系統」平
　　　臺提供全臺生態資訊檢索查詢服務；另為推廣資料開放共
　　　享，請各機關研議共同參與TBIA，轉請查照。

說明：依據行政院公共工程委員會113年1月4日工程技字第
　　　1130200010號函辦理；檢附原函影本1份。

正本：新北市政府所屬各機關學校及新北市烏來區公所(除 新北市政府採購處 外)、新
　　　北大眾捷運股份有限公司、新北市果菜運銷股份有限公司

副本：新北市住宅及都市更新中心(含附件) 電 2024/01/11 文
　　　　　　　　　　　　　　　　　　　　 交 10:10:53 章

嘯○○　　　　　　　　　　　　　　　　　　行政組

第1頁，共1頁　　　　　　　　‖‖‖‖‖‖‖‖‖‖‖　(113/01/11)
　　　　　　　　　　　　　　　1139730088

註：新北市立新店幼兒園提供。

圖 6-11 電子公文「發文」：1.創簽／創稿

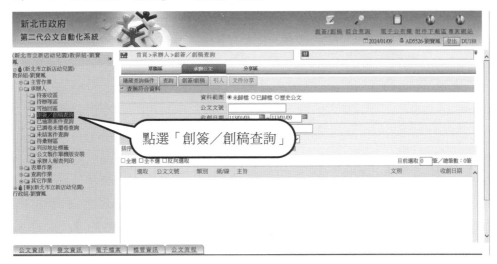

註：新北市立新店幼兒園提供。

圖 6-12 電子公文「發文」：2.電子交換

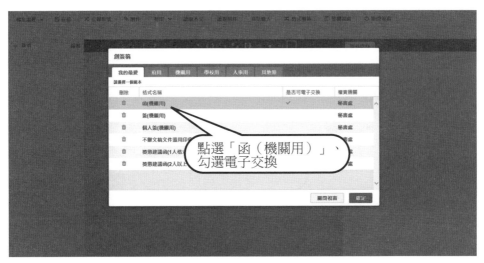

註：新北市立新店幼兒園提供。

圖 6-13 電子公文「發文」：3.函（稿）／取「發文字號」

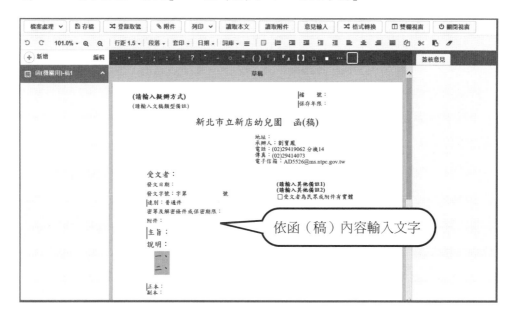

註：新北市立新店幼兒園提供。

圖 6-14 電子公文「發文」：4.呈核給單位主管「決行」

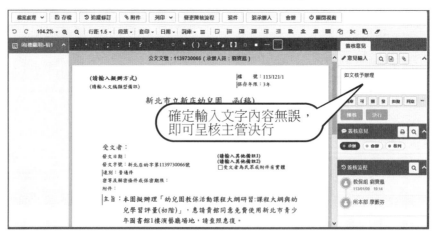

註：新北市立新店幼兒園提供。

圖 6-15　電子公文「發文」：5.稿轉成「函」／發文

檔　　號：
保存年限：

新北市立新店幼兒園　函

地址：
承辦人：○○○
電話：(02)29419062 分機14
傳真：(02)29414073
電子信箱：AD5526@ms.ntpc.gov.tw

受文者：

□受文者為民眾或附件有實體

發文日期：中華民國113年1月9日
發文字號：新北店幼字第1139730066號
速別：普通件
密等及解密條件或保密期限：
附件：

主旨：本園擬辦理「幼兒園教保活動課程大綱研習:課程大綱與幼
　　　兒學習評量(初階)」，惠請貴館同意免費使用新北市青少
　　　年圖書館1樓演藝廳場地，請查照惠復。

說明：
　　一、使用日期：0年0月0日週六上午8點至下午17點，辦理幼兒
　　　　園教保活動課程研習。
　　二、地點：新北市青少年圖書館1樓演藝廳(新北市新店區安康
　　　　路2段151號1樓)。
　　三、本活動確屬新北市公立幼兒園幼教性質活動，無營利行為
　　　　，惠請貴館同意無償免費使用。

正本：新北市立圖書館
副本：

第1頁　共1頁

註：新北市立新店幼兒園提供。

行政小錦囊

　　幼兒園公文處理時需用印，下列為幼兒園常用印章，各有不同用途，請小心使用。

職章

職名章

園長羅素玲

職衔簽名章

印信

園長羅素玲

註：1. 職章：幼兒園正式發文給上級機關時，應在職衔簽名章後再蓋此職章。

　　2. 職名章：在幼兒園內使用，分成橫式和直式職名章兩種。

　　3. 印信：頒發畢業證書、聘書、獎狀或簽約等文件時，在年月日上須蓋幼兒園印信。

　　4. 職衔簽名章：一般機關與幼兒園之間發文時使用。

　　5. 印章由新北市板橋區私立光星幼兒園提供。

行政小錦囊

　　幼兒園的總務工作相當繁瑣,卻很重要,除了應注意開源節流的原則外,尚須注意效率與防弊。總務工作有一項很重要也很管用的原則是「管錢的不管帳,管帳的不管採買」,亦即出納、會計與庶務等三項工作應由三位工作同仁分擔,而不應集中由一人總管,這樣比較不會產生弊端。

實務思考題

1. 請依據園內收入(如活動費、材料費、教材費、午餐費、點心費、雜費等),試擬一份年度預算計畫。
2. 請針對園內設施設備參閱相關安全檢核表,試擬出一份環境安全檢核表。

第 三 篇

微系統的運作：

以幼兒為主要的服務對象

第七章　幼兒健康安全的維護方案

張翠娥

第一節　幼兒園健康維護方案的規劃與實施

　　「維護幼兒的健康」是家長對幼兒上學的優先考量，沒有健康的身體，就沒有條件上學，更談不上學習。所以，發展一個優質的幼兒園健康維護方案是幼兒園經營的基石，任何一個幼兒園若是無法維護幼兒在園的健康，就遑論課程、教學，甚至發展特色了。

壹、我國有關幼兒健康與安全的法令規定

　　依據《幼兒教育及照顧法》，每個幼兒園必須做到的健康與安全條例重點，包括以下幾項。

一、生理、心理及社會需求滿足之相關服務

　　第 12 條規定：「教保服務內容如下：(1)提供生理、心理及社會需求滿足之相關服務；(2)提供健康飲食、衛生保健安全之相關服務及教育；(3)提供適宜發展之環境及學習活動；(4)提供增進身體動作、語文、認知、美感、情緒發展與人際互動等發展能力與培養基本生活能力、良好生活習慣及積極學習態度之學習活動；(5)記錄生活與成長及發展與學習活動過程；(6)舉辦促進親子關係之活動；(7)其他有利於幼兒發展之相關服務。前項第二款所謂之健康飲食，應依據中央主管機關所定幼兒園餐點食物內容及營養基準，以及中央衛生主管機關所定國人膳食營養素參考攝取量提供衛生、安全及營養均衡之餐食。幼兒之父母或監護人得依幼兒之需求，選擇參與全日、上午時段或下午時段之教保服務；教保服務機構於教保活動課程以外之日期及時間，得視父母或監護人需求，提供延長照顧服務。教保服務機構並得視其設施、設備與人力資源及幼兒父母或監護人之需求，經直轄市、縣（市）主管機關核准後，提供幼兒臨時照顧服務。幼兒教保活動課程大綱及服務實

施準則，由中央主管機關定之。離島、偏遠地區教保服務機構得結合非營利組織、大專校院及社區人力資源，提供幼兒照顧服務及相關活動。」

二、健康安全管理規定

第 30 條規定：「……教保服務機構應就下列事項訂定管理規定、確實執行，並定期檢討改進：(1)環境、食品安全與衛生及疾病預防；(2)安全管理；(3)定期檢修各項設施安全；(4)各項安全演練措施；(5)緊急事件處理機制。」

第 31 條規定：「幼兒進入及離開教保服務機構時，該機構應實施保護措施，確保其安全。……」該條款還規範幼童專用車輛、駕駛人及其隨車人員之督導管理及其他應遵行事項之辦法。

第 32 條規定：「教保服務機構應建立幼兒健康管理制度。直轄市、縣（市）衛生主管機關辦理幼兒健康檢查時，教保服務機構應予協助，並依檢查結果，施予健康指導或轉介治療。……」

第 33 條規定：「……幼兒園之護理人員，每二年應接受教學醫院或主管機關認可之機構、學校或團體辦理之救護技術訓練 8 小時。」

三、基本設施、設備標準及保健設施

第 33 條規定：「……幼兒園應依第 8 條第 6 項之基本設施設備標準設置保健設施，作為健康管理、緊急傷病處理、衛生保健、營養諮詢及協助健康教學之資源。……」

四、罰則

第 53 條規定：「提供社區、部落或職場互助式教保服務之機構，有下列情形之一者，應命其限期改善，屆期仍未改善者，處負責人新臺幣三千元以上三萬元以下罰鍰，並得按次處罰；其情節重大或經處罰三次後仍未改善者，得依情節輕重為一定期間減少招收人數、停止招生六個月至一年、停辦

一年至三年或廢止設立許可之處分：……六、違反第 29 條第 1 項規定，未辦
理幼兒團體保險。……」

　　第 58 條規定：「教保服務機構有下列情形之一者，處負責人新臺幣 6 千
元以上 6 萬元以下罰鍰，並令教保服務機構限期改善，屆期仍未改善者，得
按次處罰；其情節重大或經處罰三次後仍未改善者，得依情節輕重為一定期
間減少招收人數、停止招生 6 個月至 1 年、停辦 1 年至 3 年或廢止設立許可
之處分：……」

貳、健康與維護教育計畫方案規劃重點

　　依據以上相關法條，以下歸納建立健康與安全教育方案的重點參考。

一、提供健康安全的環境設施、設備及資源

　　1. 提供良好的衛生飲食與健康安全環境。
　　2. 每日定時供應營養衛生的餐點，並注意餐飲準備環境的清潔衛生。
　　3. 注意大環境的安全措施，儘量減少可能發生的危險事物。

二、訂定健康安全管理規定，確實執行並定期檢討改進

　　1. 實施進出園管理保護措施，確保幼兒進入及離開幼兒園的安全。
　　2. 建立幼兒健康管理制度，定期為幼兒做健康檢查，指導疾病的預防，
　　　　包括：做好傳染病的預防和隔離工作，如避免角膜炎、砂眼、腮腺炎、
　　　　水痘、流行性感冒等疾病的擴散傳染；定期配合衛生所作業，為幼兒
　　　　檢查蟯蟲、蛔蟲、牙齒，並協助預防接種等。
　　3. 「教保服務機構應將幼兒健康檢查、疾病檢查結果、轉介治療及預防
　　　　接種等資料，載入幼兒健康資料檔案，並妥善管理及保存」（《幼兒
　　　　教育及照顧法》第 32 條）。
　　4. 「前項預防接種資料，父母或監護人應於幼兒入園或學年開始後一個

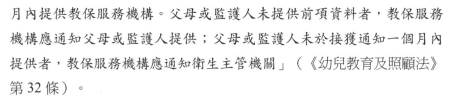

月內提供教保服務機構。父母或監護人未提供前項資料者，教保服務機構應通知父母或監護人提供；父母或監護人未於接獲通知一個月內提供者，教保服務機構應通知衛生主管機關」（《幼兒教育及照顧法》第 32 條）。

5. 「教保服務機構、負責人及其他服務人員，對幼兒資料應予保密。但經父母或監護人同意或依其他法律規定應予提供者，不在此限」（《幼兒教育及照顧法》第 32 條）。

6. 「教保服務機構為適當處理幼兒緊急傷病，應訂定施救步驟、護送就醫地點，呼叫緊急救護專線支援之注意事項及父母或監護人未到達前之處理措施等規定」（《幼兒教育及照顧法》第 33 條）。

7. 建立幼童專用車輛、駕駛人及其隨車人員之督導管理辦法。

三、提供生理、心理及社會需求滿足之相關服務

1. 建立幼兒健康個案資料，了解幼兒健康狀況，協助幼兒維護健康。
2. 培養幼兒基本生活能力。
3. 透過健康課程，指導幼兒預防常見疾病。
4. 培養幼兒良好的健康習慣，必要時可透過課程教學增強效果。
5. 記錄生活與成長以及發展與學習活動的過程。

參、幼兒園日常健康維護計畫與實施

一、醫藥急救與醫療資訊

　　一般幼兒園的醫藥急救設備，通常不外是一只保健箱，能注意安全使用日期、時常更換藥品的狀況，已算是不錯了。可能只有公立幼兒園或規模較大的私立幼兒園才會有健康中心的設置。而所謂的醫療資訊，是指有關醫院、醫藥諮詢資訊網的建立，這是軟體的部分，大部分幼兒園會建立幼兒的

基本健康資料檔案，卻容易忽視急需時必備的醫藥諮詢網絡之建立。以下就以上各項分別敘述。

（一）健康中心的設置

　　有關健康中心的設置請參閱第四章第三節「健康中心」，除應有的醫藥及器材外，應另設置保健醫藥資料櫃，將有關幼兒衛生保健方面的書籍、雜誌、刊物陳列其中，供教師及家長們借用閱讀，以增加保健方面的新知。

　　健康中心之各項設備應與保健衛生、安全設施及常識教學相配合，充分利用，以發揮其最大的使用效能。

（二）基本的醫藥急救設備與用藥建議

　　依據《幼兒教育及照顧法》第 33 條規定：「⋯⋯幼兒園應依第 8 條第 6 項之基本設施設備標準設置保健設施，作為健康管理、緊急傷病處理、衛生保健、營養諮詢及協助健康教學之資源。⋯⋯」

　　而《幼兒教保及照顧服務實施準則》第 11 條更詳細訂定：「幼兒園應準備充足且具安全效期之醫療急救用品。幼兒園應訂立託藥措施，並告知幼兒之父母、監護人或實際照顧幼兒之人。教保服務人員受幼兒之父母、監護人或實際照顧幼兒之人委託協助幼兒用藥，應以醫療機構所開立之藥品為限，其用藥途徑不得以侵入方式為之。教保服務人員協助幼兒用藥時，應確實核對藥品、藥袋之記載，並依所載方式用藥。」

　　醫療急救用品準備之建議如下：

1. 幼兒健康資料櫃：設幼兒健康、身高、體重紀錄及保健問卷等資料。
2. 急救箱：包括體溫計、小鑷子、消藥水、敷料、外傷用藥、繃帶、OK 繃等。
3. 保健器材：包括視力檢查表、身高體重器、捲尺、冰枕、牙齒模型、營養掛圖等。

（三）醫療知識與資訊的建立

　　平日應列表將幼兒園附近醫院的電話號碼、門診科別、門診時間列表記

錄，家長中若有醫務人員亦可列為諮詢對象；此外，電話本中也要列有意外事件緊急處理電話或容易叫得到的車行電話等供備用，以建立幼兒園的健康安全資訊網。另外，應定期舉辦醫療急救講習，以免意外發生時措手不及，使傷害減至最低。

有關幼兒日常健康衛生保健基本安全實施，教育部相關團隊已設計檢核表於「全國教保資訊網」可供下載，或請參閱附錄 7-1。

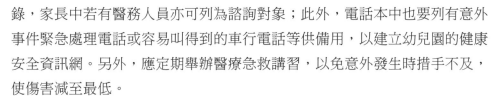

行政小錦囊

　　除了醫療知識、急救技巧與資訊的建立外，環境設備的規劃安排、教職員的應變能力等，都是減少意外傷害、達到醫療救護效果的重要因素。

二、幼兒健康管理制度的建立

幼兒園不只要為幼兒建立基本健康資料，還需建立幼兒健康管理制度。

（一）建立幼兒的健康資料檔案

通常在入學時，園方會請家長填寫一份幼兒的基本資料表，以做為照顧及輔導幼兒的參考。另外，需要為每位幼兒建立健康資料檔案，內容通常包括：幼兒基本資料、家庭狀況、預防接種情形、團體保險申請案紀錄、事故傷害紀錄、各項健康促進活動紀錄（如視力保健、口腔保健、體重控制、曾罹患過的疾病、常罹患的病症、日常生活的習慣等）。近幾年，政府推動兒童預防保健服務，國民健康署補助未滿 7 歲兒童預防保健服務，每位幼兒都會有一本「兒童健康手冊」，建議請家長繳交幼兒的「預防接種時程及紀錄表」影本（入園或學年開始後一個月內提交），放在幼兒個人的健康資料檔案。

（二）平日健康狀況的觀察紀錄

依據《幼兒教保及照顧服務實施準則》第 9 條規定：「幼兒園每學期應至少為每位幼兒測量一次身高及體重，並依本法第 32 條第 2 項規定，載入幼兒健康資料檔案，妥善管理及保存。……」幼兒平日在幼兒園活動，若有如表 7-1 內所列狀況時，就需要留意，這可能是幼兒生理異常的徵兆。此時，應通知家長，讓家長帶回去，必要時須帶去讓醫師診治。

表 7-1　幼兒生理異常的徵兆檢核表

	檢核項目
☐	臉色蒼白、無精打采、想睡覺。
☐	胃口不好、反胃、嘔吐。
☐	看東西瞇著眼，或視而不見。
☐	上廁所次數過於頻繁。
☐	兩眼無神或有紅腫現象。
☐	皮膚發疹、紅腫、發癢。
☐	從背後叫幼兒無反應，或須大聲叫才有反應。
☐	脾氣暴躁、有反常攻擊性行為。
☐	口腔有異味、口角乾裂。
☐	流鼻涕、打噴嚏、咳嗽、濃重鼻音。

（三）協助衛生主管機關辦理幼兒健康檢查，並依檢查結果，施予健康指導或轉介治療

直轄市、縣（市）政府衛生主管機關通常會主動安排醫療人員至幼兒園為幼兒做定期健康檢查，一般檢查項目包括：視力檢查、聽力檢查、口腔健康檢查、扁平足篩檢、早期療育篩檢等，有時也會安排預防注射。幼兒園應建立幼兒健康管理制度。直轄市、縣（市）政府衛生主管機關辦理幼兒健康檢查時，幼兒園應予協助，並依檢查結果施予健康指導或轉介治療。

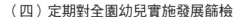

（四）定期對全園幼兒實施發展篩檢

　　《幼兒教保及照顧服務實施準則》第 9 條規定：「……幼兒園應定期對全園幼兒實施發展篩檢，對於未達發展目標、疑似身心障礙或發展遲緩之幼兒，應依特殊教育法及兒童及少年福利與權益保障法之相關規定辦理。」

三、日常生活有關健康教育的實施

　　除了健康資料建立之外，日常生活中對健康安全生活教育上應多加注意，實施項目包括以下幾項。

（一）個人衛生方面

　　《幼兒教保及照顧服務實施準則》第 10 條規定：「幼兒園應保持全園之整潔及衛生。幼兒個人用品及寢具應區隔放置，並定期清潔及消毒。」例如：

　　1. 指導幼兒如何洗手，並知道何時需要洗手。

　　2. 指導衛生紙的使用場合和方法。

　　3. 指導如何使用茶桶或飲水機喝水，而不弄濕衣服。

　　4. 指導正確的刷牙方式，並養成飯後刷牙的習慣。

　　5. 幫忙容易流汗的幼兒在大量活動後，用毛巾擦乾汗水，並更換衣服。

　　6. 讓幼兒學習身體不舒服時，應馬上告訴老師。

（二）課程活動安排方面

　　有關餐點及出汗性大肌肉活動時間安排，《幼兒教保及照顧服務實施準則》都有明確規範，詳述於第八章第二節「貳、作息時間的安排」部分。以下提供課程活動安排中有關幼兒健康維護的相關注意事項。

　　1. 若因天氣狀況不佳不宜外出時，最好能提高室內遊戲的活動量，例如：做墊上運動、體操、音樂律動等，讓幼兒有發洩情緒、消耗體力的機會。

2. 課程活動的安排最好動靜活動互相搭配，使幼兒在靜態活動後能舒展一下筋骨，在興奮的肢體活動後，有一段放鬆的時間，緩和一下情緒、恢復體力。

3. 在開學之初，要隔一段時間就帶較小的幼兒去上廁所，並指導其上廁所、洗手的技巧和常規。

4. 應允許幼兒於活動過程中去上廁所，不要強忍。但老師也要隨時注意，上廁所的幼兒是否有馬上回來，若離開教室，最好能有大人協助看顧。

5. 多安排可以疏導情緒、發洩體力的課程活動，例如：搭積木、玩沙、玩水、畫畫、體能活動、郊遊等。

6. 特別安排幾次與個人衛生習慣或身體健康維護有關的單元課程，讓幼兒有機會學到統整的健康教育觀念與知識。

7. 注意餐飲衛生習慣的培養。

8. 注意幼兒走路、坐椅子和使用工具等姿勢的正確性。

最好每年安排一次幼兒視力檢查，平日則多觀察幼兒的視物習慣，若發現幼兒在注視人或物有異狀時，宜儘早與家長聯絡，因弱視的矯正要在 6 歲以前才有效果，斜視或近視也是愈早矯正愈好。

有關幼兒教保活動基本安全的維護，教育部相關團隊已設計檢核表於「全國教保資訊網」可供下載，或參閱附錄 7-2。

肆、疾病管制、傳染病防治與處理機制

疾病與傳染病是幼兒園與家長共同擔心的重要議題。對家長而言，幼兒園若因傳染病流行而停課，家長就需請假在家照顧幼兒，這不只是時間和精力耗損，在經濟不景氣、競爭壓力大的狀況下，甚至有被裁員減薪的危機。若停課時間超過一週，幼兒園可能還要退費，又不能扣老師的薪水（老師也需要做許多聯絡家長、環境清潔消毒的工作），對彼此都是雙重負擔。

一、疾病管制、傳染病防治流程

從傳染病防治與管理觀點，幼兒園對疾病管制、傳染病預防與防疫機制之建置如下：

1. 訂有預防及處理辦法，例如：腸病毒、登革熱、流感、疥瘡、水痘或其他傳染性疾病之防治。
2. 依辦法確實執行。
3. 每件均有處理過程之紀錄。
4. 能分析檢討並有改善方案或預防措施。

二、幼兒園的防疫機制

1. 依規定建置通報流程。
2. 體溫量測並有完整紀錄（體溫量測對象應包含服務對象及工作人員，是否包含訪客，則由幼兒園自主決定）。
3. 上網登載。
4. 有隔離措施。
5. 流程及相關作業應依據行政院疾病管制局訂定之「人口密集機構傳染病防治及監視作業」。

三、緊急事件處理機制

依據《幼兒教育及照顧法》第30條第6項「五、緊急事件處理機制」訂定管理規定、確實執行，並定期檢討改進，其緊急事件處理機制包括以下項目：

1. 幼兒緊急傷病施救注意事項。
2. 事故傷害防制規定。
3. 傳染病通報作業流程。
4. 責任通報作業流程（如兒童虐待、家暴、性侵害等）。

以上依規定發生時，須到「教育部校園安全暨災害防救通報處理中心」進行通報（如圖 7-1 所示），其登錄帳號密碼為各個幼兒園管理者所有與使用。

圖 7-1　教育部校園安全暨災害防救通報處理中心

註：新北市立鶯歌幼兒園提供。

有關「傳染病通報作業流程」，以腸病毒為例說明，其流程亦適用各類傳染疾病，如圖 7-2 所示。其「幼兒緊急傷病施救注意事項」和「事故傷害防制規定」詳見本章第四節。另者，責任通報作業流程（如兒童虐待、家暴、性侵害等），亦可到「關懷 e 起來」線上求助或通報。

圖 7-2　傳染病通報作業流程

新北市○○幼兒園○○學年度傳染疾病（腸病毒）通報作業流程

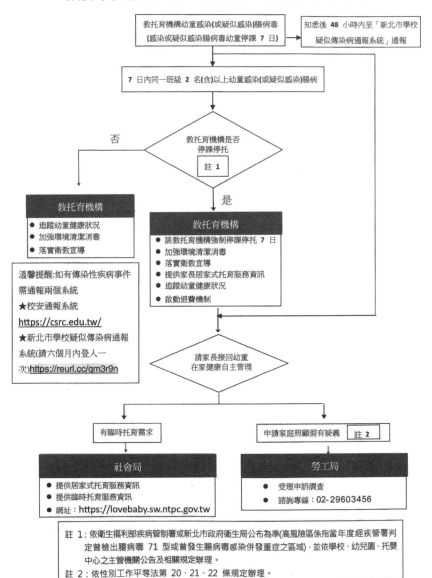

註：引自張杏妃等人（2023，頁 165）。

第二節　幼兒園營養維護方案的規劃與實施

　　身體的健康需要營養來維持，而營養來自食物，如何養成幼兒正確的生活飲食習慣，提供豐富營養的餐點食物，是幼兒園經營的一大課題。很多家長並不了解幼兒的課程、不知如何與幼兒溝通，放學回來第一句話常問的就是：「今天在學校裡吃了什麼？」甚至有家長以學校飲食的好壞做為評量的依據。事實上，幼兒一天中清醒的時光，大半在幼兒園裡度過，其一天營養的攝取，至少一半以上要靠幼兒園所提供的餐點來維持。據一項科學的研究指出：營養失調和新陳代謝混亂，很可能引起小腦功能失常，產生運動過度的併發症。除此之外，還可能影響心智功能、減弱關鍵時期的學習，產生冷漠、暴躁等行為（Birch & Gussow, 1971）。因此，幼兒營養教育方案的規劃不能不予重視。一個完整的幼兒營養教育方案不僅包括豐富餐點的準備、處理和清潔，還應包括教育幼兒有關食物的種類、營養與健康等方面的知識，培養良好的飲食習慣，以及餐飲服務人員有關餐飲服務管理的訓練等。

壹、幼兒營養維護方案目標的訂定

　　美國膳食營養學會（American Dietetic Association [ADA]）認為，「營養教育」是將合於科學的食物理解，融合個人需求與信念、態度，透過教育的途徑，幫助人們有效地利用食物來源，表現正確的飲食行為。一項有關臺灣地區國小學童營養健康狀況的研究調查發現：學童在「過重」及「肥胖盛行率」上有升高的趨勢，學童對熱量、脂肪攝取偏高，醣類攝取不足，膽固醇、鹽分超過建議量（楊奕馨等人，2006）。幼兒時期的營養均衡在成長過程中扮演重要關鍵。

　　幼兒營養維護方案的目標訂定需全面性考量，訂定營養教育方案目標可參考以下幾個面向。

一、提供合適的營養餐點

幼兒在校 6 至 8 個小時中，至少應提供每日幼兒營養需要量的一半或三分之二的食物。食物調配原則可參考前面所提的重點。

二、實施營養教育

舉例來說，認識各種食物的名稱及營養價值，了解有關食物的來源、儲存、準備等，養成幼兒對食物的正確觀念，亦可從製作食物的過程中，幫助他們學習計算、與人合作、促進手眼協調、使用語言等。

三、培養良好的飲食習慣

舉例來說，注意飲食前後的禮節、衛生習慣，包括：協助整理餐具、注意飲食姿勢、咀嚼不出聲、細嚼慢嚥、口含食物不說話、殘骨殘渣等廢物置於固定處、吃後主動收拾餐具等；進餐時宜保持輕鬆愉快、不嘈雜的氣氛；定食定量；不偏食挑食；吃完點心即刻刷牙或漱口，以培養幼兒良好的飲食習慣。

四、注意個別幼兒的營養問題

透過定期檢查和測量了解個別幼兒的營養狀態及需求，例如：過重、過輕、錯誤的飲食習慣等。必要時，應主動與父母取得聯繫，共同給予幼兒幫助。

五、幫助父母實施營養教育

提供父母有關營養教育的資訊，以及如何協助幼兒發展適當的營養概念和態度，包括：什麼食物才具營養價值、如何以最經濟的方式購買與調配食物、如何製作和保存食物等。

六、顧及特殊幼兒的需求

對一些咀嚼能力弱、飲食動作遲緩、新陳代謝失常、盲聾及有特殊需要的幼兒，應給予特別的照顧。

貳、幼兒餐點的調配

從行政管理的觀點來看，幼兒餐點的供應服務規劃，應包括從菜單設計、採購、冷凍冷藏處理、食物準備、烹調到完全準備好的過程，都要用心規劃。在餐點調配上要注意提供不同食物的選擇，讓幼兒有機會嘗試不同的食物，且應考慮季節性的食物營養搭配，並配合用餐方式——自助式、團體式、野餐式、盒餐式或特別節慶的食物服務。

一、幼兒園餐點供應之目的

幼兒園供應點心的目的，主要是因幼兒的胃腸消化系統尚未發育完全，吸收力有限，由正餐所吸收的養分有限，不足的部分則須由點心補充，其道理與胃腸消化力弱者須少量多餐是一樣的道理。而且營養的餐點，除了可以滿足兒童身心的需求外，也可幫助幼兒認識食物種類、製作方式，培養正確的飲食習慣。

在培養幼兒良好的用餐習慣上，要從提供良好的用餐氣氛做起，大人應坐下來與幼兒共進相同的食物，與幼兒交談、溝通討論這一天中的工作經驗。說話的音量當然也要提醒幼兒注意，並讓幼兒知道嘴巴含有食物時，說話不只不禮貌，也容易發生食物哽塞的意外。可鼓勵孩子嘗試新的食物，但要避免為食物處罰孩子，以防造成其對食物的反感。

在行政管理督導上有責任對飲食方案計畫、服務氣氛、材料提供及設備安全負責，所以要監督計畫、採購、食物準備，並提供食物調製工作人員及與幼兒餐點有關人員的服務訓練。

二、餐點的調配設計

依據《幼兒教保及照顧服務實施準則》第 12 條規定：「幼兒園應提供符合幼兒年齡及發展需求之餐點，以自行烹煮方式為原則，其供應原則如下：(1)營養均衡、衛生安全及易於消化；(2)少鹽、少油、少糖；(3)避免供應刺激性及油炸類食物；(4)每日均衡提供六大類食物。」

幼兒園依規定應公布每個月餐點表，並告知家長，且每日餐點均含全穀根莖類、豆魚肉蛋類、蔬菜類及水果類等四大類食物（教育部，2023d），因此餐點的調配設計常是行政人員需要費心的事。且餐點的設計調配作業程序在採購之前，所以餐點設計人員必須要具備有關營養及幼兒發展的基本知識。從營養學的觀點，幼兒餐點的設計應注意下列幾個原則：

1. 提供各種富有營養價值的食物。
2. 營養種類要適合年齡的需要。
3. 注意食物的更換、變化，以維持幼兒對飲食的興趣。
4. 依幼兒的個別差異性適量供給。

這樣才能設計出經濟、營養，又深獲幼兒喜愛的餐點。

另外，餐點調配設計還需要注意以下事項：

1. 選擇搭配各類型營養素的食物，包括：肉品、蔬菜水果、奶與奶製品、五穀等。
2. 了解當季盛產的食物種類。
3. 避免刺激性食品和太酸、太硬的食品，以及含有大量砂糖的食物，例如：可樂、汽水、糖果、蜜餞等，以免消化不良，影響食慾。
4. 避免同一餐點在兩、三天內重複出現。
5. 配合節日、單元教學提供特殊的餐點，例如：粽子、湯圓等。
6. 注意新鮮度，以原味為佳，避免添加色素、防腐劑、酸辣調味料等。

調配得宜的餐點有助於幼兒的生長發育，並可糾正偏食習慣、保護牙齒，提供活動精力。

參、幼兒餐點的服務管理

　　幼兒餐點的服務管理包括四部分：人員、設備、食物處理，以及餐點供應等。

一、人員

　　有關幼兒園餐點烹調、服務人員的要求，係依據《幼兒教育及照顧法》第 17 條第 5 項規範：「……幼兒園應以專任或兼任方式置廚工」，而第 58 條規定：「……違反第 17 條第 4 項……，或違反依第 7 項所定標準有關置廚工之規定；……」可「處負責人新臺幣 6 千元以上 6 萬元以下罰鍰，並令教保服務機構限期改善，屆期仍未改善者，得按次處罰；其情節重大或經處罰三次後仍未改善者，得依情節輕重為一定期間減少招收人數、停止招生 6 個月至 1 年、停辦 1 年至 3 年或廢止設立許可之處分」。

　　但目前國內的相關法令尚未明文規定要聘請專職營養師或清潔人員。

二、設備

　　根據《幼兒園及其分班基本設施設備標準》第 16 條規定：「廚房應符合下列規定：(1)維持環境衛生；(2)確保衛生、安全且順暢之配膳路線；(3)避免產生噪音及異味。」廚房的相關規定請見本書第四章。有關食物及食具處理，園內通常聘有專業具中餐烹調技術士丙級以上證照的廚工，在此不贅述。關於食物及食具處理，請參閱附錄 7-3。

三、餐點供應

　　依據《幼兒教保及照顧服務實施準則》第 7 條規定：「……幼兒園應視幼兒身體發展需求提供其點心，對於上、下午均參與教保活動課程之幼兒，應提供其午餐，並安排午睡時間。……」餐點供應要講求的是如何讓幼兒在良好的物理和心理環境下愉快地進餐，進而學習到有關餐飲的禮儀和良好的

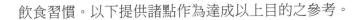

飲食習慣。以下提供諸點作為達成以上目的之參考。

（一）獨立用餐室

布置一個足以吸引幼兒的餐飲室，若利用活動室進餐，應注意座位空間的安排及環境的清理工作。

（二）活動室兼餐廳

在活動室內食用餐點，其優點為：節省轉換過程，方便又親切，容易維持秩序；缺點為：餐具、飯菜的搬運較麻煩，活動室內的清潔要特別注意處理。

（三）時間

依據《幼兒教保及照顧服務實施準則》第 7 條規定：「……幼兒園點心與正餐時間，至少間隔 2 小時；午睡與餐點時間，至少間隔半小時。……」

（四）氣氛

營造輕鬆愉快的進餐氣氛，可播放輕快的音樂，亦可讓幼兒在餐點時間內輕聲交談。

（五）取食

允許幼兒選擇餐點份量，教師可做彈性調適，儘量鼓勵偏食者取用其不喜歡的食物。

（六）飲食習慣

注意餐前洗手，餐後刷牙或漱口、擦嘴；進餐時咀嚼不出聲、食物不掉桌地；餐前幫忙排餐具、分餐點，餐後幫忙收拾等習慣的培養。

有關餐飲作業檢查，教育部相關團隊已設計相關檢核表於「全國教保資訊網」可供下載，或參閱附錄 7-4。

行政小錦囊

　　安排幼兒在幼兒園漱口刷牙，容易弄濕衣服，可以製作防水圍兜（以容易自己穿脫為原則，最好能圍住脖子、胸口，那是最容易濕的地方）掛在水槽旁邊，要刷牙的幼兒可以自己套用。

第三節　幼兒園安全維護方案的規劃與實施

壹、幼兒園安全維護方案目標的訂定

　　「快快樂樂地上學，平平安安地回家」是每位幼兒家長的心願，也是幼兒園應提供家長的基本保障。依《幼兒教育及照顧法》第 31 條規定：「幼兒進入及離開教保服務機構時，該機構應實施保護措施，確保其安全。……」

　　幼兒園安全維護方案的目標包括：

1. 加強幼兒對意外事件處理應變及保護自己的能力。
2. 教導幼兒如何正確使用遊樂器材、設備、玩具與各種工具。
3. 設計安全教育課程，包括：交通安全、防火演習、地震演習、颱風預防、迷路了怎麼辦、如何面對陌生人等。
4. 推展家庭健康安全教育，宣導社區環境衛生工作。
5. 提供家長有關健康安全教育資訊，舉辦健康安全講座。
6. 協助社區宣導、示範環境衛生工作。
7. 有緊急事件，例如：地震、水災、颱風或意外災害發生時，能順利處理，使傷害減至最低。
8. 當家庭發生問題時，可透過學校的協助，引導父母儘早取得社區、社會相關機構及專業人員的協助。

貳、幼兒園日常安全維護計畫與實施

一、幼兒園日常安全的維護

　　幼兒每日在園內的時間通常是 8 至 9 個小時，為維護幼兒在園內生活的平安快樂，園方需要在環境安全的維護、教學活動、作息安排上都謹慎處理，小心維護。有關如何做好幼兒日常安全作業事項，教育部相關團隊分為幼兒整體照顧方面、教學環境安全方面、教學活動執行方面，設計成教保服務人員安全意識檢核表，於「全國教保資訊網」可供下載，或參考表 7-2。

表 7-2　教保服務人員安全意識檢核表

園名：　　　　　　　　　　　　　查核日期：　　年　　月　　日		
檢核項目	是	否
一、幼兒整體照顧方面		
我知道如何正確使用滅火器	☐	☐
我會閱讀藥品使用說明及用藥注意事項	☐	☐
我會注意藥品的使用期限	☐	☐
我會尊重幼兒及家長的隱私權，不洩漏其個人資料	☐	☐
我知道每位幼兒的緊急聯絡電話	☐	☐
我知道緊急求救電話（例如：119、110、113 或管區警察局的電話號碼）	☐	☐
我在設計活動時會考慮到安全性問題	☐	☐
我熟知各年齡層幼兒在活動及環境上的不同需求	☐	☐
我會隨時注意並提醒幼兒基本的安全常識（如上下樓梯不推擠、穿襪時不奔跑、手持尖銳物品時不能指著別人等）	☐	☐
我會隨時環視教室內外並留意幼兒的行為（不將視線單獨停留在某一幼兒上，而忽略其他幼兒的安全）	☐	☐
我會於教學活動進行時，選擇最適當的位置看護所有的幼兒	☐	☐
我會於教學活動前充分準備教材教具，不在活動進行中離開現場	☐	☐

表 7-2　教保服務人員安全意識檢核表（續）

檢核項目	是	否
我知道在幼兒發生意外事故後如何進行正確的緊急處理（如局部傷口、流鼻血、瘀青處理等）	☐	☐
二、教學環境安全方面		
我會注意維持教室或活動室中動線流暢，避免幼兒發生摔傷、挫傷或被絆倒等事故	☐	☐
我會注意教室內桌椅、櫃子的大小、高矮適中，尖角加裝防護墊，以避免幼兒撞傷、刺傷等	☐	☐
我會注意警覺環境中易發生危險的地方，並及時改善	☐	☐
我會注意具危險性物品並妥善安置	☐	☐
我會隨時留意幼兒活動空間內的設施設備或器物（如剪刀、展示物）是否安全	☐	☐
我會在進行戶外教學活動前，事前探勘其周邊環境的安全問題	☐	☐
我會注意園內幼童專用車的動態，並防止幼兒任意靠近	☐	☐
三、教學活動執行方面		
我會在學習活動開始之前，清楚說明安全規則或示範正確進行方式	☐	☐
我會以疏導或說理方式代替忽視或禁止	☐	☐
對幼兒危險行為，我會即時制止並明確說明原因	☐	☐
我會視幼兒的興趣、體能等，合理、彈性調整教學活動時間的長短	☐	☐
我會針對活動需要，適時徵求相關人力支援，協助照顧幼兒安全	☐	☐

註：為使用方便，請幼兒園視情形自行修改。

檢核人：　　　　　組長：　　　　　主任：　　　　　校（園）長：

註：引自教育部（2023b）。

二、幼兒接送

　　園方應訂有幼兒接送辦法，並告知家長，其幼兒接送通常可分：(1)家長親自接送；(2)幼童專用車接送，分述如下。

（一）家長親自接送

　　家長每天親自接送是最理想的方式。一方面，幼兒園可藉家長來園時，告知幼兒在園的學習狀況；另一方面，家長亦可趁此機會了解幼兒在園的實際情形。有人說「見面三分情」，園方可與家長直接面對面的溝通，是促進彼此了解的最好方式。

　　但由於現今社會綁票案件屢見不鮮，單親家庭為爭取子女教養權的個案更層出不窮，為安全及避免紛爭起見，若是由家長親自接送者，幼兒園園方應發給「接送證」（如圖 7-3 所示），並請家長設下接送密碼，憑此證及密

圖 7-3　幼兒園接送證

（正面）

幼兒園接送證

幼 兒 姓 名：＿＿＿＿＿＿＿＿＿＿＿
班　　　別：＿＿＿＿＿＿＿＿＿＿＿
接送者姓名：＿＿＿＿＿＿＿＿＿＿＿
與幼兒關係：＿＿＿＿＿＿＿＿＿＿＿
※接送孩子時，請說出接送密碼。
有效期間：　　年　　月　　日～　　年　　月　　日

（反面）

接送注意事項

1. 本園接送幼兒時間如下：
　　星期一至星期五：08：00～09：00
　　　　　　　　　　16：30～17：30
2. 接送幼兒時，請攜帶此證。
3. 若不能親自接送幼兒時，請先電話告知，並將此證交給接送者。

謝謝您的合作　　　（園戳章）

○○幼兒園

碼接送小孩。幼兒園普遍對於接走幼兒的人與時間會登錄於紀錄表。不過，幼兒園還是要提醒家長，萬一有事不能親自接送幼兒，最好打個電話告知由誰來接送。園方亦須提高警覺，如認為可疑時，也能主動和家長聯絡，以確保幼兒的安全。

（二）幼童專用車接送

　　大部分的幼兒園係採幼童專用車接送幼兒的方式，也是安排上較複雜麻煩的方式，但有幼童專用車的接送，幼兒入幼兒園的比率會增高（因幅員較廣），是很多忙碌父母選擇幼兒接送的方式；為了幼生來源，幼童專用車的安排成為大部分幼兒園不得不採行的方式。幼童專用車的安排需要注意以下事項。

1. 制定接送安全維護措施

(1)製作識別證：最好為每一位乘車的幼兒製作乘車識別證，若有分不同車隊，應以顏色或特別圖案區辨，讓隨車老師能認識搭車幼兒，可以很快找出搭錯車或來不及上車的幼兒。

(2)隨車職務的確認：若有幼童專用車接送，應有隨車老師，隨車的職務需要事先訂定清楚，並讓隨車老師能清楚知道隨車的職務，可降低出差錯的機會。

(3)訂定管理措施：辦法只是一個規範，管理措施則是落實規範的務實方法，幼兒的安全不容有絲毫的差錯，故需落實管理制度。

(4)督導隨車工作的交接：隨車老師會同時接觸到各班的幼兒，無論是接或送，都需要與接送班級老師或家長做清楚交接，做好每一道防線，才能避免不小心把幼兒留在車上悶死的慘劇。

(5)工作人員執勤的督導：督導是確保幼兒安全的第二道防線，常用的方法包括臨檢、定期檢討或透過幼兒及家長的反應。

(6)資料建檔：所有搭乘幼兒的資料要建立檔案，隨車老師甚至需要隨身攜帶，以防萬一需要做緊急聯絡時，能立即有資料加以處理。

2. 路線安排

    (1)註冊報名時，應先查明有哪些幼兒需要乘車。

    (2)先開車嘗試接送路線，並記下每位幼兒接送時間與地點。

    (3)畫出接送路線圖，註明接送地點與時間，張貼公布並寄給家長。

    (4)每條路線不宜繞太遠，乘車時間以不超過 30 分鐘為原則，如果有超過，應分兩班車分別接送。

參、幼童專用車的安全維護

    幼兒園對幼童專用車安全維護等的規劃，主要係依據《幼兒園幼童專用車輛與其駕駛人及隨車人員督導管理辦法》（民國 112 年 2 月 27 日修正發布）的規定辦理，說明如下。

一、幼兒園對幼童專用車安全維護的規劃

（一）幼童專用車核備

    依據《幼兒園幼童專用車輛與其駕駛人及隨車人員督導管理辦法》第 3 條規定：「幼兒園購置幼童專用車，應經直轄市、縣（市）主管機關核准後，向公路監理機關申請幼童專用車牌照，並於領牌後 15 日內，報直轄市、縣（市）主管機關備查。幼童專用車有過戶、車種變更、停駛、復駛、報廢、繳銷或註銷牌照等異動情形，應依交通相關法規規定辦理，並於 15 日內，報直轄市、縣（市）主管機關備查。」

（二）車齡年限

    依據《幼兒園幼童專用車輛與其駕駛人及隨車人員督導管理辦法》第 4 條規定：「幼兒園幼童專用車之車齡不得逾出廠 10 年。出廠年限逾 10 年者，應予汰換，並應向公路監理機關辦理異動登記及報直轄市、縣（市）主管機關備查。……」

（三）車型、規格、安全設備

依據《幼兒園幼童專用車輛與其駕駛人及隨車人員督導管理辦法》第 5 條規定：「幼兒園之幼童專用車，其車型、規格、安全設備（含滅火器）及其他設施設備，應符合道路交通安全規則之規定。幼童專用車之車身顏色及標識，應符合下列規定，並不得增加其他標識或廣告：(1)車身顏色及標識：應依教育部公告之幼童專用車顏色及標識標準圖辦理；(2)駕駛座兩邊外側：應標示幼兒園設立許可字號、幼童專用車車號、出廠年份及載運人數。」

第 12 條規定：「幼童專用車內適當明顯處應設置合於規定之滅火器、行車影像紀錄器、緊急求救設施，及其他符合規定之安全設備。前項行車影像紀錄器應具有對車輛內外之監視功能，其紀錄應保存二個月。……」

（四）幼童專用車選購注意事項

以下參考靖娟兒童安全文教基金會「幼童接送之安全維護宣導幻燈片」：

1. 選購幼童專用車時應檢查車子的性能、儀器、功能。
2. 幼童專用車的座位安排建議採前後排座位方式，理由是緊急煞車時，還有前（後）方座椅可以擋住幼兒往前（後）衝；傳統幼兒車採 E 字型座位，雖然可以承載較多幼兒，但在煞車、停車時，容易造成幼兒搖晃跌倒。

（五）幼童專用車平日的維護

依據《幼兒園幼童專用車輛與其駕駛人及隨車人員督導管理辦法》第 9 條規定：「幼童專用車除應依交通管理相關法規規定定期檢驗及實施保養外，至少每半年應至領有經主管機關核准登記公司行號之汽車保養廠、或領有工廠登記證之合法汽車修理業實施保養，並於行車執照及保養紀錄卡載明，其檢查保養紀錄應留存二年，以備直轄市、縣（市）主管機關檢查。」

二、幼兒園對交通安全維護的規劃

（一）幼童專用車路線規劃

依據《幼兒園幼童專用車輛與其駕駛人及隨車人員督導管理辦法》第 8 條規定：「幼兒園應妥善規劃幼童專用車之行車路線，擇定安全地點供幼兒上下車，並將行車路線報直轄市、縣（市）主管機關備查。幼童專用車載運幼兒時，不得行駛高速公路，並應避免行駛快速道路；其有行駛快速道路必要者，應於前項行車路線中載明。」

（二）事故預防措施

依據《幼兒園幼童專用車輛與其駕駛人及隨車人員督導管理辦法》第 6 條規定：「幼童專用車除依法投保強制汽車責任保險外，並得投保汽車乘客責任險及汽車第三人責任險。」

（三）意外處理流程

依據《幼兒園幼童專用車輛與其駕駛人及隨車人員督導管理辦法》第 14 條規定：「幼童專用車發生行車事故時，駕駛人及隨車人員應立即疏散幼兒，並報直轄市、縣（市）主管機關備查。」

有關幼童專用車的安全維護，教育部相關團隊已設計幼童專用車安全管理檢核表，於「全國教保資訊網」可供下載，如表 7-3 所示。

三、幼童專用車駕駛的安全維護

（一）幼童專用車駕駛的資格條件

依據《幼兒園幼童專用車輛與其駕駛人及隨車人員督導管理辦法》第 10 條規定：「幼童專用車之駕駛人，除不得有本法第 23 條及第 24 條各款所定情事外，並應同時符合下列各款之規定：(1)年齡 65 歲以下；(2)具職業駕駛執照；(3)最近二年內無違規記點及肇事紀錄。但肇事原因事實，非可歸責於駕駛人者，不在此限。」

表 7-3 幼童專用車安全管理檢核表

園名：			查核日期：	年	月	日

車輛	車牌號碼			出廠年月	年 月 日		
	核定幼童座位數	人		行車執照期限	年 月 日		

駕駛人	姓 名			出生日期	年 月 日		
	報教育局（處）核備	□是	□否	職業駕照有效期限	年 月 日		
	健康檢查日期	年 月 日		健康檢查結果	□合格 □需追蹤治療_____症狀		

	檢核要項	結果		檢核要項	結果
設備方面	車輛出廠年限未超過10年	□是□否		配置滅火器且在有效期限內	□是□否
	車身各部規格符合規定	□是□否		設有安全門且功能正常	□是□否
	車身外觀顏色、標誌及材質符合規定	□是□否		車中備有急救箱且物品齊全、未過期	□是□否
	車身外駕駛座兩側標示設立許可字號、車號、出廠年份及載運人數	□是□否		車內走道暢通	□是 □否
	車內座位數量符合行車執照核定數額	□是□否		車內座位配置方向正確	□是□否
制度方面	車輛依規定定期檢驗，並留存紀錄	□是□否		依法投保強制汽車責任險	□是□否
	車輛依規定至少每半年實施保養，並留存紀錄	□是□否		投保汽車乘客責任險	□是□否
	訂有幼兒接送作業流程及注意事項	□是□否		投保汽車第三人責任險	□是□否

表 **7-3**　幼童專用車安全管理檢核表（續）

	檢核要項	結果	檢核要項	結果
制度方面	備有乘車幼兒之名冊、家長緊急聯絡電話並隨時更新	□是□否	備有例行接送行車路線圖及停靠點資料（不得行駛高速公路，避免行駛快速道路）	□是□否
	行車前確實檢查車況及設施設備，並建立檢查及檢修紀錄	□是 □否	幼兒園應每半年辦理一次車輛安全演練，並建立紀錄	□是 □否
	駕駛人每年依規定進行健康檢查	□是 □否	確認進行駕駛工作之駕駛人無罹患足以影響行車及幼兒安全之疾病	□是□否
	駕駛人年齡 65 歲以下，近 2 年內無違規記點及肇事紀錄	□是□否	安排具教保服務人員資格或年滿 20 歲以上之隨車人員隨車照護	□是□否
	駕駛人每 2 年參加基本救命術訓練並取得研習證明 8 小時以上	□是□否	隨車人員每 2 年參加基本救命術訓練並取得研習證明 8 小時以上	□是□否
	駕駛人每 2 年參加交通安全相關課程並取得研習證明 3 小時以上	□是□否	隨車人員每 2 年參加交通安全相關課程並取得研習證明 3 小時以上	□是□否
	駕駛人每 2 年參加緊急救護情境演習一次以上	□是□否	隨車人員每 2 年參加緊急救護情境演習一次以上	□是□否

註：為使用方便，請幼兒園視情形自行修改。

檢核人：　　　組長：　　　主任：　　　校（園）長：

註：引自教育部（2023b）。

第 11 條規定：「幼童專用車之駕駛人，其健康檢查應依下列規定辦理；檢查報告應留存幼兒園以備查考，並於 15 日內報直轄市、縣（市）主管機關備查：(1)到職時，應附一年內至公立醫院或勞保指定醫院之健康檢查報告；(2)到職後，每年應至公立醫院或勞保指定醫院健康檢查。但當年已實施到職健康檢查者得免實施。前項所定健康檢查之合格基準，不區分年齡，均應包括道路交通安全規則第 64 條第 1 項及第 64 條之 1 第 1 項規定之合格基準。但各直轄市、縣（市）主管機關有更嚴格之規定者，從其規定。駕駛人健康檢查不合格，或罹患足以影響行車及幼兒安全之疾病，幼兒園應令其暫停駕駛工作，並於符合下列規定時，始得繼續駕駛：(1)健康檢查不合格者，再實施健康檢查且合格；(2)罹患足以影響行車及幼兒安全之疾病者，病癒取得醫療機構診斷書。」

依據《幼兒教育及照顧法》第 31 條規定：「……幼兒園新進用之駕駛人及隨車人員，應於任職前二年內，或任職後三個月內，接受基本救命術訓練八小時以上；任職後每二年應接受基本救命術訓練八小時以上、安全教育（含交通安全）相關課程三小時以上及緊急救護情境演習一次以上。直轄市、縣（市）主管機關應至少每季辦理相關訓練、課程或演習，幼兒園應予協助。」

（二）行前準備事宜

依據《幼兒園幼童專用車輛與其駕駛人及隨車人員督導管理辦法》第 12 條規定：「……幼童專用車之駕駛人，於每次行車前，均應確實檢查車況、滅火器、安全門及相關安全設備，並應於確認各項設施設備齊備及可用後，始得行駛。前項檢查紀錄及檢修紀錄，至少留存一年，以備直轄市、縣（市）主管機關檢查。」其檢查紀錄及檢修紀錄，詳見表 7-4。

並應注意下列事項：

1. 確定安全地點的引導方式或訊號。

2. 保持幼童專用車之內外清潔。

表 7-4　幼童專用車發車前檢查車況及安全門紀錄

車號					駕駛				檢查日期		

檢查項目：正常請勾選（√）、異常（×）

大項	檢查項目＼時間	發車1	發車2	發車3	大項	檢查項目＼時間	發車1	發車2	發車3
駕駛室	方向盤				引擎室	水箱			
	照後鏡					副水箱			
	腳煞車					電瓶水			
	手煞車					煞車油			
	儀表板燈光					雨刷水箱			
	照地鏡					方向盤動力油			
	雨刷				車門右側	右側前車門			
	機油					右側後車門			
	喇叭					反光標識			
車門左側	左側前車門					右前輪胎			
	左側後車門					右後輪胎			
	反光標識					故障標誌			
	左前輪胎				車後方	霧燈			
	左後輪胎					煞車燈			
	安全急救箱					倒車燈			
	滅火器					方向燈			
車前方	霧燈					牌照燈			
	方向燈					小燈			
	近光燈					反光標識			
	遠光燈					備胎			
	小燈					安全門及警報裝置			

複檢人員：　　　　　　園長：

註：引自張杏妃等人（2023，頁152）。

3. 熟悉駕駛員的工作守則與程序。

4. 清楚事故預防措施與意外處理流程。

（三）行駛中注意事項

1. 開車前要注意關好門，並確定幼兒無法自行開啟。

2. 工作時應隨時佩帶識別證件。

3. 行駛中隨時注意路況，保持車輛警戒，不開快車、不緊急煞車、不急轉彎等。

4. 車未停穩不開車門。

5. 車停妥在安全的地方。

（四）返回幼兒園後的需處理事項

1. 將幼童專用車停置在適宜的停車位置。

2. 離車前應巡視車內，檢查是否有幼兒遺留物品，以及做整理清潔的工作，並將車鎖好後才可以離開。

3. 據實填寫幼童專用車行車紀錄表。

四、隨車人員的工作守則與程序

以下部分資料係參考靖娟兒童安全文教基金會「幼童接送之安全維護宣導幻燈片」。

（一）人員規定

依據《幼兒園幼童專用車輛與其駕駛人及隨車人員督導管理辦法》第13條規定：「幼童專用車載運幼兒每 20 人至少配置隨車人員 1 人，隨車照護幼兒，並協助幼兒上下車。前項隨車人員之資格應符合本法之規定，且不得有本法第 23 條及第 24 條各款所定情事。幼兒園應造具乘坐幼童專用車幼兒之名冊，隨車人員於每次幼兒上下車時，應確實依乘坐幼兒名冊逐一清點，並留存紀錄以備查考。」有關「幼童專用車乘坐幼兒清點名冊」，請參

閱附錄 7-5。

（二）行前準備事宜

1. 熟記行車路線及各定點上、下車的幼兒及其家人或指定人。
2. 隨身攜帶乘車幼兒名冊、緊急聯絡電話、零錢、電話卡或手機等用品。
3. 確定車內滅火器、急救箱各項藥品均尚在使用期限內；幼兒名冊及緊急聯絡電話應為更新後的資料，行動電源應具充足電量等。

（三）行駛中注意事項

1. 按照名冊確實清點人數，隨時給予適當的協助。
2. 依據《幼兒園幼童專用車輛與其駕駛人及隨車人員督導管理辦法》第 7 條規定：「幼童專用車載運人數不得逾汽車行車執照核定數額；載運幼兒時，應令其乘坐於座椅不得站立，且前座不得乘坐幼兒。」
3. 車輛停妥後，才開車門下車，以協助幼兒上下車，並避免幼兒跌倒及其身體、衣物或隨身物品遭車輛鉤夾。
4. 幼兒遵守車內規則。
5. 將幼兒送交家人或指定人時，若按鈴家中有人應答，亦應確認幼兒已安全返家，如遇家中無人的狀況，應先帶回幼兒園，再行聯絡。
6. 協助幼童專用車駕駛員倒車、錯車，並隨時注意突發狀況。
7. 隨時注意及維護車內幼兒的安全與秩序，以及車門是否鬆動。
8. 行車中可放點兒歌或柔和音樂，可安撫幼兒情緒，音量應避免過大。
9. 準備小筆記本，隨時記錄老師或家長交代的事項或其他備忘事宜。

（四）返回幼兒園後的處理事項

1. 適當處理車內偶發事件，並於事後告知幼兒家長、園方及相關人員。
2. 適切傳達或轉交幼兒家長交代的事物給幼兒園，或園方要傳達給家長的事項。
3. 當日無法乘車的幼兒，應問明原因並記錄後，通知園方及相關人員，

並與帶班老師做好交接工作，將未坐上車者的名單轉交帶班老師，讓老師持續追蹤未聯絡上的幼兒其缺席之原因，以掌握狀況。

五、幼兒的交通安全教育

（一）教保員的相關專業訓練

依據《幼兒教育及照顧法》第 18 條規定：「教保服務人員之培育、資格、權益、管理、申訴及爭議處理等事項，依教保服務人員條例之規定辦理。……」第 33 條規定：「……幼兒園之護理人員，每二年應接受教學醫院或主管機關認可之機構、學校或團體辦理之救護技術訓練八小時。」

（二）緊急傷病的處理措施

幼兒園為適當處理幼兒緊急傷病的狀況，應訂定施救步驟、護送就醫地點、呼叫緊急救護專線支援之注意事項，以及家長未到達前之處理措施等規定。

（三）幼兒園的幼童專用車安全演練

依據《幼兒園幼童專用車輛與其駕駛人及隨車人員督導管理辦法》第 15 條規定：「幼兒園每半年應辦理幼童專用車安全演練，並應將演練紀錄留存幼兒園，以備查考。」因此，幼兒園應備有每半年一次的逃生演練紀錄（含演練照片與說明），並於每學期行事曆登載逃生演練日期。

（四）其他注意事項

另外也建議，幼兒園要確實教導幼兒安全教育的正確觀念，每學期舉辦一次安全教育家長座談會。目前，有愈來愈多幼兒園不購置幼童專用車接送幼兒，必須由家長自行接送，但有些家長會自行找幼童接送服務車，共同繳費接送幼兒。此時，幼兒園方面宜協助觀察接送司機的品行與服務品質，並叮嚀幼兒在車上的行為，且應提醒家長一些必須注意的事項，以維護幼兒安全。

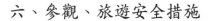

六、參觀、旅遊安全措施

參觀、旅遊通常會配合主題的發展，例如：談到寄信，可能就會帶幼兒去郵局寄信，並觀察郵件處理情形；有關房子的主題，可能就會去看工人蓋房子；或者配合節慶，去看花燈展、花車遊行等。另外，旅遊活動可分近程、中程、遠程。有些幼兒園附近社區有一些大大小小的公園，隔幾天就可帶孩子出去跑跑跳跳，這種近程的活動可算是「戶外活動」的一種，一次出去玩的時間可能來回一、兩個小時，也用不上幼童專用車。特別要注意的是，戶外活動場所屬於開放空間，要格外注意是否有陌生人接近或幼兒擅自離隊。

而所謂的中程旅遊活動的時間大約兩、三個小時，若早上出門，中午可趕回幼兒園吃午餐，早上點心可帶至外面吃，此種活動需要幼童專用車的接送，以近郊遊樂場所為主；常是以幼童專用車的容量為限，每班輪流出去玩。此類活動可能每星期一次，或每月兩、三次。另一種是大型的旅遊活動，活動時間是全天性，全幼兒園師生一同出遊，可能承租大型遊覽車去一特殊地點，一學期只出去一、兩次，這種旅遊活動事先的準備工作最多、最繁，但給幼兒的印象最深刻。

（一）相關法令規定

依據《幼兒教保及照顧服務實施準則》第 15 條規定：「幼兒園為配合教保活動課程需要，得安排校外教學。幼兒園規劃校外教學，應考量幼兒體能、氣候、交通狀況、環境衛生、安全及教學資源等，並應依下列規定為之：(1)訂定實施計畫；(2)事前勘察地點，規劃休憩場所及參觀路線；(3)出發前及每次集合時應清點人數，並隨時留意幼兒健康及安全狀況；(4)照顧者與 3 歲以上至入國民小學前之幼兒人數比例不得逾一比八；與 2 歲以上未滿 3 歲之幼兒人數比例不得逾一比三；對有特殊需求之幼兒，得安排幼兒之父母、監護人或實際照顧幼兒之人或志工一對一隨行照顧；(5)需乘車者，

應備有幼兒之父母、監護人或實際照顧幼兒之人同意書；有租用車輛之必要時，應依相關規定辦理。幼兒園應考量特殊教育幼兒充分參與校外教學之機會，不得以身心障礙為由，拒絕幼兒參與。」

（二）出發前的行政作業

通常在旅遊前，幼兒園必須對參觀或旅遊地點有詳細的行程規劃，需要通知家長，徵求家長的同意，也要公告讓其他工作人員知道此事。隨行成人中至少要有一位曾受過急救及心肺復甦術（CPR）的訓練，且要隨身攜帶急救箱和行動電話或電話卡，以備不時之需。

1. 確定參觀旅遊的目的

每個活動可能會有一些主要目標和次級目標，有的活動以親子參與為主要目標，有的則重在教學。有時團體經驗的分享是活動的重點，有時則是因為慶典活動的配合。不同的活動目標會有不同的注意事項與考量點。

2. 出發之前的行程規劃

(1) 目的地的決定：目的地最好是曾去過、熟悉的地方，否則應先去探路，實地了解狀況，再設計路線及活動內容。

(2) 出遊時間的長短：決定時間長短，要考慮幼兒年齡及參觀旅遊的性質。

(3) 日期與時間安排：決定日期及時間安排應考慮幼兒生活經驗前後的銜接、與目的地負責人聯絡確定沒問題，以及幼童專用車安排、天氣可能狀況、家長接送、幼兒所能承受程度等問題。

3. 交通工具的安排

交通工具的安排要考慮幼兒人數與距離的遠近，半天性質、各班輪流出遊性質的旅遊活動，可利用幼兒園園方的幼童專用車，通知司機來回時間即可。若是全園性較長距離的旅遊活動，可能就須事先租用遊覽車，並可向家長酌收交通費。當然不管開什麼車，事前車子的保養、檢查、維修工作應先注意，租大型遊覽車更要留意公司信譽、了解司機的開車技術及人品，為防

萬一有幼兒發生意外，需要醫療急救或有緊急狀況時，能儘速處理，最好多開一輛小轎車以應急。

4. 發布消息、通知家長，並取得家長同意書

帶幼兒出外旅遊一定要通知家長，告訴家長時間、地點，並請家長配合幫幼兒準備小餐點、穿著輕便衣鞋，以及攜帶水壺、帽子、換洗衣物（2、3歲幼兒）等，若有需要亦可邀請家長同行。

5. 確定人數、參加意外保險

出遊前應先統計參加幼兒人數及成人人數（包括：老師、家長、實習老師等）。通常照顧幼兒的成人與幼兒的比例，應考慮幼兒入幼兒園時間、年齡、出遊地點的安全性，以及幼兒平日的表現與訓練，表 7-5 僅能做為粗淺的參考，而非絕對的依據。另外，由於參觀旅遊的意外風險比較大，應為所有參與者辦理意外險。

表 7-5　幼兒園出遊時幼兒及成人的人數配比

幼兒年齡	成人人數	幼兒人數
2 至 3 歲	1	3
3 至 6 歲	1	8
特殊需求幼兒	1	1

註：整理自《幼兒教保及照顧服務實施準則》第 15 條。

6. 與參觀旅遊相互配合的學習活動

旅遊活動有時常會配合單元或季節節慶，若在課程安排上能加以配合，即可充分引發幼兒參觀學習的興趣，並最好能在出發前安排討論課程，與幼兒討論去哪裡？如何去？以及坐車、集合，與在參觀、旅遊地應注意的事項，可預防不必要的意外事件，並讓幼兒對活動產生參與感。

7. 幼兒園園方應準備攜帶的物品

雖然每位幼兒會準備自己的餐點、衣物，但園方仍須準備一些物品，以備不時之需，例如：茶水、水果、餐點、紙杯、毛巾、急救箱、塑膠袋、衛生紙、緊急聯絡電話等。

（三）出遊時須注意的事項

上車前應再向幼兒提醒有關秩序與安全的規則，例如：不擅自離開、集合信號、乘車安全等，並清點幼兒人數，檢查是否每位幼兒都已掛好名牌，最後記得上車前讓幼兒先上廁所。

（四）事後的行政檢討會

在每次參觀旅遊回來，應在行政會議上做個總檢討，包括：時間、地點是否適合？幼兒的照顧管理是否有疏忽之處？行政配合是否得當？時間控制及其他偶發事件的處理情形等，以作為日後的參考。

Q：幼兒園園方可能擔負哪些安全法律責任？

A：過失的造成常導因於有問題的安全管理與實施，從法律層面看，通常須依據環境狀況及導致的傷害來判定。園方可能被法院證明需要負起法律責任的兩種過失型態為：

　　1. 沒有採取適當的安全預防措施：如未提醒幼兒可能會發生的危險性並預做警告；出遊前未檢查所乘坐交通工具的安全性，包括：安全門是否可使用？車上是否置放危險易燃物？行車執照是否有效？駕駛是否合格？等

　　2. 涉及危險成分的蓄意行為或決定：如園方或教師安排幼兒乘坐未經保險的私人運輸交通工具；允許幼兒在室內使用有毒的化學藥物；讓幼兒在標示危險的公共建築物周圍嬉戲等。

以下狀況若發生意外，不是園方的責任：已事先簽訂的車輛或駕駛，園方未被事先告知並取得幼兒園同意，即臨時更換車輛或駕駛。若有事先告知，園方並未表示異議，可視為默許同意。

除了實施安全法則外，幼兒園可藉由購買意外險、責任險，以分擔可能的風險。當幼兒意外發生時要填寫意外報告書，以及尋求專業法律協助來保護自己。預防終究是確保幼兒安全的較好方法。

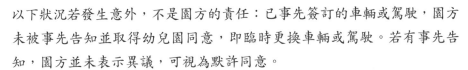

行政小錦囊

　　租用遊覽車需檢查資料如下：行車執照（公司名稱、牌照號碼、車輛種類、座位數、出廠年月、檢驗日期、保養紀錄卡）、車輛保險資料（投保公司、保險證號、保險期限、加投保類別）、駕駛員（姓名、駕照號碼、身心狀態）等。

　　幼兒園為幼兒投保意外險，幼兒資料所載法定代理人應以其家長為受益人，絕不可以幼兒園園長為受益人。

第四節　幼兒園意外事件的安全防範與處理

　　意外事件的防範包括一般常見意外傷害的預防與處理，以及地震、火災、颱風等天然災害來臨時的應變之道，當有緊急事件（如地震、水災、颱風或意外災禍）發生時，能順利處理，使傷害減至最低。當家庭發生問題時，可透過學校的協助，引導父母儘早取得社區、社會相關機構及專業人員的協助。

壹、幼兒保險

依據《幼兒教育及照顧法》第 34 條規定：「……各級主管機關應為所轄之教保服務機構投保場所公共意外責任保險，其經費，由中央主管機關按年度編列預算支應之。」

一、校園公共意外責任保險

依據《建築物公共安全檢查簽證及申報辦法》（民國 111 年 12 月 28 日修正發布）規定，所有公共場所必須按時委請專業機構或人員辦理建築物公共安全檢查及申報工作。幼兒園屬 F-3 類：衛生、福利、更生類，其規定是若樓地板面積在 500 平方公尺以上者，每一年檢查申報一次；樓地板面積在 500 平方公尺以下者，每二年檢查申報一次，每次檢查申報期間為 10 月 1 日至 12 月 31 日止（第 5 條附表一）。

在檢查申報項目中有一項是必備的，即須投保公共意外責任保險，否則不能通過申報，其目的是在意外事件發生時，可減少業者的理賠能力且保證業者的清償能力，保障受害者的權益。

「公共意外責任保險」是指，保險公司依法需賠償被保險人，因下列意外事件導致第三人的體傷、死亡或財務損害：

1. 被保險人或其受僱人因經營業務的行為在保險單載明之營業處所內發生之意外事故。
2. 被保險人營業處所之建築物、通道、機器或其他工作物所發生之意外事故。

公共意外責任保險的理賠範圍限於營業場所，以幼兒園而言，是指幼兒園內，不論教職員工或幼兒在學校發生意外事件均可以申請理賠，亦包括幼童專用車或辦理戶外教學時所使用或租用之交通工具及參觀場所。

二、幼兒團體平安保險

依據《幼兒教育及照顧法》第 34 條規定：「教保服務機構應依高級中等以下學校學生及教保服務機構幼兒團體保險條例及其相關規定，辦理幼兒團體保險。幼兒申請理賠時，教保服務機構應主動協助辦理。……」

所謂幼兒團體平安保險是指，被保險人（幼兒）在投保期間之任何時間或任何地點發生意外事故，如造成身故、殘廢或受傷需要就醫治療時，保險公司依規定需給付保險金。大部分學校每學期都會替學生投保學童平安保險，過去其保費是向家長全額收取。

但依據《高級中等以下學校學生及教保服務機構幼兒團體保險條例》（民國 107 年 6 月 20 日制定公布）第 6 條規定：「保險人應依本條例之規定及採購契約或行政契約之約定辦理本保險。依前條規定辦理政府採購者，其採購契約金額，為辦理本保險相關行政作業事務所需之事務費（以下簡稱事務費）；以締結行政契約辦理者，亦同。……」第 10 條規定：「本保險之保險費由要保單位之主管機關補助三分之一。本保險之保險費，由被保險人或其法定代理人每年分二次於註冊或辦理其他指定之程序時繳納之。不具學籍之交換學生，得選擇參加本保險成為被保險人；其保險費應全額自行負擔。」

貳、常見意外事件的防範

意外指的就是意料之外，也就是不希望發生的事卻發生了，就如幼兒不小心撞上配餐車或溜滑梯時不幸擦傷等。以下就意外事件的防範說明之。

一、容易發生意外事件的自我檢核

在表 7-6 所列的幾種情況下是比較容易發生意外事件之狀況，老師要特別留意幼兒的狀況。

表 7-6　容易發生意外事件狀況自我檢核表

是	否	較容易發生意外事件的狀況
□	□	1. 幼兒感覺不舒服或疲勞時。
□	□	2. 新環境的適應期。
□	□	3. 當幼兒面對困難或難題時。
□	□	4. 照顧者人數不足時。
□	□	5. 天氣不佳，幼兒無法從事戶外活動時。
□	□	6. 節慶活動或上下學忙亂時。
□	□	7. 班上來了新同學。
□	□	8. 幼兒對於規則還不太了解時。
□	□	9. 一天快要結束前，幼兒與照顧者都感到疲累時。
□	□	10. 上下樓梯時。
□	□	11. 動態活動、跑、衝、跳劇烈時。
□	□	12. 動靜態活動轉銜的過程。

二、幼兒園發生意外的可能原因

幼兒園發生意外的可能原因，大致可分成下列幾項。

（一）幼兒方面

1. 幼兒本身發展尚未成熟。

2. 幼兒理解、判斷能力不足。

3. 幼兒欠缺自我保護技巧。

（二）成人方面

1. 成人的疏忽與放任。

2. 成人高估兒童發展的能力。

3. 老師敬業精神不夠。

4. 敏感度不夠、缺乏警覺性。

（三）缺乏臨危應變能力

1. 課程設計不當（如流程不當、器材不良、場地不適、動線不明等）。

2. 環境與制度方面不周全。

3. 園舍空間設計不當。

4. 設備簡陋，安全度不夠。

5. 遊具、設備、車輛缺乏維修。

（四）安全規則不明確

1. 師生比例懸殊，人手不足、不敷照顧。

2. 缺乏周延的意外事故防範措施。

若要減少並防範意外的發生，需要時時刻刻有安全的意識，並培養履行安全的習慣。安全意識的建立包括從環境規劃、設備選購、安全規則建立到活動設計，都需要考慮到安全的因素。而安全習慣的養成，則重在安全教育的實施與督導。若能事先預防加上習慣的養成實施，應能將意外事件減至最低。

三、安全意識的建立

安全意識的建立應是全面性的，上自園長在環境規劃之初，下至教師與教保員，要共同建立幼兒園設備器材使用的安全規則。

（一）計畫的安全意識

1. 是否擬訂意外事故防範計畫，安排人員訓練，定期檢查。

2. 是否熟悉各種相關法令規章，並訂定幼兒園緊急事件處理辦法。

3. 照明、空調是否適宜。

4. 是否有預備必要的急救設備。

5. 是否為員工、幼兒投保必要的保險。

6. 是否成立緊急事件應變小組。

7. 是否事先整合家長資源、聯繫網絡，以備不時之需。

8. 是否建立必要的責任代理制度。

（二）環境的安全意識

1. 幼兒經常跑動嬉戲的地面應避免使用光滑的地板，以免滑倒。

2. 幼童專用車進出動線要遠離幼兒自由嬉戲的場所。

3. 所有危險物品（如殺蟲劑、強酸、強鹼等），應放置在幼兒拿不到的安全地點。

4. 若有手推車或不宜讓幼兒玩的機械物品，宜放置在安全地點。

5. 熱湯、飯菜端進出的動線與時間應與幼兒活動錯開，以免幼兒不小心誤撞。

6. 幼兒園應有附近醫院門診科別的詳細聯絡資料，以及幼兒家長的緊急聯絡電話。

7. 平日注意安全教育的實施，包括：交通安全、不玩打架遊戲、訂定戶外嬉戲規則等。

8. 遊樂器材擺設的位置是否容易因幼兒的使用而有發生危險之虞。

四、安全習慣的養成

安全習慣的養成包括幼兒園行政人員、老師的安全習慣建立，以及教導幼兒建立安全的習慣〔此部分重在課程實施，請詳見張翠娥（1998）所著的《幼兒教材教法》一書第五章「幼兒的健康安全課程」〕。有關幼兒園行政人員、老師的安全習慣，請參考附錄 7-6。

參、意外事件發生的應變與處理

一、緊急狀況的處理計畫

處理意外發生的事件需要先接受一些專業訓練，所以幼兒園應該建立一

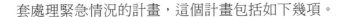

套處理緊急情況的計畫，這個計畫包括如下幾項。

（一）作業流程規劃

1. 規劃緊急事件作業流程

2. 注意輸送路線的安排。

（二）人員培訓

1.全體教職員均須受過急救訓練。

2.所有教職員需清楚緊急事件作業流程。

3.指定人員協調和指導緊急事件之處理。

（三）緊急聯絡網建立

1.建立緊急聯絡電話簿，包括：家長、醫院、消防隊、救護車、警察局等。

2. 平日建立家長聯絡網，以便在緊急時能藉網路（如 Line）傳遞消息。

（四）相關備用文件物品

1. 讓每位家長公開簽署幼兒緊急藥物授權處理同意書。

2. 平日須預備適宜的急救物品。

二、面臨緊急狀況的應變與處理

面臨緊急狀況的處理態度，有以下幾項（Marotz et al., 1993/1995, p. 222）：(1)冷靜陪伴；(2)請求協助；(3)緊急處理；(4)聯絡通知；(5)送醫救治；(6)記錄報告等。其示例說明「幼兒緊急傷病施救注意事項」、「事故傷害防制規定」，如表 7-7 與表 7-8 所示。而「意外事件處理紀錄報告」請參考表 7-9。

表 7-7　幼兒緊急傷病施救注意事項

項目	內容
施救步驟	一、研判緊急傷病類型 （一）意外事故：幼兒呼吸道異物哽塞、幼兒發生創傷出血、幼兒鼻出血、幼兒骨折等。 （二）傳染病：腸病毒、流行性感冒、水痘、登革熱等。 （三）兒少保護事件：家庭暴力、性侵害、兒虐事件等。 （四）其他。 二、確定施救步驟 （一）意外事故 1. 先觀察與檢視幼兒意外傷病狀況。 2. 研判緊急處理措施及步驟。 3. 依傷病狀況進行簡單的急救、消毒、止血、固定等處理。 4. 疏散與安撫幼兒。 5. 報主管機關。 6. 聯絡幼兒家屬。 7. 送醫就診。 8. 提供協助、探視與慰問。 9. 關心與追蹤改善狀況。 10. 配合相關單位事件調查工作。 11. 確定責任歸屬。 12. 檢討與改善、結案建檔。 （二）傳染病 1. 疑似傳染病發生。 2. 疑似罹患傳染病隔離幼兒。 3. 通知校護。 4. 聯絡幼兒家屬送醫。 5. 持續關心幼兒健康狀況。 6. 確定為法定傳染病。 7. 通報衛生所。 8. 通報教育局學生事務科。

表 7-7 幼兒緊急傷病施救注意事項（續）

項目	內容

施救步驟	9. 立即登載校安即時通報系統（若為群聚事件，則需 24 小時內，以電話／網路填寫學校疑似傳染病群聚通報單）。
	10. 召開緊急會議。
	11. 達停課標準，召開停課會議，當原因消失，即恢復上課。
	12. 進行全園消毒工作並持續追蹤幼兒身體狀況。
	（三）兒少保護事件
	  1. 進行校園安全事件通報。
	  2. 如為校園性侵害／性騷擾事件，啟動「性別平等教育委員會」之調查處理機制。
	  3. 知悉事件 24 小時內依法進行責任通報（傳真通報單至各縣市家庭暴力暨性侵害防治中心）。
	  4. 由校（園）長啟動校園危機處理機制：
	    (1)通知家長／監護人（家內亂倫及家暴事件除外）。
	    (2)危機介入（情緒支持與心理諮商）。
	    (3)指定專人對外發言。
	  5. 個案心理支持與陪伴。
	  6. 醫院（驗傷、醫療照顧）。
	  7. 家庭暴力暨（及）性侵害防治中心（醫療服務、保護扶助、暴力防治）。

緊急救護支援專線	02-0000-0000
就醫地點	安全醫院或家長指定就診醫院。
護送方式	園長○○○開車、○○○教師隨同照顧傷病幼兒。
緊急聯絡人	○○○教師負責聯絡傷病幼兒父母或緊急聯絡人。
監護人或親屬未到達前之處理措施	先對幼兒傷病情況進行研判，輕者先做簡易急救，重者送醫就診。
緊急救護支援專線	

註：引自張杏妃等人（2023，頁 162-163）。

表 7-8　事故傷害防制規定

一、幼兒呼吸道異物哽塞處理原則

（一）鼓勵幼兒用力咳嗽，將異物咳出，不要加以干擾。

（二）若異物未能咳出，教保服務人員立刻施以哈姆立克進行腹部擠壓。

（三）異物吐出後，讓幼兒休息慢慢恢復。

（四）異物未能吐出造成幼兒昏迷時，教保服務人員將幼兒慢慢放下，實施
　　　CPR 並打電話 119 求援。

二、幼兒發生創傷出血時的急救原則

（一）輕微出血之處理

1.教保服務人員先用清水及肥皂，徹底洗淨急救員雙手，並戴上保護手
　套。

2.用涼開水或生理食鹽水等，以傷口為中心，環形向四周沖洗，徹底洗淨
　傷口，以無菌棉籤或紗布將傷口擦拭乾淨。

3.用消毒紗布塊或乾淨布塊敷蓋保護傷口，然後用繃帶包紮或膠布固定。

4.傷口已有感染症狀時（局部症狀如腫脹、發紅、疼痛、化膿、發熱。全
　身的症狀如發燒、淋巴腺腫大等），應立即送醫。

（二）嚴重出血之處理

1.立即以敷料覆蓋受傷幼兒的傷口，施加壓力設法止血。

2.讓受傷幼兒靜臥，若無骨折，抬高傷處，傷口血液凝塊，不要除去。

3.受傷幼兒清醒時，讓幼兒喝下開水，以供身體所需的液體。但有下列情
　況之一者，不可給予任何飲料，如嘔吐；頭部、胸部、腹部嚴重創傷
　者；需要手術者或昏迷者。

4.傷口內刺入異物或有斷骨、腸子突出等，不可移動、取出或推回傷口
　內，應先用無菌的 Y 型敷料覆蓋傷口，以大小合適的環形墊置於傷口四
　周，便於止血與包紮。

5.若有斷肢，傷口應立即止血包紮，同時儘速找到斷肢，以無菌濕敷料包
　裹，置於塑膠袋內將袋口紮緊，放入裝冰塊的容器中（保持溫度攝氏 4
　度），隨同受傷幼兒緊急送醫縫合。

6.教保服務人員須隨時觀察及記錄受傷幼兒的呼吸、脈搏、膚色、體溫、
　血壓、意識狀況，並報告醫師。

7.儘快將受傷幼兒送醫，最好在傷後 6 至 8 小時以內送醫。

表 7-8　事故傷害防制規定（續）

三、鼻出血的處理原則
（一）讓幼兒安靜坐下，將頭部稍微往前傾（因走動、談話、發笑或擤鼻子都可能加劇或繼續流鼻血）。
（二）以拇指、食指壓下鼻翼 5 至 10 分鐘。
（三）鬆開衣領，令幼兒張口呼吸。
（四）於額頭、鼻部冷敷。
（五）如短時間無法止血，應送醫。
（六）若懷疑因高血壓或顱底骨折引起的鼻出血，應立即送醫。

註：引自張杏妃等人（2023，頁 164）。

表 7-9　意外事件處理紀錄報告

班　　級：＿＿＿＿＿＿＿　　班級導師：＿＿＿＿＿＿＿＿

幼兒姓名：＿＿＿＿＿＿＿　　發生意外日期：＿年＿月＿日＿時

爸爸姓名：＿＿＿＿＿＿＿　　聯絡電話：＿＿＿＿＿＿＿＿

媽媽姓名：＿＿＿＿＿＿＿　　聯絡電話：＿＿＿＿＿＿＿＿

緊急聯絡人：＿＿＿＿＿＿　　聯絡電話：＿＿＿＿＿＿＿＿

地　　址：＿＿＿＿＿＿＿＿＿＿＿＿＿＿＿＿＿＿＿＿＿＿

通知家長時間：＿＿＿＿＿＿＿＿

傷害描述：

事件經過：

採取的急救措施：

意外事故發生當時照顧幼兒的成人：＿＿＿＿＿　目擊者：＿＿＿＿＿

送醫處理說明：

診療醫院：＿＿＿＿＿＿＿＿＿＿＿　診療醫師：＿＿＿＿＿＿＿

醫師診斷說明：

幼兒恢復情況說明：

未來應如何預防此種意外的發生？

報告書寫人：＿＿＿＿＿＿＿＿＿　日期：＿＿＿年＿＿＿月＿＿＿日

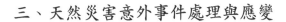

三、天然災害意外事件處理與應變

　　臺灣位於亞洲大陸東南緣，屬於歐亞大陸板塊與菲律賓海板塊交界處，常見災害如地震、火災、颱風等，在此以幼兒園常進行「地震」演練為例說明。另外，有關火災的防範與應變之道、颱風季節的因應與防範，請參閱附錄 7-7、附錄 7-8，或是參考教育部防災教育資訊網。

　　地震的發生常毫無預警，面對地震突然來臨時，若處理不當，就可能因驚慌失措而導致受傷，像是被掉下來的物體擊中等意外事件。地震防範之道如下：

1. 教室裡若有高的櫃子，最好設法事先固定，至少確定若有強烈地震時，不致於倒塌而壓傷人。

2. 擺放在櫥櫃內的東西或是懸掛在天花板的吊飾作品，確認其是否可能稍有晃動就會掉下來砸傷人。

3. 想想看，萬一有強烈地震時，可安排幼兒就地掩蔽的位置，免得臨時發生狀況而手足無措。記住「趴下、掩護、穩住（抓住桌腳）」，若無桌子，要找安全區域（天花板沒有掉落物品的疑慮），就地掩蔽保護頭頸部，頭頸部的姿勢要比背部「低」，因為地震掉落物品砸傷頭頸部的致死率較高。

4. 在課程中可安排地震演練，讓幼兒有機會學習穿戴「防災頭套」、穿「包覆足鞋子」比穿「拖鞋」安全（拖鞋於行走時會脫落或不慎滑倒），疏散到安全集結區。

　　因此，教保服務人員平時應引導鼓勵幼兒練習如何求救。尤其是當災害發生時，幼兒自我保護的能力有限，甚至會害怕、會哭，大人更需要「溫和口語」穩定幼兒的情緒，而非大聲急促叫孩子「快」的緊張聲調，因為動作要確實，而非求快。

　　當地震來臨時的應變與處理之道，以下提供地震演練簡易檢核表，詳見表 7-10。

表 7-10　地震演練簡易檢核表

演練項目	注意事項
一、事故發生與察覺：就地掩蔽	□1. 不必強調一定要關燈開門，直接先就地掩蔽即可。 □2. 老師提醒幼兒躲進桌子底下：地震！小朋友不要害怕，我們要保護頭頸部，趕快趴下、掩護、穩住（抓住桌腳）。 □3. 安全位置：柱子邊、牆角，避免在電風扇、窗戶玻璃、單槍投影機下。 （沒有桌子可躲的幼兒，請就地拿防災頭套或圖畫書本保護頭頸部，並找安全位置掩蔽） □4. 老師就地掩蔽。
二、避難疏散引導	□1. 幼兒穿鞋子。 □2. 幼兒拿防災頭套或圖畫書本保護頭頸部。 □3. 由前後門分流疏散。 □4. 依疏散路線不推（不推擠）、不語（不喧嘩）、不跑（不奔跑），不回頭。 □5. 老師戴安全帽、背「緊急避難包」。 □6. 一位老師最後離開教室，順手關掉電源。
三、災情發布：啟動應變組織（人員清點）	□1. 當緊急避難系統響起才就地掩蔽，待啟動緊急應變組織後才穿配戴裝備，並非事先就穿戴好裝備等待演練。 □2. 有基本防災器材設備。 □3. 點名確實（園區內所有人員；正確使用紅綠單）。
四、災害發生緊急搜救與傷患救助	□1. 進入建築物有配戴「安全帽」。 □2. 巡檢校園有帶「建築物及設施危險判定表」。 □3. 確實點名，有完整的「災情統計表」。 □4. 有攜帶封鎖線、哨子、搜救器材、對講機、手電筒等基本防災器材設備。 □5. 設有「急救站」：已登錄的「教職員工生送醫名單」、相關的搶救設備（急救袋）。

表 7-10　地震演練簡易檢核表（續）

演練項目	注意事項
五、臨時狀況： 1. 一名幼兒右手受傷 2. 一班窗戶玻璃破裂	□1. 確認意識及頭部是否受傷。 □2. 開放性傷口清潔消毒包紮。 □3. 搬運至急救站。 □4. 窗戶破裂玻璃處拉起封鎖線，確保安全。
六、災情掌握與通報	□1. 教育部校安中心：02-33437855、02-33437856。 □2. 新北市政府教育局：0937528617。 □3. 新北市災害應變中心：02-89535599 轉 9。 □4. 災時家長聯繫方式：Line 群組。 □5. 里長電話通報，若電話不通，改為簡訊。
七、學生的安撫與緊急安置	□1. 有安撫幼兒情緒，如唱歌。 □2. 打電話請幼兒家長接回（有家庭防災卡）。 □3. 有家長領回區。 □4. 有家長簽寫的「自行接送同意書」。

註：新北市立鶯歌幼兒園提供。

Q：幼兒園面臨意外事故時，如何採取緊急應變措施？

A：面對意外事故的態度與處理步驟建議：

　　步驟一：了解狀況、緊急應變。

　　步驟二：當機立斷、爭取時效、緊急救援。

　　步驟三：坐鎮指揮、協調溝通。

　　步驟四：穩定立場、勇敢負責、不推諉責任。

　　步驟五：做好善後處理、安撫人心。

　　步驟六：追蹤輔導、保持聯繫。

註：修正自信誼基金會舉辦之「幼兒園意外事故防範座談會」資料。

1. 在中班幼兒的一次手工活動中，萍萍老師為了教導孩子們注意使用剪刀的安全，就告訴孩子們：「大家使用剪刀時要小心，今天這些剪刀都是新的，很銳利，不能剪到小手，也不能剪衣服。」結果一名幼兒悄悄剪了小手指上的表皮，流了血；另一個幼兒則把同桌一女孩的羽絨衣剪了一個小口。

    討論：(1)萍萍老師已經清楚交代幼兒，需要安全地使用剪刀，為何還會發生意外事件？

    (2)如果你是萍萍老師，下次要如何改善教學，才能避免類似意外發生？

2. 安全幼兒園有三個班，建築物成 L 型，大門進來第一間為行政辦公室，接著是三間教室，L 型的另一端是廁所，辦公室旁是大班，緊鄰廁所是小班。幼兒園位在斜坡上，每間教室外面有洗手臺，走廊旁有護欄，轉角中班前面有個小柵門，平時用鐵栓鎖上，是廚房阿姨送飯菜的要道。

    討論：(1)若要執行「允許幼兒於活動過程中去上廁所」的原則，幼兒若於課堂中獨自去上廁所，可能的安全問題是什麼？

    (2)老師和園方可以採取什麼樣的策略，以做到符合「允許幼兒於活動過程中去上廁所，又能隨時注意上廁所的幼兒狀態，確保幼兒安全」的原則？

    (3)幼兒園在行政管理上，如何安排幼兒活動作息與送菜動線，以免發生幼兒衝撞送菜車的意外？

第八章　維護幼兒優質學習的教保行政

張翠娥

第一節　維護幼兒優質學習的教保特色定位

　　世界幼教潮流已走向多元化教育的模式。「多元化」即意味著：並非有哪一個學派或哪一種理論最好，無論是根據哪一種教育學派或綜合各家理論自創一格，均應將此理念充分發揮，表現在教學內容、教學方法、環境布置、老師角色，甚至在各種行政措施與評估上，意即營運出該種教育模式的特色。

　　教育模式的要素，包括：理論基礎、教育目標、課程內容、教學方法、教學評估（邱志鵬主編，1984；簡楚瑛，2000）。

　　理論基礎包括心理學、哲學、社會學和知識論觀點（簡楚瑛，2000），根據這些理論以建立適切及有利兒童的教育目標，由教育目標可設計具體的課程內容（活動）；而教學方法則是課程活動呈現的手段；教學評估在檢驗學習效果與過程。因此，藉著評估可提供回饋、教法及目標，進而改良整個教學模式，使理論與實務得到更好的配合。幼兒園教保目標的訂定須遵照教育部頒行之「幼兒園教保活動課程大綱」（以下簡稱「課程大綱」）之規範，其內容在師培課程「幼兒園教保活動課程設計」已詳細說明，本節僅就影響幼兒園教保特色定位之幼兒園教保目標訂定的思考、課室組織型態，以及訂定幼兒園中長程課程發展計畫等三項加以說明。

壹、訂定各園教保目標的思考

　　幼兒園教保目標的訂定，需思考教育目標是否符合教育部所訂的「幼兒園教保活動課程大綱」的宗旨？是否符合創園的理念？

　　儘管每個幼兒園都有其獨特的哲學，每個幼兒園的計畫也不盡相同，但在決定目標之前，有以下三個基本問題要考慮，且無論如何決定，都不得違反教育部的相關法規：

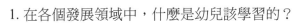

1. 在各個發展領域中，什麼是幼兒該學習的？

2. 在各種不同的教學方式中（例如：遊戲學習或老師主導、個別活動或團體活動、事先安排的或自由選擇的等），幼兒是如何學習的？

3. 老師如何決定幼兒是否學會了？亦即如何評量。

在決定目標的同時，亦須決定編班的形式，以提供最好的方式來滿足個人和團體的需要。

以下舉兩所幼兒園的教育目標實例與該幼兒園呈現的教學型態做比較。

甲園：採學習區教學型態，每班幼兒人數在 15 人左右，採中大、中小混齡編班，提供豐富的教材教具，於週末設媽媽成長團體、創造力團體，為一小型幼兒園。其教育目標訂定如下：

1. 提供啟發式的學齡前幼兒教育教學。

2. 提供幼兒一個發揮潛能的學習環境。

3. 提供家長有參與幼教活動的機會，並推廣親職教育。

4. 為配合家庭需要，同時協助職業婦女而設。

乙園：採單元教學，每班有30位幼兒及2位老師（未來生師比例朝向目標 12：1），無開放角落，採分齡式編班，但有工作材料櫃，用來儲放幼兒的衣物，有一些圖書和操作性玩具，以老師為教學主體，全園有十多班，屬較大型幼兒園。其教育目標訂定如下：

1. 增進幼兒身體健康，培養幼兒良好生活習慣。

2. 啟發幼兒潛在能力，養成幼兒未來良好的學習基礎。

3. 充實幼兒生活經驗，給予幼兒快樂、幸福。

4. 培養幼兒仁愛精神及愛國的思想與情操。

總之，訂定適合自己理念又能充分發揮的幼兒園目標，比寫一些冠冕堂皇的文詞來得重要。

貳、幼兒園課室組織型態

在不同的教育哲學理念下，課室的組織型態就會有所不同。這並不是指哪一種教育模式「最好」，而是在這瞬息萬變的社會裡，每位幼兒的背景與需求會有差異，且每位家長的期望也有所不同，各種形式組織的教學方式正可提供家長有更多選擇的機會。

一般而言，課室組織型態以分齡編班與混齡編班為基本型態，因應這兩種組織型態，會衍生出一些因應的課程進行方式。

一、分齡編班方式

這是目前幼兒園採用最多、執行上最單純也最普及的方式，通常是以幼兒的年齡作為編班的「準則」，也就是將 2 至 3 歲、3 至 4 歲、4 至 5 歲、5 至 6 歲的幼兒各編在一班，稱為幼、小、中、大班。在教學上，老師會依據各班幼兒年齡的發展，訂定深淺不同的教材教法。這種編班方式基於一種理念——同年齡的孩子具有同樣的能力，這也是目前小學以上學校所採用的方式，兒童在某一特定年齡進入一個年級，然後在一年結束後，就進到另一年級，除非有特殊兒童跳級或留級外，很少有例外。事實上，同年齡的兒童不見得就具有同樣的能力，同年齡的兒童可能發展上有很大的差異。

二、混齡編班方式

混齡編班主要是考慮到幼兒進級問題。在混齡方式中，能力較差的幼兒可以在連續的課程中，依據自己的速度進步，這種多年齡、家庭式的組織，就像一個小型的社會，有許多不同的能力和成就的等級。老師會依據幼兒的能力來計畫教學（而不是依據其年齡），並給進步較少的幼兒個別指導（Decker & Decker, 1984）。

混齡方式所依據的觀念是：若能配合幼兒不同的認知程度給予適當的刺激，即可減少幼兒的無聊和困擾，而且容許幼兒提前學習。在混齡編班中的

幼兒，年齡較大或能力較強的幼兒，可以從協助年齡較小或能力較差的幼兒中獲得自信，他們也能為其他人提供示範作用。

分齡編班與混齡編班的比較，如表 8-1 所示。

表 8-1　分齡編班與混齡編班的比較

	分齡編班	混齡編班
優點	1. 資賦優異的幼兒在同質團體中的學習較好。 2. 較異質性團體容易經營。 3. 老師在教學準備上較容易掌握，不必同時準備不同程度的教材。 4. 團體活動帶領較容易配合孩子的能力、需要。	1. 此種組合可減少較小幼兒自我中心式的語言。 2. 年長幼兒可成為團體中的模範，並提供年幼幼兒正向的社會增強。 3. 此團體中的幼兒自我概念較好。 4. 年幼幼兒較順服年長幼兒。 5. 學習遲緩的幼兒在異質團體中學習得較好。
缺點	1. 團體教學可能不適合不同能力的幼兒。 2. 缺乏混齡編班的優點。	1. 異質性團體較同質性團體難以經營。 2. 需要較多元的材料與設備。 3. 老師需要有豐富經驗及專業技巧。 4. 課程教材準備上需付出較多心血。 5. 愈小年齡層的混齡班較愈大年齡層的混齡班難帶。
問題解決方式	1. 安排學習區，在各角落布置並提供各種豐富的材料與教具，讓幼兒有個別學習的機會。	1. 能力分組（採小組教學）：在一週或一日的課程中排出一段時間做能力分組教學，即所謂的小組教學。按幼兒的能力，設計不同程度的教材教法，以小組方式進行。

表 8-1　分齡編班與混齡編班的比較（續）

	分齡編班	混齡編班
問題解決方式	2. 全園或部分混齡的聯誼性活動。大部分幼兒園都會利用全園性活動或部分班級共同進行聯誼性活動，例如：慶生會、郊遊、旅行、慶祝活動，達到混齡教學目的。 ※這種大混合式的活動，常會為了場地與節目進行的方便，還是以各班為單位，除非事先規劃，如訂定大哥哥、大姊姊制度，不然很少能達到混齡的效果。	2. **視活動性質進行分齡小組教學：**如樂器演奏、體能活動、科學實驗或幼小銜接等活動。因混齡班孩子的年齡不同，差異性較大，可因活動性質的需要，依照年齡分組教學。 ※因混齡班孩子的差異性太大，幼兒園又負擔不起請特別老師至各班做小組教學（因每班可能就得教二、三次），所以可能會集合各班同年齡層或相同能力的孩子，做特別的教學。
共同適用	1. 提供較長時間的個別學習活動：在個別學習活動中，可讓不同年齡、不同能力的孩子分別滿足其學習上的需要。 2. 如最常使用混齡編班教學的蒙特梭利學校，每天花在教具選擇操作的時間就相當長，在開放式教室中，自由選角的時間比例也相當高。	

　　這是個講求個性化的時代，但不是「只要與人不同」就好，而是要認真思考辦學的教育理念何在，如何將此理念付諸實施，且能有一套評估辦法，不斷修正改進，如此自然可經營出一個有教學特色的幼兒園。舉例來說，若辦學者的理念是：幼兒園就是給孩子一個像家的地方，可能就會考慮採用混齡編班的課室組織型態，因此種組織型態能提供較多像家中兄弟姊妹互動的機會。若辦學者強調的是能力教學，可能就喜歡採分齡編班方式；亦有辦學者既希望能保有混齡編班的優點，又有分齡教學的效果，可能會透過行政安排或在生活作息上做彈性調度，但這得考慮人力、財力與環境配合問題。

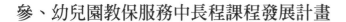

參、幼兒園教保服務中長程課程發展計畫

　　為了使教育計畫實現幼兒園園方的教育目標，首先應先擬訂中長程課程發展計畫，這些計畫要能充分反應幼兒園的中長程教育目標，並根據此中長程課程發展計畫設計每日課程，亦可做為改進活動、教材及進修的參考。這些中長程課程發展計畫應包括：教學設備教材的擴充與維修、教學支援系統的建立、老師在職進修的計畫、教學計畫的檢核、幼兒學習的發展評估、研究計畫的擬訂、教學觀摩及實習的安排、親職教育的發展、轉型的計畫步驟等。中長程發展計畫請參考本書第十一章的表 11-1 及表 11-2。

一、幼兒園教保服務中長程課程發展計畫的依據

　　幼兒園的教保服務規劃需要在教育部對整體幼兒教育的相關法令依據下，發展各園的教保服務特色。

（一）「幼兒園教保活動課程大綱」的教保服務藍圖

　　「課程大綱」強調以幼兒為主體，重視社會參與，關注幼兒的生活經驗，著重讓幼兒有親身參與、體驗各式社區活動的機會。為達成課程目標，教保服務人員須有計畫地提供幼兒學習的機會，考量幼兒的能力和興趣規劃及發展課程（教育部，2016）。

（二）《幼兒教保及照顧服務實施準則》的教保服務原則

　　《幼兒教保及照顧服務實施準則》第 2 條規定：「幼兒園教保及照顧服務，以幼兒為主體，遵行幼兒本位精神，秉持性別、族群、文化平等、教保並重、尊重父母、監護人或實際照顧幼兒之人之原則辦理，並遵守下列原則：(1)營造關愛、健康及安全之學習環境；(2)支持幼兒適齡適性及均衡發展；(3)支持家庭育兒之需求。……」

二、中長程教保計畫的考量因素

編擬各種中長程課程發展計畫時，宜先考慮下列幾項基本因素。

（一）幼兒的發展階段和需要

各年齡層幼兒的認知、動作、技能、注意力、耐性、社會性等如何？在教學上如何配合？課程計畫架構是否適合幼兒的發展、需要？

（二）老師的能力、經驗、專長與人格特質

是不是每位老師都能理解並接受幼兒園的教育理念？老師的能力、經驗是否足夠？是否能依據各個老師的專長、人格特質做充分的發揮？如何為老師安排在職進修計畫？

（三）室內、戶外空間的安排與配合

每個階段是否都有充分安置幼兒人數的活動場地與空間？空間的安排是否適合幼兒活動？是否容易造成意外？是否會造成使用上的不便？若是需要做比較大的改變，可能就得在中長程計畫中編列預算改進。

（四）資源的利用

現階段的教學是否已充分運用社會資源？是否有足夠的教學資源提供教學的使用？資源系統是否方便？是否便於管理？若資源系統尚未建立，即應列入中長程計畫；若已建立，亦應逐年檢討改進（資源系統的建立請見下一節）。

（五）作息時間的安排

整體而言，依幼兒園作息的安排，在活動安排上是太多或太少？作息時間是否能充分發揮適合幼兒園理念的各種教學活動？因基本作息時間牽涉到場地運用、人員調配、資源運用，若發現現階段的作息時間有問題時，可能須在中長程計畫中討論改變，甚至做比較研究。

（六）教學研究與發展

　　當一切教學步上正軌後，就可以考慮做一些教學研究與發展工作，例如：舉辦教學觀摩會、實驗課程計畫與發表、教學研討會、親職教育推展，以及各種教學研究計畫等。

第二節　維護幼兒優質學習的教保計畫

　　訂定了幼兒園的目標與特色，以及中長程課程發展計畫後，接著就是如何執行這些計畫。計畫的落實往往需要許多方面的配合，例如：作息時間的安排、主題計畫活動的設計、學習環境的安排、教學活動的紀錄，以及代理制度的建立等，其中主題計畫活動的設計及學習環境的安排屬於老師教學的主要工作（非屬行政人員的職責），在課程大綱與基礎評鑑細目都有詳細說明，在此將不詳述。以下僅就全園性教保活動課程發展會議、作息時間的安排、融合教育的實施、全園性活動的規劃安排，以及教學資源系統的建立等五項進行說明。

壹、全園性教保活動課程發展會議

　　依「112 學年至 116 學年幼兒園基礎評鑑指標」（教育部，2023d）規定，每學期應至少召開一次全園性教保活動課程發展會議，該會議須獨立召開，不得併入其他會議辦理。會議紀錄應包含研議全園性或各班級課程計畫之相關議題。會議紀錄格式，請參考表 8-2。

表 8-2　全園性教保活動課程發展會議空白紀錄示例

○○縣（市）○○幼兒園○○○學年度第○學期
全園性教保活動課程發展會議紀錄

會議日期：　年　月　日　　會議時間：上午　時　分至　時　分

開會地點：

主　　席：

與會人員：

記 錄 者：

主席報告：

提案討論：

議題一：

提議：

決議：

議題二：

提議：

決議：

臨時動議：

主席結論：

散會

出席者簽名：

註：作者自行整理。

一、有關教保活動課程進行方式

依「112 學年至 116 學年幼兒園基礎評鑑指標」及《幼兒教保及照顧服務實施準則》第 13 條規定，有關幼兒園教保活動進行方式有十項規範，茲整理成六項重點條列如下：

1. 以統整方式實施，不得採分科方式進行。
2. 有進行外語教學之必要者，應以部分時間融入教保活動課程，並符合幼兒園教保活動課程大綱；不得以全部時間為之，或以部分時間採非融入方式進行教保活動。
3. 落實健康教育、生命教育、安全教育、品德教育及性別平等教育。
4. 每學期至少召開一次全園性教保活動課程發展會議。
5. 不得進行以精熟為目的之讀、寫、算教學。
6. 特殊教育幼兒以實施融合教育為原則，並配合個別化教育計畫。

二、有關教保活動課程設計原則

幼兒園教保活動課程設計，應考量下列原則（《幼兒教保及照顧服務實施準則》第14條）：

1. 符合幼兒發展需求，並重視個別差異，依其需求進行合理調整。
2. 兼顧領域之均衡性。
3. 提供幼兒透過遊戲主動探索、操作及學習之機會。
4. 學習環境與教保活動安排及教材、教具選用，應具安全性，並納入通用設計之原則。
5. 涵蓋動態、靜態、室內、室外之多元活動。
6. 涵蓋團體、小組及個別等教學型態。

貳、作息時間的安排

　　幼兒園應依據各年齡層幼兒之需求，安排規律之作息，並應視幼兒身體發展需求提供其點心，對於上、下午均參與教保活動課程之幼兒，應提供其午餐，並安排午睡時間。不同的教學模式理念不同，教學方式、作法不同，在作息時間安排上也會有所差異，但仍需要尊重以下相關法規的規範。

一、作息時間安排範圍

　　依據《幼兒教保及照顧服務實施準則》第 4 條規定，作息時間的安排範圍如下：

　　幼兒園教保活動課程之起訖日期，第一學期為 8 月 30 日至翌年 1 月 20 日，第二學期為 2 月 11 日至 6 月 30 日。但有下列情形之一者，不在此限：

1. 因應教學需要或父母、監護人或實際照顧幼兒之人托育需求，有調整起訖日期之必要，且調整後教保活動課程日數，不少於本文所定各學期教保活動課程日數。

2. 依學校型態實驗教育實施條例及公立高級中等以下學校委託私人辦理實驗教育條例辦理實驗教育之學校經主管機關核准調整學年學期假期起訖日期者，其附設或附屬幼兒園教保活動課程之起訖日期，從學校所定日期辦理。

　　幼兒園教保活動課程之實施時間為上午 8 時至下午 4 時；偏遠地區有另為規定之必要者，應報直轄市、縣（市）主管機關核准後為之。第 7 條規定：「幼兒園應依據各年齡層幼兒之需求，安排規律之作息。……」幼兒園依照《幼兒教育及照顧法》第 12 條第 3 項規定提供延長照顧服務，班級人數及照顧服務人員之配置，應符合本法第 16 條第 1 項及第 4 項規定。但 2 歲以上未滿 3 歲幼兒班級因人數稀少，致其無法單獨成班者，得進行混齡編班，每班以 15 人為限。

二、課後照顧規範

1. 依據《幼兒教育及照顧法》第 12 條第 3 項規定：「……教保服務機構於教保活動課程以外之日期及時間，得視父母或監護人需求，提供延長照顧服務。」

2. 課後照顧的班級人數及照顧服務人員之配置，依《幼兒教育及照顧法》第 16 條規定：「幼兒園 2 歲以上未滿 3 歲幼兒，每班以 16 人為限，且不得與其他年齡幼兒混齡；3 歲以上至入國民小學前幼兒，每班以 30 人為限。但離島、偏遠及原住民族地區之幼兒園，因區域內 2 歲以上未滿 3 歲幼兒之人數稀少，致其招收人數無法單獨成班者，得報直轄市、縣（市）主管機關同意後，以 2 歲以上至入國民小學前幼兒進行混齡編班，每班以 15 人為限。……」

三、餐點時間安排

　　《幼兒教保及照顧服務實施準則》第 7 條：「……幼兒園點心與正餐時間，至少間隔 2 小時；午睡與餐點時間，至少間隔半小時。……」

四、午休時間安排

　　依據「112 學年至 116 學年幼兒園基礎評鑑指標」及《幼兒教保及照顧服務實施準則》第 7 條規定，午睡時間應安排教保服務人員在場照護，其時間的規範如下：(1)全日班應規劃適宜之午睡時間；(2)2 歲以上至未滿 3 歲幼兒之午睡時間不超過 2 小時；(3)3 歲以上至入國民小學前幼兒不超過 1 小時 30 分鐘；並應安排教保服務人員在場照護。

五、出汗性大肌肉活動時間安排

　　依據「112 學年至 116 學年幼兒園基礎評鑑指標」及《幼兒教保及照顧服務實施準則》第 8 條規定，每日應提供幼兒 30 分鐘以上之出汗性大肌肉活

動時間，活動前、後應安排暖身及緩和活動。

六、良好作息時間安排宜具備的特性

　　幼兒園作息時間的安排，除了依相關法規的規範外，也需要考量幼兒園的教育哲學理念。不同的教學模式對作息時間的安排有很大影響，例如：有些幼兒園較強調個人需求的教育理念，會採較彈性的安排，個別活動時間較多，團體時間則會減少；有些幼兒園較強調團體的互動，希望兒童和其他小朋友一起遊戲、一起工作，因此採較固定的計畫，雖然個人的興趣、需要、身體狀況不太一樣，但除非特殊情況，否則在預定的時間內，都希望能按步實施；也有希望介於兩者之間的幼兒園，既希望有較多的團體互動，亦能保有個別彈性，則可能在固定時間內安排一些彈性活動，例如：學習區活動、自由活動、戲劇扮演等，使其達成平衡。除了基本教育哲學理念的差異外，一個良好作息時間的安排應具備以下幾個特性：

1. 有個愉快的開始：一天的開始可以是一個個友善的招呼、快樂的團體韻律、顧到個別需要的自由活動、一首問候歌等，可以把它當作幼兒園的特色。

2. 能顧及幼兒基本的需要：會特別留出讓幼兒上廁所、吃點心的時間，也有因各種因素考量，如廁所與教室距離較遠，課程活動安排會需要集體行動。採彈性開放的幼兒園，通常能自由如廁及選用點心。

3. 注意動靜活動的平衡性：長時間的靜態活動會使幼兒情緒變得不穩，而過度的動態活動又常因幼兒興奮過度未能適度休息而過度疲憊。

4. 能兼顧各類型的活動型態：大部分幼兒園會有一天基本作息時間安排表，除了在一天的作息安排能注意到包括室內室外活動，以及團體、小組、個別活動外，愈來愈多幼兒園會在一週作息上做變化，例如：一週有一次戶外教學、一次戲劇活動或藝術活動等。

5. 有變通調整的彈性：大部分幼兒園會有固定的作息安排，但老師的教學活動則是依幼兒的興趣能力發展，時時在變動調整，所以作息的安

排要有變通性，容許臨時的變更調度。

6. 美好的放學時光：每日活動的結束可以有個儀式，例如：一首放學歌、一個道別儀式或預告明日的活動、交代注意事項等，行政人員亦可把它設計成幼兒園的特色。

參、建立支持融合教育實施的行政網絡

一、教保服務應以幼兒為主體

《幼兒教育及照顧法》第 7 條規定：「教保服務應以幼兒為主體，遵行幼兒本位精神，秉持性別、族群、文化平等、教保並重及尊重家長之原則辦理。……」

二、公私協力共同合作

《幼兒教育及照顧法》第 7 條規定：「……推動與促進教保服務工作發展為政府、社會、家庭、教保服務機構及教保服務人員共同之責任。政府應提供幼兒優質、普及、平價及近便性之教保服務，對處於離島、偏遠地區，或經濟、身心、文化與族群之需要協助幼兒，應優先提供其接受適當教保服務之機會，並得補助私立教保服務機構辦理之。……」

三、特殊需求幼兒優先

《幼兒教育及照顧法》第 7 條規定：「……公立幼兒園及非營利幼兒園應優先招收需要協助幼兒，其招收需要協幼兒人數超過一定比率時，得報請直轄市、縣（市）主管機關增聘專業輔導人力。但依性別工作平等法第 23 條第 1 項第 2 款所設之托兒設施為非營利幼兒園者，依下列順序招收幼兒：(1)員工子女、孫子女；(2)需要協助幼兒；(3)前二款以外幼兒。前二項補助、招收需要協助幼兒、一定比率及增聘輔導人力之辦法或自治法規，由各

級主管機關定之。政府對接受教保服務之幼兒，得視實際需要補助其費用；其補助對象、補助條件、補助額度及其他相關事項之辦法，由中央主管機關定之。……」

四、離島、偏遠地區得採社區互助式提供教保服務

《幼兒教育及照顧法》第 10 條規定：「直轄市、縣（市）主管機關應協助離島、偏遠地區國民小學附設幼兒園。離島、偏遠地區為因應地理條件限制及幼兒生活與學習活動之需要，得採社區互助式方式對幼兒提供教保服務；其機構經直轄市、縣（市）主管機關許可設立後，始得招收幼兒進行教保服務。為提供原住民族幼兒學習其族語、歷史及文化機會與發揮部落照顧精神，得採部落互助式方式對幼兒提供教保服務；其機構經直轄市、縣（市）主管機關許可設立後，始得招收幼兒進行教保服務。……」

五、得視需要配置學前特殊教育教師及社會工作人員

《幼兒教育及照顧法》第 17 條規定：「……幼兒園得視需要配置學前特殊教育教師及社會工作人員。……」

私立幼兒園以往對收托身心障礙及文化不利的幼兒，比較抱持拒絕的態度，這幾年少子女化導致私立幼兒園經營不易，加上政策上的獎勵措施，私立幼兒園接納此類幼兒的態度才大幅改善。收托這些特殊需求幼兒，除了教學上要考量個別化教育計畫（IEP）外，還需要建立支持融合教育實施的相關配套措施，包括：

1. 無障礙環境設施：如斜坡道、如廁扶把、可調性桌椅、動線規劃等。
2. 特別人力資源：如學前特殊教育教師、社會工作人員、助理人力等。
3. 老師的特殊教育專業訓練。
4. 跨專業團隊的合作：視需要找物理治療師、職能治療師、語言治療師、心理治療師、社會工作師等的合作協助。
5. 特殊的飲食調配：有些幼兒需要特殊的飲食調配。

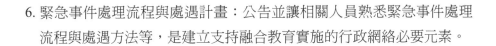

6. 緊急事件處理流程與處遇計畫：公告並讓相關人員熟悉緊急事件處理流程與處遇方法等，是建立支持融合教育實施的行政網絡必要元素。

肆、全園性活動的規劃安排

全園性活動安排可以提供幼兒更多、更豐富的社會、情緒及其他的生活經驗，亦可做為幼兒園與家長的溝通橋梁；在我們的文化裡，節慶活動往往是突顯我們民族特性的最佳表現方式。對幼兒園園方而言，全園性活動的規劃安排，其實也是展現幼兒園特色的最佳機會，但套句俗話，幼兒園園方對它的態度常是「既期待又怕受傷害」，因為一場全園性活動往往要耗上甚多的人力、物力，活動的現場如何掌握往往也是關鍵問題。如何辦個「愉快」而非增加「困擾」的全園性活動，也是教保計畫落實的一大課題。

一、校外教學安排的法規依據

依據《幼兒教保及照顧服務實施準則》第 15 條規定：「幼兒園為配合教保活動課程需要，得安排校外教學。幼兒園規劃校外教學，應考量幼兒體能、氣候、交通狀況、環境衛生、安全及教學資源等，並應依下列規定為之：(1)訂定實施計畫；(2)事前勘察地點，規劃休憩場所及參觀路線；(3)出發前及每次集合時應清點人數，並隨時留意幼兒健康及安全狀況；(4)照顧者與 3 歲以上至入國民小學前之幼兒人數比例不得逾一比八；與 2 歲以上未滿 3 歲之幼兒人數比例不得逾一比三；對有特殊需求之幼兒，得安排幼兒之父母、監護人或實際照顧幼兒之人或志工一對一隨行照顧；(5)需乘車者，應備有幼兒之父母、監護人或實際照顧幼兒之人同意書；有租用車輛之必要時，應依相關規定辦理。幼兒園應考量特殊教育幼兒充分參與校外教學之機會，不得以身心障礙為由，拒絕幼兒參與。」

二、全園活動規劃安排前的考慮

（一）考量需要舉辦全園性活動的節日

　　大部分幼兒園會在下列節日舉辦全園性活動，例如：開學日、幼兒生日、耶誕節、新年、兒童節、母親節、畢業典禮等。

（二）考量可舉辦的活動方式

　　不論節慶活動、生日慶生或參觀旅遊，常用來展現的活動形式有：園遊會、遊藝表演活動、運動會、親子聯歡會、親子聚餐、烹飪野炊、露營、遊行、交換禮物或卡片、同樂會、參觀旅行、化妝舞會、燭光晚會等。

（三）活動舉辦前的行政考慮

　　全園性活動的舉辦通常需要行政與教學的大力配合，有些事情是行政人員要預想做決策的，有的則是需要全體教職員工一起討論決定的。通常行政人員要先考慮的是：

1. 為什麼要舉辦這次活動？對園方、幼兒、家長的意義何在？
2. 什麼樣的慶祝活動較適合幼兒園的教育目標？哪些節日要舉辦慶祝活動？幼兒的生日要不要慶祝？
3. 可能的經費預算為何？能用到多少人力支援？
4. 在何時舉辦最適當？可以既不影響正常作息又能與正常教學活動做連結？如何可以讓幼兒盡興又不致使其太累？若需要家長參與，大部分家長方便來的時間為何？
5. 有哪些場地可利用？天氣變化是否會有影響？需不需要租用大型場地？
6. 可能發生的各種突發狀況是什麼？如何預防及處理？有無應變措施？

　　這些問題在行政人員為舉辦活動而舉行的行政會議前，就應先考慮，但可以不必有一定的答案，有些問題可請全體教職員工提供意見討論後再做決定。

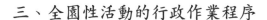

三、全園性活動的行政作業程序

不管在什麼節日、舉辦何種形式的特別慶祝活動，通常活動的規劃安排，除了老師要特別花心思在活動的設計準備外，在行政上也有許多要配合、聯絡、協調的地方。通常舉辦一項活動，在行政上配合的事項如下（有關全園性活動計畫表格，請參閱附錄 8-1）。

（一）召開行政會議

1. 活動目的：要不要舉辦？舉辦的意義何在？是否有違幼兒園的教育目標？

2. 活動形式：採何種活動形式呈現？要不要有表演活動？是否要交換禮物或卡片？家長參不參加？活動如何設計？

3. 活動日期、時段：在日常作息時間內，可用來做特殊活動的是哪個時段？若需要占用半天或一天的特殊活動，在哪一天較適當？如何不影響正常教學又能與教學活動相連結？

4. 活動場地：決定使用場地，討論遇到天氣變化時如何應變。

5. 推舉活動主要策劃人：可以讓幼兒園內的所有老師輪流擔任特殊活動的主要策劃人，於開學時即做安排，或每次推舉。

6. 訂出工作流程及工作分配：此步驟可在會議中取得初步共識，再由活動主要策劃人安排詳細計畫。

（二）準備、聯絡與協調

有了計畫後，接著就是活動準備事宜，雖然活動主要策劃人是老師，所有老師也須擔任分配的工作，但許多準備、聯絡、協調事宜仍需要行政人員處理，例如：去公函告知參觀訪問機構；與有關機構洽商票價、旅遊時間、方式；租用、商借場地；道具、服裝、禮品的製作採購；寄發活動通知；聘請演講學者專家；邀請與會貴賓、特別人士；臨時的人員調度等。

（三）工作進度的督導

　　行政人員除了上述準備、聯絡與協調工作外，很重要的是需要督導工作進度，了解工作分配狀況，安排臨時人員的調度，並處理各種偶發狀況。

行政小錦囊

　　親子聚餐若場地許可，讓父母帶一道菜的材料來和孩子一起烹煮、製作，再以自助餐方式，讓大家一起分享，這比純粹由父母帶一道菜來的方式更令幼兒滿足、快樂！

四、全園性活動行政規劃實例

　　活動名稱：畢業典禮。

1. 主要價值：讓幼兒了解一個階段的結束，正是另一階段的開始。珍惜所曾擁有的好朋友，曾經共聚的好時光，但長大的意義就是要再去交更多新朋友，學習更多新知識。

2. 可舉辦的活動形式：遊藝表演、成績展覽、露營旅遊、馬戲團即興演出、燭光晚會、親子聯誼聚餐、化妝舞會、園遊會等。

3. 決定的活動形式：如上午舉辦簡單的畢業典禮儀式，待活動一結束，大班幼兒馬上出發，開始三天兩夜的畢業旅遊活動；也有幼兒園於晚間辦理，另有一種氣氛。

4. 工作分配準備事項：請參見附錄 8-2。

5. 活動流程：請參見附錄 8-2。

伍、教學資源系統的建立

　　俗話云：「巧婦難為無米之炊」，若無良好的教學資源系統，很難要求老師達到良好的教學品質。所謂的教學資源系統，包括：教材教具的分類整理、常用教學主題的資源、可應用的社會資源人士名單、可參觀旅遊的地點、專業教學資訊的提供等。

一、教材教具的分類整理

　　教材教具若沒有做分類整理工作，很可能使用一次就不知去向，或者掉了零件、有了缺失也沒人管，這樣即使幼兒園買再多教材教具都不夠用，也會造成教材教具東一堆、西一堆的零亂局面。

二、常用教學主題的資源

　　老師的工作瑣碎繁雜，整日與幼兒為伍，實在需要幼兒園園方提供有關教學主題的各項資源，協助其提升教學品質。所謂的教學主題資源通常包括下列幾項。

（一）相關圖片的蒐集

　　可從一些不用的報章雜誌上剪下與教學主題相關的圖片，用資料夾分門別類標示，老師可依其教學需要取用。

（二）與教學主題有關的兒歌、圖卡之製作

與教學主題有關的兒歌，可能需要繪製在大張的圖卡上，對繁忙或缺乏繪畫細胞的老師可能就是一大考驗。若能利用寒暑假或另請人繪製，對教學而言，將是一大幫助。

（三）視聽媒體的補充

有些教學內容實在很難在現實生活中實際觀察得到，例如：稻米的成長、收割、動物的生活習性等，若能提供相關的教學影片等資料，應可擴充幼兒的生活經驗。

（四）教材教具的使用

通常教材教具的整理會依其種類或功能做歸類依據，因可能同一份教具可在不同的單元主題內使用，故建議在歸類整理教材教具時，除了原有之歸類外，再多一道工夫——以單元主題為分類依據，並在其下面標明有關教材教具代號，以方便老師使用時找尋。

三、可應用的社會資源人士名單

幼兒園可應用的社會資源人士之最大來源是家長，可在新生入學時，讓家長填記其職業專長，並做歸類整理以方便使用。除此之外，平時可能就需要將常可用到的社會資源人士，例如：水電工程老闆、雜貨店老闆、特約醫院醫師、護理師、律師等，將其電話和地址做整理，有時一通電話、一個訪問就可幫忙解決不少難題。

四、可參觀旅遊的地點

若能將可參觀旅遊的地點列表，可提供老師在教學安排上的參考。亦可將可參觀旅遊地點及可應用社會資源人士同列一個表格，可能更方便使用。

一般可參觀旅遊的地點，包括：火車站、捷運站、高鐵站、麵包店、商店、超市、美容院、洗衣店、銀行、醫院、小學、圖書館、動物園、百貨公

司、報社、公園、農場、電影院、博物館等。

五、專業教學資訊的提供

教保服務人員在進行教學設計時，常需要藉助一些專業教學資訊，以提供或刺激靈感，幼兒園園方若能提供這方面的資訊，對教保服務人員的教學應會有不少幫助。園方通常可提供的專業教學資訊包括：

1. 幼教有關的專業雜誌、通訊。
2. 一般使用的教學說明。
3. 主題設計的參考書籍。
4. 有關幼兒的專業書籍或視聽器材。
5. 幼兒教保的最新消息、資訊。
6. 設備器材、教材教具的編類目錄。
7. 可應用的地方社會資源及人士目錄。

幼兒園若能建立良好的教學資源系統，才能相對地要求老師運用資源提升教學品質。

行政小錦囊

　　教學資源系統也可說是教學支援系統，也就是建立一套資源系統以支援教學。

第三節　維護幼兒優質學習的教學輔導與評量

教學活動的安排與進行是老師的主要職責，行政管理者宜站在輔導協助的立場，來幫助老師提升教學品質與效果。通常老師訂定好基本的教學方針

與計畫後，須在教學會議中提出，行政人員要考慮場地的使用、調配問題，若需要進行戶外教學，將牽涉交通與機構接洽等聯繫上的問題。某些特殊活動需要通知家長配合或參與時，行政人員可以協助印發通知單，提供場地所需的各種服務與設備。以下將分教學督導與行政協助、教學評量、幼兒學習評量等三項加以說明。

壹、教學督導與行政協助

各班老師的教保日誌或週誌通常會記錄下每日的教學流程、幼兒出缺席情形、特別事件、特別需要輔導兒童、教學省思等。為配合數位化建檔，以橫式設計居多。若發現有需要協助服務的地方，隨時可掌握狀況，這些對行政人員而言，都是個重要的訊息。

對行政督導人員而言，協助「老師專業成長」也是其重要的職責。有的督導會透過教學觀察與討論，提供老師教學改進意見；有的會採較被動的姿態，等老師主動提出問題，再進行輔導；也有些督導會定期召開教學會議，讓老師們交換教學心得，討論所面臨的教學困境，共同研商解決之道。不管是運用何種方式，幫助老師專業成長的活動，一定要配合老師的意願與個別專業成長需求，否則將會事倍功半。

貳、幫助老師改進教學的評量

教學活動主要是老師的職責，然行政人員須與老師商討後，訂定教學活動紀錄表，包括：主題評量（形成性評量）、教保日誌或週誌、簡單的幼兒綜合學習評量表等，以下以表 8-3 和表 8-4 的示例供做參考。

表 8-3 主題評量（形成性評量）可以幫助老師評估主題課程實施的成效，表 8-4 教保日誌紀錄透過每天的教學記錄與省思，可不斷檢視改進教學的問題。幼兒綜合學習評量表於主題課程結束後進行，可檢核幼兒的學習成

表 8-3　主題評量（形成性評量）示例

「形成性評量」是依主題結合學習區課程進行一系列活動之後，選擇重要與重複出現的學習指標設計之評量。選擇到的學習指標，可更換學習指標的名詞，但不可更換動詞，例如：「認-中-2-2-1 依據特徵為 自然現象 分類並命名」，可更換為「依據特徵為 花草 分類並命名」，以○○幼兒園為例如下。

○○幼兒園○○學年度第○學期
「園裡的花草」主題評量表

班別：　　　幼兒姓名：　　　評量日期：　　　評量者：

領域	項目	幼兒表現		
		熟練	發展中	加油
身體動作與健康	1. 覺察種植用具安全的操作技能			
	2. 把玩操作各種素材或器材，發展各種創新玩法			
	3. 在創意想像的情境展現個人肢體動作的組合與變化			
認知	1. 以圖像或符號記錄花草的多項訊息			
	2. 依據特徵為花或草分類並命名			
	3. 運用 10 以內的合成與分解整理數量訊息			
語文	1. 知道知識類圖畫書的功能			
	2. 運用肢體動作表達故事「大自然的化妝舞會」			
	3. 運用自創圖像符號標示空間、物件或記錄種植行動			
社會	1. 覺察自己和他人有不同的想法、感受、需求			
	2. 依據活動的程序與他人共同進行活動			
	3. 尊敬長輩，喜愛與感謝家人			

表 8-3　主題評量（形成性評量）示例（續）

領域	項目	幼兒表現		
		熟練	發展中	加油
情緒	1. 探究「紋白蝶來作客」文本中主要角色情緒產生的原因			
	2. 以符合社會文化的方式來表達自己的情緒			
美感	1. 探索生活環境中花草事物的色彩、形體、質地的美，感受其中的差異			
	2. 運用動作、玩物或口語，進行扮演「紋白蝶來作客」			
	3. 樂於接觸視覺藝術、音樂或戲劇「花草創意秀」等創作表現，回應個人的感受			
老師的話		家長的話		

註：引自蔡春美等人（2023，附錄十四）。

果，老師可以透過幼兒的學習成果再回頭檢視教學，因該評量表屬於幼兒評量部分，列於本章「參、幼兒評量的規劃與實施」，請參見表 8-6。

在《如何扮好幼教老師角色》（張翠娥，1989）一書中，介紹了三種老師教學評估法：老師自我檢核法、教學工作紀錄法、老師教學觀察法，提供老師對自我教學成效改進重要的評估方法。在該書中，提供了一份老師自我檢核表（亦可供幼兒園做為評估的依據），項目包括：教學型態、課程設計能力、幼教專業知識與技能、教學環境布置、教學實施能力、教學評鑑能力、幼兒輔導能力、與家長的關係、敬業精神等，共 124 項。教學工作紀錄法，則是提供一份十天的工作紀錄表格，告訴老師如何利用這份表格記錄每

表 8-4　教保日誌格式示例

○○幼兒園教保日誌（日誌書寫說明）

日期：　年　月　日　天氣：　　出席幼兒數：　　缺席幼兒姓名：	
教學內容	**學習指標**
日常生活學習	戶外活動 生活自理：使用餐點、午休、盥洗如廁、穿脫衣物、清潔整理 （請填寫當日實際進行的內容）	請老師填寫當日可能進行運用的相關學習指標（配合「幼兒園教保活動課程大綱」之實施，幼兒在園內的活動都是課程，所以可以有對應的學習指標，如幼兒園尚未實施「幼兒園教保活動課程大綱」，此欄可刪除或填寫其他內容）
全園活動	慶生會、體能活動，以及性別平等、安全、品格、環境、能源、衛教、本土語言等重要議題教學活動 （請填寫當日實際進行的內容）	
主題活動	實際活動要項：如團討、角落、分組等內容 （請填寫當日實際進行的內容）	
師生互動、幼兒觀察	師生互動：請填寫師生有意義的對話 幼兒觀察紀錄：可記錄幼兒較關鍵發展的、特別的或有趣的行為表現	
教學省思	請參考附錄 8-3「教學省思表」示例之內容	
偶發事件與處理	記錄幼兒在園內發生的偶發事件及事件處理情形	

園長：　　　　教務（教保）組長：　　　　教師（教保員）：

日的工作項目及花費時間，再如何將這些數據轉換成工作分析表，以了解老師如何在工作中分配時間，進而據以提高工作效率。至於教學觀察表則是一份比較複雜的觀察紀錄法，需要別人來協助教學觀察工作，且觀察人員需要經過專業訓練，適合做為教學研究之用。如果對上述三種教學評估方法有興趣者，可逕自參考該書。以下介紹的是較簡易的教學評估方法，提供行政人員發掘問題及幫助老師提升教學效率的參考。

一、觀察孩子的反應

孩子的情緒表達通常是直接的，他們很少會隱瞞自己的感受。有空走過教室，不妨停下來看看，教室中的孩子快樂嗎？注意力集中嗎？孩子是自發性的學習嗎？孩子的表現有創意嗎？整個教室的氣氛是和諧的、還是嘈雜的？教室裡是否浮現出不安、焦躁的情緒？孩子臉上的表情是滿足的？期待的？還是茫然無知、不知所措的？孩子是否敢暢所欲言？孩子對老師的態度是接受信任的？還是敬而遠之的？這些訊息都有助於了解老師教學的狀況。

二、觀察老師的反應

老師本身對教學是否滿意？老師的情緒是否平穩、快樂？都是教學評估的線索。一位在教學過程中遭到挫折的老師，本身一定有衝突交戰的情緒，這些感覺常會不經意地顯露出來，所以行政人員要有顆敏銳的心，能注意到老師的感覺，及時找老師面談，給予適時的幫助。有時老師的情緒不滿不完全來自於學校、課堂，而是由於家庭的因素、個人的情感問題，但仍會間接影響教學品質，所以行政人員不只要關切教學品質的好壞，還要真正去關懷每一位老師，甚至要幫助老師解決內心的難題，才能提高教學品質，留住好老師。

三、了解家長的反應

對同一件事，不同的家長可能會有不同的反應，因為每一位家長的知識

背景、個性都不相同，所以當家長對老師有負面反應時，除了安撫處理家長的問題外，對老師也應從各方面了解事實真相，以求最公平、合理的處理。但如果大部分家長對同一位老師均有相同的看法和態度時，行政人員就應慎重考量、從長計議。

四、利用評量表評量

利用簡易評量表來評量，是較快速、有效觀察教學的方法，但需要花一段時間，至少是一段教學活動的時間，用心觀看及了解才能做評量，如表8-5所示。

有關協助老師專業成長，近年來有學者提出「促進反思與個別化專業成長的教學輔導系統」，頗值得參考，因篇幅所限，請查閱附錄8-4。

行政小錦囊

　　教學活動紀錄表格是死板的，而記錄的活動是活生生的，千萬不要被死板的表格掐死活生生的教學活動，請記得留給教學活動紀錄一點生命。

參、幼兒評量的規劃與實施

幼兒評量包括發展評量與學習評量，係依據教育部公告的「112 學年至116 學年幼兒園基礎評鑑指標」，項目 3.2.1「兒童發展篩檢」之細項 3.2.1 規定：幼兒園「每學年應對全園幼兒實施發展篩檢，並對疑似發展遲緩幼兒，留有處理紀錄」。基礎評鑑是每家幼兒園都必須達成的基本指標，若從幼兒教育專業角度來看，幼兒評量除兒童發展篩檢外，還需針對各項學習活動未

表 8-5　教保服務人員教學評量表

項目		評分要點	等級	評語及備註
教學準備	一、教學活動設計	・能依幼兒的能力、興趣設計適宜的教學活動 ・活動內容充實、富變化，敘寫清楚、容易明瞭 ・符合幼教原理，內容完整可行 ・能經常修正教學計畫，改進教學	5 4 3 2 1	
	二、環境、教具準備	・能布置合宜的教學環境 ・能事先準備豐富的教材教具	5 4 3 2 1	
教學能力	一、教室管理	・能維持教室內良好秩序，引發幼兒濃厚的學習興趣 ・能留意幼兒遵守生活常規 ・能妥當處理活動中的偶發事件	5 4 3 2 1	
	二、教學活動指導	・能採用適當的團體、小組、個別等教學方式 ・能有效地利用教材教具進行生動活潑的教學活動 ・能適當靈活調整教學方法以配合幼兒的興趣與需求 ・能有效地掌握整個活動的流程與活動間的銜接	5 4 3 2 1	
	三、教學技巧	・能兼顧不同程度的幼兒，能注意到每位幼兒的需要，讓大部分幼兒都有參與的機會 ・讓幼兒有機會去思考問題、解決困難 ・能提供多種素材，讓幼兒有創作、探索的機會 ・能給幼兒正向的回應和鼓勵	5 4 3 2 1	

表 8-5　教保服務人員教學評量表（續）

項目		評分要點	等級	評語及備註
教學、學習態度	一、表達能力、溝通技巧	・對幼兒的說明、指示清楚可行 ・能用幼兒聽得懂的語言指導幼兒或與其交談 ・能聆聽幼兒的想法，注意到幼兒的情緒反應 ・能簡單而有效地回答幼兒的問題 ・鼓勵幼兒在適當的時候發問、交談	5 4 3 2 1	
	二、輔導能力	・能用和藹、堅定的語氣適當地處理幼兒的行為問題，而不大聲斥責或體罰 ・能依幼兒的個別狀況、不同的需求給予適宜的輔導	5 4 3 2 1	
	三、師生關係	・課室中的氣氛是溫暖的、活潑的、富鼓勵性，並能促進學習的 ・能與幼兒建立良好關係（老師與幼兒、幼兒與幼兒間有良好的互動關係） ・能與實習老師間搭配良好，相處和諧愉快	5 4 3 2 1	
	四、敬業精神	・能不遲到、不早退 ・主動、積極、有進取心 ・能負責 ・儘量做到不請假	5 4 3 2 1	

註：5：表現優良；4：表現相當不錯；3：表現尚可；2：表現不佳；1：表現極差。

通過評量指標的幼兒提供輔導與協助，並確實檢核與改進。

一、幼兒評量的規劃

為了確保達成教保目標，透過全園及各班幼兒評量計畫，可以了解幼兒評量的規劃是否能藉以了解幼兒的發展與學習情形。基礎評鑑要求每學年應對全園幼兒實施發展篩檢，以了解幼兒的發展與學習情形。通常幼兒園行政規劃幼兒評量業務，需要設計評量項目、評量方法、評量指標、評量時機與頻率等。評量指標應能反映各年齡層幼兒的學習能力及教保活動課程目標。評量項目則需要包括發展評量與學習評量。

二、幼兒評量的實施

幼兒評量計畫的實施，可以評估幼兒在教育過程中達成教保目標的程度。藉由幼兒學習評量可發現幼兒的學習特質及其學習需求，以做為後續輔導之參考。幼兒學習歷程的資料，通常可包含：幼兒學習紀錄、幼兒成長紀錄表、觀察紀錄表、活動評量表、影音紀錄、學習單、幼兒作品、個別幼兒學習分析與總評等，亦有彙整為檔案者，包括幼兒整個學習歷程（學期或學年）的重要資料。整理幼兒的學習檔案是對幼兒整個學習歷程資料的分析與總評，須能描述幼兒的現況能力與需再加強輔導之能力。幼兒綜合學習評量表可參考表 8-6。

為求了解幼兒的真正能力，對幼兒的評量要採多種方式，以便多方蒐集相關資訊，並做專業解讀與分析，也就是幼兒園的評量資料來源與評量方式應多樣化。

「課程大綱」研編小組所提出之六大核心素養的《幼兒學習評量手冊》已於 2019 年 3 月出版，請讀者自行參閱「全國教保資訊網」，並注意參加相關研習。

表 8-6　幼兒綜合學習評量表示例

單元／主題進行期程：_____年_____月_____日～_____月_____日
單元／主題：_____　　幼兒姓名：_____

領域	評量內容	發展中	良	優
身體動作與健康領域				
語文領域				
認知領域				
社會領域				
情緒領域				
美感領域				
輔導建議		家長回饋與簽名		

註：各領域的欄位數量可依需要加以調整。

園長：　　　　　教保服務人員：　　　　　填寫日期：

三、輔導與協助

幼兒園對學習較為落後或特殊項目未能達評量指標的幼兒，應深入了解原因，提供必要的輔導與協助，並繼續追蹤後續發展與學習狀況，以了解輔導效果。

依《幼兒教保及照顧服務實施準則》第 9 條規定：「……幼兒園應定期對全園幼兒實施發展篩檢，對於未達發展目標、疑似身心障礙或發展遲緩之幼兒，應依特殊教育法及兒童及少年福利與權益保障法之相關規定辦理。」《特殊教育法》第 31 條規定：「……身心障礙學生個別化教育計畫，應於開學前訂定；轉學生應於入學後一個月內訂定；新生應於開學前訂定初步個別化教育計畫，並於開學後一個月內檢討修正。前項個別化教育計畫，每學期至少應檢討一次。……」故建議發現幼兒有特殊協助之需求時，應針對一般幼兒的表現未能達到評量指標之能力，最好能於開學 4 週內，就針對落後能力部分，知會家長並採行必要措施，包括提供輔導、改變教保計畫或尋求相關機構提供協助，以確保幼兒獲得適切之教育與照顧。

輔導與協助的方法，包括：擬訂個別化教育計畫（IEP）、轉介相關機構提供協助、特殊幼兒的 IEP、家長聯繫紀錄、相關鑑定與測驗機構聯繫紀錄、個案輔導辦法、個案輔導會議紀錄、社政、早期療育機構通報、轉介資料、通報紀錄等。輔導協助的過程可以寫在教保日誌、幼兒輔導紀錄（含持續追蹤輔導紀錄）、幼兒學習檔案、特殊幼兒的 IEP 等。

四、檢核與改進

幼兒園對幼兒的評量與輔導，應建立一套完整的檢核機制以找出疏漏，力求改進才能協助幼兒表現評量指標所期望的能力。必要時，應依據檢核結果，對全園幼兒評量之規劃與實施進行改善措施，協助幼兒達成評量指標，並據以調整團體及個別幼兒的教保活動課程計畫。評量與檢核改進可以寫成評量與輔導檢核紀錄、內部自我評鑑報告、課程發展及教保會議紀錄等。

幼兒學習評量屬於教學的範疇，行政管理強調的是形成共識、督導實施與檢討，需要處理的則是：

1. 召集老師們討論、選擇，形成共識，以決定適宜的幼兒評量格式、版本及實施方式。
2. 督導老師們確實執行幼兒的學習評量。
3. 召開幼兒學習評量實施檢討會，檢討評估過程遇到的問題，以修訂學習評量方式與內容。
4. 整理幼兒學習評量結果，進行統計分析，了解全園幼兒的學習表現狀況，以做為課程檢討改進的參考依據。

1. 請問幼兒園老師在開學前，需做哪些教學行政準備與計畫？
2. 試設計一個母親節活動（或畢業典禮活動、戶外教學活動、兒童節活動）計畫。
3. 如果你是幼兒園主任，有個班級的兩位老師教學理念不合，經常有衝突事件發生，時值學期中，不便更換老師，請問該如何做行政協調處理，讓幼兒的學習品質及家長抱怨的傷害減至最低？
4. 請自行參觀一家幼兒園，寫下你所觀察到的特色，再對照一下其所訂定的教育目標。
5. 如果你現在有能力辦個幼兒園，你會讓它呈現什麼特色？
6. 請按照你的幼兒園特色，規劃一份作息表。
7. 請試著用簡易的教學評量表去評量某位幼教老師。

第 四 篇

系統間的互動與連結：
暢行無阻的網際通路

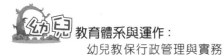

第九章　創造溝通分享的行政領導：
　　　　系統互動的理念

陳素珍

第一節　有效領導

　　幼兒園應該要有好的教學理念，以及充滿信心與熱忱的辦學態度。團隊裡必須要有忠誠的工作夥伴，彼此有共同的理念，永續地合作，而這當中更需要有效的領導來連結整個歷程，因此有效領導是幼兒園最強大的力量。

　　當臺灣幼教進入一個新紀元，呈現出重視幼兒的年代，但此時也似乎最令人徬徨失措；因為環境的變遷、社會型態的變化，促使幼兒教育系統及體制的改變，但這樣的改變有改善幼教環境嗎？有解決大家的疑惑嗎？因為改革過程所帶來的問題，造成了專業師資、環境設備、課程內容的改變，使幼教環境及行政作業措手不及，更不用提執行的層面。在這混沌多元的教育環境中，幼兒園的行政管理是如此的困難與捉摸不定，政策的改變及新的制度使幼兒園必須發展出各種解套的經營策略，也造成幼兒教育在執行與管理上極大的衝擊，尤其在《幼兒教育及照顧法》中所列的條文，強調保護幼兒及學前教育的藍圖與理想，對現階段部分有歷史的幼兒園及有經驗的老師而言，是一大挑戰。然而，此一體制的改革，讓許多幼兒園都借鏡於企業領導及管理理念，目前不論是公幼或私幼，均積極找尋使幼兒園產生卓越績效的管理方法。因此，各種領導理論，不管是傳統領導理論或是現代領導理論，都值得參考。有效的領導是面對目前教育改革考驗最好的解決方向，在各種領導理論中，取出適合園內參考、借鏡或採用的理論加以歸納應用，找尋對園內合適的領導模式，將使幼教的行政體系在有效的領導策略中永續發展（黃宗顯等人，2008）。

壹、行政領導理論

　　行政領導理論以 20 世紀為分水嶺，可分為非實證與實證兩時期，實證時期更分為傳統實證與現代實證兩種。以下所討論的領導理論，將以幼兒園

的組織及園長的領導模式，加以分析及探討。

一、非實證時期

非實證時期的溝通論點以東方及西方文化分之，其中又以哲學為理論基礎。東方代表人物為春秋戰國時代的哲學家，以孔子、孟子等大儒為代表，西方則溯及希臘時代的蘇格拉底等哲學家；隨著研究發展，各時代的思想家也陸續提出不同的見解及看法，進而發展出各階段的領導理論。

二、實證時期

經由非實證時期的理論發展，演進至實證時期。在此時期，依時間、學派及見解的不同，歸納為傳統實證及現代實證，說明如下。

（一）傳統實證

傳統實證理論在初期的發展歷程，依領導風格及特質差異可歸納為特質論、行為論、情境論，以下針對三種理論加以說明。

1. 特質論

特質論的研究認為，理想的領導者通常具有共同的特質與屬性，例如：能力、成就、責任、參與、地位，以及情境等明顯的優勢能力，因為具有此種特質的領導者，其領導的風範明顯成功。以上理論研究確實在特質論時期受到應用與實踐，但隨著應用的對象不同及實施方法之差別，使得組織在領導成效上有所歧異；更進一步地發現，並不完全是因為有領導特質的領導者，就能成為一個優秀的領導者，在領導特質以外，領導者應考慮組織情境及團隊成員可能影響組織的管理成效。特質論後期的研究發現，特質論的實行只能歸納為執行者對執行組織中的了解，而展現出特有領導特質的一部分。

對於特質論深入研究的學者 Stogdill，在他的研究中提出三項結論來平衡特質論的不足，其內容為：首先，僅有領導特質是不足以論斷其領導能

力；其次，領導人的特質應隨著不同情境而呈現出不同特質之差異；除此之外，特質論應統合個人特質及情境因素，隨著時間演進而發展出適合組織的領導風格。研究結論也指出，無法由一個人的特質完全準確地推估出其領導能力。

2. 行為論

行為論的研究證實指出，一個成功的領導者，在決策及行為表現上會有明顯的行為表現。研究的另一項發現，行為特質的歷程通常是內隱轉而外顯的行為表現，所以可以利用領導者的外顯行為來解釋領導能力及領導風格。行為論的領導行為發現，領導者在權力分配及決策過程中，會展現出特定的領導類型。研究結論指出，行為論若以層次來分析，可分為單層面領導行為、雙層面領導行為、三層面領導行為，說明如下。

(1)單層面領導行為理論

單層面領導行為理論依領導者的行為，歸納出三個不同的類型，分別為：權威型（authoritarian）、民主型（democratic）、放任型（laissez-faire）。因為領導風格的差異，產生不同的行政效能，茲將各類型應用在幼兒園組織之說明如下：如果園長採以權威的領導風格，在短期內便能呈現出高效能工作效率，但員工的工作滿意度則呈現較低的狀態；而民主型的領導風格，在工作效能及員工的工作滿意度上，皆呈現高度的正相關，但在決策的過程中確實會花費較多時間；但如果園長採用的是放任型的領導風格，在工作效能及員工的工作滿意度上皆呈現負相關，但此類型的園長讓有能力的員工可以發揮其專業能力，並達到最大的效能。因此，不同風格所領導的幼兒園將呈現不同的成效，幼兒園可依不同的發展階段及教保服務條件彈性應用，使幼兒園能達到最理想的工作效能。

(2)雙層面領導行為理論

美國俄亥俄州立大學企業研究中心（The Bureau of Business Research）的

研究團隊，對於行為領導理論進行長達十年的研究。該團隊所進行的領導行
為研究，經因素分析後，設計了一份可測量領導行為之層面的 LBDQ 量表
（Leader Behavior Description Questionnaire），並將領導行為分為倡導（initi-
ation）與關懷（consideration）二個層面進行分析與研究。該研究發現，領
導行為在這二層面的關係有顯著的正相關，且這二層面的關係是連續交互運
用的相關歷程。也就是說，園長的行為依倡導與關懷程度的高低而產生領導
效能之差異，而這兩個層面的關係會呈現出高倡導高關懷、高倡導低關懷、
低倡導低關懷，以及低倡導高關懷等四種類型。研究結果證明，關懷對於員
工的工作及幼兒園有正面影響，倡導行為則能提高工作效率及教學品質。因
此，園長若能採高倡導高關懷的最佳領導模式來帶領員工，則幼兒園會呈現
出最佳的工作效能，也是園長帶領員工進入最佳的團隊狀態。

(3)三層面領導行為理論

　　學者 Reddin（1970）對於領導行為的研究指出，組織員工在工作層面
（work dimension）、關係層面（relationship dimension）、效能層面（effecti-
veness dimension） 與領導行為模式的關係中，將領導行為模式分為統合型
（integrated）／高工作高關係、奉獻型（dedicated）／高工作低關係、關係型
（related）／低工作高關係，以及分離型（separated）／低工作低關係等四種
類型，而效能型又呈現基本型、無效能型、有效能型等三種（Reddin, 1970）。

　　在幼兒園中，常呈現效能層次之關係，若以研究論點，員工的工作效能
是從有效能到無效能之間的關係，且層次的差異絕非在兩端點，所以園長應
依條件的不同修正領導行為，進而對幼兒園設定有效的工作目標，並帶領員
工朝向共同的目標前進，其中涵蓋幼兒園該階段的情境因素、技術條件（員
工的專業能力）、員工及幼兒園的需求，並將領導架構以領導行為與效能的
關係為發展重心之目標，所以領導行為理論證實，有效能的領導行為應考量
到幼兒園的情境條件，也就是幼兒園該階段的條件（老師、家長、幼兒）及
環境（產生的園內現況與問題）因素，這樣才能達成更有效的領導行為。

3. 情境論

(1)生命週期領導理論

　　研究領導理論的學者 Hersey 與 Blanchard 提出了生命週期領導理論。該研究主張，組織成員及領導者的成熟度將影響組織工作條件及工作成效，因此園長的成熟度關係到領導幼兒園之價值判斷、組織決策，以及組織目標。幼兒園園長與員工兩者的成熟度成絕對的關係，以生命週期領導理論分析幼兒園的領導模式，老師的成熟度將影響其工作態度與工作執行意願，所以在不同情境與老師的不同成熟度中，園長應以老師的角度出發，並採取不同的領導模式，其模式分別為告知、推銷、參與、授權；對於有能力、有意願的老師，應適當地予以授權，而無意願、能力欠佳者，則施予具體指導，以創造幼兒園上呈下達、適才適所的領導成效，進而達成幼兒園的發展目標。

(2)途徑目標理論

　　途徑目標理論是由學者 House 所提出，係針對領導行為進行研究，將有效能的領導行為分為四種不同的型態：指導型（directive leader）、支持型（supportive leader）、參與型（participative leader）、成就取向型（achievement leader）。以途徑目標理論分析幼兒園的領導行為而言，以上四種類型的領導行為應考量到情境因素，而所謂的情境因素指的就是幼兒園的行政文化、員工的專業能力與特性等，園長領導員工時應隨時留意園內情境的變化。以情境變化為主軸，園長在帶領員工朝向行政目標時應思考：如何能掌握情境因素？如何彈性運用適當的領導行為？領導行為的歷程需要什麼？因為途徑目標理論研究顯示，園長的領導效能是領導行為與情境所產生，所以園長應使用以員工為中心的領導行為，重視員工的感受，在訂定工作目標及執行的同時，留意員工的能力、需求（需要協助的事宜），再考量如何領導員工邁向工作目標；因此，途徑目標理論以員工的滿意度來衡量園長之領導效能。園長在執行領導行為時，因考量情境因素，掌握領導行為與情境的變化，能在工作計畫有所改變時，適時調整領導方式，如此便能創造良好的領

導效能（黃宗顯等人，2008）。

　　園長在領導員工時，因為重視高工作結構程度、明確的工作內容及方法，在此條件下的工作環境，將工作內容及結構格式化後，工作環境容易變得枯燥、員工容易產生挫折與不滿，所以園長應該要重視人際關係及工作環境的氣氛；相對地，若工作結構程度較低，園長應加強員工在工作上所需的協助。依 House 的研究結果，如果老師的能力欠佳，歸因取向為「外在控制型」者，應採取參與、支持型的方式，促使員工達成專業成長及成就感。

　　途徑目標理論主張，領導行為在執行上，應以園長的指示行為為指標，員工的工作滿意度為主軸，而且園長應將工作內容及方法清楚地告知員工，加上園內的職權分工有完整的系統，在如此的領導情境下，員工的工作方向明確，有跡可循，才能達到上行下效的團隊氣氛，達成發展目標。

（二）現代領導理論

　　行政管理包含人、事、財、物，其中的人事管理最為不易，加上科技化時代，講求速成的社會型態加劇，機構組織系統日趨複雜，因此不同特徵的領導理論應運而生，也發展出現代領導理論，其中較為代表性的包含：自我領導、文化領導、分散領導、火線領導、加值型領導、服務領導、混沌領導、第五級領導、創新領導、道德領導、課程領導、賦權領導、轉型領導，以及競值領導等。現代領導理論隨著社會環境的需要，除了領導特質以外，更強調管理者對於員工的賦權增能、組織內部衝突下的整合行為，以及組織的危機管理。除此之外，組織及領導效能上更著重創新、願景、文化形塑，以及提升組織價值（黃宗顯，2000；廖春文，2000；蔡進雄，2001），說明如下。

1. 自我領導

　　園長要扮演好領導者的角色，其個人領導風格及領導行為很重要。因為園長除了示範角色以外，更要以身作則，並領導幼兒園邁向成功的管理目標。自我領導（self-leadership）指的是園長個人的形象及專業能力對於環境

及行政管理的技巧，因此園長所應扮演的是一個典範功能的角色，以個人的專業及形象影響全園人員。

　　自我領導理論主張，園長在執行自我影響的歷程中，除了專業及典範功能以外，其領導的立場應將老師併入考量；也就是說，園長及老師共同建立幼兒園目標後，彼此產生自我鼓舞、自我認同的理念，兩者共同去完成幼兒園的教保目標，並提升幼兒園的績效，所以自我領導是園長運用各種方式影響自己及員工去達成領導目標的行動（蓋浙生，2002）。

2. 文化領導

　　文化領導乃是園長引導全園人員共同創造有利於幼兒園的發展文化，協助幼兒園達成提升專業之效能，所以文化領導是透過行動將理念、想法及價值觀轉化為具體執行事項，進而達成管理的目標。

3. 分散領導

　　分散領導理論著重在幼兒園的經營績效及成長，強調賦權式的經營管理；也就是說，園長是以幼兒園的實際營運狀況及需求，以賦予權力或推舉的方式所形成，園長與員工之間的關係以協同、合作、參與之方式執行幼兒園的事務。因此，分散領導模式的領導過程，能提供幼兒園各個單位的專業成長與專業發揮，並使幼兒園的管理達到最有利的管理效能。

4. 火線領導

　　火線領導指的是園長能處理幼兒園的困境，在處理上從容不迫，以理性調和衝突，從各個不同角度解決問題，所以在人格特質上趨向於冒險，無畏於可能發生的麻煩及危險。火線領導型的園長能有效處理園內的危機，並適時面對行政人員及家長的問題，因為園內的緊急事故處理及預防非常重要，就像腸病毒流行高峰期時，如何處理疾病傳染及防治措施、如何在處理過程中建檔及分析等。除了時效及緊急應變很重要，園長也需有效地將風險降到最低，以為將來的防治工作做有效的準備。相對地，在幼兒園的團隊中，對

於火線領導型的園長更需要有合作及配合的人力，如此才能達到有效的合作團隊。

5. 加值型領導

園長的領導型態若重視幼兒園的運作效能，能不斷增加幼兒園價值，則適合採用加值型領導，其領導風格將幼兒園的成員以夥伴關係為經營主軸，並以促進員工認同幼兒園理念、價值為團隊目的。此過程不只能達成幼兒園的教保任務，同時能增加其邁向卓越、提升價值。因此，園長的重要任務乃是建構幼兒園共識，發展幼兒園願景。園長重視教職員工彼此的關係，尤其是園內的人員彼此緊密結合在共同的價值體系中，邁向共同願景，並創造幼兒園更高的教育品質。

6. 服務領導

服務領導理論的特色乃是園長具備以服務他人的理念為優先，領導全園人員在專業上的成長，並且發展出服務他人的理念與想法，所以服務領導是一種實踐哲學與實施理念的領導風格（林思伶、黃國柱主編，2010；Jawor-ski, 1996/1998）。

7. 混沌領導

混沌領導之理論架構重視創新思維與自我能量的構想，其主要特色是，由園長帶領幼兒園成員在心智與行動上之成長，並適當地處理幼兒園的危機及複雜、混亂的環境，進而營造新契機的歷程。混沌領導理論型的園長，必須有信心處理幼兒園中每一件不確定或是模糊的混沌現象之事件，並視此種狀態可能一直存在於幼兒園，也是一種常態的事故；它就像是行政事務中不停會發生的事件，也是幼兒園經營的一部分，因此園長應以開放的態度面對環境的變動與起伏，以達成幼兒園新秩序及新型態的出現。

幼兒園如何面對危機、生存條件，進而調適迎接轉型與革新的本質，就如幼托整合後，在全園人員、行政體系、環境設備、課程轉變中如何因應？

如何帶領團隊？這些都是園長所要面對的混沌環境，也是在考驗園長的領導能力。

8. 第五級領導

第五級領導理論主張，園長應具備專業能力、堅持教學品質，以及追求卓越的人格特質，因為園長對於幼教專業的堅持及不斷地追求進步，所以在思維及領導風格上，常出現一種反直覺、反文化的思考模式，這樣的思維特性常應用於決策行政事宜的基礎。第五級領導理論強調，園長在園內透過觀察，以員工的觀念及需求建立園內的制度與紀律，激發園內的能量，並運用科技、設備、環境、人力資源等各種途徑，以永續經營的理念，促使幼兒園不斷演進，達到卓越的境界（黃宗顯等人，2008）。

9. 創新領導

創新領導理論的特色在於改變與創新，因為隨著社會環境的變化，園長應著重於創新環境與創新教學的營造，其中包含創新思考、創新契機的掌握，以及創新作為的調整，並展現出幼兒園的獨創性與實用性的特徵，進而提升園內的競爭能力與創新的教育環境，達成更優質的教學品質（廖春文，2000；蔡進雄，2001；Lambert,1995/2000）。

10. 道德領導

道德領導之理論基礎在於領導之心、領導之腦，以及領導之手。一般來說，園長帶領著園內成員執行教保活動，都是以個人的價值觀與信念執行行政業務，這就是道德領導所提到的領導之心層次。而影響園長心中的信念與觀點的動機，就是領導之腦層次。至於領導之手，指的是領導行為與領導技術的層次，它是一個行動也是一個執行業務的行為。

以層次的歷程來說，道德領導理論強調，因為理念及價值觀之思維影響，進而啟動在行為及行政事務的作法；也就是說，是信念與價值觀在行為及行動之前。而道德領導所主張的是，一個有效能的園長應以道德、信念、

責任與義務來影響幼兒園成員的動機與行為，進而引領園內成員邁向道德標準的教保目標，最後執行良好的品德教育（單小琳，2001；廖洲棚，1997）。

11. 課程領導

在幼兒園的經營管理中，常會想到經費收入與招生策略，因為這兩者關係到幼兒園的營運，甚至聯想到經營績效，因此很多幼兒園會把經營績效及招生列為管理、領導的主軸。但課程領導理論指出，如果把教學品質列為領導之首，它會是一個更有效的行政管理方向，因為課程及教學受到家長肯定，所有問題都會減少一半，亦即幼兒園的經營已成功了一半。更微妙的是，再多的行政管理問題若能以課程為中心、以幼兒為中心，解決的方法自然容易許多，所以課程領導理論主張，幼兒園應以課程或教學為辦學的主要核心。如何提供適性的課程內容，並安排有效的教學活動是很重要的，園長在進行決策時，應優先推動完善的課程與教學內容，如此一來，專業師資、所需人力、環境設施設備一一加以規劃，隨著計畫執行，就能達到極為有效的行政領導。

12. 賦權領導

科技的社會文化帶動著幼兒園面臨多變的行政革新，因此園長應賦予權力，讓園內人員能有效執行教學工作，其教學自主或行政管理才更有發揮的空間，進而增加工作能力，這樣的領導觀念已成為教育改革及幼兒園效能提升的重要趨勢。賦權領導理論主張，將權力賦予園長，讓園內成員有更大的工作權力，並提到增加工作權力的對象包含老師、幼兒、家長，也因賦權對象的不同，其施行之行政策略也有所差異。當然，賦權領導理論的主要目的是透過賦予權力，促使園內成員提升能力，並達成自我效能，進而邁向幼兒園的行政管理目標（劉軍寧，1992；Smith, 2000/2002）。

13. 轉型領導

　　轉型領導之「轉型」的定義是幼兒園願景的轉化，與全園人員工作動機的轉化；也就是說，幼兒園現況、園內成員在工作動機與道德層次的提升，而園長在執行上，可運用個人魅力、知能啟發、提供獎賞，以及個別關懷等方式，提升園內成員的工作動機與滿足感。

14. 競值領導

　　競值領導理論主張，將人類的心理與領導技術結合，因為人類心理存在著相互對立的價值及標準，而產生內心的矛盾與衝突，因此園長應以平衡的思考模式、多重的角色，以及綜合的領導能力來面對園內的弔詭問題，並創造幼兒園的工作效能，以提升幼兒園的價值，來帶領行政事務的運行。除此之外，當園內處於兩難的困境中，園長也能不斷創造新的可能性，引領幼兒園邁向更高品質的工作效能（黃宗顯，2000；鍾任琴，2000）。

貳、領導的原則

　　從領導理論的研究發現，有效的領導原則是以幼兒園的人、事為原則，在園長有效的領導下，使園內的工作效率提高、員工士氣改善，而它並不只是物質或環境的改變。因此，園長如果能對領導理論加以吸收新知，掌握領導原則，對於員工能適時關心，那就更能得到員工的衷心付出。

　　全園人員的工作對象是可塑性高的幼兒，他們的生、心理發展正在進行中。也因為少子女化的社會現象，讓園內的家長是新手父母的比率偏高，因此需要協助家長發展其育兒相關知識。除此之外，園內常有無法預期的突發狀況，例如：公共衛生、傳染疾病（腸病毒、H1N1）等問題，園內的工作人員所要面對的各種問題難以想像，這樣的工作環境對於員工的付出是無止盡的，要解決的問題是何等的不易，但是它們每天都存在。員工在這艱鉅的工作環境與任務中若要勝任，實在需要很多的協助，但誰來協助？答案是

「園長」，而園長該怎麼協助、鼓勵與支持？此時，園長應多傾聽、多觀察員工的需求，了解其工作專業發展之需求，協助員工成長，當其專業能力不斷進步時，不論問題的頻繁度及數量，員工若能妥善處理問題、解決問題，那園內就沒有問題存在；所以園長應掌握原則，提升員工的專業能力，有效領導，使園內的工作氣氛呈現在最佳的狀態中，才能永續經營。

參、領導願景

　　領導願景關係著幼兒園的成長與發展，強調園長特殊的特質及領導風格，因為園長的特殊特質可吸引具有同理念的教職員工，並建構園內的基本結構，而視內、外在的發展機會成為園內的擴展機會。園長若能建構理想的願景而成為園內的發展目標內容，設立近、中及遠程願景，以成為園內的嚮往與追求目標。一位成功的園長應將自己視為願景建構者，並且扮演稱職的角色，以明確幼兒園的發展方向，使團隊營運有序、發展有略，在這當中，應隨時注意下列幾點：

1. 計畫園內的發展方向，並敏銳觀察發展目標是否有盲點而適時修正，創造出最有優勢的營運環境，邁向成功的發展目標。
2. 面對發展目標主觀及客觀的環境變化，提早發現園內發展的困境及變化，以利調整園內的結構，將可能發生的問題降到最低。
3. 敏銳觀察園內的弱點，並在適當的時機改善，藉由弱點的發現來突破園內的困境，鞏固生存空間。
4. 重視溝通、協調與合作的過程，園長深化員工的情感歸屬及園內的認同狀況，並活化園內的工作氣氛。
5. 訂定明確的願景、理想及發展藍圖，當落實之際，將它轉型為具體可認、可近和可享的現實。

　　領導願景的歷程呈現園內不同生命週期的不同時段，園長應設立階段完成的標竿，促使教職員工有明確的執行方向。換言之，應配合主觀條件，設

定園內目標，引領員工在期限內加以完成。為了落實願景，園長應適時扮演各發展階段的角色，並將理想轉化為實際可碰觸之標的，帶領員工走向優勢變遷，迎向得以生存的特質，以凝聚園內的組織力量，也要時常確認並回報園內人員的貢獻，使園內的願景成為幼兒園永續發展的向心力。

第二節　幼兒園的領導案例及評析

　　本節採用現代領導理論進行案例分析，案例係根據○○幼兒園園長在處理園內危機及團隊合作事件，以做為分析的資料來源；分析的對象是該園事件中的主要決策者——園長。為避免個人隱私問題造成傷害及困擾，文中將對所有相關人物、班級以代號方式處理。

壹、案例說明

一、案例背景

　　有經驗的園長都了解，幼兒園在幼兒傳染疾病防治上的重要性，但有些傳染疾病的防治是相當困難的，尤其是在有限的資源中，防治過程又特別費時費力，所以很多幼兒園對於傳染疾病的防治，真的是束手無策。特別是年齡層較小幼兒在抵抗力弱、免疫系統未健全的生理狀況下，往往出現各類的健康問題；它不是幼兒園的問題，但幼兒園的團體生活確實會增加疾病傳染的可能性。對幼兒而言，幼兒園是第一個團體活動經驗，在生、心理的發展上很重要，但健康議題常常是一個相隨的問題，而且幼兒園與幼兒健康之間的關係，也常給家長一種錯誤的觀念：幼兒太小，上幼兒園會常生病；其實，主要因素是疾病防治、園內公共衛生，以及全園人員對於幼兒健康觀念的認知。確實，幼兒健康及出席狀況是造成招生及幼兒流動力高的重要因素，所以幼兒園對於幼兒健康及疾病防治不得不謹慎。

　　○○幼兒園招收年齡層為 2 至 6 歲的幼兒，含 2 至 3 歲的幼幼班及 3 至 6 歲的混齡班，也因為不同年齡層在同一班級中，造成防治上的困難加深。該幼兒園在平時就有幼兒健康檢核表，園方與家長共同持有表格，已建立家長在第一時間通報發燒或腸病毒的機制及習慣，除了有利於園方第一時間進行消毒、避免群聚感染以外，也能協助家長提高警覺，對於疾病防治效能明顯有幫助。每年 4 或 6 月通常是腸病毒傳染高峰（臺灣的氣候其實一年四季都有傳染的病例），但本案例是發生在 2 月間。

　　事件發生的時間：○○年 2 月 12 日，下學期開學初，因為第一週是開學的適應週，幼兒上半天課，但部分家長下午需要托育服務。該園不同年齡層的活動空間是分開的，班與班之間在室內活動是彼此分開、沒有接觸。這一天下午，因為各班尚有幼兒各 1 名，三班的老師私下將不同年齡層及不同班級的幼兒合併照顧（集中照顧），可省下人力的分配，老師就能將時間做其他的應用。

　　○○年 2 月 13 日：幼幼班上午入園期間，有位家長告知家中幼兒發燒無法進班，下午午睡後，該班發現第二例發燒幼兒（班級老師先行隔離並通知家長接回）。下課後，接獲第一例發燒個案確診為腸病毒；晚間 7 點半，第二例發燒個案家長回報，該名幼兒也確診為腸病毒。同樣是當天晚間，3 至 6 歲班級的兩例發燒病例也在晚間透過家長回報，得知為腸病毒個案。

　　○○年 2 月 14 日：上午 8 點前，各班陸續通知家長因腸病毒停課，園內將進行環境消毒，上午 11 點 25 分接獲衛生所來電，因有家長通報衛生所，園內未達停課標準而停課。

　　在接下來的 6 日內，家長陸續通報傳染人數高達 95%，其中兩例住院，但幼兒都在 14 天的停課後陸續恢復上課；在隔離的 14 天中，各班老師每天與家長聯繫，除了通知疫情的發展以外，並問候幼兒的健康狀況，以及掌握疫情發展狀況，也設計表格記錄幼兒隔離期間的健康狀況。而幼兒園在第一天徹底消毒後，全園淨空，師生同時進行隔離，老師間利用電話及 Line 群組進行園務討論及家長事宜之聯繫。因為 14 天的停課，造成許多家長上班及

請假的困難，同時也有家長對於退費的部分（只退餐費）感到不滿。園長在復課後第二天，便在園內以外的第二地點（避免再度傳染的可能）進行疾病防治說明，部分家長接受園內處理，但部分家長在此停課期間已將幼兒轉離開該園。

○○年5月21日：早上，家長通報第一例發燒幼兒證實為腸病毒個案，下午放學時，園內有了第二例發燒個案，下午6點家長通報為腸病毒個案。

○○年5月22日：衛生所來電通知，因家長檢舉園內有兩例腸病毒病例卻沒有通知停課。園內提出相關紀錄及家長通報時間與幼兒就診紀錄證明，該幼兒第一次發燒時間與第二例發燒時間已超過 48 小時，對衛生所及家長解釋並非 2 日內連續兩例的停課標準（家長接到園方通知的時間與個別得知園內第二例的時間在 2 日內，其所得到的時間是有誤差的）。

腸病毒傳染及防治過程，往往處理的流程很緊迫，團隊的合作就顯得很重要，老師除了要清楚防治流程，更需要對腸病毒的知識有相當的概念，園內也需要家長的合作。幼兒園的疾病防治方式都在家長參觀時已特別說明，所以嚴格的防治流程使家長放心，參觀或報名的家長都已同意園方的制度；該幼兒園已建立口碑，所以家長都能配合嚴格的防治流程，此有利於往後對幼兒的衛生及安全保護。園方執行疾病防治工作程度，是許多幼兒園無法做到的，但該幼兒園都能順利執行，這是管理及制度問題，如第一時間通報發燒病例及發燒在家隔離，最後一次發燒 48 小時後才能進班等嚴格的疾病防治，因為幼兒到園生病的機率大幅度地降低，所以出席率也隨之提高，並建立該幼兒園的特色：衛生很好，全園人員對幼兒的照顧很仔細、無微不至（因為平日的紀錄，老師在第一時間就可掌握幼兒的健康狀況，這是流程也是制度），該園在領導歷程所發展出的幼兒園特色，也發展出良好的行政效能。

二、案例應用分析

（一）火線領導：理解情境

　　該園的地方管轄單位之衛生局規定：「幼兒園於一星期內有 2 名以上幼生經醫生臨床診斷為手足口症、疱疹性咽峽炎或腸病毒（含疑似），依相關規定實施停課……」，因為該園平日已和家長有共識，家長若發現腸病毒病例，便應在第一時間以緊急聯絡電話（該園開放 24 小時聯絡電話）與園方聯絡，所以園方在第一時間即掌握發燒個案，並推估可能病例及平常的幼兒健康紀錄，可追蹤幼兒的可能傳染機率；所以在 2 月份的例子中，園長已掌握到群聚傳染的可能，緊急的處理讓危險降到最低，而在 5 月份的例子中，園長在第一時間進行消毒及防治工作，避免群聚傳染的可能，在園長的有效領導下，使園內的損失降到最低程度。

　　吳金香（1990）指出，園長平常對於資料的建檔應有系統地存檔，故當衛生所提出家長檢舉時，可以在第一時間提出資料，並明確提出具體說明。

　　園長並以市政府的退費標準依法退費，當家長提出質疑時，以法規、公文及園內的處理流程加以說明，讓家長明白園內的防治工作及用心程度，雖然有家長表示不滿，但一切處理皆符合規定，所以園長的處理立場無誤，並在有依據的條件下說服家長，特別是在第一時間就提出說明。

　　14 天的停課造成家長的許多不便，但園方每日的追蹤及記錄，除對疫情的掌握以外，也了解家長的情緒，並在最快時間內召開疾病防治說明會議。雖然部分家長因為此次腸病毒傳染事件之停課而轉學，但在園長經過個案分析得到的數據，多數家長皆認同其處理方式，所以掌握多數家長的認同，也樹立園方的理念及堅持。

　　因為幼兒健康紀錄的資料，讓園方清楚每位幼兒的健康狀況，並推估可能被傳染的個案有明確的依據，加上園方在第一時間即進行全園消毒及公共衛生的處理，在推估及分析是否產生群聚感染的準確度很高（從紀錄內容追蹤，得過腸病毒的幼兒在園內可能被傳染的機率）。雖然園方在進行隔離措

施時，在人力上是有負擔的，但在防治上是有成效的。也因為園內的處理流程讓家長及教職員工都熟悉程序，所以在防治工作上有很好的成效。

（二）創新領導：創新與改變

　　隨著社會環境的變化，提升園內的競爭能力與創新的教育環境，而達成更優質的教育品質是很重要的。該園在第一個例子中，對於家長問題的處理，造成家長及園內人員的不同意見，但園長掌握的主要重點是以幼兒安全為第一考量，再加以說明其作法及立場，因此大家都認同此種出發點是為了幼兒安全的考量。雖然後來該園流失一些幼兒，但樹立了園內的特色，對於招生自然是有加分的效果（舊家長介紹的新生人數多於此次事件所流失的幼兒人數）。李春旺（2005）指出，組織在建立制度的初期，易造成家長以不同意見及不便，甚至無法配合而選擇離開該園，但他們認同該園以幼兒為主體的行事風格，爾後，新進幼兒家長對園內的行政措施就更能配合。園長在各種事件處理上表現出專業與堅持，讓該園在行政管理及領導上更能說服同理念的家長，也更提升該園的教育品質。

　　領導的概念是幼兒園行政的重要課題，園長要面對的工作非常複雜，同時有人、事、財、物的因素相互影響，所以在處理問題時，很難有完整而明確的標準可供依循，許多重要的決策與後果均難以評估或預測，所以園長除了平時應多吸收領導的新知外，經驗也很重要。為了累積經驗、累積能力，因此園長要多嘗試各種可能的作法，為園內創造更多的發展機會。

貳、評析

　　從上述案例可以了解，有效領導的重要因素有三：幼兒園的目標與發展、專業引導與成長，以及領導藝術，茲分別說明如下。

一、幼兒園的目標與發展

　　園長需要領導教職員工規劃幼兒園的目標及發展特色，不論在行政、教學、總務等各領域，應依園內條件及狀況訂定發展計畫。以上的實例讓園長了解，公共衛生及幼兒發展對於學齡前教育及保育的重要，所以應堅持目標，訂定明確的工作內容，即便在執行發展目標的歷程中，產生了不同的意見或面臨困境，園長依舊能帶領著團隊邁向發展目標。

　　園長的應變能力也是一個重要的範疇，百密都有一疏，再周詳的計畫都可能會有意料之外的變故。園長在腸病毒的防治過程中，要面對內部及外顯的工作挑戰，此時園長要具備良好的應變能力及危機處理能力，臨危不亂，在一連串的事故發生歷程中，園長應冷靜地提出相關佐證資料（如幼兒的腸病毒就診資料、教保服務機構退費標準、園內平常例行的防治工作與緊急應變處理機制），來說服家長，因此冷靜是一個領導素質。任何周詳的計畫都可能因執行情況的不同，被迫改變，作為一個好的園長要有應變的能力以及危機處理的能力。

　　危機就是預料之外的狀況，對於任何一件事都要準備有可能會發生意想不到的事，若發生意外或變故時，應保持冷靜，讓自己及團隊從困難的處境走出來。園長要以客觀的角度分析事態，這樣的應變有助於問題的解決及事務的決策。一位有信心又有經驗的園長分享到：「我沒有什麼過人之處，但我的經驗比別人豐富，擔任園長以來，時常在風平浪靜時，突然打起雷、下起暴風雨，身為園內的園長，我需要冷靜，因為如果我自己混亂起來，我的團隊便會潰散。我很明白，我有責任保持冷靜，這是我必須要做的，這是園長要領導團隊邁向目標很重要的態度。」

　　園長在引導團隊朝目標前進時，應該要能言善辯、當機立斷、臨危不亂，以便贏得教職員工的信任。如此，園長便能領導教職員工更具創造性及有效性，帶領團隊發展園內的發展目標。

二、專業引導與成長

所謂「專業」乃是指，園長及園內人員於職前階段經過長期的幼兒教育及保育等相關知識訓練，具備幼兒教育及保育的學識與能力，能以服務奉獻的精神，不斷對於教保相關知識加以研究及進修。進入職場後，在幼兒園服務期間，應遵守職業倫理道德的規範、成為幼兒園的組織成員，且能組成自治團體（團隊責任），以尋求幼兒園與家長的認可、信賴與支持。除此之外，「專業」仍需不斷「成長」，只有「專業」而無法持續成長，其專業將會隨知識的日新月異而面臨淘汰；「專業」如果不知精進，故步自封，也會因此而消逝；所以「專業」加上「成長」，才能讓個人及幼兒園發展出特色及永續經營。在上述實例中，園長本身已具備足夠的專業能力，但引導教職員工在專業上的提升及成長，才是一大挑戰。在疾病防治工作上，除了家長的意見，教職員工的相關知識及常識也需要提升，在這過程中，除了增加員工的工作量以外，資源的付出也是必要的，所以額外付出的時間及金錢，也是考驗園長的領導藝術。

三、領導藝術

領導與溝通是相輔相成的，因為園長要有能力讓大家願意聆聽他的指令，才能達成領導的要素。而溝通是雙向的，園長要懂得聆聽的藝術，因為懂得聆聽，才能讓人很喜歡對他們說話；如果你是一個不願聽員工意見的園長，例如：員工對你說話時，雖然你表現出很有禮貌，專注在聆聽對方所言，但一回應，便知道你根本沒有用心聽；一個無法把員工的話聽進去的園長，就像一個不會用心聆聽別人說話的人，這樣實在無法說服別人，因為他無法理解別人怎麼想或想什麼。

領導的另一項藝術則是決策。在上述實例中，園長帶領員工前進的方向，例如：園內為了隔離、停課等相關議題進行討論時，沒有人知道哪一種形式適合，有人建議停課，有人擔心家長無法配合，這時總要有一位有權威

的人站出來說：「停課。」進一步則討論配套措施，於是大家便能停止爭論，一起追隨。在這過程中，園長的決定不見得是最好的，但當他決定後，要讓員工們有信心跟隨；因為一個有能力的園長，就算跟隨著他的路途是更迂迴、更曲折、更艱難，若他的團隊對他有信心，就始終不會動搖。就因為有信心，在園內的團隊合作之步調一致，能克服園內的一切困難，並安全邁向園方的發展目標。當然，有人會問，如果你所信任的園長做了錯的決策，怎麼辦？這是有可能的，所以有智慧的園長在決策之前，應該聆聽員工的各方面意見，進行周詳的考慮，儘量避免犯錯，決策的重要性就在此。因為大家都不知道對或錯，或者是該事件有眾多意見、無所適從的時候，此時園長的決策能力最為重要。園長要做出決定，且讓人相信跟隨他是對的，這就是園長的領導能力、領導藝術。

第三節　幼兒園與溝通

任何一個團隊都有其成立的意義，而團隊成立後是否能維持長久，則視團隊的協調一致性而定。行為規範與行為準則可達成團隊一致的認同與思維，其中又以溝通為基礎，如果沒有良好的溝通，則組織將產生負面效應，尤其是成員之間的疏離與不信任感，更會造成彼此之間的衝突。因此，幼兒園的規範與準則是必要的，而且應在溝通的前題下實際產生效果，因為在園內或多或少會有一些不同意見，園內的規範與準則將會協助其溝通時有所依循。除此之外，溝通的過程應掌握協調的目的，並以分享資訊為主軸，其分享內容可包括：園內目標、工作內容、決策過程等，溝通過程也別忘了「良好的情緒」及情感分享，讓彼此達到有效的溝通（張潤書，1998；陳奎嘉，1980；萬淑娟，2002）。

壹、溝通與衝突理論

依據心理學家 E. Fromm 於 1956 年的研究，組織在一天的工作過程中，主管平均花費 78%的時間用於與組織成員的溝通，可見溝通是何等重要的議題。廣泛的溝通定義指的是，兩人以上相互交流訊息的行為，更具體而言，溝通在認知層面乃是指以文字、信函、符號分享對某事務或現象之資訊。

通常，溝通不良會造成組織衝突、利益衝突、觀念差異、認知不同，若以層次的角度分析，衝突可分為垂直衝突、水平衝突、斜向衝突、角色衝突。所謂垂直衝突指的是上、下階層之衝突，如園長與老師們的衝突。水平衝突指的是平行部門或單位之間的衝突，在幼兒園中，活動組、教保組等不同單位有時會因為園內的活動及前置作業的不同意見而產生衝突。斜向衝突指的是幕僚單位與實作單位之間的衝突，就如在幼兒園中，行政單位在人事安排或行事決策之前後，因與老師有不同意見而產生的衝突。角色衝突係指角色扮演差異所引發的衝突，如教室內協同教學的老師，彼此雙方在工作分配及工作認定的差異而產生之衝突。

以上這些衝突類型中，又以角色衝突最常發生在幼兒園裡，其產生的因素往往是訊息分歧或角色壓力，很頻繁地引發角色衝突，特別是在角色負荷過量，無法達成個人被期待的角色表現時之衝突，常發生的有：角色傳訊者的衝突、角色傳訊者之間的衝突、角色的衝突，以及角色規範的衝突。

其中，角色傳訊者的衝突指的是，角色定位應有的擔任工作及分配而產生不一致的情況或壓力，例如：園內教師或教保員在角色的認定、工作內容、工作分配及自我認定與實際狀況不一致所產生的衝突，尤其是在進入職場第一年或第二年的新教師或新教保人員，在期待與現實工作有落差下，也對自我角色衝突趨勢增高。而角色傳訊者之間的衝突，乃指不同角色的定位及其責任、工作分配產生不一，彼此所產生的衝突。

角色的衝突指的是一個人因扮演著不同角色所產生的壓力與衝突，例如：園內老師兼任行政工作，處理班務及行政業務，在工作內容及角色上的

認定與角色扮演所產生的壓力與衝突。角色規範的衝突指的是，角色規範或個人價值標準不一致的衝突。

　　在幼兒園的組織中，因為衝突而產生溝通的必要，消除衝突、建立良好的溝通管道，是園長在領導管理歷程中重要的任務（吳清山，2005；孫本初，1997；詹中原，2004）。

貳、有效溝通

　　溝通指的是將訊息予以分享。溝通的意涵以行為層面解釋，是除了資訊分享外，進一步指的是集中於刺激與反應間的關係。因此，要引起對方的反應，溝通才算終止。溝通包括：認知層面、期待層面，以及互動層面。

　　溝通的目的包括溝通情感、激勵士氣、資訊傳遞，以及任務控制。因此應透過溝通，並進一步澄清任務責任的劃分。溝通本質含溝通作用、溝通路線、收受作用到溝通接受，所以當園長的理念、想法需要傳達時，便產生溝通本質，也就是因為需要，所以產生溝通作用，此過程便形成溝通路線，彼此達到接受與被接受訊息，當接受與被接受彼此達成時，則產生溝通效果（吳清山，2003）。

參、團隊合作

　　和諧的團隊是幼兒園在邁向園內目標時很重要的條件，相對地，如果園內有衝突存在，則會防礙團隊合作，所以在討論團隊合作的前題時，應分析造成衝突的因素及如何消除衝突。

　　衝突管理或危機管理指的是，當幼兒園發生衝突事件時，園長如何消除衝突的管理科學。研究管理的學者 Thomas（1976）針對衝突管理指出五種消除衝突的方法，其中包含：合理競賽、協調雙方合作（collaboration）、規避（avoiding）、折衷、調適（accommodation）等（Thomas, 1976）。

合理競賽指的是在產生衝突時，可以將彼此間的衝突加以協調後，訂定規則，以公平競爭的方式，協助彼此消除衝突，而轉化為園內工作的另一股能量。當園內有衝突發生時，另外一種方法則是雙方以合作的方式來消除，由園長協助溝通，找出問題點，在彼此都對客觀事實更進一步了解後，協調雙方合作，取得雙贏的局面，這是解決衝突的良好方法之一。

有些衝突在短時間內無法解決，採取規避的方式可以減少直接糾紛的發生，在足夠的思考時間及情緒條件下，讓事情處理得更理性，衝突也因此能迎刃而解。在這規避的過程中，要集思廣益，發展出更完善的消除衝突之好方法，但要留意，應避免逃避的心態，因為規避是處理衝突的方法，而逃避則是製造另一個衝突的方法。

幼兒園利用分享成果而採取的折衷作法，也是消除衝突的一個好方法。因為衝突的發生通常是只想到自己的立場，以及對事件事實的誤解，所以分享成果的過程能讓彼此雙方進一步探究自己沒有思考到的角度，在感受不同的情況下，有利於彼此衝突的消除。

除此之外，採取調適的作法也可以使衝突降低。園內老師所要面對的工作很繁瑣，任務及責任的承擔有時無法平衡，一時間，對於問題的解決能力較弱，對於事務的處理也較容易產生衝突。解決的方法是以足夠的適應時間、工作的先後順序及輕重緩急調配，讓園內的員工能調適角色，也調適面臨的衝突（林天祐等人，2017；林明地、連俊智，2008）。

 ## 第四節　幼兒園的溝通案例及評析

壹、案例說明

一、案例背景

○○幼兒園園長的理念是以課程領導為園內的領導模式，所以一直以來

都以優良的教保品質為園內行政管理的共同目標，對於教學更以高標準的要求為領導原則。園長本身，凡事必定親力親為、以身作則的示範作為，受到家長高度的肯定，尤其所帶領的團隊，給人的印象就是以幼兒為主體的教學內容及專業的師資；另外，園長最自豪的是員工的福利，除了優質的工作環境外，良好的待遇更是讓其他幼兒園的員工羨慕不已。

在一次學期轉換的過程中，老師們集體請辭，讓園長一陣錯愕，當園長一一進行溝通後，發現所有問題其實都是一直存在的——老師為了提升專業的能力、自我成長的要求，以及對幼兒園的期待，長期處於壓力及身心俱疲的狀態；他們的問題也涵蓋一連串的工作衝突，其衝突來源分別來自家長的問題、工作內容繁重，以及工作分配不公等。

二、案例應用分析

（一）認知不同：園長與員工之間的認知不同

園長的辦學理念強調課程領導，以及專業幼教的社會責任，所以提高教學品質、重視親職教育，帶領著老師、家長一起打造一個良好的環境，以協助幼兒成長。以園長的立場，這是幼兒園，它的服務對象是幼兒，能帶領家長與老師一起成長，為幼兒預備完善的學習環境，所以成人的責任是多一些，且老師做的事是重要且神聖的工作，因為這是在建構幼兒未來的人格，也在建構大家未來的幸福，並將園內教育及幼兒家庭教育做了很好的連結，這當中確實是有很好的績效，家長給園方的口碑也很好。

雖然老師在教學及專業能力上確實成長很多，而且園長帶領教職員工們看到了成果，但在體力及時間的負荷上卻使得老師們無法勝任。雖然園長在每學期期末都會進行會談，談談工作、談談老師對於園內行政的實施看法，而老師所提的問題透過園長的解釋是能理解的，但卻無法完全做到，除了立場不同，在短時間內也無法完全達成。

園長的處理策略是將園內的發展目標、工作內容及工作進度加以調整，在一至二學期內暫時沒有新的工作規劃，以加強現階段的工作內容及品質，

也就是說，保持老師現有的工作內容，加強工作的熟悉程度，提升工作的品質及流程的順暢，讓老師在熟悉的模式下進行有效的教學活動；而行政的支援，除了增加人力以外，並分散工作量，例如：活動組的節慶活動（如母親節活動中，親子活動的形式和上學期一樣，但以不同的地點呈現），在變化較少的情況下，掌握一樣的好品質，而且工作量的降低能協助老師調適工作，並穩健提升教學品質，這同時也讓老師感受自己所付出的成果，如家長們的回饋、幼兒的成長、班級經營管理的成熟等，讓老師看到自己專業能力的提升，從成就及工作滿意度來消除工作衝突。

（二）角色衝突

老師所要扮演的角色除了老師本身，亦有兼任行政工作，繁瑣的教學工作讓已婚的老師面對家庭及工作，常不易調適，而未婚的老師則要站在家長的立場，協助家長認識園內的教學工作，但這對未婚的老師來說，要體會父母（家長）的角色並不容易，況且多數老師尚年輕，甚至部分老師是剛從學校畢業的新手老師，除了工作以外，希望能有一些自己的時間；而他們的衝突是，面對工作生涯的前幾年除了經驗不足，教學的應用更是一次又一次的練習與嘗試（大部分新手老師感受到，師培的實習課程及時間並無法讓新手老師進入職場時就能馬上勝任），他們現階段在工作上最需要的就是以時間來換取經驗。

此幼兒園所採用的是開放教育之課程取向，老師為了提高專業新知需不斷進修，但雖然專業提升了，知道怎麼做，卻無法完成落實，其原因有二：一是本身的成長背景就在傳統東方的教育環境中，在認知及觀念上已不容易改變；再者是家長的問題，即使老師努力將所學的應用在教學環境中，但在面對幼兒現階段的生活環境，以及家長無法完全配合的情況下，就無法實踐理論的教育精神。久而久之，老師們在此多重的工作衝突及角色衝突中，就會慢慢失去工作熱忱及動力。

園長經由溝通發現問題，與老師們討論出他們的期待，共同規劃彼此可

以接受的解決方案，並在如此繁瑣的工作內容中分階段進行，協助老師共同擬出工作內容及進度，在每一個階段完成後再進入下一個階段；其中，除了明確的工作內容以外，並有明確的百分比為工作指標，讓老師們清楚了解工作內容及標準，如此才能協助老師掌握自己的現況及未來的成長方向與內容。

貳、評析

從上述案例可以了解，有效溝通的重要因素有三：專業與溝通、危機與協調，以及省思與成長，茲分別說明如下。

一、專業與溝通

在行政管理事務中，溝通是無所不在，更是不可或缺，包含：教學及行政間的溝通、老師在教學間的溝通、教師與家長在教養間的溝通，甚至於園長與教職員工之間開放的理念溝通等均是。園長利用每學期一次的期末會談是很好的方式，除了讓老師們有機會表達想法，也能分享領導理念。

雖然溝通無所不在、不可或缺，但除了內容及對象的差異外，其通則是一樣的；除了技巧以外，態度更為重要。在幼兒園內，員工具有專業素養，如何讓彼此間更具體地了解大家的想法及作法，則是應以謙虛的態度，說出自己的想法並接納、包容對方的意見及想法，即可降低距離感，工作也將事半功倍。而接納與包容其實是溝通歷程中最難的部分，個人往往都只考慮到自己的想法，對於要接納不同意見而共同執行一件事是相當不容易的；但凡事都有一體的兩面，也絕對不是二選一的單選題，園長及員工彼此要隨時提醒自己，園長也應放下個人身段，以誠懇的態度和比其資淺或是不同意見的員工進行溝通。在這過程裡，園長擁有成就的同時，依然可以有謙虛的心胸和員工們共同討論他們的需求，並設計不同階段的工作內容，如同麥穗的彎腰哲學（愈成熟的麥穗愈懂得彎腰）態度，拉近彼此的距離，能各司其職，

各有專精，各自在園內確實發揮各自的成就。團隊不是一個人可以完全擔當的，團隊需要的是大家的合作力量，所以園長與員工進行溝通時，其表現出溝通的技巧和友善的態度，是專業實現的重要基礎。

在幼兒園團隊中，需要專業、更需要溝通，因為溝通讓彼此的專業得以執行，專業讓彼此實現了成就。所以，願意溝通的態度就是一種謙虛的表現，溝通也幫助彼此的專業更添光彩。

二、危機與協調

和諧與合作是任何一個幼兒園所期待的團隊氛圍，但園內每個人都有自己的想法，各自的認知不同，對於園內的運行也有不同的角度及不同的看法。園長的想法雖有利於幼兒園，但若和員工的想法不同，這過程難以避免的便是「衝突」，如何消除衝突及降低傷害是園內運行中的重要課題。以上述的實例，不論是理念衝突或是角色衝突，在園內已產生危機，如何協調並解決衝突而降低或避免危機，是溝通的重要歷程。

一般由知覺而產生彼此的衝突，而衝突來自於生理上的外顯反應及內在企圖所構成，換個角度探討，衝突是個人積極追求自我喜好的結果，若一方達成結果，另一方則會排除達成喜好的結果或可能性，所以彼此間便會產生敵意或衝突。當園長達到優質的辦學環境時，老師們卻因為過多的工作及壓力而在園內產生了管理危機。尤其是這個危機來自於觀念和認知的分歧，在幼兒園中為了達成目標，不同的看法與意見最容易產生衝突。園長在領導員工邁向園內目標時，需要團隊共同合作才可能達成，當危機產生時，應以良好的溝通達成共識，解決衝突，團隊以協調的認知及想法，共同朝向未來目標。

三、省思與成長

因社會變遷帶動老師在思考及問題解決上的看法各有不同，尤其是園內的老師因經驗及成長背景的差異，使得專業的信念及自我實現的觀點也不

同，所以園長可以利用省思的方式，讓老師從教學的進步、家長在幼兒聯絡簿上對其教學的肯定，到每次的親子活動及園內活動等，獲得工作上的成就感。雖然付出很多時間準備，但活動的歷程從無到有（活動企劃、活動執行、活動檢討），且一次比一次進步，園長以引領自我省思的具體行動來促進老師的專業認同及自我肯定，是值得重視的方式。

行政小錦囊

　　園長的領導能力很重要，除了注意溝通的原則之外，有效的溝通才是解決問題的根本。園長應依園內的情境設立不同階段的發展目標，並隨著員工的執行情況，敏銳觀察員工的需求，並適時予以協助，或保持良好的溝通管道。

1. 試以本章第二節所提的腸病毒防治過程之案例，說明園長可遵守的四個有效領導原則。
2. 試以本章第三節所提的幼兒園溝通案例，提出幼兒園同事間三個重要的有效溝通原則。

第十章　幼兒園與家庭、社區：外系統與微系統的互動

蔡春美、張紹盈

第一節　幼兒園與家庭、社區聯繫的重要性

　　幼托整合後，有關幼兒園的法規已陸續發布，我們可以從下列法規的重點，發現幼兒園與家庭、社區聯繫的重要，茲擇要臚列如下：《幼兒教育及照顧法》第五章規定「家長之權利及義務」（第 35 條至第 41 條）；《幼兒教保及照顧服務實施準則》第 18 條明定：「幼兒園應提供幼兒之父母、監護人或實際照顧幼兒之人教保活動課程及幼兒學習狀況之相關訊息。……」

　　以下分別從幼兒園與家庭、社區間的關係，以及家庭與社區是幼兒園的重要社會資源等兩方面，說明幼兒園與家庭、社區聯繫的重要。

壹、幼兒園與家庭、社區間的關係

一、幼兒園與家庭的關係

　　家庭是社會組織的基本單位，也是個人社會化的第一個場所，其具有三種社會特質：第一，家庭是人類社會的基本團體；第二，家庭具有普遍性，是一切社會組織的根源；第三，家庭本身是一種具有社會交互作用的制度（林清江，1977），每一位幼兒都須從家庭獲得其生長發展的物質與精神支持。幼兒園的教育對象是幼兒，由於每一個幼兒來自不同家庭，有其特殊的教育背景，因此幼兒園的教育方針、課程活動的安排，都必須兼顧各個幼兒的不同家庭背景。

　　家庭對教育的影響很大，對幼兒的人格、語言發展、價值觀念、行為型態的形成過程，具有舉足輕重的影響力，而家庭對幼兒所提供的非正式教育又會反映到學校教育，所以家庭教育的方式與父母親對子女的管教態度，對於幼兒的學習、抱負、行為，以及老師的教學，甚至是學校的行政，都具有關鍵性的影響作用（林清江，1981）。

　　幼兒園想達成其教育目標，則需每一個幼兒的家庭都能給予良好的家庭教育，尤其是幼兒的父母親必須要有正確的教養態度，能與子女建立良好的親子關係，提供子女較佳的學習環境，對幼兒教育有正確的教育觀，如此相輔相成才能真正使幼兒快樂健全的成長。可見親職教育的推展、家長參與幼兒園活動的計畫，是現代幼兒教育機構非常重要的工作。

　　幼兒園與幼兒家庭的關係並不是單方面的，事實上是雙方面的，彼此依存、共生成長。建立良好的幼兒園與家庭關係，須注意下列兩點。

（一）幼兒園不能完全成為家長的利益代表者

　　通常家長會以「消費者」的立場對幼兒園有許多要求，尤其是私立幼兒園較會遇到這種情形，但是從教育的立場來說，幼兒園不能為符合家長的願望而改變其教育內容，而必須有其辦學理念與教育方針。「消費者永遠是對的」這種理論，可能是良好的經濟學原則，卻不是良好的社會學原則（林清江，1981），引用到學校教育方面尤不相宜。幼兒園不僅要考慮家庭的利益，同時也要考慮何者對幼兒的學習才是真正有益處。在利益衝突的情況下，老師的專業知識及專業判斷是最佳的衡量工具，這也是幼教老師需要專業教育的根本原因，例如：不同社會階段的家庭，對子女的教育態度與未來的職業期望，差異頗大；幼兒園若一一反映這種差異，等於助長社會不平等的觀念與現象，而與教育的主旨相違。所以幼兒園不能成為家長的絕對代表，否則幼兒的生活領域會受到個人家庭背景的強烈限制，而失去學校教育的真正目的。

（二）幼兒園不能僅做家庭教育的矯正者

　　很多家長以為家庭無法單獨教育其子女，因此將幼兒園視為其子女接受教育的輔助機關，要求幼兒園對其子女做補充性的改進，例如：在勞工家庭中，約束子女行為方面最感困難，因此希望幼兒園協助其子女的行為訓練工作；中上社會階層的家庭較無這方面困難，卻特別希望幼兒園重視其子女的群性教育，使幼兒的社會適應良好，與他人保持良好的人際關係。這些見解

是假定幼兒已在家接受適當的教育，但顯然可見的是：並非所有家庭都具備絕對理想的社會化環境，每個家庭都可能有許多缺陷及限制，而且幼兒在各種家庭所進行的社會化過程也各不相同，如果幼兒園只做家庭教育的補充或矯正工具，則將不免反映各個家庭的缺陷及紛擾，從學校教育的立場來看，這也是錯誤的，因此幼兒園應該有其自身的教育方針與目標，而成為家庭及廣大社會之間的橋梁。幼兒園的教保目標、教學內容、教學方法及行政體系，均應做適度的安排，以善為運用教育的力量，保存家庭的優良影響，並消弭其不良影響，尤其在社會變遷劇烈、家庭結構不斷變化、單親家庭增多的今日，幼兒園與幼兒家庭之間的關係更是密切而重要。

二、幼兒園與社區的關係

（一）社區的涵義

「社區」（community）一詞，源自拉丁文的 communis，意指伴侶、共同關係及感情（鄭熙彥，1985），其現代的意義有二：一是普通用語，指在日常生活中，一群人所生活的一個特定區域，例如：臺北市的民生社區、安康社區等；二是學術用語，認為社區是一社會單位，而非法定單位，每一社區都可能是一較大社區的部分，又可能是由其他較小社區所組成。它是占有一定區域的一群人，因職業、社會文化等的不同，而造成各種不同的自然團結之地域。他們與其所生存的區域相契合，彼此間存在著一種休戚相關、禍福與共的感情。具體來說，社區應包括下列幾個要素（徐震，1992）：

1. 它是有一定境限（境界限制之意）的人口集團。
2. 它的居民具有地緣的感覺或某些集體的意識和行為，具有從屬感與互相依賴感，並能採集體行動以期實踐共同目標。
3. 每一社區都會發展出各種形式的規範，約束著其中的人們。
4. 每一社區都會遇到某種問題，而使社區居民團結起來解決問題。
5. 它有一個或多個共同活動或服務的中心。

（二）社區的分類

通常依性質將社區分為兩類，即鄉村社區與都市社區。鄉村社區是由住在一有限地域內，有共同利益與共同滿足其需要之方法的一群人所構成的，其通常以村或鎮為中心，其範圍比鄰里大。社區居民的職業大致與農事相關，居民相互接觸的機會比較少，但多是直接的。

都市社區可說是一個集中在一有限地域內的人口集團，其主要營生方法不是直接依賴自然或耕種以獲得食物，而是靠工商業、人事服務及其他專門技能。在社會活動與社會關係上，多半是集體與間接的。

社區活動中的教育活動是相當重要的。家庭是最初教導幼兒的地方，鄰里的遊戲團體、教堂及圖書館也發揮不少教育的功能，而社區的公共場所也提供非正式的教育資訊，例如：電影院、布告欄、KTV、網咖等，而幼兒園在社區中，往往是教育的主要據點，所以幼兒園有直接命名為「某某社區幼兒園」者，可見幼兒園與社區關係之密切。如果某一社區沒有幼兒園，那麼該社區的幼兒上學就會相當不方便，反過來說，如果幼兒園附近的社區無法提供幼兒園各種生活資源、交通、治安、衛生醫療等的支援，那麼幼兒園的生存也一定會受到威脅。

（三）幼兒園與社區的互動關係

幼兒園與所處社區之間的關係是息息相關、需要密切合作的，茲舉幼兒園與社區的互動關係說明如下。

1. 幼兒園並非孤立的組織

幼兒園並不成立於真空之中，其實際結構會受外在社區環境因素的影響，這些因素包括：所處社區的人口變化、社會階層結構、社區行政型態、勞動市場、宗教活動，甚至一般居民的價值觀、教育觀等。一個社區並不是單純由人口的聚集及社會機構的存在所形成，同時還是傳統、態度、價值觀念，以及共同意識的融合體。

2. 幼兒園為改善社區生活的主要機構

　　幼兒園與社區的聯繫，並不僅僅是指社區物質文化與幼兒園活動的協調，同時須注意社區制度與心理文化如何與幼兒園的活動維持適當的交互影響。社區的需要與發展會因時空而異，幼兒園應配合社區的變遷而有較彈性的目標與適應。幼兒園的各項計畫可以依社區資源為基礎，充分運用社區的人力與物力資源，而幼兒園本身為求落實生活教育，亦可成為社區的雛形，有時配合單元，全園成為超市、郵局、投票所等，使幼兒園成為社會生活的縮影。幼兒可在經過安排的完美、純潔與實際的生活中接受教育，自然能夠培養適當的家庭、職業、友誼、公民、政治、休閒及宗教等方面的生活態度。當然如能更進一步，使社區也學校化，幼兒園即能成為改善社區生活的主要動力，則更能完成教育的終極目的。

行政小錦囊

　　親職教育的推行需要講求技巧，老師要尊重家長的人格與選擇權利，所以直接糾正家長的不適當行為有時會弄巧成拙。若能採取先支持其愛子心切的心情，再透過相互溝通的過程，使家長自我審慎思考，自我領悟改變，則更可增進家長的自信心，而能敞開心胸，以開放的態度接納各種建議。

貳、幼兒園的重要社會資源——家庭與社區

　　幼兒園與家庭、社區的關係非常密切而重要，以下從社會資源的角度，說明家庭與社區是幼兒園的重要社會資源。

一、社會資源的意義

「資源」在《國語日報辭典》中的解釋為：「可以利用的自然存在物質，像蘊藏在地下的煤、金屬、石油、天然氣、山上的森林都是。」「社會資源」乃是指存在於社會所有可利用的人力、物力、自然和組織。

「社會資源」對幼兒園來說，就是能輔助幼兒園教學活動進行的各種取之於社會的資源，其範圍極廣，舉凡人類生活所接受之人、事、物、地等，都可以列入教學運用之資源。幼兒的學習無固定教材，生活中可取用之教學資源極多，耳目所接、身手所及、思想所至者，均為教育資源（盧美貴、莊貞銀，1987）。

幼兒非常渴望了解大人的世界，對大人的工作與外界的環境充滿好奇。現代的孩子無法像古代原始部落的孩子一樣，隨著父母一同工作、成長，因為學校教育將孩子的時間占滿，孩子離他所生存的社會環境愈來愈遠。因此，應讓孩子有機會深入其所處的社會環境，如居家附近的麵包廠、印刷廠、門窗工廠等生產、製造業；與孩子共同去尋訪古蹟，讓孩子體會文明是如何建構起來的，他所吃的、穿的、讀的都是人們生產、創造的，是人類文明的累積；讓孩子實地去體驗周遭活生生的文明，就像交給孩子一把開啟人類文明世界的鑰匙。孩子每天生活在社會環境與自然環境之中，而大自然與社會是互相依存的；愛護大自然、推行環保教育，也是社會資源運用上的重要課題。

二、家庭與社區所提供的社會資源

社會資源是指，在本地社區和鄰近社區中，可以利用於教學內容的一切人力、物力、自然和組織，並不僅僅指社會上的某種事物或機構而言（盧美貴、莊貞銀，1987），因此家庭與社區所提供的社會資源可分為下列四個方面。

（一）人力資源

人力資源包括：社會人士、學生家長、各界領袖、各機關首長及技術人員等。如果以其對教學可能提供的協助，約可分為下列幾個類別：

1. **本地年長仕紳**：這些人士可以介紹本地社區之變遷情形、家庭生活、學校教育、社會習慣等之今昔比較。

2. **各界領袖及機關首長**：這些人士可以說明本地社區的政治、經濟、文化等方面之組織、活動和問題。

3. **醫生及公共衛生護理師**：這些人士可以協助討論社會之保健問題，以及如何建立公共衛生的良好習慣等。

4. **技術人員**：這些人士包括木工、竹工、藤工、泥瓦工、玻璃製造、汽車駕駛及修理、機車腳踏車修理、無線電裝修、編織、縫紉、刺繡、烹飪、果樹栽培等專門技術人員。這些人員都可能就其所長，介紹其知識與經驗，充實教學活動中某一些問題的研究內容。

5. **新聞編輯、圖書館工作人員及出版商**：這些人士所提供的意見，都將有助於學生知識的增進、閱讀能力的訓練，以及許多正確觀念的形成。

6. **農人及農業工作人員**：這些人士可以協助有關農業及農村生活問題的研究、討論與分析等。

7. **商人及金融界人士**：這些人士可以協助有關商業、貿易、金融等的問題。

8. **社會工作者**：這些人士可以協助討論、研究與分析有關社會服務、社會發展、救濟事業、社會安全等的問題。

9. **學生家長**：許多學生家長有專門的技術、有特別的愛好，這些方面的資源，也都可以根據教學需要，做有效的運用，以增進教學效果。

（二）物力資源

物力資源包括本地的物產和公私設備，例如：

1. **本地的產品**：包括農產品、礦產品及工業產品等。

2. **本地的公私設備**：包括活動中心、民眾服務社、中山堂等。

（三）自然資源

自然資源包括本地與鄰近地區的自然界，例如：

1. 本地之地形、山川、地質、氣候、土壤等情況。

2. 森林、礦場，以及漁、鹽、農、牧之利。

3. 名勝古蹟：如名山、大川、公園、橋梁、牌樓、祠堂、廟宇、紀念堂、建築物等。

（四）組織資源

組織資源包括下列各種組織和機構：

1. 政治機關：如鄉鎮區公所、縣市政府、縣市議會、警察局等。

2. 教育機關：如教育館、圖書館、博物館、科學館、藝術館、教育資料館、少年感化院、學校等。

3. 慈善機關：如育幼院、孤兒院、救濟院、養老院等。

4. 交通機關：如公路局、鐵路局、港務局、汽車站、航空公司、飛機場、郵局、電信公司等。

5. 衛生機關：如衛生所、醫院、診所、療養院等。

6. 司法機關：如地方法院、監獄等。

7. 公用事業機關：如自來水廠、火力發電廠等。

8. 工商業組織：如商店、公司、工廠等。

9. 金融機構：如銀行、合作社等。

10. 民眾團體和文化團體：如國術研究社、棋社、詩社、農會、工會、商會、教育會、報社、書局、廣播電臺等。

11. 宗教團體：如教會、寺廟等。

12. 娛樂場所：如電影院、戲院、游泳池、公園、動物園、兒童樂園、俱樂部等。

以上的社會資源如以其性質來分別，可分為硬體資源和軟體資源兩大類，前者指各種建築、設備、器材、教具等有形之物，後者則指各類資料、方法、制度、師資、資訊、哲學觀、價值觀等。這些社會資源可協助並充實幼兒園的教育活動，更現實地說，幼兒園的幼兒來源也是來自社區中的各家庭。幼兒園如何運用這些寶貴的社會資源，將在本章第四節再加以說明。

第二節　親職教育的意義、內容與推展

壹、親職教育的意義

親職教育（parent education）乃指以教育方式，使父母善盡其職責，成為良好的父母；廣義言之，「親職」的親，除雙親外，尚可延伸到祖父、祖母、外公、外婆，甚至其叔伯姑姨等長輩。而一般都以狹義的意義來說明：親職教育就是培養父母教養子女的能力，以形成其適當職分的教育（林清江，1986）。

親職教育旨在協助父母更有效地了解並執行父母的職責，其目的有六（廖得雄、顏秀雄，1987）：

1. 促進健全的家庭生活。

2. 經由教育方式，建立正確的親子關係及觀念與態度。

3. 經由教育方式，了解現代父母的職責與角色。

4. 經由教育方式，學習管教子女、與子女溝通之正確有效的方法。

5. 經由討論，了解在面對特殊難題時，共同商討、謀求解決之道。

6. 協助子女成長及自我成長。

親職教育的必要，乃因父母是兒童及青少年最重要的影響人物。子女的價值觀念、成就動機、奮發意志、升學與就業意願及行為型態，全受父母教養方式與親子關係的影響。就積極方面而言，一個生長在不利社會、經濟環境的兒童，可以因為良好的親子關係及父母的適當教養，而有適當的價值觀

念及卓越的行為表現。父母對於子女適當教養所產生的積極影響，既有利於子女的發展，又裨益於學校教育目的之達成。就消極方面而言，行為越軌的青少年，幾乎都有家庭的影響因素；不適當的親子關係及父母教養所形成的消極影響，既不利於子女的人格發展及能力的發揮，又阻礙學校教育目的之達成（林清江，1986）。

　　幼兒園若要達成其教育目標，則必須注意親職教育的推展。在各級學校教育中，也只有學前階段的教育與家長關係最密切，我們可觀察到在大專運動會所看到的家長少之又少，但任何一所幼兒園的運動會，家長幾乎來得比幼兒多，可見幼兒園應好好把握學前教育家長關心子女教育的熱忱，積極而多樣化地推展親職教育，則一定能增進幼兒教育的效益。

貳、親職教育的內容

　　親職教育的內容包括下列五項（林清江，1986）：(1)適當的教養子女方法；(2)父母對學校教育的適當態度；(3)子女的家庭適應；(4)適當的婚姻觀念；(5)為人父母的準備。

　　上述五項內容，除第五項是為培養未來良好父母所準備的親職教育外，其餘都是現已為人父母者所需要的親職教育內容。為人父母者又可分為熱切關心子女教育、尚屬關心子女教育，以及漠不關心子女教育等三類；親職教育對第一類父母的推展效果最大，對第二類父母雖因其參加常屬被動，但如有計畫地設計實施，尚可收到效果，唯獨對第三類父母，則因其漠視子女的成長，對親職教育活動常以排拒態度逃避，故無法收到效果，但這也正是幼兒園推展親職教育所應特別重視的地方。

　　上述親職教育的內容，若進一步探討則可歸納說明如下。

一、適當的教養子女方法

　　如何使家長了解並熟悉適當的教養方式，包括：

1. 維持和諧而親密的親子關係。
2. 培養子女高昂的成就動機，適當輔導其發展方向，而不濫加干預。
3. 了解子女的成長背景與經驗，以個人本位代替權力本位，在充分了解子女情境中進行教育工作。
4. 對子女的行為適時給予正面增強，以鼓勵子女表現良好的行為。
5. 永遠給予子女「愛的感受」，在懲罰子女時也不例外，要讓子女感受到父母愛他們，只是不喜歡他們所做的「錯的行為」，把人和事分開，親情就可永恆保持。
6. 協助子女在漸進的過程中獨立，不要過度保護。
7. 養成反省自己在教養子女上的態度，「天下無不是的父母」這句話，可能已不完全適用於現代了。

二、父母對學校教育的適當態度

幼兒園老師可能對這點體會最多，每一位家長都以其子女為榮，通常都認為子女是最好的學生，有的太急切、有的太樂觀，我們可將父母的態度分為下列四個型態：

1. 焦慮型：希望子女成龍成鳳，對於子女的學習成效，有過度的期望、過分的關愛與過急的責備。
2. 放任型：對子女的學校教育漠不關心、不聞不問。
3. 自然型：根據子女的能力給予適度的期望與照顧。
4. 合理型：給予子女較高的期望，激發其成就動機，但又不限制其發展方向。

在上述四種型態中，第四種型態是最佳的態度，第三種其次，第一種再其次，第二種則最差。親職教育應培養父母對子女學校教育的適當態度。

三、子女的家庭適應

父母應了解子女在家庭生活中會學習自己的言行、婚姻型態及教養子女

的方式；子女則應培養適當的能力，從事家庭生活的成熟觀察。對幼兒來說，因年幼尚無法進行理性而成熟的觀察，父母更應注意自己的言行，例如：喜歡以打罵教育子女，則常會發現幼兒也會模仿而有暴力的傾向。

四、適當的婚姻觀念

父母因婚姻觀念不適當，經常吵架或冷戰，會直接影響幼兒的心理，因此親職教育內容還須包括培養父母適當的婚姻觀念，讓父母能以長期調適的「婚姻社會化」觀念，代替「一時喜好」的觀念，當可避免家庭問題的產生，裨益幼兒園教育的成效。

五、為人父母的準備

準備項目包括知識、價值、能力的形成與培養，以及父母的社會責任。雖然幼兒園的家長已為人父母，似不必給予「為人父母的準備」，但由於幼兒年紀尚小，其父母通常為年輕父母，這項親職教育的內容對他們邊做父母、邊學「如何為人父母」，仍是很有幫助。

親職教育的主旨並不在於如何教育家長，而是與家長如何互相教育，共同改善幼兒的生長環境，進而達到「家園同心」的和諧狀況（黃迺毓，1990）。親職教育的功能應能增進幼兒園與家長之互動關係，以互相學習，加深對幼兒的了解，共同為幼兒營造更快樂的成長環境。

行政小錦囊

在社會變遷瞬息萬變的今日，老師在處理親職教育問題時，需要敏銳的眼光和人性化的態度。本章雖都以雙親來表示親職教育的對象，但是別忘了，已有愈來愈多單親家庭與隔代教養的產生，因此老師在推展親職教育時，更須多一份體諒與多一份彈性。

參、親職教育的推展

一、推展途徑

　　學前教育是家庭教育的延長，幼兒園與家庭的聯繫有其不同的途徑，親職教育可以運用這些途徑進行。茲列述如下（林清江，1986）：

1. 運用大眾傳播、公開講演、座談等方式，傳播家庭及教養新知，並與父母溝通觀念。
2. 利用志願性組織，如家長會、媽媽教室等進行親職教育活動。
3. 成立專責單位，舉辦親職教育之示範性活動，並解答有關子女教養的問題。
4. 在家庭訪問或其他家庭聯絡活動中，進行親職教育。
5. 對幼兒直接進行教育，亦即對幼兒產生影響，並透過幼兒影響家長。
6. 對價值觀念特別不適當、子女行為越軌的家長，採用個案方式進行輔導與教育工作。

二、實施計畫的擬訂

　　親職教育的推展是幼兒園的重要工作，由於對象背景不一、包羅甚廣，若沒有計畫地去進行，效果必差；若能就各園的社區情況，先行研判，再擬訂計畫、逐項實施，必可獲得較佳之效果。一個周詳完整的親職教育實施計畫之內容，至少應包括下列幾項。

（一）目標

　　親職教育實施計畫的目標應與幼兒教育的目標相配合，再依據各園的需要，決定簡明清楚的目標，一至三項皆可。

（二）對象

　　全學年或全學期的親職教育對象，當然以全園的家長為主，但分項的活

動則可分為大班組、中班組、小班組或幼幼班組，甚至亦可分成專為單親家庭辦理或三代同堂辦理的活動。實施親職教育的最大困難是：教養方式最差、對學校教育態度不適當的家長，是參與親職教育活動最少者，事實上，他們大部分根本就不會參加；少數參加的情況是被動的成分多於主動的成分。在計畫時，應注意使親職教育方法彈性化，使活動具有吸引力，設法提高家長參與率，才能達到目的。

（三）活動方式

全學年或全學期的計畫，可將活動方式大要列出，如為某一次的親職教育活動，則須針對該次活動性質做較詳細的說明，包括：活動程序、每一步驟所需時間、如何展開活動、如何結束活動等，都須仔細規劃。

（四）人員

原則上，全園老師都是親職教育推展的人員，但為分工合作起見，在實施計畫中應列出將運用哪些人員、任務如何分配、是否有校外社區人士參加等，如為講座方式，則須列出聘請主講的學者專家。

（五）經費

在全學年或整學期的實施計畫中，經費預算通常為大致估計，每次多少經費，一學年辦八次則大約需多少經費；但有的園是全學年的計畫也要求列出細目預算表，有的是每次活動再詳列即可。因為經費的支出直接影響全園的財務運作，以及舉辦活動規模的大小，故須在計畫中列出。

（六）效益的預估或稱之為「預期效果」

此乃所有計畫的關鍵所在。全年度或上學期或某項親職教育實施計畫預計達成的效果是什麼，可分項或綜合敘述，以做為事後檢討改進的依據。

上述計畫的內容如能有量化的事實資料列入，則更能使計畫確實，提高其可行性。親職教育實施計畫貴在具體可行，幼兒園老師須在這方面多充實

自己，從經驗與觀摩中獲得成長。依據歷年來臺北市與新北市幼兒園評鑑報告的資料顯示：接受評鑑的公私立幼兒園中，大多數有進行親職教育活動，但仍有部分幼兒園雖有進行親職教育活動，但卻沒有訂定親職教育實施計畫。這也許與幼教工作者不知如何訂定實施計畫有關。

　　茲舉年度實施計畫的實例如下：

○○幼兒園○○學年度親職教育實施計畫

一、目標

　　1. 提供本園家長正確教養子女的知識、技能、態度與觀念。

　　2. 增進本園家長與子女之親子和諧關係。

　　3. 加強本園與家長之互動關係，給幼兒快樂成長的童年。

二、對象

　　本園之親職教育實施對象以全園幼兒的家長為主。

三、活動方式

　　1. 家長座談會：每學期至少舉辦兩次，讓家長了解幼兒在園內的作息及活動情形。

　　2. 親職座談會：邀請專家學者來園專題演講，並解答家長的育兒疑難問題。

　　3. 園家通訊：每兩週發刊一次，讓家長了解單元活動內容，與家長共享幼兒新知、餐點內容及家長協辦事項。

　　4. 家長教學觀摩：可隨時來園（每一位家長在一學期中，至少來園一次）。

　　5. 親子活動：化妝舞會、親子體能、親子烤肉活動及親子登山活動等。

　　6. 園家聯絡：透過每週「寶寶聯絡手冊」、「家長須知」、「家庭訪問」、「電話熱線」等方式，與家長保持密切聯繫、交換教育子女的心得。

四、工作人員

　　全園性的活動由園長、主任分配工作，全體老師共同參與，班級性的活動則由原班老師負責，並請全園行政人員協辦。

五、校外參與講座或指導人員

在教育會議中討論講座主題，建議 2 至 3 位適當人選，由園長負責聯絡邀請事宜。

六、經費

全學年的親職教育活動預計約需新臺幣八萬元，詳細預算請各項負責人員編擬詳細預算表，提報有關會議討論。

七、預期效果

本學年度的親職教育活動預期達成下列幾項效果：

1. 每學期的家長座談會、親職座談會能有八成家長參加，由其填寫之參加後心得問卷統計，能獲得七成的滿意度。

2. 「園家通訊」能獲得家長七成五的滿意回饋。

3. 每學期每位幼兒的家長至少能來園一次，並留下教育觀察心得或建議表。

4. 每項親子活動至少有六成的家長參加，每位家長至少參加過一項親子活動。

八、附則

本實施計畫經園務會議通過後實施，如有未盡事宜，得提出修正案，於臨時召開之園務會議中通過後，依修正案執行。

行政小錦囊

各種活動的計畫表應留存於電腦檔案及專用公文夾內，等下次舉辦類似活動時可以調閱參考，既可減少錯誤，又可以累積經驗，有效地增進行政效率。

如果是學期中為了辦某一種親職教育活動，則可更具體地編擬實施計畫，或列出表格式的計畫，表 10-1 是開家長座談會的計畫表示例。

表 10-1　家長座談會計畫表示例

項　目	內　　　　　容	負　責　人
目　的	1. 說明幼兒園的行政措施 2. 說明幼兒園的教育方針和教學計畫 3. 介紹老師讓家長認識	
方　式	座談	
時　間	×××	
地　點	×××	
程　序	1. 說明家長座談會的程序 2. 介紹幼兒園的政策和教育目標 3. 介紹老師 4. 家長提出問題討論 5. 點心時間（自由參觀）	主持人：園長 司儀：黃老師
家長座談會邀請函	草擬、寄發	陳　老　師 李　小　姐
點　心	紅茶、小餅乾、紙杯（60 人份）	朱　老　師
場地布置	ㄩ形，入口處張貼歡迎海報，準備簽到簿	蔡　老　師 王　老　師
視聽器材	CD 播放器、錄音筆（輕快的 CD）	蔡　老　師
其　他	整理會議紀錄，寄發給未出席的家長	李　小　組

註：修改自信誼基金會學前教育研究發展中心（1983）。

　　家長座談會的方式，可按每次會議的實際需要，參考下表的項目進行：

主持人	時間	進行方式	人數
1. 專家 2. 園長 3. 資深老師	1. 定期 2. 不定期	1. 演講 2. 座談討論 3. 影片欣賞 4. 實際操作的活動	1. 個別諮詢 2. 小組進行 3. 全體家長

行政小錦囊

母親節活動別忘了不在家的母親和慈愛的後母

辦理母親節活動時，要特別為那些媽媽不在家的幼兒、已知母親是後母的幼兒，做一些心理建設的事情。由於母親節活動常只單一地請小朋友做紅色康乃馨送媽媽，但有些媽媽已過世，或離婚搬出音訊全無，或不知母親是誰的幼兒，會有怎樣的感受？還有，現在的兒童讀物幾乎千篇一律認定後母是「壞的」。幼兒園在辦理母親節親職教育活動時，請多考慮：「我們可以把紅色的康乃馨送給現在照顧我們、像我們媽媽一樣愛我們的人」，以多元化、人性化的胸襟去處理，是不是會使幼兒有更快樂的童年，更愛這個世界？這也是幼兒園行政的重要課題。

三、推展親職教育的模式示例

親職教育在幼兒園的推展有其特別的價值，由於幼兒年紀小，父母比較關心，常會來園接送，而這階段年齡的幼兒如能有正確教養知能的父母，則他們的生活習慣、學習態度、身心發展將會奠定更好的基礎，因此幼兒園親職教育的推展會比其他各級學校來得需要而有效。茲舉盧美貴（1988）所提出的「幼兒園實施親職教育的理想模式」如下，供各園運用時參考。

幼兒園實施親職教育的理想模式

一、訪問

（一）意義

訪問是幼兒園實施親職教育的重要項目，藉由訪問得使家庭與幼兒園、家長與老師有更進一步的認識與了解。

（二）方式

1. 開學前的家庭訪問：首次的訪問是為了與家長認識，並建立良好的關係，雙方可提出彼此的看法，做有效的溝通，訪問者須蒐集幼兒的健康資料、家庭環境概況的了解。

2. 不定期的訪問：包括與家長面對面的談話和利用電話的訪問，孩子有特殊行為或異常狀況時，老師隨時都可以和家長聯繫。

3. 特殊的家庭訪問：在父母需要協助時，幼兒園能給予有效的方法及知識，教導父母提供幼兒的學習機會。

二、文字通訊

（一）意義

老師或幼兒園藉著文字向家長說明園內概況、幼兒的各種學習與狀況，家長也可藉文字向老師提出問題或說明各種事情。現今各家庭普遍都有電腦，以 E-mail（電子信箱）或 Line 聯絡是很方便的，所以文字通訊乃是老師與家長溝通一種很好的橋梁。

（二）方式

1. 製作家長手冊：讓家長有機會認識園內各項措施，如何與幼兒園配合。

2. 給家長的信：藉著文字的溝通，請家長為幼兒建立上學前的心理準備，以及加強父母對幼兒成長所負的責任。

3. 發行親職月刊或通訊或建立班級網頁：介紹幼兒園的教學情況、各種活動，以及親職教育的專文等。

4. E-mail、Line 或印送各種典禮和慶祝會的邀請函。

5. E-mail、Line 或印發各項開會或註冊通知等。

三、專題講座

（一）意義

演講活動是幼兒園選擇適當的主題，為父母講演或解決疑難問題。

（二）方式

1. 幼兒行為問題專題：行為問題對幼兒將來的成就、適應、人格、心智發展有很大的影響，而此活動最好以專題及座談方式進行，以便交換意見。

2. 幼兒特殊行為專題：請專家訓練父母參與教育計畫，發現特殊幼兒及其輔導。

3. 問題行為輔導專題：生活及心理上的問題，這些都要協助父母解決，方能使幼兒的人格有良好發展。

4. 幼兒教育問題：請專家談幼兒在園內的學習與適應問題、家庭的配合和父母的教養，以及日常生活如電視節目選擇、玩具書籍選擇等。

5. 環保專題：讓父母了解垃圾分類以及自然環境的維護等。

6. 社會資源的探討：使父母對圖書館、博物館、動物園等社會資源有正確和深入的認識。

7. 安全教育的演講：實際演練有關消防、交通安全或意外災害的預防等活動。

8. 法令專題：介紹有關法令的內容，促使父母注意。

9. 經濟或消費專題：包括消費者保護問題或家庭經濟管理等問題。

演講後的活動也很重要，其目的是要使問題能更有效地解決，因此與演講者交換意見，或相互研討，並做記錄、錄音和錄影，以便建立資料。

四、教學觀摩會

教學觀摩是邀請父母來園參觀，藉以了解幼兒的學習環境、老師的教學方式，以及幼兒的學習狀況。其實施步驟如下：

1. 實施前準備：學期開學時，寄發通知調查單給家長，告知本學期某一月為教學觀摩月，請家長在此月中選擇自己有空的 3 天寄回條給幼兒園，幼兒園再依收到的回條酌情安排。此月的教學要正常化不要淪為表演性質，每日大約可有 5 名家長參觀。

2. 寄邀請函及單元活動設計：教學觀摩月預定每天 5 位家長，都必須在一星期前寄出邀請函。

3. 討論：參觀之後，集中於會議室開討論會，家長在參觀時發現的疑問或對不了解的活動都可在此時提出，由園長或老師回答，家長亦可提出對幼兒園在各方面的建議。

4. 記錄：在討論過程中幼兒園要做紀錄，以做為改進之參考。

五、家長參與教學活動

（一）意義

「家長參與」就是開放幼兒園，讓家長也能在幼兒活動中扮演一個重要的角色，使幼兒園和家長的關係密切，並增加幼兒園的人力資源。家長在孩子的教育過程中有一定程度的權利，更是責無旁貸地應予支持（蔡春美等人，2011）。

（二）方式

1. 自由活動：早上來園時可以自由地和幼兒說話，給幼兒講故事，協助幼兒解決問題。

2. 團體討論：活動開始時，家長可先在旁觀察注意老師談話的語調、態度，以及幼兒所發表的意見，做為輔導的參考。

3. 學習角或分組教學活動：在人力不足的學習角或分組活動，最需要父母的觀察與啟發幼兒的學習，今日我國幼兒園的生師比例仍嫌過高，無法給予幼兒充分的刺激與輔導；安排家長帶領幼兒玩思考的遊戲，不僅能分擔老師的責任，更能增加幼兒的學習機會。

4. 校外教學活動：為擴充幼兒的生活經驗，幼兒園往往會安排校外教學活動，請家長參與，可讓幼兒獲得更妥善的照顧與學習機會。

5. 資料的蒐集：創作與改善教材教具，或在社區中尋找適用的教材教具。

6. 助理老師：父母可擔任老師的助理，在遊戲場和教室、午餐或郊遊及特殊的課程活動時，家長可以協助看顧幼兒，以維護安全和秩序。

六、親子活動

（一）意義

　　透過各項親子活動的舉行，讓父母由參與中了解自己子女在園內的群體表現，更藉著親子互動，促進親子間溝通，進而建立親密而良好的親子關係。

（二）方式

1. 週末活動：幼兒園可於每週二發通知單，於週四收回統計願意來參與的家長人數，在週末舉辦各式各樣的親子活動。

2. 園遊會、運動會或懇親會：邀請家長來園參觀子女在各方面的表現，了解子女的才能以及應改善的行為。

3. 戶外郊遊：幼兒園配合行事曆舉辦戶外活動，聯絡家長與孩子之間的感情。

4. 開學及畢業典禮：幼兒園擬出典禮的進行方式，請父母協助幼兒各種表演節目或謝師感恩的活動。

七、父母教室

（一）意義

　　有不少父母因工作忙碌與生活壓力，所以常感到煩躁，甚至沮喪而失去自我，父母教室主要是透過研習會、父母成長團體和媽媽教室的活動，幫助父母學習新知、肯定自我、重新認識自己，進而找回自我，使父母能更了解自己的職責。

（二）方式

1. 研習會：主要是針對父母的需要及幫助父母了解教學內容。實施方式如下：

   (1) 召開前由幼兒園先選定合適的研習內容。

   (2) 於前一個星期發出邀請卡給父母，由幼兒帶回家給父母填寫，3 天內請家長函覆。

   (3) 校方就願意參加的人數，準備資料並布置場所。

   (4) 錄下研習會進行時整個實況，之後再針對內容進行討論與溝通。

(5)學校要評量研習的成果，整理資料並建立檔案資料，以做為下次改進參考的資料。

(6)將研習內容利用文字通訊刊於園刊上，讓沒有參加的家長也能擁有資料，或許可以引發家長參與的熱忱。

2. 父母成長團體：此團體的成立主要是家長和老師間的經驗分享和彼此學習，園方處於輔導和協助的立場，父母才是主要的參與者。實施方式如下：

(1)利用家長聯誼會的舉辦，由家長們推舉一位有專長的人為領導者。

(2)由領導者來訂定活動時間、內容等。

(3)每次活動時，園方皆應參與並盡力輔導協助。

(4)在活動中，園方對家長的問題應給予解答，若無法解答，則應尋求其他管道幫忙轉介諮詢。

(5)把每次活動提出的問題、經驗分享及解決方法整理成完整的資料，建檔做為參考。

(6)活動結束後，園方與家長都要做評量的工作，就活動的方式、內容、成果等各方面進行考量做成紀錄。

3. 媽媽教室：成立的主要目的在使媽媽們能發揮自己的才藝，擴大自己的生活圈，讓自己更成長。實施方式如下：

(1)園方自家長回函中找出有專長的家長，就希望習得之技藝，請專家或精於此之家長主持課程，園方則提供場地並協助舉辦。

(2)利用「家庭聯絡網」由父母們互相通知。

(3)每次活動時園方派人共同參與，並記錄活動內容。

(4)把活動內容記錄整理建立資料，並將作品蒐集起來，做為成果發表展，供人觀摩。

(5)將每次活動資料蒐集妥當，於學期末編印成冊，讓父母有完整的參考資料及成就感，能激發更多的參與熱忱，園方也可藉此活動與父母做更進一步的了解與溝通。

註：引自盧美貴（1988）。

以上各種模式所舉的方式，尚可舉一反三、因地制宜或因對象之不同而做多樣化的彈性運用。有些幼兒園很有創意地辦理別出心裁的親職活動，例如：親子戲劇表演、親子閱讀或創作活動等。有關文字通訊方式中最常用的是聯絡簿、通知單，其實在家長最常駐足的接送幼兒之玄關或大門處，設一「親職布告欄」，命名為「親子橋」或「愛心專欄」或「家長園地」，將有關親職教育的剪報或雜誌專文影印公布，也是很好的構想。

　　以下是幼兒園在新生入學時，一定會發給家長的「家長須知」示例。

幼兒家長須知

一、課程方面

　　1. 開學後的每週活動將依據課程大綱進行，各班老師將衡量幼兒的年齡、程度、能力、興趣參照使用。

　　2. 請家長依據各項目標，在家多配合，希望我們的密切合作，能讓您的孩子得到最好的發展。

二、接送方式與時間

　　1. 方式：以家長自行接送為原則，並請按時接送，勿過早或過晚。

　　2. 時間：週一至週五：上午 8：10 入園，下午 4：30 活動結束；

　　　　　　　　下午 5：00 前接回，5：00 至 6：00 為延長保育時間。

三、聯絡方面

　　1. 若有任何事情要與老師聯絡，來電時間以早上 8：30 至 9：30，中午 12：00 至下午 2：40，以及下午 4：30 至 5：30 較適當，並請儘量不找幼兒接電話。

　　2. 每學期收費分兩期繳交，繳交金額及時間會另行通知。若無法親自來園繳費，請將要繳交之金額放在信封內，外面註明姓名及用途，再叮囑幼兒一到園內即將信封交給老師，最好再打個電話請老師查收。

四、請假問題

　　1. 下面的情況，最好讓幼兒留在家裡：發燒、嘔吐、下痢、出疹子、眼

睛紅腫、耳痛、咳嗽、流鼻水、異常乖戾煩躁、喉嚨痛、發冷、明顯的小兒疾病、水痘（7天）、麻疹（等疹子消失後）、流行性腮腺炎（等腫消後，通常要7天）、腸病毒。

2. 若欲請病假，請家長以電話聯絡或書面寫請假條，如因病須長期休養，亦請來園辦理休學手續，以做為復校的依據。

3. 如果有事請假，請事先與老師聯絡。非有必要，最好不要讓幼兒請假，以免影響其學習效果。

4. 幼兒請假或中途退學，所繳各項費用之退費辦法依教育局規定辦理。

五、幼兒穿什麼衣服上學？

1. 幼兒的衣服最好是樸素、簡單、易洗、耐穿、不太緊身、容易自己穿脫的一型。

2. 幼兒的鞋子，以沒有鞋帶、易於穿脫、輕便耐用、經得起跑跳、富彈性的為佳，並請置一雙室內鞋在園內，便於更換，並定期帶回清洗。

3. 可讓幼兒帶一件不穿的舊衣，最好能蓋到膝蓋，當作工作服，以免弄髒衣服。

六、您是爸媽也是老師

1. 請您每天撥一段時間，作孩子的玩伴。

2. 請多擁抱您的孩子，多給他溫暖的感受。

3. 請您幫助他學習下列事情：

(1) 會自己大小便。

(2) 會自己吃飯，會將椅子拉近桌面，且飯粒不會掉得到處都是。

(3) 會穿脫簡便的衣服、褲子、鞋子、襪子。

(4) 會拉拉鍊、扣釦子。

(5) 飯前便後會洗手，洗過手後，會把手擦乾淨；冬天洗手時，會將長袖子拉高，不把衣服弄濕。

(6) 正餐與點心後各刷牙一次，吃完東西漱口。

(7) 學習輪流玩玩具，不用搶的。

(8)玩具玩過後會放回原位。

(9)自己的東西會自己收好。

(10)學習輕聲說話。

(11)知道禮讓——會說「請」、「謝謝」、「對不起」。

(12)會好好坐椅子，不搖來搖去。

(13)儘量不去碰撞他人。

(14)學習用語言表達內心的感受，而不用哭鬧的方式。

(15)走路要靠邊；看到車子也會靠邊站；馬路上不跑跳。

(16)早上起床讓他自己疊小被子。

(17)教他綁蝴蝶結（大班）。

(18)讓他幫忙擺碗筷。

(19)讓他清洗裝點心的杯盤。

行政小錦囊

單親家庭有興趣的討論題目

1. 能夠和不同性別的單親父母碰面的機會或活動。

2. 我們應該讓幼兒知道什麼？

3. 單親父母的精神力量。

4. 婦女的合法權益。

5. 如果你沒有孩子的監護權，該怎麼辦？

6. 如果孩子有情緒上的痛苦如何處理——當父母的如何幫助孩子？

註：引自國立臺南師範學院幼兒教育中心（1990）。

行政小錦囊

如何為單親家庭辦理親職教育活動？

1. 儘量避免使用「破碎家庭」、「沒有父親的小孩」這類字眼。最好使用「單親家庭」這種較易接受的名詞，因為一個家庭並不是絕對需要父親和母親同時出現。

2. 避免站在父親或母親任何一邊，偏袒任何一方都是不明智之舉。

3. 安排單親的家庭聯誼，讓他們可互相鼓勵，也可因而成立小團體。

4. 避免替離婚的父母哀悼惋惜，應正視他們為家庭所表現出來的堅強與毅力，並適時給予鼓勵。

5. 應將親職座談會的通知單寄給父母雙方，讓雙方偶爾都會來參加。

6. 要知道幼兒的監護權屬於哪一方，要知道何時是父親或母親可以接幼兒回去。雖然這通常是父母雙方很友善的安排，但有時也是很有火藥味，而幼兒園應該合法地負起幼兒安全的責任。

註：引自國立臺南師範學院幼兒教育中心（1990）。

行政 Q & A

Q：在社會變遷急劇轉變之際，幼教工作者對親職教育尚有哪些須關心的重點？

A：親職教育的範圍很廣，舉凡有助於孩子成長的因素都值得探討，下列主題將會成為須多關心的重點（黃迺毓，1999）：

1. 非傳統家庭（如單親、重組、未婚生子等）的親職教育。

2. 隔代教養問題、祖父母的親職教育。

3. 雙薪家庭的親職教育。

4. 異國通婚或新移民所造成之雙文化家庭的親職教育。

5. 僱用外籍女傭家庭的親職教育。

6. 專業親職教育工作者的條件與培養。

第三節　家長參與的計畫與實施

壹、家長參與的意義與目的

在前述實施親職教育的理想模式第五項，已大略介紹過「家長參與教學活動」的意義與方式，有鑑於國內許多幼兒園仍不普遍推展此種親職教育活動，故另闢專節介紹如何進行，以求喚起更多幼教工作者的共識；亦使更多家長能透過「家長參與」，而能更勝任其為人父母的角色。首先說明家長參與的意義，其次再列述其目的。

一、家長參與的意義

「家長參與」（parent involvement 或 parent participation）是家長參與學校活動的簡稱，意指小學或幼兒園邀請家長到學校參與教學活動，或觀察幼兒的行為，或在教室中指導幼兒學習，或協助老師教學，或接受親職教育課程，或決定學校政策並計畫課程等。其目的在促進家長與學校、老師之合作關係，增進家長對幼兒之關心了解，助長幼兒的發展（任秀媚，1984）。

家長參與的觀念發軔於 18 世紀初期，而在 1960 年代中期始廣受重視。在第一章提過，美國政府於 1960 年代中期，為低階層家庭的學前兒童所推行的「從頭開始的教育計畫」，這些課程的特色是：透過各種方式，要求家長與幼兒在家庭或學校中一同參與學習活動。實施一段時間後，經研究證實，參加這些教育課程的幼兒比未參加者，在進入小學後，較少有留級、退學、休學等現象。許多學者認為，其主因不是在課程設計的內容，而是由於父母之參與。因為「家長參與」改變了父母的教養態度、教養方式及價值觀，對幼兒來說，「父母參與」本身就是一種鼓勵（Bronfenbrenner, 1975; Lazar & Darlington, 1982）。許多家長在實際參與幼兒活動之後，對自己與子女比較有公允恰當的期望，知道別人也和自己的小孩一樣調皮、聰明或笨拙，就會調整其對子女的抱負水準。

二、家長參與的目的

家長參與幼兒園活動的目的，並不在增加園內人手的問題，有時家長參與並不見得能增加人手，反而有許多干擾與麻煩，但衡量其所產生的正面影響多於負面影響時，就值得各園大力推廣。一般幼兒園辦理家長參與之目的，可分以下三大項加以說明（任秀媚，1984）。

（一）促進家長與幼兒園的合作關係

1. 增進家長對幼兒園課程、設備及教保目標的了解，使家長對幼兒園持積極合作的態度。
2. 增進老師與家長的溝通，使雙方對幼兒教育的態度、方法及價值觀，趨於和諧一致。
3. 幼兒園獲得家長之協助，以節省人力、金錢。
4. 家長獲得育兒知識、親職理論、了解父母應負之職責，以及如何在家庭及社會適當地扮演父母的角色，進而自我成長、自我肯定。

（二）改善親子關係

1. 幫助家長了解兒童行為的特質，特別是自己的子女在團體中的行為表現及人際關係。同時，接觸其他幼兒、觀察其他幼兒之後，對自己的子女有較深入的了解與較適切的期望。
2. 輔助家長學習在家中指導幼兒學習的技巧，提供豐富的學習環境，以促進幼兒發展。
3. 增加親子互動的機會，提供共同活動的經驗，以促進溝通與了解。
4. 刺激父母主動地關心子女的教育，並參加子女的教育活動，以激勵子女的學習興趣。

（三）增進師生關係

1. 老師得到家長之幫助，在教室中可給予兒童較多的注意與指導，以符合兒童個別的需要。

2. 老師了解兒童的家庭背景，可針對兒童的需要設計適當的課程，給予個別兒童適度的關懷與諒解。

3. 老師有較多的時間進修新的教學知識與技術。

不論實施家長參與之目的著重在哪一項，在事前都須周全計畫，並將具體目標告知所有園內的工作人員，最重要的是要讓家長了解，且樂於參與。

行政小錦囊

親職座談會如何找題材？如何開始交談？

我們發現，如果在剛開始的時候，利用一部影片做為開頭以激起大家研究的興趣，效果會更好。這類影片可向鄰近學校的大學媒體中心或光碟租售中心租借，可於事先向該校申請影片目錄。

註：引自國立臺南師範學院幼兒教育中心（1990）。

行政小錦囊

家長參與是親職教育的方法之一，可由少數家長做起，不能一開始就要大家一起來，以免手忙腳亂，反而增加挫敗感。老師須有良好的心理建設，對家長參與可能產生的忙亂與難免發生的錯誤要包容、體諒，例如：中班家長要求寫字，老師應先接納其愛孩子之心情，然後安排那幾位家長來園協助活動，讓家長看到幼兒大肌肉與小肌肉協調程度之不同，並提供家長各帶小組進行剪紙或捏黏土等活動，實際體驗老師安排提供幼兒發展小肌肉協調的活動用意，在活動之後可和家長閒聊，讓他們說出感覺，老師再說明安排這些活動的道理，這樣就很容易使家長了解幼兒園的苦心，而產生正確幼教理念的共識。

貳、家長參與的活動內容與實施要點

一、家長參與的活動內容

家長參與的方式很多，內容多樣，幼兒園可配合實施目的與家長之期望、需要、能力，選擇適當的活動，逐步推展，不能太躁進，要注意家長能接受的程度。一般家長能參與的活動可分下列三大類（任秀媚，1984）。

（一）和其他參與之家長有關之工作

1. 和其他參與之家長聯絡、協調、配合，並相互勉勵。

2. 陪同老師做家庭訪問或協助社會服務。

3. 替其他參與之家長看顧幼兒。

4. 籌畫設計召開家長座談會或研習會或親職教育課程或生涯教育課程。

5. 分發或 E-mail、Line 有關課程之文字通訊給家長。

6. 協助編印一本有關幼兒活動的手冊，供參與之家長使用。

7. 利用各種活動出售食品或其他物品籌募基金。

8. 向社區解說學校的課程。

9. 協助編印一本社區手冊，以利學校課程之需要。

10. 與民意代表聯絡，爭取經費或有關幼兒教育或兒童福利之立法。

（二）直接與兒童有關之工作

1. 革新工作

- 創作與改良教材教具。

- 在社區中尋找適用之教材教具。

2. 教學指導工作

- 指導兒童大團體遊戲或小組活動，如木工角、娃娃角等。

- 個別指導兒童或幫助他們複習。

- 為兒童說故事或解答問題。
- 個別輔導有特殊需要的兒童，如肢體殘障兒童。

3. 監督照顧工作

- 擔任老師的助理，在遊戲場和教室、午餐或郊遊時，或者特殊的課程活動，家長在旁幫忙看顧兒童，維護安全與秩序。
- 帶領兒童看醫生或牙醫。

4. 文書工作

- 評量記錄兒童的行為，如兒童所說的故事。
- 填寫表格，整理紀錄資料。

5. 活動室器材的維護工作

- 修整圖書、玩具或娃娃等器材。
- 修理門窗、櫥櫃、窗簾等。
- 保養冷氣機、為地板清潔打蠟等。

（三）與幼兒園有關之工作

1. 協助綠化校園或活動室，並維護戶外場地。
2. 協助設計建立一個戶外學習中心或戶外遊戲場。
3. 維護各項設備，並學習操作這些設備（如視聽器材、烹調設備等）。
4. 協助修理、粉刷、維護活動室等建築物。
5. 協助室內的設計、規劃及布置。
6. 協助籌備活動室內各種展示及布置公布欄。
7. 擔任決策顧問委員會委員，參與長期研究計畫及課程發展計畫。

　　以上列舉三大類家長參與活動之內容，各園可依據自己的需要，考慮當地社區之狀況、家長的興趣能力，選擇適當的工作交付家長，或由家長自行選擇。每學期也應像第二節所介紹的「親職教育活動實施計畫」之擬訂過

程，好好設計所要辦理的家長參與活動計畫，並在分項活動時，擬好更詳細具體之實施計畫，確實執行，並於活動後檢討，一定可收到很好的成效。

二、家長參與活動的實施要點

　　親職教育乃是最落實的公共關係（黃迺毓，1990），而家長參與則是其中最直接的方式，其實施的方式應富創意，不要流於形式；親職教育的成敗，就看平日幼兒園與家長所建立的關係。

　　如果經費許可，幼兒園可編印「家長參與手冊」，在學期開始時發給家長，內容包括：家長參與的意義、目的、活動內容、參與前的講習會報名與開會方式、如何與幼兒相處、家長參與工作日誌格式等，在手冊後可附調查表，讓家長填寫，再請幼兒帶回給各班老師以統計人數，做為進一步規劃幼兒園辦理家長參與活動的參考。

　　茲以家長參與幼兒園教學助理為例，將程序列舉如下（修改自信誼基金會學前教育研究發展中心編，1983）：

1. 寄發邀請函：寄發邀請函通知家長本園將舉辦家長參與的活動，歡迎有興趣的家長報名參加。剛開始辦理時，可能需要利用電話鼓勵家長們來參加，以便使這項工作順利推展。

2. 請家長做健康檢查：請願意參與教學工作的家長們，到附近的衛生所或醫院做身體健康檢查，以確定其是否適合到園來照顧幼兒。

3. 編訂「家長參與須知」，其內容示例如下，各園可再自訂其他規則。

家長參與須知

一、輔導幼兒的幾個基本原則

1. 幼兒是有個別差異的，應該讓幼兒以自己的發展速度來學習。

2. 不要急於希望幼兒有太多的成就，對幼兒而言，任何摸索、試驗各種教具、教材的經驗，都是很重要的。

3. 對幼兒而言，自己動手做的過程比成品本身更重要。

4. 不要在幼兒面前討論其優、缺點。

5. 不要在幼兒面前彼此聊天、談論是非。

二、協助帶領幼兒活動時的應注意事項

（一）活動前

1. 準備足夠的材料，並安排好幼兒學習的環境。

2. 熟悉幼兒活動的內容、進行的方式和注意事項。

3. 保持愉快的心情，面帶微笑，以緩慢、清晰、肯定的語言，說明活動的內容。

（二）活動中

1. 不要指示幼兒一定要做什麼，讓幼兒有選擇自由，千萬不要勉強。

2. 不要要求幼兒「一定要保持乾淨」、「不要弄髒衣服」，以免使幼兒無法盡情遊戲。

3. 隨時注意每位幼兒的活動，適時地給予一些鼓勵和建議。

4. 多鼓勵害羞的幼兒勇於表達自我；對於過分活潑的幼兒，則須要求其集中注意力，耐心地完成工作。

5. 幼兒發生意外時，不要大叫或表露出緊張的情緒，因為這樣反而會使幼兒更害怕。

6. 如果發現有某些幼兒什麼活動都不做時，不要感覺窘迫或驚訝，因為只要不妨礙他人，幼兒從旁觀察也是一種學習。

7. 如有幼兒違反常規，要能以肯定緩和的態度說明正確的行為，讓幼兒

能夠接受，如果他多次再犯，則可考慮取消其遊戲的權利，直到他願意遵守規定為止。

8. 只要是幼兒能力所及，最好避免動手替幼兒完成作品，宜多鼓勵其自己動手。

9. 不要用祈求、威脅的口氣來教導幼兒。

10. 要打斷幼兒的活動之前，請先讓幼兒了解原因。

（三）活動後

1. 請幼兒自己動手清理收拾，如有幼兒說「我不做」，就當沒聽見，而儘量誇獎會收拾的幼兒。

2. 避免拿兩位幼兒的成品相互比較。

3. 若發現幼兒有特殊行為表現或任何的問題，請隨時記錄下來，課後再與老師交換意見。

4. 做完後的成品可讓幼兒帶回家，或存放在特定的展示架上。

4. 寄發職前講習會通知單：家長們除了要健康檢查外，在擔任教學助理前，還必須先參加職前講習會，以了解如何做好一位稱職的教學助理。

5. 召開講習會：在講習會中，仔細介紹幼兒園的環境與設備，以及實際教學活動的示範。

6. 分配參與家長的工作時間：就家長的方便，安排他們每星期定時來幫忙，並將排定的工作日期列成一表，以便彼此協調時間，如下表所示：

星期	一	二	三	四	五	六
參與家長之幼兒姓名						

7. 列出家長參與者的名單：包括姓名、地址、電話，寄發給每位參與者，以便他們臨時有事時，可以彼此聯絡、找代理人。同時最好推選一位負全責的家長，以協助協調工作。

8. 分配工作：當家長開始到各班教室工作時，老師即應負起督導的責任，將教學助理的工作細節及其注意事項詳細說明，最好還能將每天的工作內容詳細列成備忘表，讓參與的家長隨身攜帶。

9. 請參與的家長到園後，即在紀錄本上簽到，以便在學期結束時，了解每位家長的參與情況，並贈送感謝獎狀或卡片和紀念品，或考慮在下學期減免其幼兒的部分學費。

10. 「家長參與」工作的評量：為了解這項家長參與的工作是否達到原計畫之目的，並做為日後辦理類似活動的參考，可建立評量的制度，以較簡易的打勾方式並留文字敘寫之空白欄，讓家長在每天或每週或每月工作告一段落時填寫。評量工具的形式可用「家長工作日誌」、「工作紀錄表」、「工作心得與建議表」等來運用，評量對象除家長外，亦可請原班老師或家長、老師共同討論後再填入，整個評量紀錄資料要交給幼兒園有關單位主管批閱後，再在教學會議或園務會議討論利弊得失，做為改進參考。

　　如請家長協助園內其他工作，則須事先寄發問卷，了解哪位家長有何特長，是否有意願協助，請幼兒帶回問卷回條，再整理，其他步驟和上述第三項類似。茲舉問卷示例與回條整理表示例，如表 10-2、10-3 所示。

表 10-2　家長參與幼兒園工作問卷調查表

親愛的家長：您好！

本園為孩子設計的活動非常豐富，非常需要您來幫助我們共同完成，以下我們列出了一些具體需要協助的項目，如您願意，就請在您有興趣的項目前打「∨」，並寫下您認為最恰當的協助時間，收到回條後我們將盡快地與您聯絡，希望您能踴躍參與（如願意參加兩項以上亦非常歡迎，請複選）。

打∨處	參與項目	最恰當的時間
□	幼兒遊戲時協助攝影	
□	修理玩具、設備	
□	油漆玩具、設備	
□	出外郊遊時，協助照顧幼兒	
□	出外郊遊時，願意提供交通工具	
□	協助採購工作	
□	幫忙製作教具	
□	幫忙整理圖書	
□	與幼兒共同從事園藝工作	
□	帶領幼兒做烹飪活動	
□	演奏樂器給幼兒欣賞	
□	協助籌備家長座談會	
□	協助編輯幼兒園刊物	
□	幫忙幼兒園參觀日的籌備工作	
□	組織家長俱樂部	
□	其他（請寫出名稱）	
□	對不起！因本學期很忙，上述項目皆無法參與，下次有機會再參加	

填表家長姓名＿＿＿＿＿　電話＿＿＿＿＿

日　期＿＿＿＿年＿＿＿＿月＿＿＿＿日

註：修改自信誼基金會學前教育研究發展中心（1983）。

表 10-3　家長參與幼兒園工作問卷調查表回條整理表

項　　目	姓　　名	電　　話	參與時間
郊　　遊			
攝　　影			
油　　漆			
修　　護			

　　辦理家長參與活動時，園長要注意各班老師與家長間的溝通，必要時須介入充當仲裁者或協調人，緩和衝突、澄清誤會。最重要的是，要讓家長能做適合其能力的事，就是來當「教學助理」，這不等於請家長「代課」，不要訂下太高的工作標準。

　　園長要設法讓全園老師對家長參與有正確的理念，對於新來或剛畢業的老師，多輔導其與家長有效溝通之技巧，充實專業知能。

　　家長參與活動雖是家長與幼兒園之間的活動，但要成效良好，則須提供家長與家長互相認識、討論、聊天、聚餐的機會，使他們能互相交換心得，產生向心力與默契，才能更有助於家長參與工作的運作。

　　幼兒園老師要絕對尊重每位家長的職業、性別與隱私權，不要因為職業的不同或收入的高低、男女性別不同，而有差別態度或言語的冒犯，更不能對別人的私生活追根究柢，以免破壞原來和諧、民主、互相尊重的關係。

　　總之，親職教育最開始的層次是「與父母溝通」，再漸漸進入「特殊事件的處理」（如參加親職座談會、畢業典禮等），最高層次為「父母的參與和扮演」（吳誠明整理，1989）。因此，幼兒園要先做好一般的親職教育工作，然後就可嘗試推展「家長參與」活動，使家庭與幼兒園，老師、幼兒與家長間都能有良好的互動發展。

行政小錦囊

教保工作者小測驗——我與家長的關係如何？

( ) 1. 我記得家長的名字，當需要支援時，能找到家長的資料。

( ) 2. 我能與家長開放地分享他們對孩子的需要和行為上的感覺與想法。

( ) 3. 我經常主動與家長聯繫，溝通彼此意見，例如：藉家長座談會、個別晤談、家庭訪問、電話會談等，與家長開放地溝通有關孩子的行為、課程與各種問題。

( ) 4. 我能與家長共同為孩子建立教導原則。

( ) 5. 我能讓家長有信心地把孩子交給我照顧，例如：在孩子到達與離開時，能與家長有愉快、舒服的交談。

( ) 6. 我能與家長共同討論，並提供適當的處理幼兒問題之方法，並且在他們覺得需要時，歡迎他們來找我。

( ) 7. 我能利用筆記錄下有關孩子上課的狀況、行為，並與家長分享，例如：以親子信通訊。

( ) 8. 我知道每位家長教導孩子的態度對其幼兒所產生的影響。

說明：做到打（ˇ），以 2 分計；偶爾打（△），以 1 分計；沒做到打（╳），以 0 分計。合計分數在 13 分以上表示優良，10～13分表示尚待加強，10 分以下須再進修加強。

註：引自張翠娥（1989）。

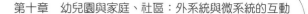

行政小錦囊

注意家長無法參加「家長參與」活動時，該幼兒之心情

在每次辦理「家長參與」活動時，可能來的家長只限定幾位，有些幼兒不了解，會覺得「別人的媽媽來了，我的媽媽怎麼不來呢？」很可能在園裡就表現悶悶不樂，也有可能在園裡故作鎮定，回到家後再向父母發脾氣質問。因此，幼兒園或老師都要做周全的處理，在發調查表時，別忘了印一行「對不起，這次我有事不能參加」，讓小孩看到家長也有打勾了。在辦理家長參與活動當天要向全體小朋友宣布：「今天我們感謝王媽媽、李伯伯、張奶奶……來參加我們包水餃活動，有些爸爸、媽媽今天很忙不能來，沒關係，改天我們再請他們來，請小朋友給今天來的爸爸、媽媽鼓鼓掌；今天不能來的爸爸、媽媽也很想吃你們做的水餃，很希望你們認真做，開心地吃喔！來！我們也給不能來的爸爸、媽媽鼓鼓掌。」

第四節　家庭與社區的社會資源運用

本章第一節已說明家庭與社區是幼兒園的重要社會資源，並分別就人力、物力、自然、組織等四大類的資源列出其內容。本節將就如何運用這些資源的原則與方式，進一步加以說明。

壹、運用社會資源的原則

幼兒園不論其規模的大小，在其人力、物力上有其一定的限度，因此幼兒園必須善用各種社會資源。在本章第二、三節所談的親職教育與家長參與，其實也是社會資源的運用。在此僅就運用社會資源的層面，歸納五項原

則如下，供讀者參考。

一、選擇社會資源時，須配合幼教目標

最近幼兒園非常流行進行校外參觀，在幼兒園評鑑項目中也有運用社會資源這一項目，但有些幼兒園舉行校外參觀，並未配合教學之需要，則不符合幼教原理。有的每週出去一次，次數太過頻繁；有的幼兒去看大人才看得懂的節目；有的交通時間花掉三分之二，留在社會機構的時間只有三分之一，這樣的運用社會資源是否有其必要，值得商榷。

二、人力、物力、自然與組織資源要兼顧並用

有些幼兒園內有當牙科醫師的家長，在教幼兒牙齒保健時，就可請這位家長現身說法來教導正確的牙齒保健方法，而不必只用影片說明。要實際操作的部分則實際用實物操作，例如：教幼兒摺紙青蛙，與其看影片，不如老師親自給每位幼兒一張色紙，跟著老師一步一步摺疊。

三、要有周全的計畫與評估

幼兒園訂定整學年的行事曆時，宜將每週可運用的社會資源一一列出，再從第一週到最後一週，仔細評估有否浪費、不合時宜或不恰當的現象，加以修正後再執行，就可避免遺漏的情況。

四、建立本地社會資源的檔案資料，以備不時之需

在組織資源方面最須建立檔案，例如：重要機關學校的電話號碼、親職教育諮詢專線、特殊教育諮詢專線、文化活動的查詢號碼等，皆宜一一建檔。現在電腦的運用非常普遍，可請行政人員或具有資訊處理專長的教師、教保員建檔備用，如有更動，亦可調出更正，非常方便實用。

五、任何活動均應留下紀錄，以做為下次活動之改進參考

運用社會資源的活動常是動態的，所以運用相機、攝影機、錄音筆以留存資料的機會相當多。讓參與者寫下心得建議，請幼兒回到園內畫出所見所聞，都是可行的方法，各班老師應將這些資料分類擇要保存。

貳、幼兒園善用社會資源的方式

家庭、社區與幼兒園之間的關係已在本章第一節說明，為使幼兒園的教育功能確實發揮，應把家庭、社區納入幼兒的園內生活中，其具體的作法除第二、三節所介紹的親職教育與家長參與外，尚須充分善用社會資源。善用社會資源的觀念較易被忽略的是，幼兒園如何回饋社會，通常都只想到如何多方利用社會資源，其實如果各園能進一步想到自己也是社會資源之一，有時亦可回饋社會，則也許因而有機會引來更多運用社會資源的機會。以下分成家庭與社區兩方面，談論幼兒園如何善用社會資源。

一、善用家庭資源的方式

（一）對幼兒的家庭提供援助，以增進家庭生活的功能

幼兒園的家長是學生的父母，每一幼兒的家庭生活是否美滿快樂，直接影響幼兒教育的成敗。幼兒園可以在精神方面支持不同型態的家庭度過難關，例如：單親家庭、雙薪家庭、再婚家庭、有身心障礙子女的家庭、低收入家庭等，其方式可透過前述親職教育與「家長參與」專節所提的各種活動來進行。

（二）接受家長的幫助以豐富幼兒在園的生活

幼兒園的經營不論是公立或私立，都有其人力、物力上的不足，而在許多教育措施上亦有不周全之處。因此，除了人力、物力的協助外，幼兒園對

家長的批評或質問也要虛心接受，這種非物力或人力的資源卻常被幼兒園忽略。要將嚴苛或不公正的批評與詰問視為一種幫助，的確是很困難，但園長或老師一定要特別注意家長的這類反應，並從其中得到啟示與助益。老師必須記住，如果有一位家長抱怨，很可能其他家長也有同樣的不滿，只是沒有說出來而已（國立臺南師範學院幼兒教育中心，1990）。除了這種「軟體資源」外，家長也可以提供不少物力與人力資源，小至幼兒上課用的工作材料，如養樂多空瓶子，到為大門玄關鋪人工草皮等，都可能由家長來提供支援。

　　由上述兩種角度來看幼兒園如何善用家庭資源，可能就會有較寬廣的視野。幼兒園要注意的是：可以向家長提出需求，但不能強求，要尊重家長的反應，也要心存感謝。以下列出具體作法的示例，供舉一反三之用：

1. 建立家長志願擔任義工名單與資料，例如：開車協助載貨、臨時協助托顧幼兒、製作大活動需用道具等。
2. 成立家長諮詢人員資料，由具有專業知能的家長協助回答各種問題，例如：法律、納稅、醫療、婚姻、申請社會福利補助等。
3. 定期協助家長會辦理「舊物交換」或「舊物拍賣」活動。
4. 請家長代為接洽校外參觀機構，如因熟識也許可免門票。
5. 在園內接送幼兒的地方掛「家長意見箱」，接受批評與指教。
6. 依學期進度，先請家長飼養某種小動物或栽種某種植物，在有關單元進行時，請家長提供養育經驗，並將小動物或小盆栽暫放活動室幾天。
7. 年終大掃除時，請家長將這一年的舊月曆送給幼兒園，可以利用月曆上的圖片製作成教學用的掛圖或布置教室等。

行政小錦囊

為幼兒園畢業的小朋友訂定獎助學金辦法

在幼兒園社會資源運用的觀念上，回饋社會也是一種方式。最近有些幼兒園訂定獎助學金辦法，讓從該園畢業，正就讀國小一至六年級的學生，其學年（兩學期）成績達到某一標準者，可以回園申請獎助學金，經董事會或評審委員會通過的每名入選學生所得之獎助學金也許不多，只有六百元或一千元，但對其家長和得獎的學生是莫大的鼓勵；尤其在幼兒園辦理畢業典禮時頒獎，更可讓在座的家長感到幼兒園回饋社會的義舉，靠家長的口碑所做的宣傳效果，是一股不可忽視的力量。

二、善用社區資源的方式

（一）回饋社區，改善社區生活素質

幼兒園主管應有「為社會所用，更能獲得協助」的理念，在社區生活中扮演服務的角色，例如：提供社區投票場所、將圖書室定期開放給社區人士借閱、協助整理幼兒園附近的街道、設置社區閱報看板等，在政府推行環保運動、交通安全運動時，幼兒園亦可配合製作、出版師生作品的壁報、宣傳海報，置放於社區來往人多之處，供人閱覽。

（二）有效運用社會資源，以充實教學內容

園長與教師、教保員在設計全學年的教學進度之後，則可有計畫地列出園方缺乏哪些人力與物力，除請家長協助外，尚可向社區有關機構尋求支援，例如：「消防隊如何救火」單元，這是不能在真正現場參觀的，只能洽商當地消防隊表演雲梯救人、大水管噴水滅火等活動。有些幼兒園曾到百貨公司詢問聖誕節的布置何時要換掉，屆時可否送給幼兒園，結果在百貨公司

換季時，該園真的獲得通知去搬運十多座聖誕老人、聖誕樹，還有許多不易破損的掛簾，在來年的聖誕節，這些園就有許多美麗的年節裝飾可用了。電器用品店的宣傳海報也可一一剪下各種電器用品來護貝，只要有兩張就可做配對用的操作教具。向機關、公司行號請求參觀或接洽業務時，如能先以電話非正式地徵求同意，再正式以公文知會，可能是較佳的聯絡方式；參觀結束要道謝，或一學期下來，對本學期協助幼兒園的社會資源機構，以孩子畫的謝卡一一寄送致謝，也是給人印象深刻的作法，下次再接洽時一定會更順利。

　　上述兩種社區社會資源運用的原則，尚可從下列具體作法示例去靈活運用：

1. 幼兒園可和社區內的其他園密切聯絡，合作辦理公益事業，或一起辦園遊會、親子體能活動。
2. 在各地文化中心或其他文教機構所辦的演講、展覽、座談、電影欣賞等活動，皆可事先打聽，在聯絡簿或幼兒園刊物中介紹，通知家長去參加，把社區文化資源變成自己幼兒園活動的延伸，也是很好的運用方式。
3. 接洽印刷廠或紙箱公司，將裁下不要的乾淨紙條、厚紙卡贈送幼兒園做為工作材料。
4. 利用地方報紙做有關園內舉辦活動或進行某種教學實驗的新聞發表據點，往往可使社區更了解該園的辦學理念。
5. 建立社會資源運用的資料庫，蒐集相關電話或上網查閱可運用的社區資源。

　　此外，美化社區環境、蒐集社區歷史與地理環境的資料，讓社區成為有生命發展力的有機體，也是相當重要的。

第五節　幼兒園提供延長照顧服務

前節敘述幼兒園應善用家庭與社區資源，本節將說明幼兒園亦可成為家庭的重要社會資源，例如：政府為提供雙薪家庭後援，讓家長能安心就業，鼓勵各類型教保服務機構辦理延長照顧服務，以友善及體貼家長因工作或交通往返上接送幼兒之需求。

教育部國民及學前教育署為支持家庭育兒，使學齡前幼兒在健康安全之環境成長，於民國 110 年（2021）修正「公共化教保服務機構」辦理延長照顧服務的相關配套要點。由於公立幼兒園每學年的教保活動起迄日及服務時間與其他類型教保服務機構不一致，教育部長潘文忠先生於民國 112 年（2023）7 月 18 日至 19 日舉行的「全國教育局處長會議」宣布，自民國 113 年（2024）起大幅增編預算，協助公立幼兒園於平日課後及寒、暑假期間實施延長照顧服務，以減輕幼兒就讀公立幼兒園家長的家庭經濟負擔。公立幼兒園在辦理延長照顧服務之人員部分，則依據《幼兒教育及照顧法》第三章「教保服務機構組織與服務人員資格及權益」第 20 條規定，明定提供延長照顧服務之人員資格，除園內的教保服務人員外，亦得外聘具課後照顧服務人員專業訓練課程結訓的人員等，提供延長照顧服務。

民國 113 年（2024）1 月 16 日，教育部國民及學前教育署修正公布《教育部國民及學前教育署補助公立幼兒園辦理延長照顧服務作業要點》，提供公立幼兒園寒、暑假加托服務及課後延長照顧服務之補助，各直轄市、縣（市）政府亦隨之配合修正公立幼兒園辦理延長照顧服務之實施要點。以下就延長照顧服務的定義、各類型幼兒園延長照顧服務的重要規定，以及幼兒園如何規劃延長照顧服務等三方面分別加以說明。

壹、延長照顧服務的定義

一、照顧服務

在幼兒教育相關的法規中，「照顧服務」一詞經常出現，意指幼兒園對所服務的對象應盡照顧及服務之責。《幼兒教保及照顧服務實施準則》更是將「照顧服務」列入標題，其中的「照顧」有照料、看顧、幫助之意，而「服務」係指為其他人提供的勞動。

若將「照顧服務」應用於幼兒園現場，幼兒園對所服務的對象包含幼兒及其家長，故可定義「幼兒園照顧服務」為幼兒園提供勞動人力對幼兒進行照料及看顧，以幫助幼兒家長盡照顧及服務之責。

二、延長照顧服務

延長」有伸長、拉長之意，用於時間意指增多時日，例如：「延長十分鐘」、「延長三日」等。而依照「照顧服務」之定義，我們可以說「延長照顧服務」係指幼兒園增多時日提供勞動人力對幼兒進行照料及看顧，以幫助幼兒家長盡照顧及服務之責。應用於幼兒園現場，「幼兒園延長照顧服務」係指幼兒園為了滿足家長工作時間或其他特殊需求，提供勞動人力及增多時日延長托育幼兒的服務時間。一般而言，幼兒園的「延長照顧服務」時間係指幼兒放學後延長及寒、暑假加托照顧服務。

以下進一步說明在《幼兒教育及照顧法》及《幼兒教保及照顧服務實施準則》中提及與「延長照顧服務」相關的要點。

一、《幼兒教育及照顧法》

該法提及「延長照顧服務」一詞共計 3 處，說明如下：

1. 第 12 條第 3 項：「幼兒之父母或監護人得依幼兒之需求，選擇參與全

　　日、上午時段或下午時段之教保服務；教保服務機構於教保活動課程以外之日期及時間，得視父母或監護人需求，提供延長照顧服務。」

2. 第 20 條第 1 項，說明延長照顧服務之人員應具備資格；若離島、偏遠或原住民族地區遴聘具資格人員有困難時，得報直轄市、縣（市）主管機關核准的應對方式。

3. 第 43 條第 7 項，指出延長照顧服務收退費有其相關的基準。

　　整理《幼兒教育及照顧法》上述三處與「延長照顧服務」相關的要點：幼兒園於教保活動課程以外之時間及日期，視父母或監護人需求，提供具延長照顧服務資格之人員，進行幼兒延長及寒、暑假加托之照顧服務；在收退費上則參照延長照顧服務收退費的相關規範。

二、《幼兒教保及照顧服務實施準則》

　　該準則提及「延長照顧服務」一詞共計 2 處，說明如下：

1. 第 4 條第 3 項：「幼兒園依……規定提供延長照顧服務，班級人數及照顧服務人員之配置，應符合……規定。但二歲以上未滿三歲幼兒班級因人數稀少，致其無法單獨成班者，得進行混齡編班，每班以十五人為限。」。

2. 第 6 條，於延長照顧服務時間提供臨時照顧服務之幼兒園，其幼兒人數及照顧服務人員之配置，須依規定辦理。

　　整理《幼兒教保及照顧服務實施準則》上述二處與「延長照顧服務」相關的要點：幼兒園依規定提供延長照顧服務，班級人數及照顧服務人員之配置應符合規定。延長及寒、暑假加托之照顧服務若有需臨時照顧服務之幼兒，其幼兒人數及照顧服務人員之配置，須依相關規定辦理。

　　總而言之，依據前述「照顧服務」、《幼兒教育及照顧法》，以及《幼兒教保及照顧服務實施準則》所整理之內容，我們可定義幼兒園「延長照顧服務」：係指幼兒園於課後以外之時間，視家長需求提供具備照顧服務資格

之人員，對幼兒進行課後或寒、暑假加托之照顧服務，以幫助幼兒家長盡照顧及服務之責；在收退費上參照延長照顧服務收退費的相關規範。

行政小錦囊

家長讓幼兒參加幼兒園延長照顧服務的可能原因包括：

1. 工作需求：家長工作時間長，期望能有提供安全照顧的環境。
2. 交通時間：家長在通勤上需花較長時間，以配合他們的工作。
3. 家庭結構：單親或父母全職工作，致無法配合時間準時接送。
4. 喘息服務：家長因社交等特殊活動或需喘息，進而委託照顧。

貳、各類型幼兒園延長照顧服務的重要規定

臺灣各類型教保服務機構已於本書第三章說明，因設立機構不同，可分為公立幼兒園和私立幼兒園兩大類型。其中，由政府經營、共同經營或簽訂合作契約者包含：公立幼兒園、非營利幼兒園、準公共幼兒園，以及職場互助教保服務中心等，又可稱之為「公共化教保服務機構」。

由於臺灣的學前教育非屬義務及強迫教育，除了鼓勵民間興辦幼兒園外，依據《地方制度法》（民國 111 年 5 月 25 日修正公布）第 18 條和第 19 條第 4 項第 1 款規定，學前教育之興辦及管理為直轄市、縣（市）地方政府權責。興辦幼兒園需直轄市、縣（市）長全力支持及挹注各項資源與經費等配套措施始得辦理；在中央政府頒布及修正《幼兒教育及照顧法》、《非營利幼兒園實施辦法》、《教育部推動及補助地方政府與私立教保服務機構合作提供準公共教保服務作業要點》，以及《職場互助式教保服務實施辦法》等相關幼教法令下，中央及各地方政府增設公立幼兒園之意願趨於保守，轉而推動非營利幼兒園、準公共幼兒園，以及職場互助教保服務中心等。以

111 學年度為例，全臺共有 6,661 間幼兒園（含職場互助教保服務中心），其中公立幼兒園有 2,180 間、非營利幼兒園有 337 間、職場互助教保服務中心有 114 間、私立幼兒園有 4,030 間（教育部，2024）。

其次，為充分利用教育資源、支持婦女婚育、照顧雙薪家庭父母安心就業，讓幼兒在健康安全之環境成長，教育部國民及學前教育署修正「公共化教保服務機構」辦理延長照顧服務的相關配套要點，以擴大公共化教保服務機構辦理延長照顧服務之範圍。

復次，公立幼兒園長期以來一直是家長優先選擇的類型，隨著「公共化教保服務機構」的推動，家長趨向教育及照顧時間上能友善育兒類型的幼兒園或職場互助教保服務中心。未選擇學費便宜、師資穩定及較不違規的公立幼兒園，其原因為「寒、暑假不開放，托育費用需另計」（59.9%）、「放學時間太早，上下班來不及接送」（59.0%），以及「名額太少，沒有抽中」（32.0%）等因素（兒童福利聯盟，2023）。由於公立幼兒園的制度設計造成家長在選擇上的困境，因此民國 113 年（2024）教育部國民及學前教育署修正公布《教育部國民及學前教育署補助公立幼兒園辦理延長照顧服務作業要點》，提供公立幼兒園寒、暑假加托服務及課後延長照顧服務之補助，各直轄市、縣（市）政府亦隨之配合修正公立幼兒園辦理延長照顧服務之實施要點，以符應家長對於公立幼兒園在照顧時間的期待。

以下分述說明公立幼兒園、非營利幼兒園、準公共幼兒園、職場互助教保服務中心，以及私立幼兒園等各類型教保服務機構對於延長照顧服務的重要法源，並透過表10-4整理公立及私立幼兒園（非營利幼兒園、準公共幼兒園、職場互助教保服務中心，以及私立幼兒園），在延長照顧服務上相關的重要規定：

1. 公立幼兒園延長照顧服務法源依據：《幼兒教育及照顧法》、《幼兒教保及照顧服務實施準則》、《教育部國民及學前教育署補助公立幼兒園辦理延長照顧服務作業要點》、各直轄市或縣（市）公立幼兒園辦理延長照顧服務實施要點、《幼兒就讀教保服務機構補助辦法》。

表 10-4 公立幼兒園及私立幼兒園辦理延長照顧服務重要規定比較表

類型	公立幼兒園	私立幼兒園			
		非營利幼兒園	準公共幼兒園	職場互助教保服務中心	私立幼兒園
實施日期	依各直轄市、縣（市）教育局所屬各級學校學期行事曆辦理	依行政院人事行政總處公告之行政機關辦公日辦理			
辦理原則	1. 服務對象：園內幼兒，提供臨時照顧服務，其全園幼兒人數不超過設立許可證書所載之核定招收總人數 2. 活動內容：活動安排以符合幼兒身心發展，並兼顧生活教育 3. 照顧人員：園內教保服務人員或外聘符合資格之人員擔任				
照顧時段	1. 實施日期之下午 4 時起 2. 寒、暑假	實施日期之下午 5 時起			實施日期之下午 4 時起
收費依據	1. 依據《教育部國民及學前教育署補助公立幼兒園辦理延長照顧服務作業要點》 2. 依據各直轄市或縣（市）公立幼兒園辦理延長照顧服務實施要點	陳報各直轄市或縣（市）核准或教育部國民及學前教育署審議通過之延長照顧服務收費			各直轄市或縣（市）政府審議通過之延長照顧服務收費
退費方式	依據各直轄市或縣（市）教保服務機構收退費辦法				

2. 非營利幼兒園延長照顧服務法源依據：《幼兒教育及照顧法》、《幼兒教保及照顧服務實施準則》、《非營利幼兒園實施辦法》、各直轄

市或縣（市）政府委託辦理○○非營利幼兒園契約書、《教育部國民及學前教育署補助辦理非營利幼兒園及職場互助教保服務中心作業要點》（民國 113 年 1 月 22 日修正）。

3. 準公共幼兒園延長照顧服務法源依據：《幼兒教育及照顧法》、《幼兒教保及照顧服務實施準則》、《教育部推動及補助地方政府與私立教保服務機構合作提供準公共教保服務作業要點》、私立○○教保服務機構提供準公共教保服務契約書、《幼兒就讀教保服務機構補助辦法》。

4. 職場互助教保服務中心延長照顧服務法源依據：《幼兒教育及照顧法》、《幼兒教保及照顧服務實施準則》、《職場互助式教保服務實施辦法》、各直轄市和縣（市）政府委託辦理○○職場互助教保服務中心契約書、《教育部國民及學前教育署補助辦理非營利幼兒園及職場互助教保服務中心作業要點》。

5. 私立幼兒園延長照顧服務法源依據：《幼兒教育及照顧法》、《幼兒教保及照顧服務實施準則》、幼兒園教保服務書面契約、《幼兒就讀教保服務機構補助辦法》

參、幼兒園如何規劃延長照顧服務

一、前置規劃

各類型幼兒園在規劃延長照顧服務時，需了解延長照顧服務的相關法令，並綜合考慮幼兒園或教保服務中心的照顧人力，以及就讀幼兒家庭的需求：

1. 了解相關法令：各類型幼兒園應了解其所適用的相關法規。
2. 考慮照顧人力：各類型幼兒園應考慮照顧人力所進用管道適合的法令。
3. 幼兒家庭需求：透過座談會或意願調查等方式，了解家長對延長照顧

服務的期望。以臺北市幼兒申請課後延長照顧意願調查為例（參見附錄 10-1）。

二、執行期間

各類型幼兒園在執行延長照顧服務時，需安排收托時間、依法收退費用、正常教保活動，以及給予合理薪資。

1. 安排收托時間：根據調查結果，確定延長照顧服務的時間安排，包括課後和寒、暑假等，同時制定靈活的接回時間。
2. 依法收退費用：各類型教保服務機構依規範的收退費法令，執行相關收退費用，以備申請相關補助。
3. 正常教保活動：課後延長照顧服務非課後才藝班，其服務內容應符合幼兒身心發展，並兼顧生活教育。
4. 給予合理薪資：各類型教保服務機構遵循法令，予以照顧服務人員合理薪資。

三、經費補助

各類型幼兒園在執行延長照顧服務後，因應相關中央及地方法令，對於家長繳交費用之差額、照顧人力薪資及幼兒園行政費用，依法申請相關補助。

1. 試參觀一所幼兒園，觀察家長接送幼兒情形，以及家長與老師的交談狀況，提出你對該園推廣親職教育的建議。

2. 試擬一份幼兒園全學年推展「家長參與」的工作計畫表。

3. 何謂「親職」？何謂「親子」？親子關係與親職教育有何關係？試舉實例說明。

4. 當你發現班上某一個幼兒受到家長虐待的情形，你將如何運用家庭與社區的社會資源去幫助這位幼兒及其家庭？

5. 試參觀家長參與幼兒教學的情形，然後依下列三方面寫出你看到什麼？
   (1)當家長參與教學活動時，你想他們會獲得什麼？會有哪些改變？
   (2)當家長參與教學活動時，你看到幼兒獲得什麼？會有哪些改變？
   (3)當家長參與教學活動時，你看到各班老師獲得什麼？會有哪些改變？

6. 試參照附錄 10-1 選擇一種類型的幼兒園，擬一份該園的課後延長照顧服務計畫。

第十一章 幼兒園的評鑑：鉅系統與
外系統、微系統的互動

蔡春美

　　隨著工商業的進步、社會型態的改變，職業婦女增多，加上心理學與教育學的研究不斷肯定了幼兒教育的重要性，於是幼兒園如雨後春筍般地急遽增加；但幼兒教育的觀念與制度卻又無法隨著社會的需要而相對成長，因此許多幼兒園的設備、經營與教學不見得合乎教育原理，以致於許多無辜的幼兒深受其害而家長仍不能察覺。近幾年來，政府透過各種決策來促使幼兒教育的正常化，雖然成效尚難立即顯現，但若干措施之效果已漸可預期，而「幼兒園評鑑」的措施就是其中之一。本章將就評鑑的意義、幼兒園評鑑的目標和必要性、評鑑辦法、類別、項目、內容，以及幼兒園應有的態度與作法，分別加以說明。

第一節　幼兒園評鑑的定義、目標與必要

壹、幼兒園評鑑的定義

　　評鑑（accreditation 或 evaluation）乃是一種價值判斷，也是一種評價或價值的確定。教育評鑑為一正式而基於系統方式，界定標準以獲取正確的資料，做為最佳選擇的過程（Worthen & Sanders, 1973）。有關教育評鑑的定義，因學者觀點不同而有許多說法，由於幼兒園評鑑也是一種教育評鑑，茲先列舉較相關之教育評鑑定義，說明如下。

　　Tyler 首先將教育評鑑定義為「決定教育目標被實現程度的過程」（引自郭昭佑，2006）。國內學者黃炳煌（1977）曾提出教育評鑑的三項特徵：第一，評鑑乃一歷程，所謂歷程係指它是一種特殊的、繼續的活動，包含一系列之步驟與方法，而非如測驗僅為單一的活動；第二，此一歷程係有系統的、正式的歷程，而不是指非正式的評鑑；第三，評鑑之重心永遠是對各種可行途徑予以價值的評判，以供決策者從中擇一而行。

　　蘇錦麗（2004）則認為，教育評鑑係「有系統的採用各種有效方法，蒐集質與量的資料，對照評鑑準則（指標或標準），以判斷任一教育對象之價

值或優缺點的過程，並將其結果做為決策之參考。」其重點包括：

1. 評鑑係採系統化、科學化的各種方法，以蒐集資料的過程。

2. 評鑑資料應自多方面廣泛蒐集。

3. 評鑑必須依據準則（指標或標準），進行價值或優缺點的判斷。

4. 評鑑結果應做為相關決策與行動的參考依據；換言之，評鑑係以解決教育政策與教育實務之問題為導向。

5. 教育評鑑的對象非常廣泛，包括：國家教育目標、政策、課程、教材、學生學習成就、學校校務、校長、老師、教育行政人員、教育專家、教育計畫、教育方案、後設評鑑等，上述的教育範疇亦包括各級學校層級的評鑑。

　　幼兒園評鑑屬各級學校層級的教育評鑑中最基礎者，依據教育部於民國101年（2012）5月4日訂定發布之《幼兒園評鑑辦法》，可看出幼兒園評鑑係「有系統的採用各種有效方法，蒐集質與量的資料，對照評鑑準則（指標或標準），以判斷各幼兒園辦理幼兒教育之價值或優缺點的過程，並可將其結果做為幼教決策之參考」。該法已於民國112年（2023）2月27日修正發布，以下是以新修正之《幼兒園評鑑辦法》為準加以說明。

貳、幼兒園評鑑的目標

　　依據 Worthen 與 Sanders（1973）的分析，教育評鑑的功能至少包括下列七種：

1. 指出優點與缺點，做為改進的第一步。

2. 及早發現問題，以免將來無法或難以矯正。

3. 指出在教育行動中必須提出的需求。

4. 指出可以有效運用於教育中的人力或其他資源。

5. 提示所希望達成的教育成果。

6. 提供教育計畫與決策的有用資料。

7. 了解教育費用資料，以減少教育的浪費。

由上述七種功能分析可知，教育評鑑所能達成的目標很廣，一般人僅將優劣得失或評定等第做為評鑑的目標，那是對教育評鑑的重大誤解。是以幼兒園評鑑之目的在求自我改進，以提升幼兒園的素質，並做為行政當局施政之參考，絕非是為了排列等第、名次。

美國著名的教育評鑑學者俄亥俄州立大學 Stufflebeam 等人（1971）有一句名言：「評鑑之目的在於求改進，而不在證明什麼。」可見評鑑的最大目的是定期診斷、檢討，謀求教育的改善。

茲歸納幼兒園評鑑之目標如下：

1. 了解各公私立幼兒園的現況，做為今後決策與輔導之參考。
2. 透過自我評鑑，以促進各幼兒園積極努力，自求進步。
3. 結合自我評鑑和專家評鑑，使各幼兒園據以發揚其既有之優點和改進其缺失，以發揮幼教功能，提高教學品質，促進幼兒教育健全發展。

參、幼兒園評鑑的必要

近年來，由於社會的需要，幼兒園普遍設立，其中大部分為私立，因為幼兒教育未列入義務教育，所以公立的幼兒園較少。各園在行政管理、園舍設備、師資素質、教保活動等方面，是否都能依法規實施，均須透過評鑑的過程來了解。

從學理的觀點而言，教育評鑑的真諦在求教育設施之改進，而非在證明教育成果或教育計畫的優劣成敗。Johnstone（1978）認為，評鑑之目的有二：

1. 了解教育設施是否已達成計畫目標。
2. 探討決策的成效如何，提出建議，以做為未來決策之參考。

Hayman 與 Hapier（1975）則認為，評鑑之目的在幫助教學，並促進學校教育活動，是一種回饋過程，其觀念是強調教育上的溝通、資料蒐集及問題解決，其本質在改進而非處罰，而其基本假定則認為，每一個人均希望了

解自己的情況，並求進一步的發展。

幼兒園的教育評鑑就像做一次「身體健康檢查」一樣，可了解各園的設施實況，以做為改進參考，因此實施幼兒園評鑑是非常必要的。評鑑至少有下列四項功能：

1. 提供公正而客觀的資料，讓家長、社區人士能了解幼兒園的實際狀況。
2. 透過公正的評鑑制度與過程，給績優幼兒園應得的獎勵，肯定其平日的辛苦。
3. 引導各園實施正常化教育，使我國的幼兒教育能步上正軌。
4. 發現問題、提出建議，據以輔導幼兒園，並供政府決策參考。

因此，幼兒園的評鑑工作應列為政府每年的行政項目，編列專款，由專人辦理，以求幼兒教育的繼續長程追蹤輔導，才能促成幼兒教育的正常發展，奠定國民教育的健全基礎。

第二節　幼兒園評鑑辦法、評鑑類別與實施

幼兒園是否辦理成效卓著，須有一套評鑑辦法。民國 100 年頒布的《幼兒教育及照顧法》第 45 條明文規定，由中央主管機關訂定「評鑑辦法」，此項辦法包括評鑑類別、評鑑項目、評鑑指標、評鑑對象、評鑑人員資格與培訓、實施方式、結果公布、申復、申訴及追蹤評鑑等相關事項。民國 112 年（2023）2 月 27 日修正發布之《幼兒園評鑑辦法》是依據 111 年（2022）6 月 29 日修正公布之《幼兒教育及照顧法》第 46 條第 3 項規定訂定之。

壹、幼兒園評鑑辦法與評鑑類別

一、幼兒園評鑑辦法

各直轄市、縣（市）主管機關對轄區幼兒園之評鑑，都須依據《幼兒園

評鑑辦法》辦理，本辦法共計 15 條，茲列其要點如下：

第 1 條　明定本辦法之法源依據。

第 2 條　規定適用對象為幼兒園及其分班。

第 3 條　明定中央主管機關之權責及應辦事項。

第 4 條　評鑑之類別與實施方式及評鑑指標由中央主管機關公告。

第 5 條　基礎評鑑之參與方式、辦理機關及辦理期程。

第 6 條　直轄市、縣（市）主管機關辦理基礎評鑑之相關規定。

第 7 條　評鑑報告初稿之完成期限。

第 8 條　幼兒園對評鑑報告初稿不服時之申復相關程序。

第 9 條　幼兒園對評鑑報告不服時之申訴程序。

第 10 條　評鑑結果之內容公布，及評鑑報告應登錄於中央主管機關指定之網站，並報中央主管機關備查。

第 11 條　未通過基礎評鑑之後續追蹤機制，及未通過基礎評鑑之核處。

第 12 條　評鑑過程如有造假情事致影響評鑑結果認定之相關處理方式。

第 13 條　評鑑委員及執行評鑑工作之相關人員應遵守利益迴避原則及專業倫理。

第 14 條　中央主管機關得對直轄市、縣（市）主管機關之評鑑辦理情形進行實地訪查，必要時得就評鑑規劃、設計、實施、結果報告及檢討會相關資料進行後設評鑑。

第 15 條　明定本辦法自發布日施行。

二、幼兒園評鑑類別

依據《幼兒園評鑑辦法》第 4 條規定：「幼兒園評鑑之類別如下：(1)基礎評鑑：針對設立與營運、總務與財務管理、教保活動課程、人事管理、餐飲與衛生管理、安全管理等類別進行評鑑；(2)追蹤評鑑：針對基礎評鑑未

通過之項目，依原評鑑指標辦理追蹤評鑑。前項評鑑，應以實地訪視為之；第一款評鑑指標，由中央主管機關公告之。」

貳、幼兒園基礎評鑑的項目與內容

基礎評鑑是執行政府監督的責任，為檢核幼兒園持續符合法令相關規定，幼兒園均應接受基礎評鑑。

第一期之基礎評鑑指標於民國 101 年（2012）8 月 8 日公布，為「102 學年至 106 學年幼兒園基礎評鑑指標」；第二期之基礎評鑑指標於民國 106 年（2017）9 月 19 日由教育部公告之「107 學年至 111 學年幼兒園基礎評鑑指標」；第三期之基礎評鑑指標由教育部於民國 112 年（2023）4 月 28 日公告之「112 學年至 116 學年幼兒園基礎評鑑指標」，其內容分為以下六大部分：

1. 設立與營運，包括：設立名稱及地址、生師比例、資訊公開。
2. 總務與財務管理，包括：收費規定、環境設備維護。
3. 教保活動課程，包括：課程規劃與實施、幼兒發展篩檢、活動室環境、午休。
4. 人事管理，包括：員工保險、退休制度、出勤管理。
5. 餐點與衛生管理，包括：餐飲管理、衛生保健。
6. 安全管理，包括：交通安全、場地安全、緊急事件處理。

以上六大類共 37 細項，乃 112 至 116 學年所實施者，請詳閱附錄 11-1。基礎評鑑的內容將隨政策與社會變遷而增刪，請密切注意教育部法規公布訊息。

參、幼兒園評鑑的核心概念

幼兒園評鑑所追求的是一種系統評鑑，其主要目的是要檢視幼兒園是否

符合教保專業之系統化經營。一所具備專業品質的幼兒園應該是一個有系統的有機體，此概念乃引用管理理論中的「管理循環」（PDCA），它是由美國品質管制專家 Deming（1984）所提出的理論，故又稱為「戴明循環」（Deming Cycle），也稱為 PDSA 環。而 PDCA（PDSA）四個英文字母及其在 PDCA 循環中所代表的含義如下（引自 Watson, 1984/1997）：

P（plan）：計畫，確定方針和目標，確定活動計畫。

D（do）：執行，實地去做，實現計畫中的內容。

C ／ S（check/study）：檢討，比如到計畫執行過程中的「控制點」和「管理點」去蒐集訊息，「計畫執行的怎麼樣？」、「有沒有達到預期的效果或要求？」，總結執行計畫的結果，注意效果，找出問題。

A（action）：行動，對總結檢查的結果進行處理，成功的經驗加以肯定並適當推廣、標準化；失敗的教訓加以總結，以免重現；未解決的問題放到下一個 PDCA 循環。

如此不斷循環、不斷改善，自能將品質提升，達到所設定的目標，如圖 11-1 所示。

圖 11-1 「戴明循環」PDCA（PDSA）循環示意圖

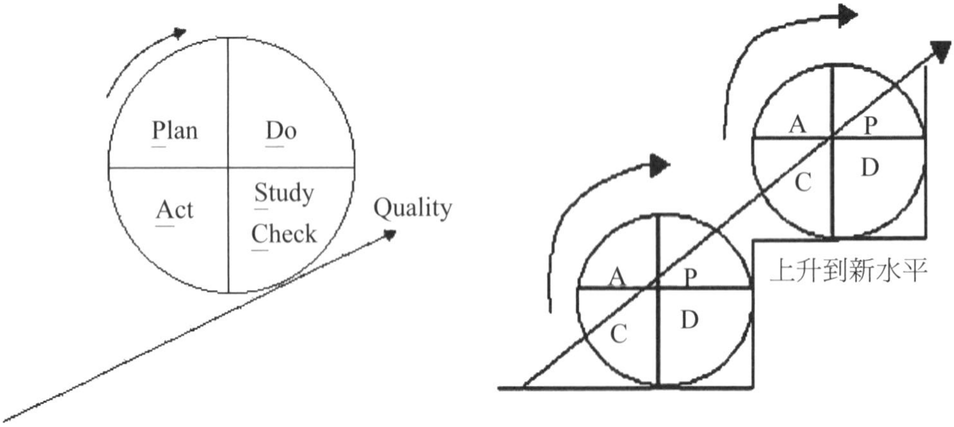

註：引自 MBA 智庫百科（無日期）。

幼兒園的所有教保活動從計畫（Plan）、執行（Do）、檢討（Check），到改進行動（Action），是一種循環而有秩序的過程，又稱為PDCA循環系統。老師、孩子與家長相互依存形成一個完整體系，大家為教保目標的達成而努力，因此正確適當教保目標的引導很重要；幼兒園全體人員依此循環而以有秩序的原則來經營幼兒園，就稱為「教保專業之系統化經營」，亦即運用「系統觀點」與「專業」去「經營」幼兒園。簡言之，幼兒園評鑑乃為確認幼兒園之教保服務已達專業幼教的品質，並建立自我改進之良性循環機制。目前評鑑辦法所列的基礎評鑑是最基本的，終極目標是希望每所幼兒園都能達到教保專業目標。

肆、幼兒園評鑑之實施

直轄市與縣（市）主管機關實施幼兒園評鑑，必須依據《幼兒園評鑑辦法》之規定辦理，首先須擬訂該直轄市與縣（市）幼兒園基礎評鑑之實施計畫，其內容包括：依據、目的、評鑑對象、評鑑期程、評鑑內容、評鑑方式（含自我評鑑、訪視評鑑及追蹤評鑑）、評鑑人員、評鑑結果、受訪園申復與申訴、經費等項目。

有關各縣市「幼兒園基礎評鑑實施計畫」請查詢各縣（市）教保資源網。

行政小錦囊

幼兒園評鑑時，如果自己覺得很有信心、很得意的「表格」與「規章」，可以影印連同幼兒園的簡介及活動照片，分裝提供評鑑委員帶回去。因評鑑委員通常回去後才會整理當天的評鑑報告，園方所提供的精華資料可使評鑑委員能更具體地了解幼兒園的優點，可以在其文字敘述時有很好的依據，園方也可以達到把幼兒園的優點、好的作法讓評鑑委員了解的目的。

第三節　幼兒園接受評鑑應有的態度與作法 （含園務發展計畫與行事曆的編擬）

　　幼兒園評鑑之目的，主要是希望看到幼兒園最原始的風貌，再根據評鑑結果提供改進建議，故幼兒園並不需因有人要來評鑑而大費周章，勞師動眾製造一些假象，重要的是平日如何經營管理。如果園內的人員能時常記得要提升教學品質，能真正將教保目標落實，注意到孩子在園內學習時感到充實快樂，相信就不致於差到哪裡。評鑑也像一個人的「身體健康檢查」，可以透過一次專家的專業檢查，發現一些毛病，以便對症下藥或診療。如果平日懂得保養，具備基本的醫藥衛生常識，又能持之以恆，在例行的健康檢查中一定能安然通過；所以幼兒園接受評鑑，也需要有接受健康檢查一樣的心情與作法，才能達到圓滿的結果，讓自己成長又健康。

　　茲分四項說明幼兒園接受評鑑應有的態度與作法，如下。

壹、幼兒園應具備的基本理念與態度

一、仔細了解基礎評鑑的內容與指標意涵

　　當幼兒園接到公文通告年度評鑑工作即將開始時，除開會與園內各部門員工討論工作分配，填寫自評表，以便寄回主管機關教育局（處）外，更應與園內所有老師、司機、廚工、工友等，共同研讀了解基礎評鑑的內容與指標意涵，設法與園內全體人員討論，以建立每項評鑑指標的共識與作法，用以檢視園內各項工作之符合程度。

二、確立責任分工、分層負責與落實檢討改進的機制

　　園長及主任應虛心聆聽各部屬的困難與建議，全體商議針對未符合項目

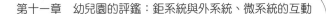

如何改進，並分配評鑑當日的接待工作，最好由熟悉評鑑各項目的老師，在簡報後陪同評鑑委員參觀及檢閱相關簿冊，以便回答委員的詢問或做適當的說明。

三、建立並檢核園內各項制度與業務的系統運作

各園如能建立自評制度，落實內部自我評鑑，每年定期進行自評、留下資料，在全園會議中省思討論，不管當年度是否接受評鑑，只要有健全客觀的自評機制運作，都能幫助園務良好發展、永續經營。評鑑不宜做枝枝葉葉的零碎表面工夫，而要全園能依循規劃、執行、檢討、改進的循環流程，亦即 PDCA 循環系統，不斷循環持續運作，才能逐步改進，以達成教保目標，並提升品質。

四、凡走過必留下痕跡，養成將具體佐證留下紀錄的習慣

由於評鑑需要有佐證資料，雖然評鑑委員也會實地觀察，但畢竟要在短時間內了解幼兒園的全貌並不容易，所以幼兒園能將平日的努力留下紀錄，就很重要。資料不要只是累積成堆，而是要有條理的整理留存；可依基礎評鑑的項目，按照時間順序留存；為節省紙張的浪費，可以全面數位化，用電腦整理，但要有標籤或要旨，才能方便查詢。老師平日就要有記錄的習慣，才能隨時留下佐證資料。

貳、精密規劃幼兒園園務計畫與行事曆

這是屬於園務計畫（P）的部分，「凡事豫則立，不豫則廢」，幼兒園的經營一定要先擬訂園務計畫，也稱為園務發展計畫。此項計畫有較長的中長程五年計畫，亦有較短的三年近程計畫。園務計畫要配合幼兒園的教保目標編擬，並要具體而可行。

幼兒園訂定園務計畫之後，就要依據原訂的園務計畫擬訂年度工作計畫

及學期行事曆，亦須符合幼兒園的教保目標。園務計畫、年度工作計畫及學期行事曆之間應有關聯性。園務計畫至少三年，其內容有的依據行政管理、教保活動、環境設備及親職教育等項目分別敘寫，請參見表 11-1「A 幼兒園的五年園務計畫」。教保專業品質運作最主要之目的是達成教保之終極目標，因此正確之教保目標非常重要。若教保目標有所偏差，則其後的年度工作計畫與行事曆就無法落實運作，而教保目標的達成也就遙遙無期，因此幼兒園訂定園務計畫時要依據幼兒園的教保目標。幼兒園通常會以《幼兒教育及照顧法》第 11 條的九項目標為教保目標，也有除遵照前述九項目標外，再訂定幼兒園自己的教保目標，例如：強調重視品格教育或藝術教育等，這些目標應在園務計畫中充分顯現出來。茲舉 K 幼兒園的教保目標、三年園務計畫，與其關聯的第一年年度計畫與上學期行事曆，如表 11-2 所示，請讀者參考。

表 11-1　○○國小附設 A 幼兒園的五年園務計畫示例

○○國小附設 A 幼兒園五年園務計畫

教保目標：
本園教保服務之實施，除以《幼兒教育及照顧法》第 11 條的九項目標為教保目標外，另訂定本園的教保目標如下：
1. 增進幼兒自主學習和解決問題的能力。
2. 培養幼兒自信、樂觀、活潑、大方的態度。
3. 涵養幼兒對藝術的興趣與欣賞能力。
4. 拓展幼兒關懷社會與自然生態。

為達成上述教保目標，乃訂定本園 112 至 116 學年度之園務工作目標如下：
• 行政管理
　一、提高行政效率。
　二、訂定園務運作辦法。
• 環境設備
　一、整修校舍。
　二、維修戶外設施。
　三、教學設備添購。
　四、增購硬體設備。
• 教保品質
　一、改進及落實教學。
　二、徹底實施安全教育。
　三、推展健康教育。
　四、加強幼兒個案輔導。
• 老師進修
　一、增進老師教學技巧。
　二、增進人際溝通能力。
　三、強化專業知能。
• 親職教育與社區服務
　一、教育理念的宣導。
　二、推展親子活動。
　三、強化家長委員的功能。
　四、推展社區服務。

表 11-1　○○國小附設 A 幼兒園的五年園務計畫示例（續）

項目	實施要點	進度（學年度）					預算經費	經費來源	預期效益	評估
		112	113	114	115	116				
·行政管理										
一、提高行政效率	1.業務全面電腦化			✓						
	2.老師參加電腦進修		✓				30,000	園內經費		
二、訂定園務運作辦法	1.訂定各項行政工作人員之執掌與權責	✓	✓	✓	✓	✓				
	2.訂定各項行政工作評核辦法	✓	✓	✓	✓	✓				
·環境設備										
一、整修校舍	1.圓形教室隔間腐朽,重新更換	✓					194,250	△△補助金		
	2.圓形教室隔間預防白蟻工程	✓					11,000	△△補助金		
	3.辦公室屋頂邊簷、走廊整修	✓					80,000	△△補助金		
	4.水泥地修補	✓					80,000	△△補助金		
二、維修戶外設施	1.木製遊樂器材補強換新	✓					54,000	園內經費		
	2.戶外遊樂器材油漆		✓				2,000	園內經費		
三、教學設備添購	1.逐年增添室內教學設備、玩具、教具、教材等	✓	✓	✓	✓	✓	每年60,000	園內經費		
	2.逐年增購各類型圖書、音樂光碟、影片光碟等	✓	✓	✓	✓	✓	每年60,000	園內經費		
四、增購硬體設備	1.超音波洗碗機	✓					25,000	○○基金		
	2.冷氣加裝3臺	✓					110,000	○○基金		
	3.電腦2臺（107、108各增購1臺）	✓	✓				60,000	園內經費		
	4.防潮箱		✓				10,000	園內經費		
	5.烘碗機6臺（各班1臺）		✓				18,000	園內經費		
	6.攝影機1臺		✓				40,000	園內經費		
	7.辦公桌1個		✓				4,000	園內經費		
	8.燒開水機更換	✓					12,000	園內經費		
	9.全園電話系統換新		✓				30,000	園內經費		
·教保品質										
一、改進及落實教學	1.豐富並活化環境教育	✓	✓	✓	✓	✓				
	2.加強幼兒生活教育	✓	✓	✓	✓	✓				
	3.落實教學前準備	✓	✓	✓	✓	✓				
	4.建立各年齡層單元教材系統化	✓	✓	✓	✓	✓				
	5.加強幼兒戲劇表演能力	✓	✓	✓	✓	✓				
	6.加強音樂及體能教學	✓	✓	✓	✓	✓				
二、徹底實施安全教育	1.加強幼兒園內之安全	✓	✓	✓	✓	✓				
	2.定期實施系列安全教育（參觀消防安全體檢、逃生演習）	✓	✓	✓	✓	✓				
	3.加強幼兒戶外教學安全	✓	✓	✓	✓	✓				
	4.增進幼兒危機意識	✓	✓	✓	✓	✓				
	5.加強老師危機處理能力	✓	✓	✓	✓	✓				

表 11-1　○○國小附設 A 幼兒園的五年園務計畫示例（續）

項目	實施要點	進度（學年度） 112	113	114	115	116	預算經費	經費來源	預期效益	評估
三、推展健康教育	1.落實幼兒健康檢查與追蹤治療	✓	✓	✓	✓	✓				
	2.加強幼兒健康習慣的培養	✓	✓	✓	✓	✓				
四、加強幼兒個案輔導	1.加強幼兒行為觀察	✓	✓	✓	✓	✓				
	2.加強幼兒個案觀察紀錄	✓	✓	✓	✓	✓				
	3.加強個案輔導	✓	✓	✓	✓	✓				
	4.特殊需求個案轉介醫院及教育資源中心	✓	✓	✓	✓	✓		園內經費		
•老師進修										
一、增進教師教學技巧	1.培訓新進及經驗缺乏之老師	✓	✓	✓	✓	✓		園內經費		
	2.舉辦多次園內教學觀摩研討	✓	✓	✓	✓	✓				
	3.增進老師環境教育理念	✓	✓	✓	✓	✓				
	4.加強老師教學活動設計及規劃	✓	✓	✓	✓	✓				
	5.加強教學環境設計能力	✓	✓	✓	✓	✓				
	6.增進大型活動籌辦經驗	✓	✓	✓	✓	✓				
	7.加強老師戲劇籌畫、演出之能力	✓	✓	✓	✓	✓		園內經費		
二、增進人際溝通能力	1.園長與老師約談，溝通問題	✓	✓	✓	✓	✓				
	2.增進合班老師搭配默契	✓	✓	✓	✓	✓				
	3.邀請專家輔導，增進老師與家長溝通能力	✓	✓	✓	✓	✓	20,000	園內經費		
三、強化專業知能	1.園內安排觀摩、研習	✓	✓	✓	✓	✓	每年 40,000	園內經費		
	2.參加各類校外研習	✓	✓	✓	✓	✓	每年 50,000	園內經費		
•親職教育與社區服務										
一、教育理念的宣導	1.加強家長與老師、園長約談效果	✓	✓	✓	✓	✓				
	2.強化親職講座實施效果	✓	✓	✓	✓	✓		園內經費		
	3.定期舉行班級家長座談會，分享育兒經驗	✓	✓	✓	✓	✓				
	4.鼓勵家長借閱相關書刊	✓	✓	✓	✓	✓				
	5.添購親職教育叢書	✓	✓	✓	✓	✓		園內經費		
	6.發行本園期刊	✓	✓	✓	✓	✓	30,000	園內經費		
二、推展親子活動	續辦內容多變化之親子活動	✓	✓	✓	✓	✓				
三、強化家長委員的功能	加強家長委員的溝通管道	✓	✓	✓	✓	✓				
四、推展社區服務	拜訪社區老人院與孤兒院	✓	✓	✓	✓	✓		園內經費		

註：因篇幅所限，A 幼兒園園務計畫所延伸之年度計畫、學期行事曆從略，請參考
　　K 幼兒園的示例。

表 11-2　私立 K 幼兒園三年園務計畫示例

私立 K 幼兒園的教保目標：
本園教保服務之實施，重視生活教育並與家庭及社區密切配合，以達成下列
目標：
1. 維護幼兒身心健康。
2. 養成幼兒良好習慣。
3. 豐富幼兒生活經驗。
4. 增進幼兒倫理觀念。
5. 培養幼兒合群習性。
6. 拓展幼兒美感經驗。
7. 發展幼兒創意思維。
8. 建構幼兒文化認同。
9. 啟發幼兒關懷環境。

為達成上述教保目標，乃訂定本園 112 至 116 學年度之園務工作目標如下：
1. 營造團隊合作的學習型組織。
2. 維持優質的學習環境。
3. 強化教保品質。
4. 規劃安全健康的快樂園地。
5. 推展親職教育，服務社區。

表 11-2　私立 K 幼兒園三年園務計畫示例（續）

項目	教保目標	工作項目	執行年度（學年度）			經費預算			評估 ※完成 △未完成		
			112	113	114	112	113	114	112	113	114
一、人力資源發展	1.營造團隊合作的學習型組織	**1-1 激勵員工士氣**									
		★訂定「幼兒留園直升續讀導師獎勵辦法」		✓	✓		20,000	20,000			
		★訂定「教學相關資料如期繳交獎勵辦法」	✓	✓	✓	20,000	20,000	20,000			
		★園長與老師懇談，維持良好溝通	✓	✓	✓						
		★增進合班老師搭配默契		✓	✓						
		1-2 鼓勵員工進修研習									
		★培訓新進及經驗缺乏的老師	✓	✓		20,000	20,000				
		★全體教職員電腦進修研習		✓	✓		10,000	10,000			
		★增進老師與家長溝通能力	✓	✓	✓						
		★依個別需求籌畫並鼓勵老師進修研習	✓	✓	✓	50,000	50,000	50,000			
二、環境資源發展	2.維持優質的學習環境	**2-1 整修園舍**									
		★教室木窗更換為鋁窗			✓			80,000			
		★預防白蟻工程		✓			30,000				
		★屋頂排水工程	✓			15,000					
		★塑膠地墊更換		✓			30,000				
		2-2 戶外設施更新									
		★遊樂器材檢修	✓			10,000					
		★遊樂器材油漆		✓			6,000				
		2-3 教學設備添購									
		★增添教學設備、玩具、教具、教材等	✓	✓	✓	10,000	10,000	10,000			
		★增購各類圖書、光碟	✓	✓		8,000	8,000				
		2-4 硬體設備維護									
		★各班電腦更新		✓			60,000				
		★戶外監控錄影系統更新	✓			35,000					
		★幼兒洗手槽改善工程		✓			30,000				
		★園舍粉刷美化		✓			25,000				
		★全園舊電線更新			✓			80,000			

表 11-2　私立 K 幼兒園三年園務計畫示例（續）

項目	教保目標	工作項目	執行年度（學年度）			經費預算			評估 ※完成 △未完成		
			112	113	114	112	113	114	112	113	114
三、教保活動（含評量與輔導）	3.強化教保品質	**3-1 提升教學品質**									
		★邀請教授入園輔導	✓	✓	✓	60,000（教育部經費）	60,000（教育部經費）	60,000（教育部經費）			
		★舉辦園內教學觀摩		✓							
		★實施各班「課程與教學品質評估表」自評，提出改進方案	✓	✓	✓						
		★規劃新進人員「新課綱」培訓課程	✓	✓	✓						
		★提升老師教學活動設計及執行力	✓	✓	✓						
		★充實教學情境及幼兒作品展示空間的規畫能力	✓	✓	✓						
		★進行教學視導	✓	✓	✓						
		3-2 落實幼兒評量與輔導									
		★確實規劃幼兒評量與實施	✓	✓	✓						
		★增進幼兒個案觀察記錄的能力	✓	✓	✓						
		★落實個案輔導	✓	✓	✓						
		★檢視發展檢核評量指標的適用性	✓	✓	✓						
四、安全與健康	4.規劃安全健康的快樂園地	**4-1 實施安全教育**									
		★提升幼兒安全意識	✓	✓	✓						
		★定期實施系列安全教育（參觀、消防安全體驗、逃生演習）	✓	✓	✓						
		★確保戶外教學安全	✓	✓	✓						
		★加強幼兒危機意識	✓	✓	✓						
		★分析意外事件紀錄表，加強安全措施	✓	✓	✓						
		★增進老師危機處理能力	✓	✓	✓						
		4-2 促進幼兒身心健康									
		★幼兒健檢資料歸檔	✓	✓	✓						
		★偶戲表演——「良好飲食習慣」議題（2年一次）	✓		✓						

表 11-2　私立 K 幼兒園三年園務計畫示例（續）

項目	教保目標	工作項目	執行年度（學年度）			經費預算			評估 ※完成 △未完成		
			112	113	114	112	113	114	112	113	114
五、家庭與社區	5.推展親職教育，服務社區	**5-1 致力於親職教育理念宣導**									
		★提升家長與老師、園長訪談效果	✓	✓	✓						
		★強化親職講座實施效果	✓	✓	✓						
		★舉行班級家長座談會，推廣親職教育理念	✓	✓	✓	10,000	10,000	10,000			
		★添購並出借親職教育叢書	✓	✓	✓	10,000	10,000	10,000			
		★開放社區民眾參加親職講座（2年一次）		✓			15,000				
		5-2 推展親子活動									
		★辦理多樣化之親子活動（2年一次）	✓		✓	20,000		20,000			
		★配合節日邀請家長來園參與活動	✓	✓	✓	20,000	20,000	20,000			
		5-3 服務社區									
		★辦理社區健康講座（3年一次）		✓			15,000				
		★拜訪社區常青學苑	✓	✓		5,000	5,000				

從表 11-2 的三年園務計畫就可摘要出這三年每年的工作計畫，稱之為「年度計畫」。每年度又可分為上下兩學期，又稱第一學期與第二學期。各學期可依年度計畫規劃「行事曆」。

行事曆在幼兒園行政運作時是很重要的工作依據，可以讓全園工作人員、家長了解工作方式與內容，只要照著去執行就可完成年度計畫。評鑑指標有多處會查核行事曆是否有列出，茲以新北市○○幼兒園 112 學年度第一學期行事曆的兩種（以週次和月份）格式示例，如表 11-3 與 11-4 所示。

表 11-3　行事曆：週次示例

新北市〇〇幼兒園 112 學年度第一學期行事曆（以週排日期）

週次	日期	主題名稱				教保活動	行政業務
		幼幼班	小班	中班	大班		
備課日	8/24 | 8/29	準備週				◎08/24 確定主題名稱、確定本學期教學活動、IEP 撰寫 ◎08/25 完成教學課程計畫、幼兒餐點採購申請 ◎08/28 全園性教保活動課程發展會議 ◎08/29 教學活動室整理與布置 2.2.1 全園環境消毒 2.2.2 全園室內、外設施設備檢核	◎08/04 飲水機設備維護 ◎08/24-29 教師備課 ◎08/24 網頁整理、更新 ◎08/24 再確認 06/30 幼兒園收費標準準掛網公告 ◎08/24 本學年度課程規劃、本學年度第 1 學期教學行事曆規劃、IEP 資料整理、表格製作 ◎08/29 八至九月餐點表掛網公告 ◎08/28 託藥措施掛網公告、期初園務會議 ◎08/28 全園室內、外設施設備安全、固定式遊戲設施檢核、全園環境消毒 ◎訂定幼兒園緊急事件處理機制 ◎08/29 幼童專用車定期檢驗、幼童專用車保養
預備週	08/30 | 09/03	我們的幼兒園				◎08/30 開學日正式上課，師生相見歡、建立生活常規 ◎08/30 課後留園開始	◎08/30 開學日，正式上課 ◎08/31 上網登載校園安全暨災害防救通報急聯絡人資料、消防安全設備檢修申報、建築物安全檢修申報
第一週	09/04 | 09/10	我們的幼兒園				◎09/04 學齡前兒童發展篩檢 ◎09/06 測量身高體重 ◎09/07 幼兒綜合資料建檔 ◎09/08 棉被換洗	◎09/01-09/15 辦理就學補助、餐點補助 ◎09/05 飲水機設備維護、水質檢測 ◎09/07 緊急事件處理機制會議、辦理學生平安保險

表 11-3　行事曆：週次示例（續）

週次	日期	主題名稱				教保活動	行政業務
		幼幼班	小班	中班	大班		
第二週	09/11 — 09/17					◎09/13 健康教育—視力保健活動 ◎09/15 九月份慶生會 6.1.7 幼童專用車逃生演練	◎09/14 幼童專用車逃生演練
第三週	09/18 — 09/24					◎09/20 召開期初 IEP 會議 ◎09/21 教保會議 ◎09/23 棉被換洗	◎09/19 家長座談會(週二晚上) ◎09/21 全園防災演練 ◎9/23 補班日
第四週	09/25 — 10/01					◎09/27 健康教育—洗手暨腸病毒預防宣導 2.2.2 全園室內、外設施設備檢核	◎9/25 固定式遊戲設施檢核 ◎09/27 網頁整理、更新 ◎9/28 十月餐點表掛網公告 ◎09/28 教師節 ◎09/29 中秋節
第五週	10/02 — 10/08	小手妙妙妙	大腳小腳變變變	我的身體	身體大探索	◎10/06 棉被換洗 ◎10/06 十月份慶生會	◎10/02 幼兒預防接種調查統計 ◎10/03 飲水機設備維護
第六週	10/09 — 10/15					◎10/11 性別平等教育—你我他	◎10/9 調整放假(9/23 補班) ◎10/10 雙十國慶日放假一天
第七週	10/16 — 10/22					◎10/18 教學觀摩 ◎10/19 教保會議 ◎10/20 棉被換洗	◎10/20 園務會議
第八週	10/23 — 10/29					2.2.2 全園室內、外設施設備檢核 ◎10/25 健康教育—牙齒保健活動	◎10/25 網頁整理、更新 ◎10/23 固定式遊戲設施檢核
第九週	10/30 — 11/05	好吃的水果	花兒真有趣	幼兒園的植物	常見的植物	◎11/03 棉被換洗	◎10/31 十一月餐點表掛網公告
第十週	11/06 — 11/12					◎11/08 生命教育-尊重生命 ◎11/10 十一月份慶生會	◎11/07 飲水機設備維護
第十一週	11/13 — 11/19					◎11/17 棉被換洗	◎11/14 園務會議

表 **11-3** 行事曆：週次示例（續）

週次	日期	主題名稱				教保活動	行政業務
		幼幼班	小班	中班	大班		
第十一週	11/13 — 11/19			物		◎11/17 棉被換洗	◎11/14 園務會議
第十二週	11/20 — 11/26					◎11/22 安全教育—防災逃生演練 ◎11/23 教保會議 2.2.2 全園室內、外設施設備檢核	◎11/20 固定式遊戲設施檢核
第十三週	11/27 — 12/03	不一樣的青菜	葉子變變變	小農夫	常見的動物	◎12/01 棉被換洗	◎11/29 網頁整理、更新 ◎11/30 十二月餐點表掛網公告
第十四週	12/04 — 12/10					◎12/6 教學觀摩 ◎12/8 十二月份慶生會	◎12/05 飲水機設備維護、水質檢測
第十五週	12/11 — 12/17					◎12/15 棉被換洗	
第十六週	12/18 — 12/24					2.2.2 全園室內、外設施設備檢核 ◎12/21 教保會議 ◎12/22 聖誕節感恩活動	◎12/18 固定式遊戲設施檢核
第十七週	12/25 — 12/31					◎12/29 棉被換洗	◎12/27 網頁整理、更新 ◎公告及通知 112 學年度第 2 學期收退費基準及減免收費規定 ◎12/29 元月餐點表掛網公告
第十八週	01/01 — 01/07		快樂的節日			◎01/03 前召開期末 IEP 會議 ◎01/03 品德教育—感恩惜福	◎01/01(元旦放假一天) ◎01/02 飲水機設備維護
第十九週	01/08 — 01/14					◎01/12 元月份慶生會 ◎01/12 棉被換洗	◎01/12 教學成果展
第二十週	01/15 — 01/21					◎01/16 課後留園結束 ◎01/18 教保會議	◎01/20 放寒假 ◎01/15 期末量身高體重 ◎01/19 休業式 ◎01/17 網頁整理、更新

表 11-3　行事曆：週次示例（續）

週次	日期	主題名稱				教保活動	行政業務
		幼幼班	小班	中班	大班		
放寒假	01/22 ｜ 02/14	放寒假				◎01/19-01/26 本學期教學日誌彙整、期末學習評量彙整　　2.2.1 全園環境消毒　2.2.2 全園室內、外設施設備檢核	◎1/22 固定式遊戲設施檢核　◎01/26 編印教學成果　◎01/31 二月餐點表掛網公告　◎02/06 飲水機設備維護　◎02/07 全園室內、外設施設備安全、固定式遊戲設施檢核、全園環境消毒　◎02/09 除夕　◎02/10-13 春節　◎02/14 開學日

註：1. 表中加框處乃針對評鑑指標 2.2.1 及 2.2.2，讓評鑑委員快速查核用。

　　2. 基礎評鑑細項 2.2.1 內容「每學期應至少實施一次全園環境消毒，並留有紀錄」。此項檢核是以評鑑當學年及前一學年的行事曆及檢核消毒紀錄。

　　3. 本表之行事曆格式僅供參考，亦可依各幼兒園的需要自行設計。

　　4. 引自張杏妃等人（2023，頁 22-25）。

表 11-4　行事曆：月份示例

新北市○○幼兒園 112 學年度第一學期行事曆（以月排日期）

週次	月份	日	一	二	三	四	五	六	重要教保活動	行政業務	值週導護
備課	八	20	21	22	23	24	25	26	◎08/21-08/28 備課(8/21-22 園內教保服務人員研習) ◎08/21 全園性教保活動課程發展會議 ◎08/29 新生返校 ◎08/30 開學日，正式上課 2.2.1 全園環境消毒 2.2.2 全園室內、外設施設備檢核	◎08/23 全園室內、外設施設備安全檢核/固定式遊戲設施依衛生福利部所定「兒童遊戲設施自主檢查表」 ◎08/24 全園環境消毒(委外) ◎08/30 課後留園開辦	行政人員
		27	28	29	30	31	1	2			
一	九月	3	4	5	6	7	8	9	◎09/09(六)家長日 ◎09/11 全園幼兒發展篩檢 ◎09/15 九月份慶生會（紅班） ◎9/18 幼童專用車逃生演練 ◎9/21 全國防災日逃生演練 ◎9/22 前召開期初 IEP 會議 ◎9/22 保育活動-洗手暨腸病毒宣導 ◎9/29 中秋節放假一天 2.2.2 全園室內、外設施設備檢核	◎09/04 期初園務會議 ◎09/06、09/07 測量身高體重 6.1.7 幼童專用車逃生演練 ◎09/15 幼兒基本資料卡、健康資料建檔 ◎09/23 補課日 ◎9//24 固定式遊戲設施檢核 ◎09/28 全園環境清潔 ◎09/27、09/28 全園幼兒視力篩檢	行政人員
二		10	11	12	13	14	15	16			
三		17	18	19	20	21	22	23			羅○○老師
四		24	25	26	27	28	29	30			江○○老師
五	十月	1	2	3	4	5	6	7	◎10/09 彈性放假 ◎10/10 國慶日放假一天 ◎10/13 十月份慶生會（橙班） ◎10/20 保育活動-口腔保健宣導 2.2.2 全園室內、外設施設備檢核	◎10/02 教學會議（16：30） ◎10/24 固定式遊戲設施檢核 ◎10/27 全園環境清潔	羅○○老師
六		8	9	10	11	12	13	14			江○○老師
七		15	16	17	18	19	20	21			張○○老師
八		22	23	24	25	26	27	28			李○○老師
九		29	30	31	1	2	3	4			王○○老師
十一	十一月	5	6	7	8	9	10	11	◎11/10 十一月份慶生會（黃班）	◎11/06 教學會議（16：30） ◎11/24 全園環境清潔	羅○○老師

表 11-4　行事曆：月份示例（續）

週次	月份	日	一	二	三	四	五	六	重要教保活動	行政業務	值週導護
十一		12	13	14	15	16	17	18	2.2.2 全園室內、外設施設備檢核	◎11/24 固定式遊戲設施檢核	江〇〇老師
十二		19	20	21	22	23	24	25			張〇〇老師
十三		26	27	28	29	30	1	2			李〇〇老師
十四		3	4	5	6	7	8	9	◎12/09 校慶運動會(暫定) ◎12/15 十二月份慶生會(綠班) ◎12/29 主題成果展	◎12/04 教學會議（16：30） ◎12/24 固定式遊戲設施檢核 ◎12/29 全園環境清潔	王〇〇老師
十五	十二月	10	11	12	13	14	15	16	2.2.2 全園室內、外設施設備檢核		羅〇〇老師
十六		17	18	19	20	21	22	23			江〇〇老師
十七		24	25	26	27	28	29	30			張〇〇老師
十八		31	1	2	3	4	5	6	◎01/01 元旦放假 ◎01/05 前召開期末 IEP 會議 ◎01/12 發成長檔案(暫定) ◎01/12 一、二月份慶生會（藍班） ◎01/17 幼兒學習檔案建檔、幼兒照片整理 ◎01/19 期末圍爐	◎01/03-04 期末測量幼兒身高體重 ◎01/18 全園室內、外設施設備安全檢核 ◎01/17 課後留園結束 ◎01/22 期末園務會議 ◎1//24 固定式遊戲設施檢核	李〇〇老師
十九	一月	7	8	9	10	11	12	13			王〇〇老師
二十		14	15	16	17	18	19	20			羅〇〇老師
二十一		21	22	23	24	25	26	27	2.2.2 全園室內、外設施設備檢核		江〇〇老師

註：引自張杏妃等人（2023，頁 26-27）。

參、落實執行幼兒園園務計畫與行事曆

這是屬於園務執行（D）的部分，乃指將前述精密規劃的園務計畫落實實施，因三年的園務計畫已逐年分配到年度工作計畫（以月為單位）與行事曆（以週或月為單位）中，只要全園老師在自己的崗位依其職掌，分層負責努力去執行就能落實實施。當然在執行過程中，還需要遵行合法且可行的行政運作規章，才能順利運作，這些規章各園可依規模大小及環境背景來訂定，重要的規章如下：

1. 人事管理辦法（請參閱本書第五章）。
2. 健康管理辦法（請參閱本書第七章）。
3. 安全管理辦法（請參閱本書第四、七章）。
4. 財務及物品管理辦法（請參閱本書第六章）。

在執行園務計畫與行事曆的過程中，每位老師除認真執行業務外，應勤於記錄，可能須設計各種不同的表格、檔案或工作日誌或週誌，以留下實況資料並加以檢討或省思，就可以做為改進的參考，而園長（主任）也要負起督導的責任。領導者也要營造團隊合作的情境；領導不等同權威管理，領導者要提出願景並營造合適的工作情境，讓所有團隊成員願意共同投入。

肆、確實檢討、評核與改進

這是屬於園務檢討（C）與改進（A）的部分，乃指幼兒園要定期對園務的執行進行檢討與評核，透過不斷檢討以求持續改進，並以新過程取代舊過程，才能保證教保專業品質。園務檢討、評核與改進乃針對園務規劃的四或五個大項目，例如：行政管理、教保活動、環境設備及親職教育等，或設立與營運、總務與財務管理、教保活動課程、人事管理、餐飲與衛生管理、安全管理等基礎評鑑類別。檢討與評核的方式可利用園務會議、教保會議或以基礎評鑑的自評表，讓老師依其職掌自評自己負責的部分，並在會議時提

出報告。報告時，應有具體的佐證資料，如能達成指標，當然值得鼓勵，再求表現卓越；如未能達成指標，則應找出原因，回到執行面去尋求改進方法或修改原先的規劃。人員是專業品質系統運作時所有資源與過程的操控者，培養成員共識與能力是全員參與的基礎；每個成員應要求自己對工作負責並能持續改進，才能確保教保專業品質的有效運作。

以上簡要介紹幼兒園評鑑制度的內容及幼兒園應有的準備與努力方向，希望有助於對幼兒園評鑑的認識。評鑑不是挑毛病，而是要肯定各園平日所花的心血，也是要協助各園了解今後努力的目標，希望今後有更多的幼兒園能主動向縣（市）政府要求評鑑。站在為下一代奉獻心力的立場，讓我們以更開放的心胸去接受評鑑，肯定自己，迎向更美好的明天。相信在各幼兒園的努力下，我們將能給幼兒更快樂且有意義的童年。

行政小錦囊

　　幼兒園的評鑑並不只是評鑑園的辦學績效，尚可發現問題與困難，做為幼教施政的參考。因此，園長要注意表現良好的一面，也可反映幼教改革的建議。評鑑委員並不只是來考核，尚可對園方各方面提供意見，互相交換看法，進行實際現場指導。因此，「誠實」是幼兒園接受評鑑最需要的態度，任何作假的事情都會使評鑑委員對幼兒園產生懷疑，並產生受欺騙的感覺，那就無法真正在評鑑過程中產生輔導的功能。把幼兒園平日的表現在評鑑當天顯現出來，好的部分會受到肯定與鼓勵，不好的或沒做到的部分，可獲得評鑑委員的專業指導，這不是比作假、粉飾真相更值得嗎？

行政小錦囊

　　幼兒園接受評鑑時，如能將同一項目的評鑑書面資料，以同一色系的公文整理夾整理，並標出資料內容，依評鑑手冊的類別分別一一排列，讓評鑑委員可以安心坐下來檢視資料，不要等評鑑委員問一句，才趕快在櫥櫃抽屜中找資料，顯得手忙腳亂，給評鑑委員留下不好的印象。如何讓評鑑委員從一進門就覺得幼兒園的各項設施條理井然，凡事用心認真，這是很重要的。

Q：何謂願景？何謂 SWOT？其與近中程計畫之關係如何？

A：近年來，許多縣（市）的評鑑都會要求各園先定願景（VISION）與 SWOT，再據以擬訂近中程計畫，以下說明何謂願景、何謂 SWOT，及其與近中程計畫之關係。

• 幼兒園願景（VISION）

　　願景可以重點條列說明或勾勒發展的圖像，以背景分析加上全園凝結共識發展出來的願景，可使幼兒園有更明確的發展方向，例如：有的園以「快樂健康」為願景，有的以「多元、團隊、創新」為願景，皆可由全體老師開會討論後決定。

• 幼兒園的背景分析（SWOT）

　　有關幼兒園 SWOT 分析，請參閱本書第十二章第二節之說明。在此僅簡介如下：

　　為鼓勵幼兒園自我成長，因此對自身整體環境、內外背景有利條件

（S）、不利條件（W）、發展契機（O）、危機（T），若能詳加分析並提出解決方案，相信對幼兒園的經營會有很大的幫助。SWOT乃下列原文的簡稱：S—strength，W—weakness，O—opportunity，T—threat，各幼兒園可從願景中思考園內的各種條件，想出具體克服危機之方案。

・幼兒園近中程園務計畫

近中程園務計畫，乃指三至五年的園務計畫，通常要配合幼兒園的背景分析與願景編擬，要具體而可行；有人將之稱為園務發展計畫。此項計畫有中程的五年計畫，亦有較短的三年近程計畫，一般至少編擬三年園務計畫就可以。

每年的年度工作計畫與行事曆，則須依據三年或五年計畫來編擬，通常年度工作計畫以「月」為單位，行事曆則以「週」為單位。

幼兒園的行政、設備與教保等各種計畫與活動，都應逐步規劃與運作，才能完成近中長程計畫與目標。但此份近中長程園務計畫應每年在「評估」欄中註明原定計畫是否完成，如未完成則寫出理由或註明延至哪一年實施，如此方能落實計畫，才不致流於形式上的紙上作業，請參閱本章第三節A園與K園的實例（如表11-1與表11-2所示）。

實務思考題

1. 試依據幼兒園基礎評鑑的項目內容，列出幼兒園接受評鑑時，可能需要準備的書面表格、簿冊資料，請依基礎評鑑指標的項目順序列出。

2. 試以某幼兒園園長的角色，擬一份「接受評鑑」的準備工作計畫表。

3. 請模擬評鑑委員身分，三人一組到某幼兒園，試評「基礎評鑑」內容，並寫成一份簡要評鑑報告，向全班同學說明評鑑結果與建議。

4. 試列出「基礎評鑑」需要檢核行事曆的細項有哪些？試以一所幼兒園一學年的行事曆為例，檢核其行事曆是否有缺漏哪些應列而未列的基礎評鑑細項，請一一指出。

幼兒園教保行政管理與實務：
幼兒教育體系與運作觀點

第十二章　幼兒園教育服務行銷議題：
不同系統間的交流

張翠娥

第一節　幼教市場背景與幼兒園教育服務行銷概念

教育一直被認為是一種注重服務、奉獻精神的高尚行業，將教育與行銷掛勾，似乎對教育工作有種貶抑的意味，感覺上把教育蒙上一層銅臭味，是許多教育工作者所無法忍受的事。

壹、當今幼兒教育市場背景分析

少子女化效應導致生存危機，將造成幼兒園經營競爭日遽（張孝筠，2006）；面對此一環境劇變之競爭壓力，吳思華（2005）提出幼兒園基於「不創新，即滅亡」的警語。當今幼兒教育市場面臨一個前所未有的困境，然危機即轉機，如何在這波大浪來襲時，不被吞沒，反而能利用海浪的力量，創化出衝浪的美景呢？

貳、當今幼兒園經營的危機

一、政府決策系統的變動與改革

幼托整合通過後，相關法案、新推動的幼兒園課綱實施方案、新的評鑑制度陸續推出，幼兒教育相關機構將會面臨巨大的震動與擺盪。從機構名稱、組織、師資、課程等，幼兒園的經營與規劃面臨相當大的變動與改革，需要耗費更多的時間與精力來完成，也需要保持組織的彈性，隨時因應調整。

二、「少子女化」對幼兒教育市場的衝擊與影響

面對全球化經濟趨勢的競爭與威脅，加上家庭結構改變，影響大部分人生育的觀念，「少子女化」衍生的效應，嚴重影響幼教生態。自 2001 年

起，已有幼兒園招生不足、減班，甚至關門，未來將面臨更嚴峻的挑戰（張孝筠，2006），包括：許多幼兒園面臨減班警訊、師培體系招生受到威脅，以及教育資源乏人使用，形成浪費等層面（林松柏、吳柏林，2006），可見「少子女化」對幼兒教育市場的衝擊與影響是非常大的。

三、多元特色的幼兒園經營模式時代來臨

隨著時代的變遷、資訊科技的發展，現代家長對幼兒教育品質的要求愈來愈高，也更多元化，傳統的幼兒園經營模式已難符應家長的需求，大規模的經營模式將被小型精緻化的經營模式取代。幼兒園經營者若無法端出特色與清楚的教育理念，終將會被市場所淘汰。

綜合上述情況分析，幼兒園面臨的問題是：教育政策的變革、人口結構的問題、社會大環境的改變、家長的觀念與態度，其挑戰的議題已由過去的教保品質提升到機構經營體制的因應調整。行銷是個重要的媒介與工具，懂得利用教育將優質幼兒園的理念、特色做行銷，是現代幼兒園永續經營及達成教育目標的重要關鍵。

參、教育服務行銷的概念

一、緣起

多年前，筆者曾創業開設一家托兒所，在開設托兒所之前，擔任過托兒所老師、高職幼保科教師、大學幼教系／幼保系兼任講師。創所之初，筆者羞於拿著托兒所的 DM 出去傳發，怕被認為商業氣息太重，一直想創造所謂「口碑教學」。可是知道的人少，幼兒人數一直在個位數。眼見手上的積蓄逐漸耗盡，筆者不知道能撐到何時，於是打了一通電話給一位經營得不錯、很有教育理念的園長朋友，她竟然告訴筆者：「現在妳創業經營托兒所，說

白了就是一位商人，妳得放下身段，必須要有企業經營管理的觀念，更需要了解行銷的作法，但是維持優良的教育品質是妳的根本，妳必須堅守。」這段話對筆者是當頭棒喝，除了必須調整自己的心態，不能擺出一位清高自居的教育學者姿態。身為一位教育創業者，經營幼兒園必須打一場硬仗，但更不能放棄教育理想。

二、何謂「行銷」？

想到行銷，筆者腦中閃過的畫面是：「走在大街上，迎面走來的少女，遞給你一張印有沙龍美容廣告的面紙、各種商品的宣傳單，或是每天看的報紙廣告、電視廣告、路上的招牌、大型廣告看板、上門推銷產品滔滔不絕的業務員……」，但這些就等於行銷嗎？

Armstrong 與 Kotler（2000/2009）的《行銷管理》（*Marketing: An Intro-duction*）一書提到：廣義的行銷是一種社會及管理流程，個人與組織透過這項流程彼此創造並交換價值，滿足彼此的需求與慾望；狹義的企業行銷是與顧客建立有利潤的價值交換。

從廣義的行銷來看，走在大街上的行人，本來不認識廣告單上的產品，但看了廣告，也剛好符合個人需求，於是發生購買商品的行為。因此，行銷就是透過廣告，創造並交換價值，滿足顧客的需求與商家營利的慾望。

三、何謂「服務行銷」？

一般行銷的商品是有形的、物質的、看得見的、摸得到的實質產品，但是服務行銷的商品是無形的、精神的、看不見的、摸不到的，它可以是一種服務、一種活動、一種思想，甚至宗教、教育等。服務業者必須依據服務本身所具備的特徵，去籌組自己的體制並運作設計（陳耀茂編著，2003）。

行政小錦囊

德蕾莎修女的故事

　　德蕾莎修女一生默默地服侍窮人，她的雙手清洗包紮過許多無家可歸者流膿的傷口、抬擔架搶救街頭瀕死無人過問的窮苦病人；她為最窮苦的人洗淨他們的身體，好讓孤苦無依者有個安靜面對死亡之所。她從垃圾堆中撿拾過無數的棄嬰和病童，展現對窮苦無依者奉獻無私的愛與關懷，她的作為受到全世界許多人的關注和認可，也觸動許許多多人的內心，激發出更多無私的愛，也促使人們領悟到愛的真諦、生命的可貴，以及信仰內涵。

　　德蕾莎修女沒有用高深的哲理，只用誠懇、服務而有行動的愛來闡揚「宗教精神」。她在 1971 年獲得教宗若望 23 世和平獎，1979 年獲頒諾貝爾和平獎，表揚修女對人道救援工作及世界和平的努力。

　　若「宗教」也談行銷的話，德蕾莎修女則堪稱為宗教的「行銷高手」，她的行銷沒有 DM，沒有廣告招牌，但她透過實際的行動，散發出懾人的行銷力量。

註：整理自維基百科（無日期）。

行政小錦囊

盧蘇偉的故事

盧蘇偉是個從小被罵「豬」、「白痴」，到成人時還背不出家裡電話、不會注音符號、加減乘除，沒有平面空間概念，以及有短暫記憶健忘症的學習障礙者。但是，他沒有自暴自棄躲在黑暗的角落，反而以自己的努力成為最受歡迎的父母與教師成長專家、板橋地方法院少年法庭觀護人、報章雜誌名專欄作家，出版了十餘冊暢銷書籍及有聲書，每年巡迴國內外的演講逾千次。

為了報答父母、師長的恩惠，他決定把愛的存款拿出來與大家分享，終身獻身公益，擔任行為偏差迷途少年的觀護人，現身說法指導老師、家長如何協助學習障礙的孩子，編寫一系列有關「陪孩子一起成長」、「送給孩子一輪明月」及「父母 DIY」的親職教育書籍。

盧蘇偉透過出版書籍、影片、巡迴演講，宣導透過親身經驗體會到的教育原理，堪稱是傑出的「教育行銷高手」。

註：故事內容修改自趙愛卿（1998）。

四、何謂「教育行銷」？

「教育行銷」其實也是服務行銷的一種，是以行銷手法推動教育的理念與作法，其特性包括：

1. 教育產品是一種無形的服務，不同於企業的有形產品——商品。
2. 產品好壞與教師教學有密不可分的關係。
3. 教育產品的品質受到大眾的監督。
4. 以追求合理利潤為主。

行銷相關名詞的定義，如表 12-1 所示。

表 12-1　行銷相關名詞定義表

名　詞	定　　義
幼兒行銷	以幼兒為對象的各種商品行銷。
幼兒教育行銷	運用行銷策略，讓社會大眾認識了解正確的幼兒教育理念。
幼兒園行銷	運用行銷策略，讓行銷對象（幼兒及家長）認識幼兒園的特色，進而選擇就讀。
幼兒園教育行銷	透過提升幼兒園整體的教育品質，運用市場區隔策略，確定目標市場，運用良好的師資、課程、設備、學習資源、宣傳媒介，達成結合幼兒園、幼兒及家長交換價值的目的。

肆、幼兒園實施教育服務行銷常面臨的困境

從幾篇幼教機構行銷議題的相關研究（朱家瑩，2017；胡英楗，2008；黃義良，2008；葉致齊、周淑惠，2013；劉家宇，2013）都發現，幼教機構的教保服務人員對教育服務行銷的相關專業知識仍顯不足。

一、幼教相關人員的教育服務行銷相關專業知識不足

胡英楗（2008）以問卷調查方式探討幼教機構品牌管理、品牌行銷與品牌權益之內涵與現況，結果發現：在品牌管理組織與流程、品牌架構、品牌識別三個向度中，以品牌管理組織與流程的得分最高，品牌架構、品牌識別相對較弱。品牌行銷的現況得分程度中上，尚有努力空間，在產品、價格、通路、推廣、互動五個向度中，以互動的得分最高。可見幼教機構偏向透過互動關係行銷，相對在產品、價格、通路、推廣方面有努力空間。黃義良（2008）針對南部地區 14 位私立幼兒園受訪者進行半結構訪談，包括 6 位園所經營者或園長及 8 位家長，分析受訪者對幼兒園品牌的見解及理想品牌管理的主要內涵，提到一般幼兒園較少做公關推廣，大多是家長間口耳相傳。

二、一般幼兒教育專業人員心態上不易接受行銷觀念

　　「行銷」一向被認為是「推銷」，一般人想到行銷，可能就會聯想到口沫橫飛的推銷員，強迫推銷昂貴又不實用的產品。教育人員談行銷，易被戴上「市儈」、「商業氣息過重」的帽子，因此心態上較不易接受行銷的觀念。事實上，行銷的概念很廣，應通盤了解規劃，對幼兒園的經營將能發揮莫大的效果。

三、產品為無形的服務，不易掌握產品特性

　　教育行銷和一般行銷不同，一般行銷有實質的商品，教育行銷則強調無形的服務；實質的商品具體看得見，無形的服務抽象，難以複製與檢核，不易掌握產品特性，這也是教育行銷的難題。

四、幼教人員一般缺乏資訊管理能力

　　很多幼教人員知道可利用網站行銷，但不熟悉網際網路的作業流程，缺乏資訊管理能力。

五、需要長期的經營，不易見到短期成效

　　幼兒園經營初期需要一筆資金建造／租用房舍、購置遊具、教具、各種教學設備等，還要花很多的時間與人力規劃經營。幼兒園的成長通常是緩慢漸進的，若三年能收支平衡就算是成功的經營，比起一般商業機構以一年估算達成平衡，算是需要長期投資的行業。黃義良（2008）指出，受訪者大多認為品牌是招生利器，但一般園所比較重短期招生利益，較少長期經營觀。

第二節 「整合式幼兒教育服務行銷組合計畫」之發展

美國專業的幼教團體——全美幼兒教育協會（NAEYC），提出幼兒園創新經營應以教師專業訓練、師生關係、班級經營、家長參與、健康與安全，以及社區支持為幼兒園目標，其實這也是發展「整合式幼兒教育服務行銷組合計畫」之要素。

壹、幼兒園條件的 SWOT 分析

所謂 SWOT（strength、weakness、opportunity、threat）分析，指的是透過分析幼兒園的有利條件、不利條件、發展契機、危機，來了解經營的可能狀況，以作為經營決策的重要參考依據，例如：某幼兒園的 SWOT 分析，如表 12-2 所示。

表 12-2 某幼兒園的 SWOT 分析示例

有利條件（strength）	不利條件（weakness）
1. 私立幼兒園的行政運作、師資聘僱較為自由，工作推展效率較高，較容易配合家長及幼兒學習上的需求。 2. 容易發展辦學特色，機動彈性較公立幼兒園高。	1. 園舍面積比不上公立幼兒園的條件。 2. 私立幼兒園成本較高，反應在收費上，無法和公立幼兒園公平競爭。
發展契機（opportunity）	**危機（threat）**
1. 少子女化加上生活水準提高，人們對教養子女的投資意願與付費能力增加。 2. 政府提供「0～6 歲國家一起養」育兒政策，增加私立幼兒園的競爭力。	1. 《幼兒教育及照顧法》實施後，相關配套措施尚在試辦變動中，很難預估因應政策變動所需消耗的人力與經營成本。 2. 幼兒出生率逐年降低，政府因應社會需求，不斷在增設非營利幼兒園、準公共幼兒園，市場競爭激烈。

　　從以上的分析，該幼兒園的特色定位最好朝小型精緻、有特色的方向發展，比較容易成功，因為大型低價受到少子女化影響，可能不易招收到足量的幼兒，除非幼兒園位置座落在年輕人口密集、中低收入區，或有爭取到政府補助方案等其他條件，否則失敗率相對會提升。

貳、幼兒園擬訂策略的因素

一、市場區隔

　　消費市場包含著許多種不同類型的顧客、產品與需求，將消費者區分成具有不同需要、特徵或行為群體的過程稱為「市場區隔」（segmentation）（Armstrong & Kotler, 2000/2009）。機構的主事者需要決定哪一個區隔市場最有機會達成機構的目標，通常考量的因素，包括：地理變數、人口統計變數、心理統計變數，以及行為變數等（這些因素稱為區隔變數）。

　　舉例來說，東京迪士尼樂園鎖定的目標顧客，是同時包括兒童和大人的家庭，其不只是要建立一個讓兒童遊樂的園地，也希望是全家人可以一起遊樂的地方，所以迪士尼樂園最初的設計，除了要吸引兒童外，同時也考量家庭的需求，希望打造一個適合全家同時遊樂的園地（陳耀茂編著，2003）。

　　市面上的幼兒園充斥，如果想新開設一家幼兒園，區隔市場將是一件非常重要的抉擇考量。首先要考慮自己開設幼兒園的理想，其定位是在提供高教育品質的幼兒園，或是要照顧低社經家庭的兒童？在做定位之前，可多了解各市場區隔的輪廓，選擇市場區隔變數時，需評估地理位置、交通便利性、幼兒園附近的生活水準、兒童人口的密度及流動頻繁程度，再將所有資源集中於此一可發生最大效益的市場。

二、選擇目標市場

　　界定市場區隔後，就需要選擇目標市場（market targeting），即評估每

個市場區隔的吸引力；通常所選擇的目標市場，必須在一段時間內能創造與維持最大的顧客價值（Armstrong & Kotler, 2000/2009）。幼兒園評估選取欲進入的目標市場，常會依市場區隔，經評估、區隔的發展潛力，再將有限的預算花在最有希望的目標市場。

　　思考問題：如何選定目標市場？

　　情境：某位投資人的房舍位於都市近郊，離市中心約 20 分鐘車程，附近為新興社區，年輕家庭居多，請問其創設幼兒園的目標市場該如何設定？

三、產品定位

　　產品定位（positioning）適宜與否對幼兒園的成功經營關係很大。所謂產品定位，即尋求幼兒園服務在目標顧客心目中占的獨特且有價值感之地位。產品定位的三步驟如下：(1)確認潛在競爭優勢；(2)選擇競爭優勢；(3)顯示競爭優勢。

　　做好產品定位應了解目標顧客、產品差異點、競爭者是誰，以及自己有而其他競爭者沒有之獨特差異點，期建立目標顧客屬於品牌本身的獨特地位。

　　思考問題：依據前述條件，創園者如何評估本身條件及周邊資源，做出適當的產品定位？（請自行假設本身條件，如資金、房舍、人力、主事者優勢能力等，以及周邊資源，如公園、百貨公司、商店等）。

　　示例：某幼兒園創園者喜歡藝術，但資金不多，房舍約 150 坪左右，離美術館近，她將教育服務定位為中價位、小型、「主題＋藝術」的學習。

參、計畫訂定的六個 W 思維

一、Why：為何行銷？（目的）

　　訂定幼兒園的教育行銷計畫一定要清楚：為什麼要行銷。了解所提供的服務是否有市場需求？有沒有市場價值？並確定行銷的理由。

二、What：行銷什麼？

　　行銷主要是讓顧客了解產品，幼兒園提供的行銷產品就是教育服務，所以一定要讓目標客群了解幼兒園提供給幼兒的教育和服務，即產品的特色與定位，包括：幼兒園目標、環境特色、人員資歷、課程特色，以及幼兒得到的服務或產品所需付出的資源。

三、Who：教育產品和服務的服務對象和提供者

　　進行行銷前，除了要鎖定目標客群，還需了解潛在客源，也就是要知道向誰行銷。另外，也要確定執行人員，通常園長是總召集人，全體教職員工也都有責任；除此之外，還要做任務分配，讓每個人知道自己所要負責的事項、需要完成的工作，彼此分工合作。

四、How：如何進行？（策略、作法）

　　行銷的進行需要清楚規劃，確定策略作法，通常可分下列階段進行：
1. **規劃階段**：進行幼兒園情勢分析、建立專責行政組織。
2. **執行階段**：推動教師教學說明會團隊、建立「宅急便」服務網。
3. **檢討階段**：進行實施成效檢討（訂定績效評估指標、園內／外動態評估）。
4. **轉化行動階段**：依檢討的結果思考後續行動並付諸實行。

五、When：何時實施？

　　從全方位的行銷概念而言，其實是不分時段、場域，都可以對潛在顧客進行其教育產品服務及利益的溝通說服活動行銷。若縮小範圍，以明確的行銷活動而言，就要規劃時程，如學期初和學期末是行銷推動的重要時期，還要訂定何時辦理招生說明會？社區推廣活動？報到時間和地點？

六、 Where：到哪裡行銷？

到哪裡行銷要考量，讓幼兒或家長便利的地點，以及提供的教育產品和服務方式合適嗎？主要的行銷地點就是幼兒園本身，例如：舉辦校園親子特色活動，讓家長有機會了解教保服務內容。另外，好的環境規劃與服務就是最有力的行銷，許多幼兒園喜歡到市場發傳單，把宣傳單放在附近的小兒科診所、餐廳、早餐店、社區活動中心，還可以主動在社區辦活動，這些都是常見的行銷地點。

肆、發展「整合式幼兒教育服務行銷組合計畫」

幼兒園屬於一種教育服務行業，發展行銷計畫不像一般商業產品行銷，而需要考量教育理念與服務計畫，所以需要發展的是「整合式幼兒教育服務行銷組合計畫」。以下參考 Armstrong 與 Kotler（2000/2009）所提的「整合式行銷組合」4P〔產品（product）、價格（price）、通路（place）、推廣（promotion）〕之發展，以及陳耀茂（編著）（2003）所提的「服務行銷組合」7P〔服務商品（product）、通路（place）、促銷（promotion）、價格（price）、人員（people）、物的環境要素（physical evidence）、提供的過程（process）〕之行銷組合，加上幼兒教育市場的特殊條件，提出以下發展「整合式幼兒教育服務行銷組合計畫」的架構與實施要素。上述無論是 4P「整合式行銷組合」或是 7P「服務行銷組合」，都是從賣方的立場思考，但由於幼兒教育市場是以教育為主要的思考點，須從幼兒的最大利益考量，故筆者整合雙方立場，考量雙方的可能需求思考，提出 4C3P「整合式幼兒教育服務行銷組合計畫」。

一、 「整合式幼兒教育服務行銷組合計畫」的架構

「整合式幼兒教育服務行銷組合計畫」的架構，如圖 12-1 所示。

圖 12-1　「整合式幼兒教育服務行銷組合計畫」架構圖

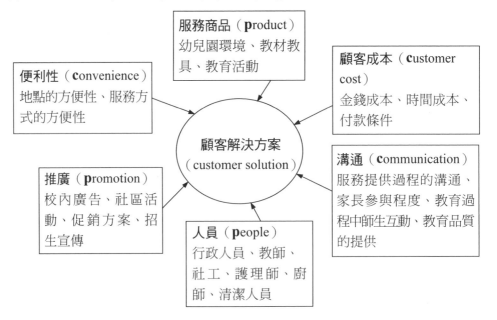

二、「整合式幼兒教育服務行銷組合計畫」的要素

　　本文所提的「整合式幼兒教育服務行銷組合計畫」包含 4C3P 的要素，**4C** 為顧客解決方案、顧客成本、便利性、溝通，**3P** 為服務商品、人員、推廣。有關 4C3P 要素的定義與內容，詳見表 12-3 所示。

表 12-3　「整合式幼兒教育服務行銷組合計畫」的要素之定義與內容

教育服務行銷組合	定　義	內　容
顧客解決方案	解決家長照顧幼兒的需求，提供幼兒教育與保育的方案。	1. 規劃完整的教育服務方案。 2. 方案內容包括教育願景、理念、目標、教保服務內容、校園環境規畫等。 3. 方案需要自我檢核，具調整修正功能。
顧客成本	幼兒得到的服務或產品所需付出的資源。	1. 金錢成本：學雜費、書籍費、交通費。 2. 時間成本：所花的學習時間。 3. 付款條件：打折、優惠方案、一次付／分期付。 顧客所感受到的價值、服務品質與價格的適配。
便利性	教育產品和服務具可親近性和便利性。	幼兒園地點、外觀、教學、園內設施（教室、圖書館、不同功能的場地）、周邊服務及分布，如交通便利、場所寧靜、學習設備完善及貼心服務。
溝通	指服務過程的互動溝通	1. 服務提供過程的溝通。 2. 家長參與和溝通的深度與廣度。 3. 教育過程中的師生互動。 4. 機構內部人員的互動溝通。
服務商品	提供給幼兒的教育和服務。 產品為幼兒園提供之價值或利益，以滿足幼兒及家長們的需求，包含：核心供應、實體特性、引申利益等三者。	1. 教學設備的更新與充實。 2. 核心產品（藉由參與所期望得到的實質利益）：如在生活、遊戲中學習自理基本能力、人際互動及幼小銜接課程等知識、技能。 3. 實體產品（具體呈現）：如教學課程、教師、地點、教材，以及行政單位服務之內容、品質、特色及品牌。

表 12-3　「整合式幼兒教育服務行銷組合計畫」的要素之定義與內容（續）

教育服務行銷組合	定　義	內　容
		4. 引申產品（附加價值的服務和利益）：如親職教育、成果發表、參與社區資源活動。 5. 教育品質的提供。
人員	教育產品和服務的提供者，主要指教師和行政人員。	行政人員的服務態度和接觸印象、教師溝通表達能力、教學經驗、敬業與熱忱。
推廣	對潛在顧客進行其教育產品服務及利益的溝通說服活動。	1. 校內廣告：公布欄、校車、走廊等。 2. 教材：教具、軟／硬體、書籍、幼兒園簡介、活動介紹。 3. 促銷方案：學費優惠。 4. 招生宣傳（口碑、活動、海報、網站、幼教博覽會等）。

第三節　幼兒園教育服務行銷實施策略

　　前述發展的「整合式幼兒教育服務行銷組合計畫」，其重點放在服務行銷組合如何規劃，本節重點則放在幼兒園如何落實教育服務行銷策略的實施。以下主要以「服務三角形」的概念，介紹教育服務行銷策略。

壹、幼兒園服務行銷的三角形架構

　　Gronroos 於 1984 年提出服務行銷除了外部行銷（external marketing）

外，還要注意內部行銷（internal marketing）與互動行銷（interactive marketing），這個觀念獲得許多學者的認同，逐漸發展出服務行銷金三角的概念。

一、服務行銷三角形

「服務行銷三角形」的概念指將組織、員工、顧客之間形成一個三角形，適用三種不同的行銷作為，包括：組織與員工間的「內部行銷」、組織與顧客間的「外部行銷」，以及員工與顧客間的「互動行銷」（曾光華，2004）

二、幼兒園的「服務行銷三角形」

筆者參考「服務行銷三角形」的概念（曾光華，2004），包括：「內部行銷」指組織灌輸全體員工行銷導向與顧客服務概念；「外部行銷」指組織針對顧客的行銷行動，包含：定位、定價、推廣等；「互動行銷」指服務人員以專業知識與互動技巧，為個別消費者提供服務。考量幼兒園的實際狀況，將「服務行銷三角形」改為幼兒園適用的「服務行銷三角形」架構圖，將組織改為幼兒園行政組織，員工改為教職員工，顧客改為家長／幼兒，如圖 12-2 所示。

圖 12-2　幼兒園的「服務行銷三角形」

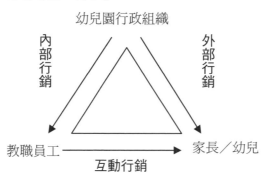

註：修改自曾光華（2004，頁 302）。

（一）幼兒園內部行銷

是指幼兒園行政組織認為教職員工是企業服務的關鍵，視員工為內部顧客，透過溝通、激勵、專業培訓、各項支持策略，培植對組織教育理念認同的專業教保服務人員及相關工作人員。

（二）幼兒園外部行銷

是指幼兒園行政組織針對家長／幼兒的行銷行動。徐聯恩與劉蓁（2005）指出，產品、服務和品牌行銷是幼兒園品質衡量的要件。胡英楗（2008）指出，幼教機構品牌行銷在產品、價格、通路、推廣、互動五個向度。本文將產品定位為「幼兒園品牌」，外部行銷的重點放在如何建構幼兒園品牌及品牌行銷。

（三）幼兒園互動行銷

是指幼兒園教職員工以專業知識與互動技巧，為家長／幼兒提供服務。「服務行銷三角形」的觀念考慮了服務的不可分割性，跳脫以往行銷即指外部行銷的範疇，而提出較完整的概念架構，考量了組織內與人員間文化傳遞與互動的影響因素。

貳、內部行銷策略——幼兒園行政組織與教職員工之間

在幼兒園「外部行銷」之前，應先做好「內部行銷」的基礎。所謂「內部行銷」，就是前面所謂的「讓幼兒園會說話」。若從「創新經營」的觀點，蔡純姿（2007）歸納許多相關專家學者之論點，所提出的許多提升幼兒園優勢競爭力之創新經營策略，其實就是內部行銷的重要策略。

一、規劃優質的工作環境系統

「內部行銷」在培植對組織教育理念認同的專業教保服務人員及相關工

作人員。要取得內部人員的認同，組織需要先規劃優質的工作環境系統，以凝聚人員的向心力。以下一些策略有助於形成優質的工作環境系統。

（一）優質的環境支持

校園環境若能透過校舍美綠化植栽、庭園的設計與空間規劃，整合自然的生態環境，將有助於提升幼兒園的優勢競爭力（蔡純姿，2007）。以下幾個問題，有助於檢視環境規劃是否提供優質的環境支持：

1. 整體環境是否能反映幼兒園的教保理念？
2. 整體環境動線是否流暢？
3. 環境設計是否能符應幼兒的學習需求？
4. 環境是否常維持明亮、清潔，讓家長感覺舒服？

（二）團隊合作的氛圍

幼兒園的經營管理不是一個人可以達成，團隊不只是園長、主任、教保服務人員，還包括服務臺接待人員、清潔工、司機、廚工等。團隊的士氣是需要被激勵的，凝聚團隊整體士氣是很重要的事。常見的提振團隊士氣的策略，包括：將管理工作科學化、組織化、系統化，建立獎勵辦法，全面提升服務品質，反應回饋學生、家長需要。其實，幼兒的學習品質、成長表現、家長的滿意回饋，才是真正提振團隊士氣的根本。

以下幾點有助於檢視團隊合作的氛圍：

1. 園長是否意識到服務文化的重要性，體認自己在其中所扮演的關鍵角色？
2. 園長是否使自己言行一致、以身作則，致力於教育服務文化的建立與維持？
3. 教師是否時時展現魅力，讓自己成為一塊磁鐵，吸引孩子親近、信賴，感染熱情？
4. 教師對教學是否充滿熱情？呈現教師的特質？
5. 服務臺人員接電話的應對態度與技巧是否良好？

6. 是否讓家長感覺到熱忱，感受到「賓至如歸」的親切？

7. 清潔工清潔時，是否會微笑問候家長、幼兒？

8. 司機與家長打招呼是否給家長親切感？

9. 司機是否注意行車安全，讓家長放心？

10. 隨車老師與家長應對是否給家長親切感？

11. 安全護送幼兒的行動是否讓家長滿意？家長交代轉達的任務是否達成？

12. 餐點的調配是否符合健康衛生條件，考量幼兒的需求？

（三）專業成長計畫

葉致齊與周淑惠（2013）研究以課程為核心之幼兒園行銷個案，提到即優質適性課程為幼兒園行銷之核心，內部行銷策略要注意支持教學民主，讓教師專業得以自主安心施行課程。而要塑造優質教保的內涵，除了要維持良好的教學品質，做好優質的保育照顧外，還要帶動幼教與幼保課程多元創新。若課程要保持優質內涵與創新，應兼顧結構性控管且激勵教師積極吸收新知、培養第二專長、增進專業知能，以提升教學、教材及課程設計品質，因應未來趨勢。

（四）良好的薪資福利與激勵獎勵辦法

良好的薪資福利是留住優秀人才的基本條件，再好的工作環境、優秀的團隊，再高的服務熱忱，若薪資福利條件太差，缺乏激勵獎勵辦法，是很難長期留住人才，而撐住幼兒園優良品質，最重要的關鍵就是優質的教保服務人員。優秀的教保服務人員通常跟孩子與家長關係都非常好，在幼教現場經常耳聞，一位教師離職，可能他教過的二、三十位孩子會跟著老師轉校到新的幼兒園，這對幼兒園的經營損傷是非常大的。

二、溝通互動式的行政管理

朱家瑩（2017）採問卷調查法以臺北市幼兒園教保服務人員共 249 位及

幼兒家長共 990 位為研究樣本，了解臺北市公私立幼兒園教保服務人員與家長對內部行銷與互動行銷的看法。該研究經因素分析，將內部行銷分為「溝通與支持」、「關懷激勵」、「自主」三個因素。劉家宇（2013）探討幼兒教保服務人員對園長內部行銷的看法，以 173 位臺北市與新北市私立幼兒園之教保服務人員為研究對象。在教保服務人員對園長內部行銷實施要素（溝通授權的環境、關懷激勵、專業成長）的看法中，以「專業成長」平均分數最高，「關懷激勵」最低，所以內部行銷要特別加強**「關懷激勵」**的部分。

　　塑造優質教保的內涵，除了要維持良好的教學品質，做好優質的保育照顧，重視教職員工並與教職員工做充分溝通，包括：司機和隨車老師的服務態度、餐點供應的管理、環境清潔保持、建立與維持服務文化，以及重視家長、幼生與他們保持接觸。

　　以下幾個問題，有助於檢視行政管理的實施狀況：

1. 行政管理是否能讓教保服務人員參與並認同園方的願景與目標？
2. 行政管理者的溝通與支持能否達成團隊合作的目的？
3. 園長的溝通方式能否獲得教保服務人員的認同？
4. 行政管理者的溝通與支持能否讓教保服務人員提升服務意願？
5. 行政管理是否能讓教保服務人員對課程的安排有自主空間？
6. 行政管理是否能讓教保服務人員對教室環境空間的規劃有自主空間？
7. 園方是否支持教保服務人員的專業成長？
8. 園方是否訂定合理的薪資與福利？

行政小錦囊

常見的行政管理祕訣

1. 經營者的全程參與、支持與投入。
2. 凝聚團隊招生共識與士氣。
3. 運用獎懲制度提升招生士氣。
4. 同仁招生獎勵辦法的制訂。
5. 班級導師獎金制度。
6. 招生解說成功就學獎勵辦法。
7. 招生總目標數達成獎勵辦法。
8. 善用私下獎勵模式帶動人心。
9. 降低園內非正式組織的影響。
10. 外聘講師到園輔導與懇談。

參、外部行銷策略——幼兒園行政組織與家長／幼兒之間

　　內部行銷是指，透過組織內的行政運作達到優良的教育服務品質，而外部行銷則是指一般大家所謂的行銷，即指針對目標市場的主要顧客群——家長和幼兒，提出行銷策略，吸引其來幼兒園消費（註冊入學），這些主要顧客群稱之為「外部行銷」的顧客。葉致齊與周淑惠（2013）指出，「外部行銷策略」是以產品、價格、通路、推廣、人員為核心概念，例如：提供優質幼教專業課程、給予互惠關係之彈性折扣、積極規劃第二園等。外部行銷也常運用行銷組合策略，針對外部顧客的作為，發展適合的行銷策略來吸引主要顧客群。因此，可運用前述的「整合式幼兒教育服務行銷組合計畫」4C3P 的要素，來發展計畫，以下提供的是幼兒園常見的外部行銷招生策略。

一、建立幼兒園品牌形象

　　葉致齊與周淑惠（2013）的研究指出，發展以課程為核心的行銷，該課程需符應幼兒發展與學習需求、與幼兒園教育目標扣合、融入幼兒園在地特色與優勢、反映時代與社會所需生活技能，再參考當前幼兒教育趨勢及相關法規，歸納建立幼兒園品牌形象的重要內涵，需要：(1)符應當今幼教課程與教學趨勢——目標、內容、方法、評量；(2)符應幼兒需求，反映幼兒園課程制定要素。可以透過形塑清新的經營願景、組織創意的經營團隊、依據顧客需求分析，透過優良的領導與主管定位規劃，決定服務品質與教學內容，建構獨特的教保模式，來建立幼兒園形象。

二、設計與建立校園辨識系統

　　許多公司行號都會建立屬於自己品牌的辨識標誌，幼兒園可將立園的根本精神變為搶眼而易記的園徽，標示在各種媒材上，例如：制服、信封、紀念品等，若能印上園名、園徽，將可塑造優良的公共形象，宣傳效果更好。

三、擬訂招生收費策略

　　常見的招生收費策略，即是幼兒園如何訂定一個合理價位以吸引到主要顧客群。通常幼兒園的收費須視機構本身性質，參考政府單位的相關規定，如公立或非營利幼兒園等，其主要經濟來源有賴政府單位的經費補助，價位不能自行訂定，通常需要依據政府的相關規定收費。私立幼兒園較有彈性，目前法規並沒有特別規範，通常會參考以下指標來訂定：(1)參考其他幼兒園的價格；(2)斟酌目標市場（幼兒家長）的經濟能力；(3)市場需求狀況；(4)幼兒園本身的財務狀況。

　　幼兒園如何在每學期開始前招收新生，保留舊生呢？許多幼兒園在收費上會配合優惠活動、多人報名、清寒補助，彈性調整收費價格，以做為吸引主要顧客群的策略。

四、品牌行銷與招生

品牌行銷與推廣可以運用以下策略。

（一）品牌行銷策略

建立幼兒園品牌常用的策略有：

1. 運用多元媒材：如 DM、PowerPoint、影片、文化故事集等，製作校園簡介。

2. 透過網際網路媒介：利用資訊科技設備，進行教學活動計畫與幼兒學習紀錄，成立班級網頁做為親師溝通之媒介。

3. 提升社區能見度：加強社區資源的運用與親職講座的實施，善用社會資源，透過家長的口耳相傳。

（二）招生行銷策略

外部行銷招生策略主要是對潛在顧客群進行服務和利益的溝通說服活動。以下提供常見的對外招生策略，亦可訪談相關人士，擷取更多招生策略：

1. 招生日程與活動規劃。

2. 招生簡章、海報的製作。

3. 參觀前的規劃準備：可讓全園員工當做參觀家長，模擬一次參觀行程，使其深入感受到家長參觀校園的重點及需求，提出妥善的因應對策。

4. 參觀帶領技巧：帶領參觀是非常重要的招生工作之一，唯有讓參觀者立即註冊或預付訂金，才能確保新生數之成長；反之，經營者也要追蹤未就讀之原因而深入檢討。

5. 接待人員是否能將教育理念與服務內涵介紹給參觀的家長，將自信感染給家長？接待人員的態度是影響目標客群做決定之關鍵。

6. 經營者於招生期，應建立招生日報表，每日追蹤掌握招生狀況。

7. 鎖定招生族群，確認學區的學齡幼生數，掌握招生脈動。

五、成效評估

行銷服務成效評估可以透過訪談、問卷、電話訪問等方式，了解家長對幼兒園的滿意與品質感受、品牌知名度與聯想、顧客忠誠。以下問題可以用來做為品牌評估的考量：

1. 本幼兒園提供的服務與其他幼兒園比較之下有什麼特色？
2. 本園的特色建立在哪些基礎上？
3. 針對本園服務的對象如何產生吸引力？
4. 本園憑什麼條件吸引幼兒和家長？
5. 家長的滿意度如何？
6. 家長對幼兒園的品質感受如何？
7. 家長從哪裡得知本園？
8. 會不會將較小的孩子送來就讀？或推薦其他親友送小孩來就讀？

胡英楗（2008）的研究發現，幼教機構品牌管理分別與品牌行銷、品牌權益呈現顯著正相關，品牌行銷與品牌權益間也呈現顯著正相關。因此，外部行銷需要先把品牌行銷做好。

行政小錦囊

常見的招生收費優惠策略

1. 舊生限期註冊優惠（分階段實施）。
2. 新生限期註冊優惠。
3. 舊生介紹新生優惠。
4. 親兄弟姊妹同行就讀優惠。
5. 特約機關及團體註冊優惠。
6. 安親課輔班註冊優惠。
7. 合理的收費制度與退扣費。

行政小錦囊

如何發掘潛在顧客

1. 推薦介紹與人脈關係。
2. 陌生拜訪。
3. 公開活動。
4. 名錄。
5. 電話與信函、海報、促銷、廣告、網路宣傳。

肆、互動行銷策略——幼兒園教職員工與家長／幼兒之間

　　根據葉致齊與周淑惠（2013）的研究，歸納幼兒園的互動行銷策略為：營造良好親師溝通、建立專業形象。朱家瑩（2017）的研究指出，互動行銷不只要從幼兒園端來檢視效果，也要從顧客端（家長）來檢視效果。

一、教保服務人員是行銷的「打鼓者」——建立專業形象

　　所謂的互動行銷指的是，行銷是個連續的行動方案。每次人員的互動經驗都是在傳達行銷的訊息，尤其是第一線接觸家長的教保服務人員（包括：園長、主任、老師及直接與家長或幼兒接觸的阿姨或其他工作人員），其直接服務的是幼兒，家長可以直接看到、感受到真正的服務品質。老師與家長互動的品質關係著家長對幼兒園的信心，所以老師對招生行銷有絕對的影響力，也是一位行銷的「打鼓者」。

　　朱家瑩（2017）的研究發現，教保服務人員「溝通與支持」與「自主」看法及「幼兒園屬性」對教保服務人員「服務形象」有顯著預測力。因此，教保服務人員是行銷的「打鼓者」，是可以獲得支持的。

行政小錦囊

老師和家長寒暄的行銷話術祕訣

老師和家長寒暄時，「打鼓者」就可利用機會傳達園方的「各種情報」，融入式的行銷話術（鄭勵君，1998），包括以下幾項：

1. 以雙向的一唱一和，取代單向的「罐頭話法」。

2. 多多發問，讓對方有參與感。

3. 態度大方，親切笑容。

4. 適度點頭，成為好聽眾。

幼兒園教育行銷可採用的策略如下：

1. 看見對方的需求。

2. 說話盡量簡潔扼要。

3. 肯定讚美孩子的表現。

4. 帶著美好的感覺離開。

二、讓家長成為代言人——營造良好的親師溝通

建立家長對幼兒園的信任感，可塑立品牌與口碑。幼兒園若能讓家長願意推薦親朋好友的子女來就讀，家長就成為幼兒園的代言人，這是最成功的行銷。有些幼兒園的教保品質做得很好，不必特別去招生行銷，光靠家長的口耳相傳，就能創造額滿甚至需要排隊登記的績效。吳宗立（2006）以問卷調查方式，研究高雄縣國小的行銷策略，發現國小常用的互動行銷策略，主要以學校老師常利用聯絡簿、電話、通知單或電子郵件與家長溝通為主。葉致齊與周淑惠（2013）提到，幼兒園的互動行銷策略，在營造良好親師溝通面向，包含：重視親師聯絡、強調親師溝通、實施親師合作，以及力行全園全方位互動之夥伴關係——包含親師聯絡、親師溝通、親師合作等。

讓家長成為幼兒園代言人有以下條件：(1)服務團隊每個成員真正投入，形成具有共識的專業團隊；(2)讓家長感覺到優質的教育服務；(3)展現獨特的服務文化；(4)讓家長看到孩子的學習成效。

伍、結語

綜合以上教育服務行銷的要點，歸納幼兒園教育行銷的策略如下：(1)創新經營發展幼兒園特色；(2)建立幼兒園識別標誌；(3)建立良好的行政管理制度，做好內部行銷；(4)注重品質與內、外部滿意度；(5)主動的服務與宣導；(6)加強資源整合的能力：(7)塑造友善的物理環境與氣氛：(8)有效掌握正確資訊來源。

經營幼兒園要思考「顧客導向面應做到何種程度？」若毫無保留的採顧客導向，則可能要放棄一些專業標準及公平原則，去討好消費者。雖然幼兒園經營要確實了解招生的功能，透過招生協助幼兒園達成教育目標；但更重要的是，幼兒園的性質及服務不宜完全以顧客意向為導向；幼兒園若輕易改變服務的供應，教育理念就會動搖，反而失去經營特色，亦有可能流失有理念的客群，反而造成經營困難。另外，幼兒園經營還要接受政府的教育評鑑與補助，需維持專業品質與要求，專業服務的堅持是絕對必要的。

1. 幼兒園為什麼需要行銷？
2. 訪談一位幼兒園行政人員或老師，了解他們如何做行銷（或招生）？問問看他們在實際的行銷（或招生）上，遇到什麼困難？如何克服？
3. 訪談一位家長，了解他為孩子選擇幼兒園所考量的條件是什麼？優先順序排列為何？

參考文獻

中文部分

MBA 智庫百科（無日期）。**戴明循環**。http://wiki.mbalib.com/wiki/PDCA

中華幼兒教育改革研究會（2001）。**中華民國幼教專業倫理守則**。作者。

王立杰（1998）。**托育機構行政管理與實務**。永大。

王靜珠（1995）。**幼稚園行政**。五南。

田育芬（1987）。**幼稚園活動室的空間安排與幼兒社會互動關係之研究**〔未出版之碩士論文〕。國立臺灣師範大學。

任秀媚（1984）。**家長參與幼兒學校學習活動對幼兒社會行為的影響**〔未出版之碩士論文〕。國立臺灣師範大學。

任晟蓀（2012）。**教育法規大意**。五南。

伍振鷟（1971）。**大學教育概論（上、下冊）**。華視教育部。

朱家瑩（2017）。**臺北市幼兒園內部行銷與互動行銷之探討**〔未出版之碩士論文〕。國立臺灣師範大學。

朱匯森（1968）。**教育行政新論**。臺灣書店。

朱敬先（1986）。**幼兒教育**。五南。

行政院（2023）。**文書處理手冊**。https://reurl.cc/eLD1Kx

何華國（1996）。**特殊兒童親職教育**。五南。

吳宗立（2006）。國民小學學校行銷之策略：以高雄縣為例。**初等教育學刊，24**，13-35。

吳金香（1990）。**學校組織行為與管理**。五南。

吳思華（2005）。**2005 臺灣創新企業調查：創新經營之創意、創新、創價三部曲**。發表於商業周刊與政大創新與創造力研究中心主辦，國立政治大學創新與創造力研究中心。

吳清山（2003）。學校效能研究：理念與應用。**臺灣教育，619**，2-13。

吳清山（2005）。學校效能研究的價值。**教育研究集刊，51**（2），133-139。

吳清山（2008）。**教育法規：理論與實務**（第三版）。心理。

吳清山（2021）。**學校行政**（第八版）。心理。

吳誠明（整理）（1989）。家長的參與（G. Dixson 與 D. Richardson 主講）。**幼兒教育，218**，22-24。

幼兒園教保行政管理與實務：
幼兒教育體系與運作觀點

李春旺（2005）。**企業倫理**。正中。

谷瑞勉（2014）。**幼兒園班級經營：反省性教師的思考與行動**（第三版）。心理。

兒童福利聯盟（2023）。**2023 年臺灣育兒現況調查報告：幼兒園篇**。https://www.children.org.tw/publication_research/research_report/2593

周月清（1995）。**婚姻暴力：理論分析與社會工作處置**。巨流。

周怡伶、段慧瑩（2009）。許幼兒一個美好的環境：幼兒園中介空間初探。**幼兒教保研究期刊**，**3**，75-90。

林天祐、吳清山、張德銳、湯志民、丁一顧、周崇儒、蔡菁芝、林雍智（2017）。**教育行政學**（第二版）。心理。

林佩蓉、歐姿秀（1995）。**高密度環境下幼兒適應歷程之探討：以一所都會幼稚園為例**。發表於「83 學年度幼兒教育研討會」，國立屏東師範學院主辦，屏東市。

林明地、連俊智（2008）。學校領導社群的意涵與塑造。**教育研究月刊**，**171**，16-27。

林松柏、吳柏林（2006）。由學生人數下降趨勢探討幼兒教育政策之發展。**教育研究月刊**，**151**，5-14。

林思伶、黃國柱（主編）（2010）。**服務領導的理念與研究**。梅霖文化。

林清江（1977）。**教育社會學**。臺灣書店。

林清江（1981）。**教育社會學**。三民。

林清江（1986）。**教育的未來導向**。臺灣書店。

林嫈婷（2006）。**高雄縣市幼兒園無障礙環境現況之研究**〔未出版之碩士論文〕。樹德科技大學。

邱上真（2001）。普通班教師對特殊需求學生之因應措施、所面對之困境以及所需之支持系統。**特殊教育研究學刊**，**21**，1-26。

邱志鵬（2007）。臺灣幼托整合政策的概念、規劃歷程及未來展望。**研習資訊**，**24**（3），3-21。

邱志鵬（主編）（1984）。**學前兒童教育論集**。中國文化大學兒童福利研究所。

信誼基金會學前教育研究發展中心（編）（1983）。**幼稚園、托兒所行政管理手冊**。作者。

胡英楗（2008）。**幼教機構品牌管理、品牌行銷與品牌權益關係之研究**〔未出

版之博士論文〕。國立臺北教育大學。

孫本初（1997）。校園危機管理策略。**現代教育論壇，2**，259-269。

徐于婷、洪福財（2011）。解讀《幼兒教育及照顧法》。**幼兒教育，302**，18-24。

徐震（1992）。**社區與社區發展**。正中。

徐聯恩、劉蓁（2005）。**幼兒園品質衡量：從內部導向到外部導向**。心理。

秦夢群（2006）。**教育行政：理論部分**（第五版）。五南。

高迪理（1991）。社會支持體系概念之架構之探討。**社區發展季刊，54**，24-32。

國立臺南師範學院幼兒教育中心（1990）。**完整學習：幼兒教育課程通論**。五南。

崔艾梅（2003）。**金門地區女性軍人社會支持網絡之研究：女性觀點的省思**〔未出版之碩士論文〕。政治作戰學校。

張孝筠（2006）。我國少子化效應對幼保生態之影響。**幼教資訊，187**，21-27。

張杏妃、鄧玉霜、李美鵑、林家如、羅心怡、邱聿訢（2023）。**幼兒園基礎評鑑資源手冊 112-116 學年度**。新北市政府教育局。

張秀卿（1988）。近四十年來我國托兒事業之發展。**教育資料集刊，13**，147-176。

張翠娥（1989）。**如何扮好幼教老師角色**。大洋。

張翠娥（1998）。**幼兒教材教法**。心理。

張潤書（1998）。**行政學**。三民。

張衛族（2009）。**專業的領航員：幼兒園園長的專業角色**。發表於臺北上海「教育軟實力學術研討會」，臺北市教師研習中心主辦。

教育部（2016）。**幼兒園教保活動課程大綱**。作者。

教育部（2017）。**擴大幼兒教保公共化計畫（106～109 年度）（核定本）**。https://reurl.cc/v07Vbk

教育部（2023a）。**中華民國教育統計（112 年版）**。https://reurl.cc/9742mx

教育部（2023b）。**幼兒園安全管理實施概況檢核相關表件**。https://reurl.cc/RWzxZG

教育部（2023c）。**幼兒園課程與教學評估表**。https://reurl.cc/VNLkdn

教育部（2023d）。**112 學年至 116 學年幼兒園基礎評鑑指標**。https://reurl.cc/OGv9yg

教育部（2024）。**學前教育概況**。https://stats.moe.gov.tw/statedu/chart.aspx?pvalue=52

教育部、衛生福利部、勞動部、內政部、國防部、財政部、經濟部、國家科學及技術委員會、交通部、行政院人事行政總處、國家發展委員會（2023）。**我國少子女化對策計畫（107 年～111 年）（核定本）**。https://reurl.cc/0917ex

教育部國民及學前教育署（2018）。**「準公共化幼兒園」107 學年啟動，增加平價教保服務的多元選擇！**https://reurl.cc/xL7nV4

莊珮瑋（2000）。**臺中市單親家長對其國小子女課後照顧安排之研究**〔未出版之碩士論文〕。東海大學。

許玉齡（2004）。公立幼稚園園長的工作職責與角色之調查研究。**國教學報，16**，249-278。

郭昭佑（2006）。當評鑑遇上教育：教育評鑑意涵研究。**教育行政與評鑑學刊，2**，19-42。

陳奎嘉（1980）。溝通原理與學校人際關係。**視聽教育，21**（4），10-12。

陳靜江（1993）。從生態觀點談身心障礙兒童行為問題的處理。載於國立嘉義師範學院特殊教育中心（主編），**特殊教育研習專輯：第三集**（頁173-176）。國立嘉義師範學院特殊教育中心。

陳耀茂（編著）（2003）。**服務行銷與管理**。高立。

單小琳（2001）。建構式的領導初探：以兩所教育實驗國小的關鍵領導人為例。**教育學刊，17**，181-197。

曾光華（2004）。**行銷管理理論解析與實務應用**。前程。

湯志民（2001）。幼兒學習環境的建構和設計原則。**初等教育學報，9**，135-170。

鈕文英（2003）。**融合教育的理念與作法：課程與教學規劃篇**。國立高雄師範大學特殊教育中心。

馮燕（1995）。**托育服務：生態觀點的分析**。巨流。

黃宗顯（2000）。從後現代思潮中探索學校行政領導的革新作為。載於國立中正大學教育學院（編），**新世紀的教育展望**（頁389-405）。麗文。

黃宗顯、陳麗玉、徐吉春、劉財坤、鄭明宗、劉峰銘、郭維哲、黃建皓、商永齡（2008）。**學校領導：新理論與實踐**。五南。

黃昆輝（1980）。**教育行政與教育問題**。五南。

黃昆輝（1996）。**教育行政學**。東華。

黃炳煌（1977）。教育評價概念的分析及其發展。載於**昨日、今日與明日的教育**。開明。

黃迺毓（1990）。**幼保標竿：教保人員在職訓練手冊**。臺北市立木柵托兒所。

黃迺毓（1999）。**幼教的親職教育**。發表於行政院國家科學委員會、臺北市立師範學院舉辦之「幼兒教育研究的昨日、今日與明日：開創幼教新紀元」學術研討會。

黃瑞琴（1985）。教室空間的安排與幼兒行為的關係。**幼兒教育，203**，7-10。

黃義良（2008）。幼兒園理想品牌的內涵及其相關議題探討：包含園方與顧客的觀點。**幼兒教保研究期刊，2**，103-117。

楊奕馨、胡素婉、謝天渝、黃純德、周明勇、潘文涵（2006）。臺灣地區國小學童營養健康狀況調查2001～2002：甜食和乳製品攝取與齲齒狀況關係之研究。**中華牙誌，25**（3），169-182。

萬淑娟（2002）。**幼兒園園長運用溝通媒介之個案研究**〔未出版之碩士論文〕。國立新竹師範學院。

葉致齊、周淑惠（2013）。以課程為核心之幼兒園行銷個案研究。**教育資料與研究，111**，155-187。

詹中原（2004）。**危機處理：理論架構**。聯經。

廖春文（2000）。新世紀學校行政領導發展趨勢探索。載於中國教育學會（編），**新世紀的教育願景**（頁71-95）。臺灣書店。

廖洲棚（1997）。團隊型組織之初探。**人事管理，34**（8），25-34。

廖得雄、顏秀雄（1987）。**推展親職教育之策略**。復文。

福爾曼管理叢書（1992）。**財務管理**。福爾曼管理。

維基百科（無日期）。**加爾各答德蕾莎修女**。https://reurl.cc/2zLpRX

臺北市政府教育局（2023）。**臺北市非營利幼兒園園務管理手冊**。https://reurl.cc/4joZxY

蓋浙生（2002）。**教育經營與管理**。師大書苑。

趙愛卿（1998 年 2 月 10 日）。**盧蘇偉的故事 超越閱讀障礙**。https://reurl.cc/g4DKd4

劉玉燕（2012a）。**如何規劃幼兒園之教保環境（一）：幼兒園的安全環境配置**。https://reurl.cc/4joZ9X

劉玉燕（2012b）。**如何規劃幼兒園之教保環境（二）：園舍的安全環境規劃**。

　　　　https://reurl.cc/77k5xQ

劉軍寧（1992）。**權力現象**。商務。

劉家宇（2013）。**幼兒教保服務人員對園長內部行銷看法之研究**〔未出版之碩
　　士論文〕。國立臺灣師範大學。

蔡春美、翁麗芳、洪福財（2011）。**親子關係與親職教育**（第三版）。心理。

蔡春美、廖藪芬、羅素玲（2023）。**幼兒園教保活動課程設計**（第二版）。新
　　北市：心理。

蔡純姿（2007）。幼兒園創新經營之個案研究。**幼兒保育學刊**，**5**，35-58。

蔡進雄（2001）。**學校行政領導**。師大書苑。

鄭玉波（2008）。**法學緒論**（第十七版）。三民。

鄭熙彥（1985）。**學校教育與社區發展**。復文。

鄭勵君（1998）。學校形象之行銷管理策略淺析。**高市文教**，**63**，55-59。

盧美貴（1988）。**幼兒教育概論**。五南。

盧美貴、莊貞銀（1987）。**幼兒常識教材教法研究**。五南。

謝文全（1992）。**教育行政論文集**。文景。

謝文全（1998）。**教育行政：理論與實務**。文景。

鍾任琴（2000）。**教師專業權能之研究：理論建構與實證分析**。五南。

簡楚瑛（2000）。課程模式定義與要素。載於簡楚瑛（主編），**幼教課程模式**
　　（頁1-5）。心理。

蘇錦麗（2004）。**高等教育評鑑的趨勢與展望**。發表於「教育評鑑：回顧與展
　　望」學術研討會，國立臺灣師範大學教育研究中心主辦。

Armstrong, G., & Kotler, P.（2009）。**行銷管理**〔吳奕慧、金百佳譯〕。臺灣培生
　　教育。（原著出版年：2000）

Jaworski, J.（1998）。**領導聖經**〔莫菲譯〕。圓智。（原著出版年：1996）

Kotler, P.（1998）。**行銷管理**〔謝文雀編譯〕。華泰。（原著出版年：1996）

Lambert, L.（2000）。**教育領導：建構論的觀點**〔葉淑儀譯〕。桂冠。（原著出
　　版年：1995）

Marotz, L. R., Cross, M. Z., & Rush, J. M.（1995）。**幼兒健康、安全與營養**〔黃惠
　　美、鍾志從、簡淑貞、魏惠貞、黃紹顏、賀慧玲、廖玲玉、王雪貞、李佩
　　玲、張淑英、徐慕蓮、李淑媛、陳淑玲、保心怡譯〕。心理。（原著出版
　　年：1993）

Shonkoff, J. P., & Meisels, S. J.（2004）。早期療育：一個持續性的革新〔鍾莉娟

譯〕。載於鍾莉娟（總校閱），**早期療育手冊**（頁 3-35）。心理。（原著出版年：2000）

Smith, J.（2002）。**管理中的授權：獲得競爭優勢的工具**〔楊明秋譯〕。勝景文化。（原著出版年：2000）

Watson, M.（1997）。**戴明的管理方法**〔周旭華譯〕。天下文化。（原著出版年：1984）

法規部分

中央法規標準法（中華民國 93 年 5 月 19 日修正公布）。

中華民國刑法（中華民國 112 年 12 月 27 日修正公布）。

中華民國憲法（中華民國 36 年 1 月 1 日公布）。

公文程式條例（中華民國 96 年 3 月 21 日修正公布）。

公立幼兒園契約進用人員之進用考核及待遇辦法（中華民國 112 年 12 月 25 日修正公布）。

公立幼兒園教保服務人員請假辦法（中華民國 112 年 2 月 27 日修正發布）。

公立學校教職員退休資遣撫卹條例（中華民國 112 年 1 月 11 日修正公布）。

公共危險物品及可燃性高壓氣體製造儲存處理場所設置標準暨安全管理辦法（中華民國 110 年 11 月 10 日修正發布）。

公務人員任用法（中華民國 112 年 2 月 15 日修正公布）。

加氣站設置管理規則（中華民國 106 年 11 月 22 日修正發布）。

幼兒教育及照顧法（中華民國 100 年 6 月 29 日制定公布；中華民國 111 年 6 月 29 日修正公布）。

幼兒教育及照顧法施行細則（中華民國 112 年 9 月 26 日修正發布）。

幼兒教保及照顧服務實施準則（中華民國 112 年 11 月 22 日修正發布）。

幼兒就讀教保服務機構補助辦法（民國 110 年 7 月 29 日修正發布）。

幼兒園及其分班基本設施設備標準（中華民國 108 年 7 月 10 日修正發布）。

幼兒園幼童專用車輛與其駕駛人及隨車人員督導管理辦法（中華民國 112 年 2 月 27 日修正發布）。

幼兒園行政組織及員額編制標準（中華民國 112 年 2 月 27 日修正發布）。

幼兒園評鑑辦法（中華民國 112 年 2 月 27 日修正發布）。

幼兒園園長專業訓練辦法（中華民國 112 年 2 月 27 日修正發布）。

幼兒園與其分班設立變更及管理辦法（中華民國 112 年 2 月 27 日修正發布）。

幼稚教育法（中華民國 70 年 11 月 6 日制定公布；中華民國 103 年 6 月 18 日公布廢止）。

幼稚園設置辦法（中華民國 32 年 12 月 20 日訂定發布，中華民國 72 年 5 月 24 日發布廢止）。

全國軍公教員工待遇支給要點（中華民國 112 年 1 月 19 日修正發布）。

各類場所消防安全設備設置標準（中華民國 110 年 6 月 25 日修正發布）。

地方行政機關組織準則（中華民國 107 年 12 月 5 日修正發布）。

地方制度法（中華民國 111 年 5 月 25 日修正公布）

住宅法（中華民國 112 年 12 月 6 日修正公布）。

私立學校法（中華民國 103 年 6 月 18 日修正公布）。

身心障礙者權益保障法（中華民國 110 年 1 月 20 日修正公布）。

兒童及少年福利與權益保障法（中華民國 110 年 1 月 20 日修正公布）。

兒童遊戲場設施安全管理規範（中華民國 112 年 11 月 17 日修正）。

非營利幼兒園實施辦法（中華民國 112 年 12 月 25 日修正發布）。

建築物公共安全檢查簽證及申報辦法（中華民國 111 年 12 月 28 日修正發布）。

建築物無障礙設施設計規範（中華民國 109 年 5 月 11 日修正）。

政府採購法（中華民國 108 年 5 月 22 日修正公布）。

師資培育法（中華民國 108 年 12 月 11 日修正公布）。

特殊教育法（中華民國 112 年 6 月 21 日修正公布）。

特殊教育法施行細則（中華民國 112 年 12 月 20 日修正發布）。

高級中等以下學校學生及教保服務機構幼兒團體保險條例（民國 107 年 6 月 20 日制定公布）。

商業會計法（中華民國 103 年 6 月 18 日修正公布）。

國民教育法（中華民國 112 年 6 月 21 日修正公布）。

教育部國民及學前教育署補助公立幼兒園辦理延長照顧服務作業要點（中華民國 113 年 1 月 16 日修正公布）

教育部國民及學前教育署補助辦理非營利幼兒園及職場互助教保服務中心作業要點（中華民國 113 年 1 月 22 日修正）

教育部推動及補助地方政府與私立教保服務機構合作提供準公共教保服務作業要點（中華民國 113 年 1 月 17 日修正發布）。

教育部組織法（中華民國 110 年 5 月 26 日修正公布）。

教育經費編列與管理法（中華民國 105 年 1 月 6 日修正公布）。

教保服務人員條例（中華民國 111 年 6 月 29 日修正公布）。

教師法（中華民國 108 年 6 月 5 日修正公布）。

勞工保險條例（中華民國 110 年 4 月 28 日修正公布）。

勞動基準法（中華民國 109 年 6 月 10 日修正公布）。

勞動基準法施行細則（民國 108 年 2 月 14 日修正發布）。

勞資會議實施辦法（民國 103 年 4 月 14 日修正發布）。

新北市教保服務機構收費及退費標準（中華民國 111 年 12 月 28 日修正發布）。

優先採購身心障礙福利機構團體或庇護工場生產物品及服務辦法（中華民國 106 年 3 月 27 日修正發布）。

殯葬管理條例（中華民國 112 年 12 月 27 日修正公布）。

職場互助式教保服務實施辦法（中華民國 112 年 2 月 27 日修正發布）。

英文部分

American Association on Mental Retardation. [AAMR](2002). *Mental retardation* (10th ed.). Author.

Birch, H. G., & Gussow, J. D. (1971). *Disadvantaged children: Health, nutrition, and school failure*. Harcourt Brace Jovanovich.

Bronfenbrenner, U. (1975). *Is early intervention effective?* Beverly Hills.

Brown, W. H., Odom, S. L., & Favazza, P. C. (1995). *Code for active student participation and engagement revised(CASPER II): Observe training manual Vanderbilt.* Vanderbilt University, Early Childhood Research Institute on Inclusion.

Carta, J. J., Sainato, D. M., & Greenwood, C. R. (1988). Advances in ecological assessment of classroom instruction for young children with handicaps. In S. L. Odom & M. B. Karnes(Eds.), *Early intervention for infants & children with handicaps: An empirical base* (pp. 217-239). Paul H. Brookes.

Cohen, S., & Will, T. A. (1985). Stress, social support, and the buffering hypothesis. *Psychological Bulletin,* 98, 310-357.

Cowe, E. G. (1982). Free play: *Organization and management in the preschool and kindergarten*. Charles C. Thomas.

Day, D. E. (1983). *Early childhood education: A human ecological approach*. Scott, Foresman and Company.

Decker, C. A., & Decker, J. R. (1984). *Planning and administering early childhood programs* (3rd ed.). Bell & Howell Company.

Decker, J. R. (1984). *Planning and administering early childhood programs*. Charles E. Merrill.

Deroche, E. (1987). *An administrator's guide for evaluating programs and personnel*. Allyn & Bacon.

Doyle, W. (1986). Classroom organization and management. In M. C. Wittrock(Ed.), *Handbook of research on teaching* (3rd ed.) (pp. 392-431). Macmillan.

Frost, J. L., & Klein, B. L. (1979). *The nature of play. In children's play and play-grounds* (pp. 1-28). Allyn & Bacon.

Gladow, N. W., & Ray, M. P. (1986). The impact of informal support systems on the well being of low income single parents. *Family Relations, 35*, 113-123.

Grossman, B. D., & Keyes, C. (1985). *Early childhood administration*. Allyn & Bacon.

Guralnick, M. J. (2001). *Early childhood inclusion: Focus on change*. Paul H. Brookes.

Hayman, J. L. Jr., & Hapier, R. N. (1975). *Evaluation in the schools: A human process for renewal*. Brooks/Cole.

Hearron, P. F., & Hildebrand, V. (2006). *Management of child development centers* (6th ed.). Prentice-Hall.

Johnstone, J. N. (1978). Education systems: Approaches and methods in their evaluation. *Evaluation in Education, 2,* 201.

Jones, E. (1977). *Dimensions of teaching-learning environments: Handbook for teachers*. Pasadena.

Kotler, P. (1996). *Marketing management: An Asian perspective*. Prentice-Hall.

Kritchevsky, S., & Prescott, E. (1977). *Planning environments for young children: Physical space*. National Association for the Education of Young Children.

Lazar, I., & Darlington, R. (1982). Lasting effects of early education: A report from the consortium for longitudinal studies. *Monographs of the Society for Research in Child Development, 47*(2-3), 1-151.

Lombardo, V. S. (1983). *Developing and administering early childhood programs*. Charles C. Thomas.

Odom, S. L., & Bailey, D. (2001). Inclusive preschool programs-classroom ecology and child outcomes. In M. J. Guralnick(Ed.), *Early childhood inclusion: Focus on change* (pp. 253-276). Paul H. Brookes.

Reddin, W. J. (1970). *Managerial effectiveness*. McGraw-Hill.

Rogers, C. O. (1976). *The relationship between the organization of play space and children's behavior*. Master's thesis, Oklahoma State University. (ERIC Document Reproduction Service No. ED 127011)

Sarason, I. G., & Sarason, B. R. (1985). *Social support: Theory, research and applications*. Martinus Nijhoff.

Seaver, J. W., & Carteright, C. A. (1986). *Child care administration*. Wadsworth.

Sponseller, D. (1982). Play and early education. In B. Spodek(Ed.), *Handbook of research in early childhood education* (pp. 215-241). Macmillian.

Stufflebeam, D. L., Foley, W. J., Gephart, W. J., Guba, E. G., Hammond, R. L., Merriman, H. O., & Provus, M. M. (1971). *Educational evaluation and decision making*. F. E. Peacock.

Taylor, B. J. (1989). *Early childhood program management*. Merrill.

Teets, S. T. (1985). Modification of play behaviors of preschool children through manipulation of environmental variables. In J. L. Frost & S. Sunderlin(Eds.), *When children play: Proceedings of the international conference on play and play environments* (pp. 265-271). Association for Childhood Education International.

Thomas, K. W. (1976). Conflict and conflict management. In M. D. Dunnette(Ed.), *Handbook of industrial and organizational psychology* (pp. 889-935). Rand McNally.

Watkins, K. P., & Durant, L. (1990). *The complete book of forms for managing the early childhood program*. The Center for Applied Research in Education.

Wilson, R. A. (1998). *Special educational needs in the early years*. Routledge.

Worthen, B. R., & Sanders, J. R. (1973). *Educational evaluation: Theory and practice*. Wadsworth.

國家圖書館出版品預行編目（CIP）資料

幼兒園教保行政管理與實務：幼兒教育體系與運作觀點
／蔡春美, 張翠娥, 陳素珍, 廖藪芬, 陳美君, 張紹盈作
-- 二版. -- 新北市：心理出版社股份有限公司, 2024.03
面；　公分. --（幼兒教育系列；51234）
ISBN 978-626-7447-06-2（平裝）

1. CST: 幼稚園　2. CST: 行政管理　3. CST: 學前教育
4. CST: 幼兒保育

523.27　　　　　　　　　　　　　　　113002014

幼兒教育系列 51234

幼兒園教保行政管理與實務：幼兒教育體系與運作觀點（第二版）

審 閱 者：蔡春美
作　　者：蔡春美、張翠娥、陳素珍、廖藪芬、陳美君、張紹盈
總 編 輯：林敬堯
發 行 人：洪有義
出 版 者：心理出版社股份有限公司
地　　址：231026 新北市新店區光明街 288 號 7 樓
電　　話：(02) 29150566
傳　　真：(02) 29152928
郵撥帳號：19293172　心理出版社股份有限公司
網　　址：https://www.psy.com.tw
電子信箱：psychoco@ms15.hinet.net
排 版 者：辰皓國際出版製作有限公司
印 刷 者：辰皓國際出版製作有限公司
初版一刷：2020 年 9 月
二版一刷：2024 年 3 月
I S B N：978-626-7447-06-2
定　　價：新台幣 550 元